Scott Kelbys Foto-Rezepte

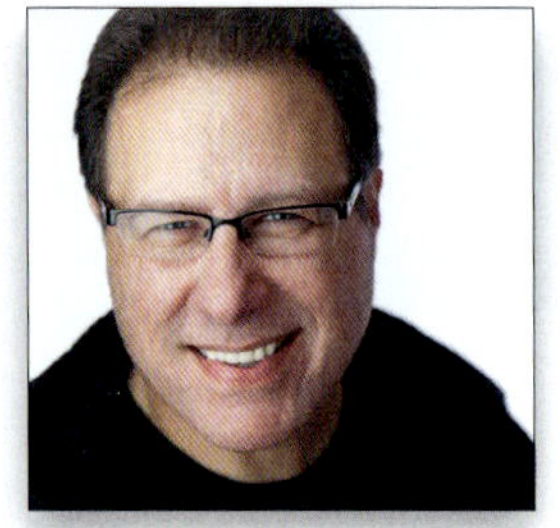

Scott Kelby ist Präsident und CEO von KelbyOne, der Online-Community für Lightroom, Photoshop und Fotografie.

Er ist Redakteur, Herausgeber und Mitbegründer des Magazins *Photoshop User*, Redakteur des *Lightroom Magazine*, Moderator des einflussreichen wöchentlichen Live-Fotografie-Podcasts *The Grid* sowie Begründer des jährlichen *Scott Kelby's Worldwide Photo Walk®*.

Scott Kelby arbeitet als Fotograf und Designer. Er ist der preisgekrönte Autor von mehr als 100 Büchern, darunter *Landschaftsfotografie für Einsteiger*, *Scott Kelbys Porträt-Rezepte mit natürlichem Licht* und *Scott Kelbys Blitz-Rezepte*). Der erste Band der *Foto-Rezepte* wurde zum meistverkauften Buch in der Geschichte der Digitalfotografie.

Seine Bücher wurden in zahlreiche Sprachen übersetzt, darunter Chinesisch, Russisch, Spanisch, Koreanisch, Polnisch, Taiwanesisch, Französisch, Deutsch, Italienisch, Japanisch, Hebräisch, Holländisch, Dänisch, Schwedisch, Türkisch, Portugiesisch und viele andere.

Er erhielt den renommierten ASP International Award, der alljährlich von der American Society of Photographers für »... besondere oder bedeutende Beiträge zu den Zielen der professionellen Fotografie als Kunst und Wissenschaft« verliehen wird, sowie den HIPA-Award, der ihm für seine Beiträge zur Schulung von Fotografen auf der ganzen Welt verliehen wurde.

Scott Kelby ist Conference Technical Chair der Photoshop World Conference & Expo. Er hält regelmäßig Vorträge auf Konferenzen und Veranstaltungen auf der ganzen Welt. Er ist Trainer in einer Serie Online-Kurse auf KelbyOne und bildet seit 1993 Fotografen und Adobe-Photoshop-Nutzer aus.

Mehr über Scott Kelby erfahren Sie hier:

Täglicher Lightroom-Blog: lightroomkillertips.com
Persönlicher Blog: scottkelby.com
Twitter: @scottkelby
Facebook: facebook.com/skelby
Instagram: @scottkelby

Scott Kelby

Scott Kelbys Foto-Rezepte

Über 200 Wege zu professionellen Bildern

3., aktualisierte und erweiterte Auflage

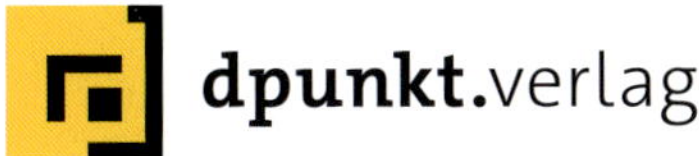

Scott Kelby
www.scottkelby.com

Lektorat: Boris Karnikowski
Übersetzung: Isolde Kommer, Großerlach, Christoph Kommer, Dresden, *www.mersinkommer.de*
Korrektorat: Sofie Lichtenstein
Satz: Isolde Kommer und Tilly Mersin, Großerlach, *www.mersinkommer.de*
Herstellung: Stefanie Weidner
Umschlaggestaltung: Helmut Kraus, *www.exclam.de*, unter Verwendung eines Fotos des Autors
Druck und Bindung: mediaprint solutions GmbH, 33100 Paderborn

Bibliografische Information der Deutschen Nationalbibliothek
Die Deutsche Nationalbibliothek verzeichnet diese Publikation in der Deutschen Nationalbibliografie; detaillierte bibliografische Daten sind im Internet über *http://dnb.d-nb.de* abrufbar.

ISBN:
Print 978-3-86490-797-5
PDF 978-3-96910-099-8
ePub 978-3-96910-100-1
mobi 978-3-96910-101-8

3., aktualisierte und erweiterte Auflage 2021

Wieblinger Weg 17
69123 Heidelberg

Hinweis:
Der Umwelt zuliebe verzichten wir auf die Einschweißfolie.

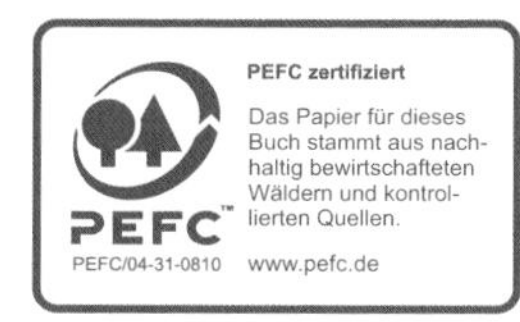

Schreiben Sie uns:
Falls Sie Anregungen, Wünsche und Kommentare haben, lassen Sie es uns wissen:
hallo@dpunkt.de

5 4 3 2 1 0

Dieses Buch widme ich meiner lieben Freundin und Kollegin Victoria Pavlov.
Ich danke ihr damit für ihre Unterstützung, Freundschaft und dafür, dass sie sich
so wunderbar um meinen besten Freund gekümmert hat.
Du bist ein wahres Geschenk für deine Mitmenschen.

Dank

Auch wenn auf dem Buchcover nur ein einziger Name steht, ist ein solches Projekt nur mit einem Team engagierter und fähiger Leute zu stemmen. Es war mir eine Freude, mit euch zu arbeiten, und es ist mir eine Ehre, euch hier zu danken.

Meiner wundervollen Ehefrau Kalebra: Dieses Jahr haben wir unseren 30. Hochzeitstag gefeiert und Immer wieder beweist du mir aufs Neue, was mir alle schon immer sagen: Ich bin der glücklichste Kerl auf der Welt.

Meinem Sohn Jordan: Ich kann einfach nicht glauben, dass mein »kleiner Junge« schon seinen College-Abschluss hat. Es ging alles so schnell, aber ich freue mich sehr für dich und dass du so viel vor dir hast: die vielen Abenteuer, den Spaß, die Liebe, das Lachen. Falls es einen Vater gibt, der noch stolzer auf seinen Sohn ist als ich, dann muss ich ihn unbedingt kennenlernen. #rolltide!

Meiner wunderschönen Tochter Kira: Du bist eine kleine Kopie deiner Mutter – und das ist das größte Kompliment, das ich dir überhaupt machen kann. Ich liebe deinen Sinn für Humor, dein ständiges Herumtanzen, die lustigen Gesichter, die du schneidest, und dein großes Herz. Ich liebe es zu sehen, wie du zu einer jungen Frau heranwächst – und besonders liebe ich es, wenn du und ich zusammen zu Mittag oder Abend essen. Diese Momente sind so kostbar für mich. Ich liebe dich, kleiner Schatz!

Meinem großen Bruder Jeff: Deine grenzenlose Großzügigkeit, Liebenswürdigkeit, positive Einstellung und Bescheidenheit waren mir mein ganzes Leben lang ein Vorbild. Es ist mir eine große Ehre, dein Bruder zu sein.

Meiner Lektorin Kim Doty: In einer Bestenliste der Buchlektoren solltest du unbedingt ganz vorne stehen. Du bist so talentiert, gut organisiert und großartig und deine tolle Einstellung, deine Unterstützung und Anregungen bringen mich immer wieder in die Spur, wenn ich mich mal wieder total verfranzt habe. Ich bin unglaublich dankbar, dich in meinem Team zu haben.

Meiner Buchgestalterin Jessica Maldonado: Ich liebe deine Designs mit all ihren raffinierten Details. Du bist ein Riesengewinn für unser Buchteam!

Meiner lieben Freundin und Geschäftspartnerin Jean A. Kendra: Danke, dass du es all die Jahre mit mir ausgehalten und mich bei allen meinen verrückten Ideen unterstützt hast. Das ist so viel wert.

Erik Kuna: Deine Anregungen, Ideen und gute Beratung haben dieses Buch und auch alle vorhergehenden um so vieles besser gemacht. Ich schätze deine Freundschaft sehr und empfinde es als Segen, dich in meinem Leben zu haben.

Jeanne Jilleba: Danke, dass du so gekonnt mit meinem kniffligen Terminplan jonglierst, dass ich trotzdem Zeit finde, diese Bücher zu schreiben. Ich bin sehr dankbar für deine Hilfe, dein Talent und die unermessliche Geduld, die du jeden Tag wieder aufbringst.

Cindy Snyder: Riesigen Dank dafür, dass du meine Büchern überarbeitest und tausend kleine Dinge findest, die andere übersehen hätten.

Meinem fantastischen »Lektor fürs Leben« Ted Waitt bei Rocky Nook: Danke, dass du so ein toller Freund bist, ein erstklassiger Resonanzkörper, und dass du mir hilfst, all meine Ideen Realität werden zu lassen.

Meinem Verleger Scott Cowlin: Ich bin so glücklich, immer noch mit dir zu arbeiten, und danke dir für deine Offenheit und deinen Weitblick.

All den talentierten Fotografen und Trainern, die mir über die Jahre hinweg so viel beigebracht haben: Moose Peterson, Joe McNally, Bill Fortney, Anne Cahill, David Ziser, Jim DiVitale, Tim Wallace, Lindsay Adler, Peter Hurley, Cliff Mautner, Jeremy Cowart, Dave Black, Jay Maisel, Joel Grimes, Helene Glassman und Monte Zucker.

Meinen Freunden einfach dafür, dass sie meine Freunde sind: Terry White, Dave Clayton, Jeff Revell, Peter Treadway, Ted Waitt, Paul Kober, Scott Stahley, Victoria Pavlov, Serge Ramelli, Kim Doty, Marvin Derezin, Dave Williams, Manny Steigman, Fernando Santos, Glyn Dewis, Robby Pisco, Mike McCaskey, Larry Grace, Matt Kloskowski, Ed Biuce, Tony Llanes, Larry Becker, Rob Foldy, Frank Doorhof, Jeff Leimbach, Deb Uscilka, Karen Hutton, John Swarce, Bryan Hughes, Kathy Porupski, Mike Kubiesy, Vanelli, Rick Sammon, Greg Rostami, Bob DeChiara, Mike Larson, Kleber Stephenson, Kelly Jones, Brad Moore, Mimo Meidany, Juan Alfonso, Cathy Baitson, Eric Eggly, Ramtin Kazemi, Skip Cohen und John Couch.

Meinen Beratern John Graden, Jack Lee, Dave Gales, Judy Farmer und Douglas Poole: Danke, dass ihr eure Erfahrung eingebracht und die Peitsche geschwungen habt – beides hat mir unbeschreiblich auf meinem Lebensweg geholfen, und ich werde für immer in eurer Schuld stehen und dankbar für eure Freundschaft und euren Rat sein.

Und vor allem möchte ich Gott und seinem Sohn Jesus Christus danken, die mich zur Frau meiner Träume geführt und uns mit wunderbaren Kindern gesegnet haben, die es mir ermöglicht haben, meinen Lebensunterhalt mit einer erfüllenden Arbeit zu bestreiten, die stets da sind, wenn ich sie brauche, die mich mit einem wundervollen und glücklichen Leben sowie einer liebevollen Familie gesegnet haben.

Inhalt

Blitzen wie ein Profi

Falls Sie bisher nicht gerne mit Blitz fotografiert haben, wird sich das nun ändern

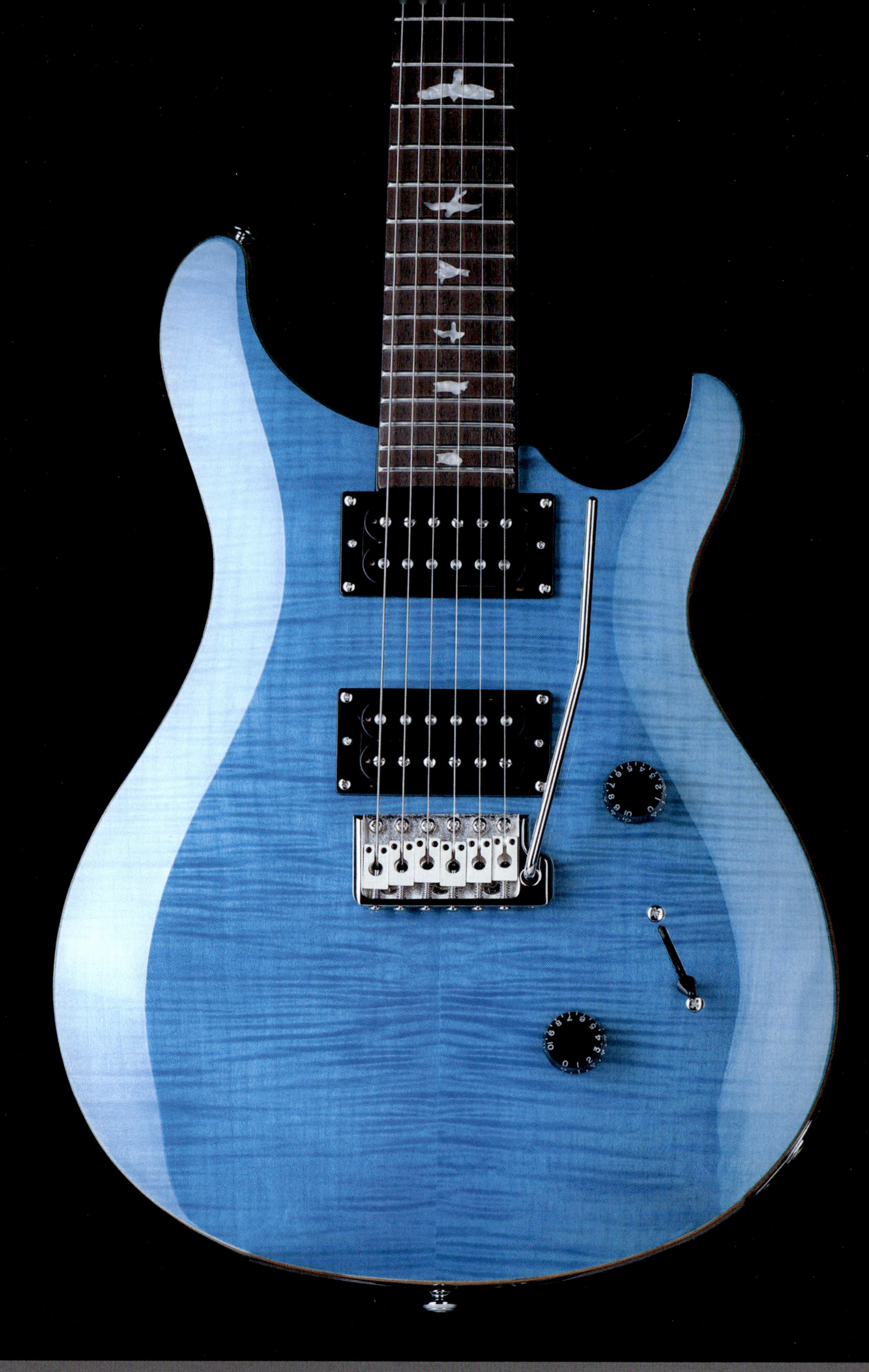

BELICHTUNGSZEIT: 1/125 S | BLENDE: F/6.7 | ISO: 100 | BRENNWEITE: 75 MM

Kapitel 1

Profitipps für scharfe Fotos

Sind Ihre Bilder unscharf, ist der Rest auch egal

Für uns Fotografen ist es enorm wichtig, gestochen scharfe Fotos zu machen. Für manche Fotografen hängt quasi ihr Leben davon ab – und das können Sie zu Ihrem Vorteil nutzen. Wenn Sie mal wieder auf einer dieser glamourösen Fotopartys sind, wo es vor Prominenz nur so wimmelt, der Champagner fließt und DJ Tiësto an den Plattentellern dreht, dann probieren Sie Folgendes: Gehen Sie beiläufig auf einen Fotografen zu, der herumsteht und mit seiner aktuellen Ausstellung prahlt, und sagen Sie: »Hey, ich war in Ihrer Ausstellung und finde es echt beeindruckend, dass Ihnen Ihre unscharfen Bilder so gar nichts ausmachen.« Sie können dann beobachten, wie sich das Lächeln dieses Fotografen erst in einen Ausdruck des Entsetzens, dann der Abscheu und schließlich der Scham verwandelt. Und Sie können die Minuten zählen, bis er mit dem Handy davonschleicht, um seine Ausrüstung auf eBay zu verscherbeln. So vernichtend ist die Aussage, dass einige seiner Bilder nicht scharf seien (selbst wenn Sie seine Ausstellung gar nicht besucht haben und die Bilder in Wirklichkeit scharf waren – das ist nämlich ein weiterer lustiger Aspekt des Fotografendaseins: die Hoffnungen und Träume von Kollegen zu zerstören). Sie kennen ja das Sprichwort: Das Einzige, worauf sich zwei Fotografen einigen können, ist, dass ein dritter Fotograf nichts taugt. Aber ich schweife ab. Ich denke, Sie erkennen an diesem wirklichkeitsnahen Beispiel, dass es für Sie, für mich und für alle anderen überlebenswichtig ist, dass unsere Bilder knackig scharf sind. Das erklärt die Aufregung, wenn es heisst, dass es für scharfe Aufnahmen kein neues Objektiv braucht, aber das erfahren wir natürlich erst, nachdem wir gerade ein richtig teures neues Objektiv gekauft haben, weil irgendein Typ im Internet behauptet hat, es sei »superscharf«. Tatsache ist, dass es für scharfe Aufnahmen keinesfalls reicht, einfach ein neues Objektiv zu kaufen. Tatsächlich können Sie auch mit Ihrem vorhandenen Objektiv sehr scharfe Fotos machen, aber wenn Sie keine Objektive mehr kaufen, geht die Objektivbranche vor die Hunde. Langer Rede kurzer Sinn: Erwarten Sie nicht, dass die anderen Kapiteleinleitungen in diesem Buch auch nur ansatzweise so viel mit dem Kapitelthema zu tun haben wie diese hier. Sie ist sozusagen eine Anomalie. Die restlichen Einleitungen – sagen Sie nicht, ich hätte Sie nicht gewarnt.

Sieben Dinge, die Sie wissen sollten, …

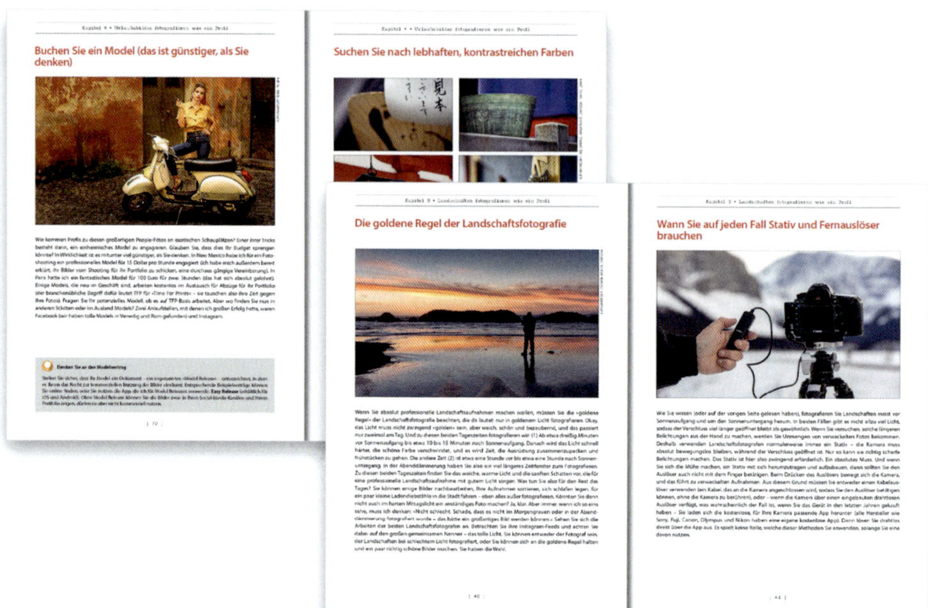
Buchen Sie ein Model (das ist günstiger, als Sie denken)

Suchen Sie nach lebhaften, kontrastreichen Farben

Die goldene Regel der Landschaftsfotografie

Wann Sie auf jeden Fall Stativ und Fernauslöser brauchen

(1) So funktioniert dieses Buch: Im Grunde genommen ziehen Sie und ich gemeinsam zum Fotografieren los, und ich gebe Ihnen genau die Tipps und Ratschläge und bringe Ihnen die Techniken bei, die ich im Lauf der Jahre von den besten Profifotografen gelernt habe. Die ganzen technischen Details lasse ich dabei weg. Also angenommen, wir sind bei einem Porträtshooting, Sie drehen sich zu mir um und fragen: »Hey Scott, ich möchte, dass das Licht möglichst weich und vorteilhaft wirkt. Wie weit soll ich diese Softbox nach hinten stellen?« Dann würde ich Ihnen keinen Vortrag über das Belichtungsdreieck oder Lichtformer halten, sondern kurz und bündig antworten: »Gehen Sie damit so nahe wie möglich an Ihr Modell heran, aber ohne dass die Box im Bild zu sehen ist. Je näher Sie rangehen, desto weicher wird das Licht und desto stärker umhüllt es das Modell.« Und genau so mache ich es auch in diesem Buch.

(2) Auf vielen Seiten gibt es Zusatztipps am unteren Rand. Manchmal beziehen sich diese Tipps auf den Text darüber, manchmal musste ich einen Tipp einfach irgendwo unterbringen und habe ihn dann auf diese Seite gepackt. Wenn Sie unten einen Kasten mit einem Tipp sehen, sollten Sie also vorsichtshalber zumindest einen kurzen Blick hineinwerfen.

... bevor Sie dieses Buch lesen!

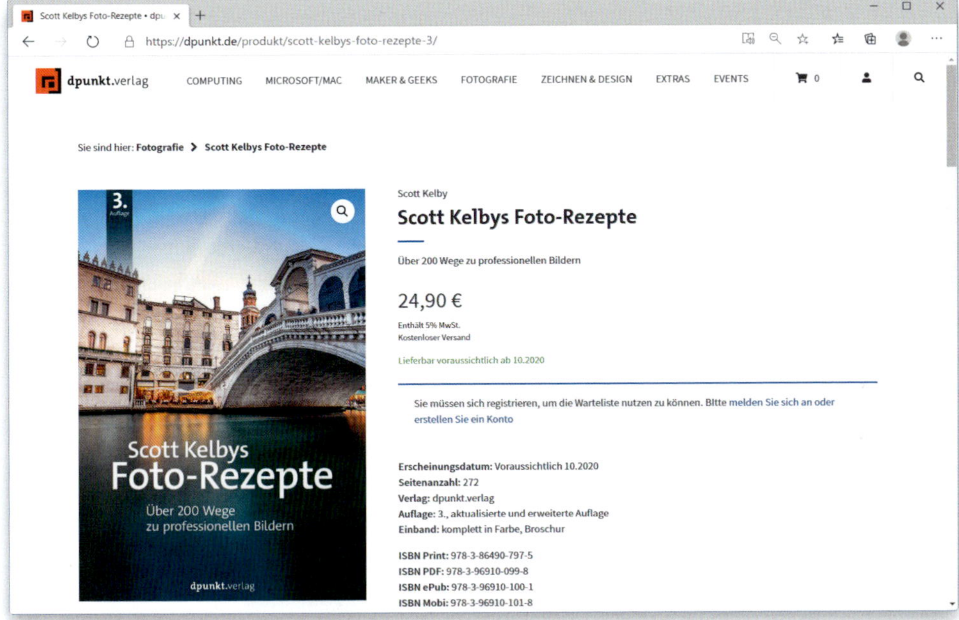

(3) Manchmal müssen Sie etwas kaufen. Dieses Buch ist kein Einkaufsratgeber, aber Sie sollten wissen, dass Sie für professionelle Ergebnisse manchmal auch professionelles Fotozubehör brauchen. Ich bekomme keine Provisionen oder Werbegelder von Firmen, deren Produkte ich empfehle (dieser Undank ...). Ich gebe Ihnen einfach nur die Ratschläge, die ich auch einem Freund geben würde.

(4) Und dann hätte ich noch einige Video-Tutorials für Sie. Einige Nachbearbeitungstechniken lassen sich nur schwer mit Worten erklären, deshalb zeigen diese Videos, was genau gemacht wurde. Zum Glück ist das alles kein Hexenwerk – alles, was ich Ihnen beibringe, können Sie auch selbst umsetzen, denn die Videos sind einfach, verständlich und Schritt für Schritt aufgebaut (allerdings sind sie nicht synchronisiert, Sie sollten also etwas Englisch verstehen). Ich arbeite viel mit Lightroom (das ist mein Hauptwerkzeug), aber manchmal benötige ich auch Photoshop (als Nutzer von Photoshop Elements bleiben Sie jedoch ebenfalls nicht außen vor: Fast alles, was ich in den Videos zeige, können Sie auch dort umsetzen). Es ist ebenfalls kein Problem, wenn Sie statt Lightroom das Camera Raw-Plug-in von Photoshop verwenden, da Camera Raw in Lightroom sozusagen integriert ist (dort finden Sie dieselben Schieberegler in der gleichen Reihenfolge und mit genau der gleichen Funktion). Ich habe eine Webseite mit allen Videos und Links zu allen von mir angesprochenen Ausrüstungsgegenständen eingerichtet und all das nur für dieses Buch, nur für Sie, meine tollen, lieben Leser und neuen besten Freunde auf der ganzen weiten Welt. Hier ist der Link: *http://kelbyone.com/books/dpbook2020* (blättern Sie jetzt aber um, denn es folgen noch einige wichtige Punkte).

Noch zwei Dinge

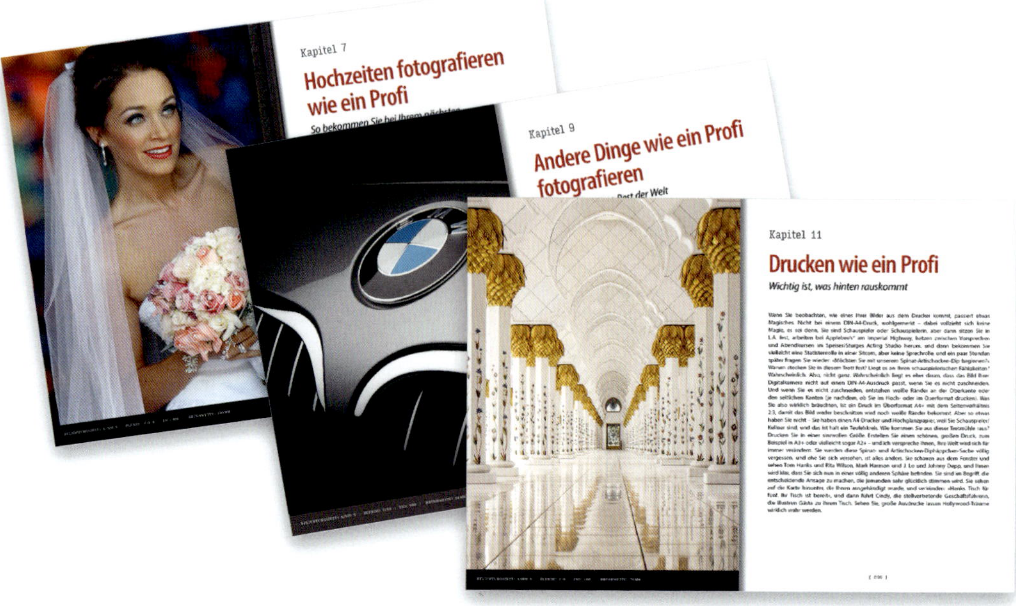

(5) Wenn Sie mit einer Digitalkamera von Sony, Olympus oder Fuji fotografieren, dann lassen Sie sich nicht davon irritieren, wenn hier eine Canon- oder Nikon-Kamera abgebildet ist. Da die meisten Leute mit Canon oder Nikon fotografieren, zeige ich hier Kameras dieser beiden Hersteller (obwohl ich mittlerweile hauptsächlich Kameras und Objektive von Canon verwende). Aber so oder so: Keine Panik – die meisten Techniken in diesem Buch gelten für sämtliche DSLR- oder spiegellosen Kameras und sogar für viele einfachere Kompaktkameras.

(6) WARNUNG: Die Kapiteleinleitungen sollen Ihnen eine kurze »geistige Verschnaufpause« bieten und haben ehrlich gesagt recht wenig mit dem Kapitelinhalt selbst zu tun. Eigentlich sind sie ganz und gar zusammenhangslos. Für mich ist es einfach eine Art Tradition, diese schrägen, weitschweifigen Einleitungen zu verfassen (das mache ich in allen meinen Büchern). Wenn Sie aber so richtig humorlos sind, dann bitte ich Sie ganz inständig, die Einleitungen zu überspringen, denn sie werden Ihnen nur auf die Nerven gehen. Sollten es Ihnen die Einleitungen hingegen irgendwie angetan haben, habe ich ein ganzes Buch nur aus den besten Kapiteleinleitungen aus allen meinen Büchern zusammengestellt. Es heißt *Buy This Book of Chapter Intros Even Though You Won't Learn Anything.* Die Gewinne aus dem Buchverkauf gehen komplett an das Springs of Hope Orphanage in Kenia, ein Waisenhaus, das mit der großzügigen Unterstützung von Menschen, die meinen täglichen Blog lesen und an meinem jährlichen Worldwide Photo Walk teilnehmen, von Grund auf neu aufgebaut wurde. Sie finden das Buch im Kindle-Format auf Amazon oder auf Apple Books. Sie werden es absolut lieben oder mit der Leidenschaft von tausend glühenden Sonnen hassen. So oder so helfen Sie den Waisenkindern und bekommen viel gutes Karma, und am Ende hat jeder etwas davon. (Hören Sie auf zu kichern! Sie wissen, was ich meine.)

Eine letzte Sache

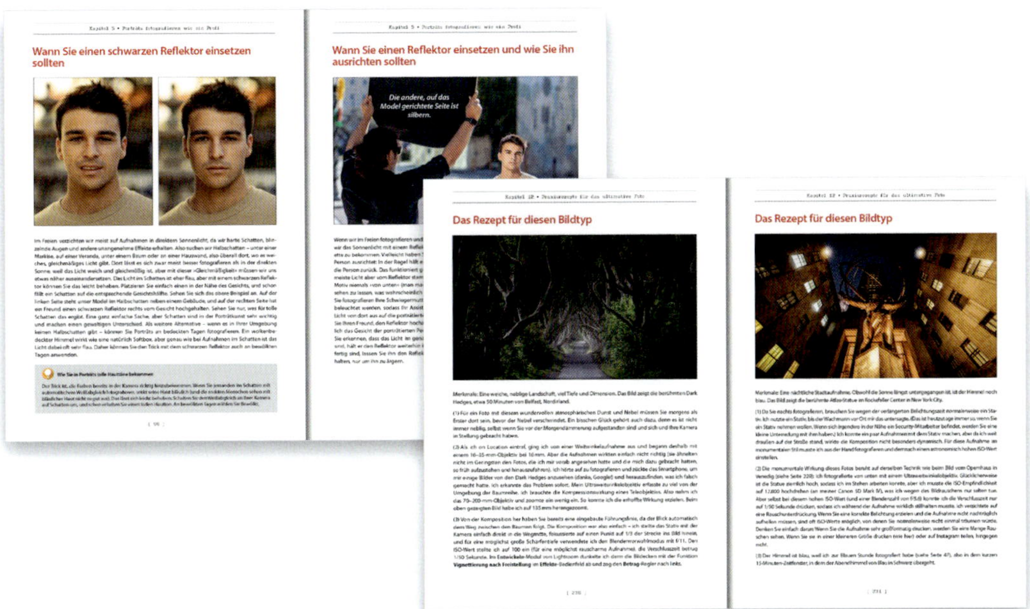

Wann Sie einen schwarzen Reflektor einsetzen sollten

Wann Sie einen Reflektor einsetzen und wie Sie ihn ausrichten sollten

Das Rezept für diesen Bildtyp

Das Rezept für diesen Bildtyp

(7) Denken Sie daran: Dies ist ein Praxisbuch. Ich vermittle Ihnen diese Tipps genau so, wie ich sie einem Fotokumpel geben würde. Das heißt, dass ich oft nur darauf eingehe, welchen Knopf Sie drücken, welche Einstellung Sie ändern oder wie Sie den Blitz positionieren müssen, ganz ohne mich in den ganzen technischen Erklärungen zu verlieren. Ich denke, sobald Sie die ersten tollen Ergebnisse mit Ihrer Kamera erzielt haben, werden Sie sich ohnehin eines dieser tiefgründigen Kamera- oder Blitzfotografiebücher kaufen, die alle technischen Details abhandeln. Dann werden Sie Begriffe wie »chromatische Aberration«, »Beugungsunschärfe« und »hyperfokale Distanz« kennenlernen. Ich hoffe inständig, dass mein Buch Ihre Fotoleidenschaft entfacht, indem es Ihnen zu den fotografischen Ergebnissen verhilft, die Sie sich schon immer gewünscht haben. Jetzt packen Sie Ihre Ausrüstung zusammen – es wird Zeit, dass wir zu unserem ersten Shooting aufbrechen.

Mit einem Stativ erhalten Sie »knackscharfe« Fotos

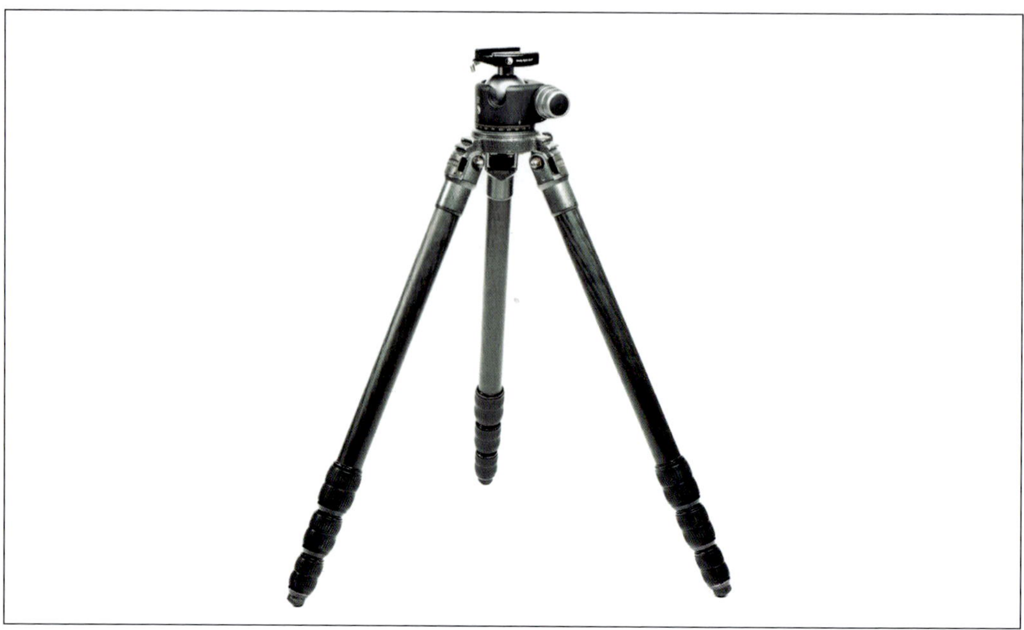

Es gibt keinen Spezialtrick für professionell scharfe Fotos – erst die Kombination aus mehreren Faktoren sorgt für »knackscharfe« Bilder. (Mit dem Attribut »knackscharf« beschreiben Berufsfotografen den ultimativen Schärfegrad. Leider sind wir nicht besonders gut darin, uns originelle Begriffe auszudenken.) Es gibt also eine Reihe von Dingen zu beachten, das Wichtigste ist aber der Einsatz eines Stativs. Wenn sich Profis von Amateuren durch eine Sache unterscheiden, dann ist es die Tatsache, dass Erstere sehr häufig mit Stativ fotografieren (sogar tagsüber). Ja, es macht mehr Arbeit, aber das ist die wichtigste Komponente, die Amateure vermissen lassen. Profis sind bereit, die ganzen Kleinigkeiten zu beachten, auf die die meisten Amateure verzichten. Das ist mit ein Grund dafür, warum ihre Fotos so aussehen, wie sie eben aussehen. Die einzige Aufgabe eines Stativs besteht darin, die Kamera ruhig und stabil zu halten. Allerdings sind manche Stative dafür weitaus besser geeignet als andere. Sparen Sie deshalb nicht an der Qualität. Immer wieder werden Sie Fotografen darüber diskutieren hören, denn mit billigen Stativen lässt sich die Kamera einfach nicht so gut ruhig halten. Deshalb sind sie ja so billig. Wenn Sie sich irgendwann beim Herumschleppen Ihres Stativs sagen: »Mann, dieses große Stativ nervt«, dann wissen Sie, dass Ihre Kaufentscheidung richtig war.

Ein Kugelkopf macht Ihnen das Leben leichter

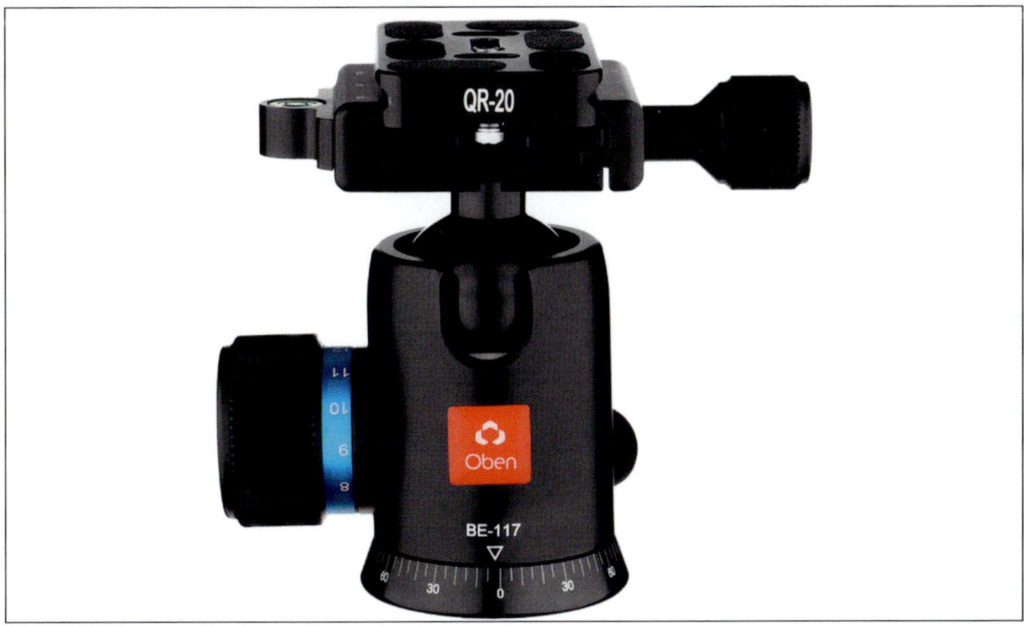

Beim Kauf eines hochwertigen Stativs bekommen Sie in der Regel nur das Stativ selbst (also den Teil mit den Beinen). Den Stativkopf müssen Sie also extra kaufen. Ich empfehle Ihnen einen Kugelkopf – die sind toll, weil Sie die Kamera mit nur einem Hebel schnell, einfach und präzise in jedem beliebigen Winkel ausrichten können (ein Riesenvorteil). Das Beste ist, dass gute Kugelköpfe die Kamera fest arretieren, sodass sie nicht langsam in die eine oder andere Richtung rutscht, nachdem Sie Ihre Aufnahme eingerichtet haben (solange Kamera und Objektiv nicht zu schwer sind). Wie ein gutes Stativ ist auch ein guter Kugelkopf nicht billig, aber sobald Sie einen haben, werden Sie sich in ihn verlieben und ihn für viele Jahre behalten. Ich zeige Ihnen hier meinen Favoriten unter den preiswerten Modellen: Der BE-117 von Oben ist klein und leicht, aber auch überraschend solide, und er kostet nur rund 80 Euro (aktuell nur über ebay.de als US-Import erhältlich – schauen Sie sich ersatzweise Sirui-Modelle an, z. B. den E-10). Im Vergleich zu meinem absoluten Lieblingskugelkopf, dem BH-40 von Really Right Stuff, ist das ein Schnäppchen. Der kostet rund 480 Euro, aber ich habe ihn jetzt schon seit über 15 Jahren, und er funktioniert immer noch so gut wie am ersten Tag.

 **Die Regeln brechen**

Und was tun Sie, wenn Sie kein Stativ nutzen können (weil zum Beispiel vor Ort Stative nicht erlaubt sind)? Falls es dort genug Licht gibt, brauchen Sie sich überhaupt keine Gedanken zu machen – fotografieren Sie einfach im Blendenvorwahlmodus mit der größten Blendenöffnung (kleinste Blendenzahl), und Ihre Verschlusszeit wird so kurz ausfallen (wahrscheinlich höchstens 1/1000 Sekunde), dass Sie trotzdem eine scharfe Aufnahme erhalten, weil der Verschluss eben nur für 1/1000 Sekunde offen bleibt.

Drücken Sie nicht den Kameraauslöser

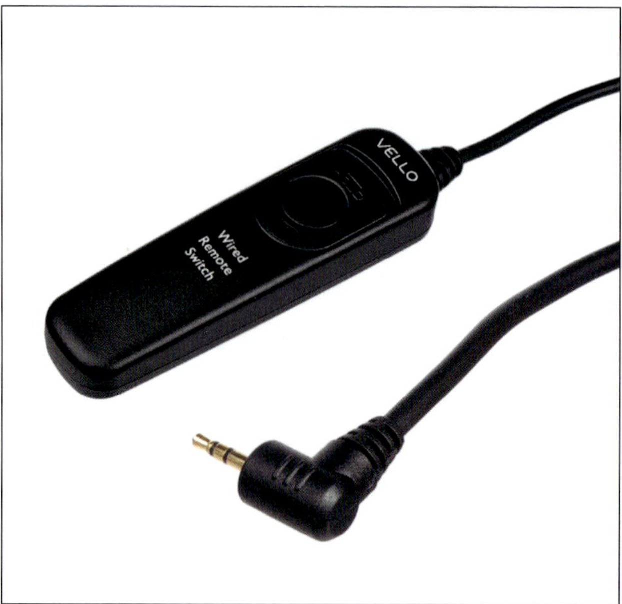

Okay, jetzt schleppen Sie also ein Stativ mit sich herum, und Ihre Fotos wirken viel schärfer. Noch nicht gestochen scharf, aber viel schärfer. Wie erreichen Sie den nächsten Schärfegrad? Indem Sie die Kamera nicht mehr anfassen. Ob Sie es glauben oder nicht: Wenn Sie den Auslöser drücken, erzeugt das eine leichte Erschütteung. Und die führt dazu, dass Ihre Fotos nicht mehr ganz scharf sind. Ich weiß, das klingt nach einer Kleinigkeit, aber die Auswirkungen sind stärker, als Sie glauben. Wegen dieses Verwacklungsproblems brauchen Sie eine Möglichkeit, die Kamera berührungslos auszulösen. Zum Glück gibt es da einige Optionen. Für die meisten Kameras erhalten Sie relativ kostengünstig eine Funkfernbedienung. Oder Sie bevorzugen die »alte Schule« und kaufen sich einen Kabelauslöser, den Sie mit Ihrer Kamera verbinden. Die Preise beginnen bei etwa 8 Euro (wie für den oben gezeigten Vello-Fernauslöser, den ich im Einsatz habe). Kabelauslöser sind also nicht nur bewährt (keine komplizierte Funkverbindung erforderlich), sondern auch preiswert. Es spielt keine Rolle, für welche Variante Sie sich entscheiden, achten Sie nur darauf, dass der Stecker des Kabels auch in Ihre Kamera passt.

Sie haben Ihren Fernauslöser vergessen? Dann nutzen Sie den Selbstauslöser

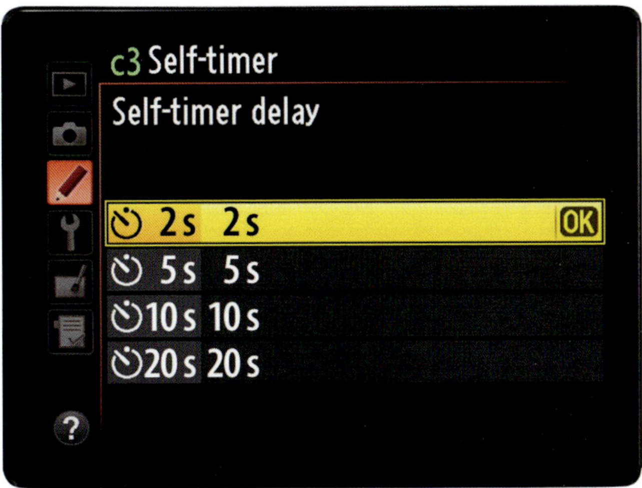

Wenn Sie keinen Kabel- oder Funkauslöser verwenden möchten oder wenn Sie bereits unterwegs sind und das entsprechende Zubehör vergessen haben (was mir schon oft passiert ist), dann ist der eingebaute Selbstauslöser Ihrer Digitalkamera eine gute Alternative. Ich weiß, normalerweise nutzen Sie diese Funktion, um selbst noch ins Bild sprinten zu können, aber überlegen Sie doch mal, was der Selbstauslöser eigentlich macht. Er löst selbst aus! Er erfüllt also so ziemlich die gleiche Aufgabe wie ein Fernauslöser, nämlich die direkte Erschütterung der Kamera durch das Drücken des Auslösers zu vermeiden. Sie brauchen nur rund zehn Sekunden zu warten (das ist meist die Standardeinstellung). Wenn Sie (so wie ich) nicht gerne warten, dann prüfen Sie doch mal, ob Sie diese Wartezeit bei Ihrer Kamera nicht auch verkürzen können. Ich habe sie bei mir auf zwei Sekunden herabgesetzt (siehe Menübild oben). Ich denke, zwei Sekunden sind lange genug, um jegliche Erschütterung durch Betätigen des Auslösers abklingen zu lassen.

Lösen Sie mit der Smartphone-App aus

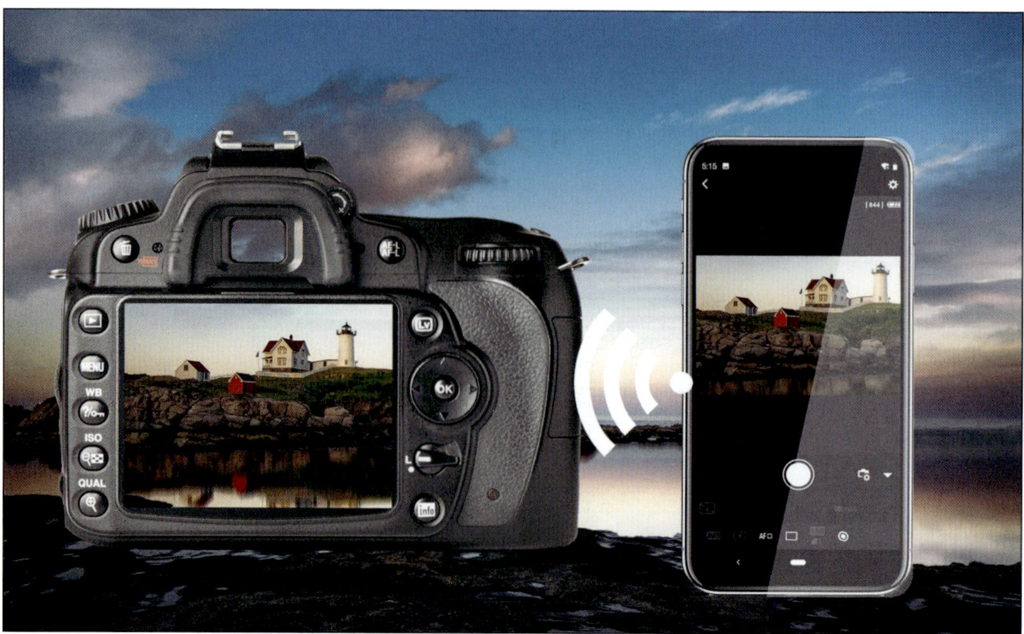

Eine weitere Möglichkeit, bei Verwendung eines Stativs jegliche Erschütterung der Kamera zu vermeiden, bietet die kostenlose Smartphone-App Ihres Kameraherstellers. Damit können Sie Ihre Aufnahmen drahtlos direkt aus der App heraus machen. Nikon, Canon, Fuji, Sony und Olympus bieten allesamt kostenlose Apps an, mit denen Sie den Auslöser drahtlos bedienen und Verwacklungen vermeiden können. Da die meisten Kameras heutzutage WLAN an Bord haben, ist die Einrichtung ein Kinderspiel. Die Auslösung der Kamera mit Hilfe solcher Apps ist auch dann sehr praktisch, wenn die Kamera sehr weit unten (vielleicht auf dem Boden) oder an einem schwer zugänglichen Ort (z. B. währen der Trauungszeremonie am Altar hinter der Braut) steht. Die meisten Apps zeigen eine Bildvorschau aus Sicht der Kamera und erlauben Ihnen die Änderungen von Kameraeinstellungen.

Erhöhen Sie den ISO-Wert nicht, wenn Sie mit Stativ fotografieren

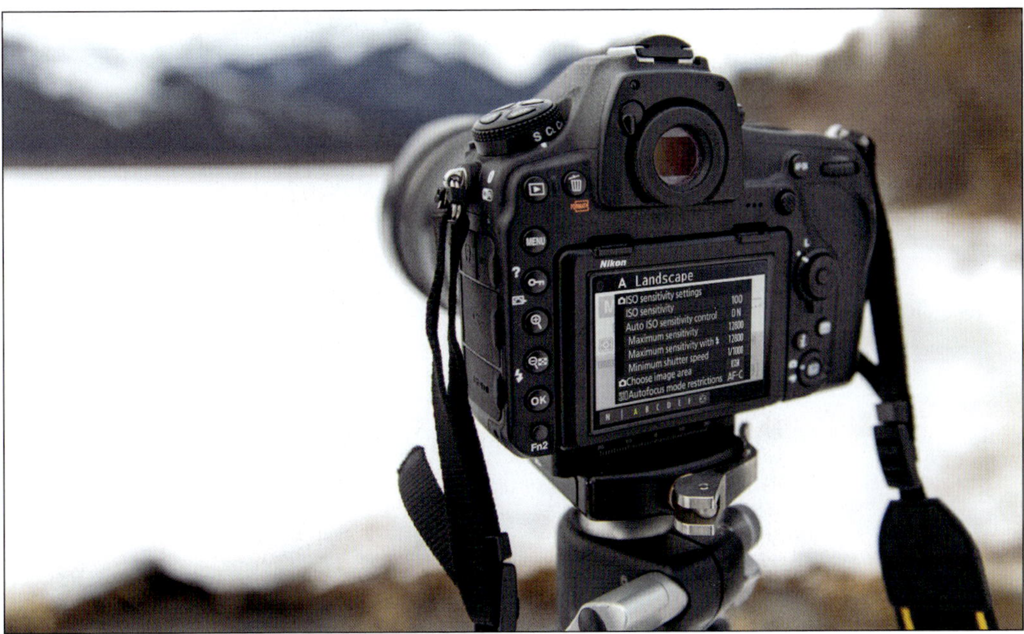

Wenn Sie mit Stativ fotografieren, dann erhöhen Sie den ISO-Wert nicht (das Digitaläquivalent zur Filmempfindlichkeit) – auch nicht bei schwachem oder sehr schwachem Licht. Belassen Sie den ISO-Wert auf der niedrigsten Einstellung, die Ihre Kamera zulässt, um die schärfsten und rauschärmsten Fotos zu erhalten (bei den meisten aktuellen Kameras liegt dieser Wert bei ISO 100, aber je nach Marke und Modell kann er auch 50 oder 64 betragen). Eine höhere ISO-Empfindlichkeit verstärkt das Bildrauschen in Ihren Bildern, wodurch wiederum die Schärfe beeinträchtigt wird, und das gilt es zu vermeiden. Wenn Sie natürlich aus der Hand fotografieren und keine andere Wahl haben, etwa bei Hochzeitsfotos unter schlechten Lichtverhältnissen in einer Kirche, dann müssen Sie die ISO-Empfindlichkeit anheben, um eine genügend kurze Verschlusszeit für verwacklungsfreie Bilder zu erreichen – mehr dazu auf der nächsten Seite. Nutzen Sie aber ein Stativ, dann sollten Sie hohe ISO-Werte meiden – denn so erhalten Sie stets rauschärmere und schärfere Bilder. Und noch etwas: Sie sollten den niedrigsten nativen ISO-Wert Ihrer Kamera verwenden, und das ist immer eine Zahl und nie ein Buchstabe. Wenn Sie also unterhalb von ISO 100 noch Einstellungen wie L1 oder L2 finden, dann bleiben Sie trotzdem bei ISO 100, dem nativen ISO-Wert mit dem geringsten Bildrauschen.

Geheimwaffe für schärfere Aufnahmen aus der Hand

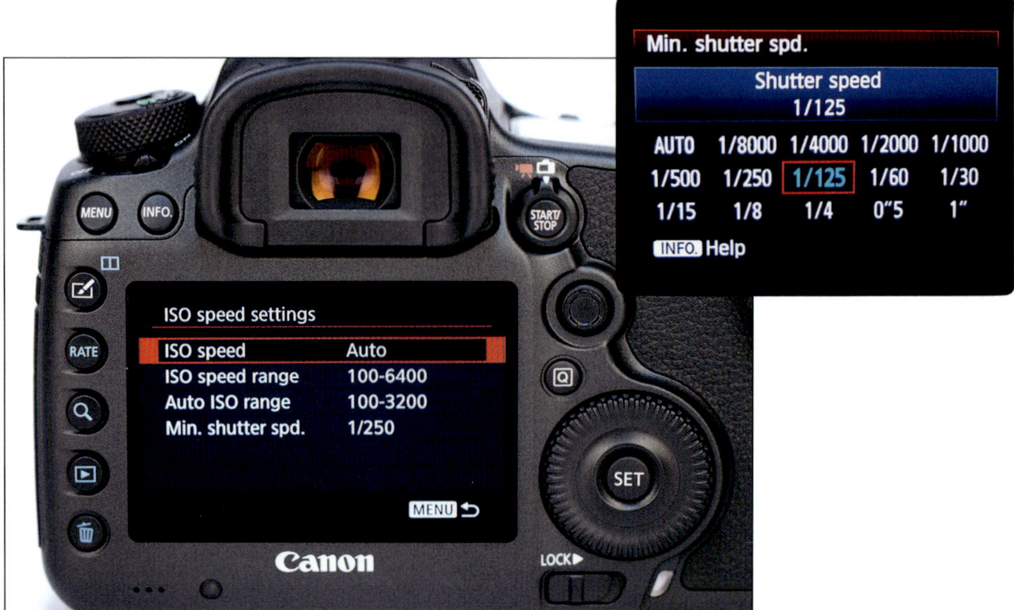

Wenn Sie an einem sonnigen Tag im Freien aus der Hand fotografieren, bekommen Sie wahrscheinlich ziemlich scharfe Fotos. Da es so hell ist, öffnet sich der Kameraverschluss tatsächlich nur für den Bruchteil einer Sekunde (zum Beispiel für 1/4000 Sekunde) und lässt in dieser kurzen Zeit bereits genug Licht für die Aufnahme auf den Sensor. Mit solchen superkurzen Verschlusszeiten würde Ihr Bild selbst dann scharf, wenn Sie nicht vollkommen still hielten. Bei schwächerem Licht (etwa in einer Kirche, einem Restaurant oder bei Sonnenauf- oder -untergang) muss der Verschluss aber viel länger offen bleiben, damit genug Licht auf den Sensor trifft – vielleicht eine volle Sekunde oder mehr (je nach Lichtverhältnissen). Und sobald irgendeine Erschütterung auftritt, gibt es ein unscharfes Foto. Deshalb nutzen wir so gerne Stative – da gibt es keinerlei Kamerabewegung, selbst wenn der Verschluss zwei Minuten lang offen bleibt. In manchen Situationen ist es natürlich auch unpraktisch oder gar verboten, ein Stativ einzusetzen. Wie kurz müsste die Verschlusszeit also für scharfe Aufnahmen aus der Hand sein? Ich würde sagen, etwa 1/125 Sekunde. Ist die Verschlusszeit länger, wird Ihr Bild wahrscheinlich unscharf. Wie halten wir unsere Verschlusszeit nun sicher bei oder unter 1/125 Sekunde? Dazu setzen wir unsere Geheimwaffe ein: die ISO-Automatik. Wir schalten sie aber nicht einfach nur ein, sondern wählen zugleich eine maximale Verschlusszeit von 1/125 Sekunde vor, sodass die Kamera die Verschlusszeit immer auf maximal 1/125 Sekunde begrenzt, egal wie wenig Licht wir haben. Dazu hebt sie den ISO-Wert so weit an, bis eine Verschlusszeit von 1/125 Sekunde oder kürzer erreicht wird. Aber führt die höhere ISO-Empfindlichkeit nicht auch zu einem gewissen Bildrauschen? Doch, das tut sie. Aber wenn Sie die Wahl zwischen einem leicht verrauschten, scharfen Foto und einem unscharfen Foto haben, dann werden Sie stets das scharfe Foto bevorzugen. Das ist also ein Kompromiss, aber ein guter. Damit das funktioniert, müssen Sie meist im Blendenvorwahlmodus fotografieren, was ich sowieso fast immer empfehle (siehe Seite 20).

Halten Sie für schärfere Fotos Ihre Ellenbogen am Körper

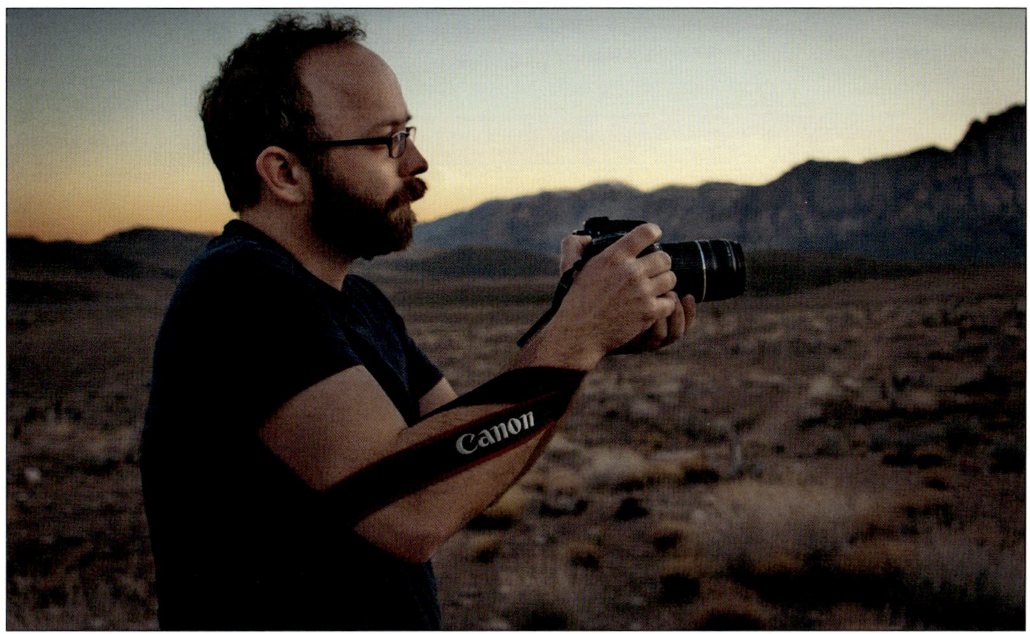

Eine andere Technik, um ohne Stativ schärfere Fotos zu bekommen: Stabilisieren Sie die Kamera, indem Sie Ihre Ellenbogen möglichst weit an den Körper heranziehen. So können Sie die Kamera besser am Körper verankern, sie damit stabiler führen und schärfere Aufnahmen erzielen. Daran gewöhnen Sie sich schneller als gedacht, und wenn Sie die Ergebnisse sehen, werden Sie froh über diesen Tipp sein.

Fotografieren Sie mit der schärfsten Blende Ihres Objektivs

Ein weiterer Profitrick besteht darin, möglichst mit der schärfsten Blende des Objektivs zu fotografieren. Bei den meisten Objektiven liegt diese etwa zwei Blendenstufen unter der größten Blendenöffnung (Sie müssen die Blendenzahl von dort aus also um zwei Blendenstufen erhöhen). Das gilt allerdings nicht für alle Objektive – achten Sie einmal selbst darauf, bei welcher Blendeneinstellung Ihre Bilder am schärfsten wirken.

Schalten Sie den Bildstabilisator (IS/VR) aus

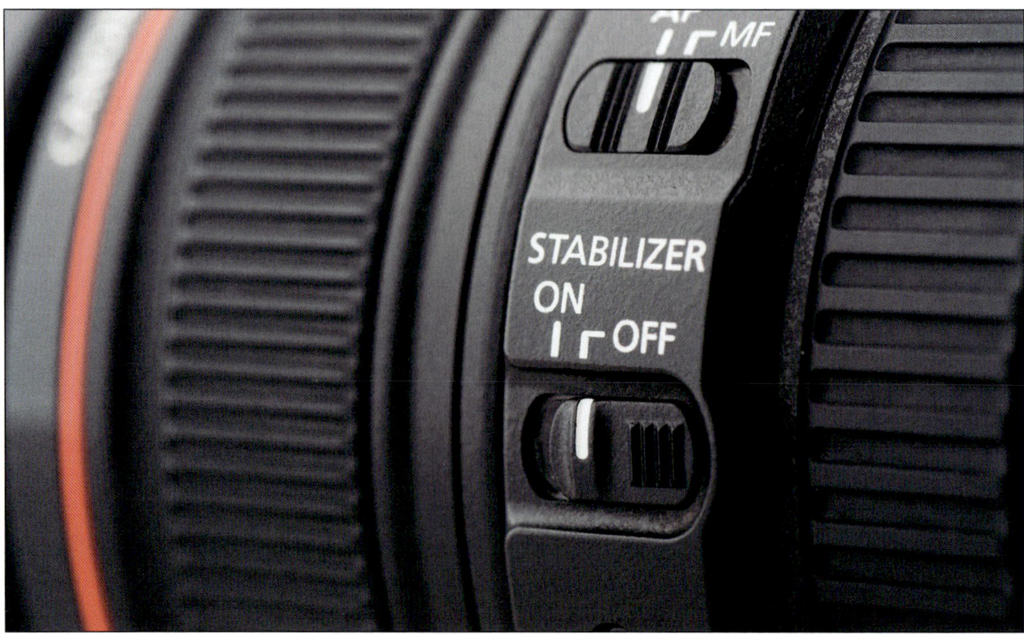

Heutzutage besitzen viele Objektive eingebaute Bildstabilisatoren. Damit wollen die Objektivhersteller uns unterstützen, wenn wir bei schwachem Licht aus der Hand fotografieren müssen (und unsere Fotos wahrscheinlich verwackeln würden, weil sich die Kamera innerhalb der langen Verschlusszeit bewegen würde). Sie funktionieren wie Mini-Gyroskope, die förmlich jede Bewegung für uns stabilisieren, und bewirken echte Wunder. Je nach Hersteller hat diese Technologie eine geringfügig anderslautende Bezeichnung. Nikon nennt sie VR (für »Vibration Reduction«), Sony und Canon nennen sie IS (für »Image Stabilization«). Im Grund bewirken beide dasselbe: Sie stabilisieren das Objektiv gegenüber allen Bewegungen, sodass Sie schärfere Aufnahmen erhalten. Das funktioniert aber nur, wenn Sie die Kamera in der Hand halten, nicht, wenn sie auf einem Stativ sitzt. Wenn Sie allerdings häufig bei schlechten Lichtverhältnissen aus der Hand fotografieren (weil Sie zum Beispiel als Hochzeitsfotograf in schwach beleuchteten Kirchen arbeiten), sollten Sie nach Objektiven mit eingebautem Bildstabilisator Ausschau halten, um schärfere und verwacklungsfreiere Fotos zu bekommen. Noch etwas: Wenn Ihr Objektiv über eine VR- oder IS-Funktion verfügt und Sie mit Stativ fotografieren, dann schalten Sie diese aus. Bildstabilisatoren neutralisieren Vibrationen. Wenn diese ausbleiben, dann suchen sie aktiv danach, und diese Suche nach Vibrationen kann, wenn es absolut keine gibt, (Sie haben es erraten) selbst kleine Vibrationen verursachen und so zu kleinen Verwacklungen führen.

Zoomen Sie ein, um die Schärfe zu überprüfen

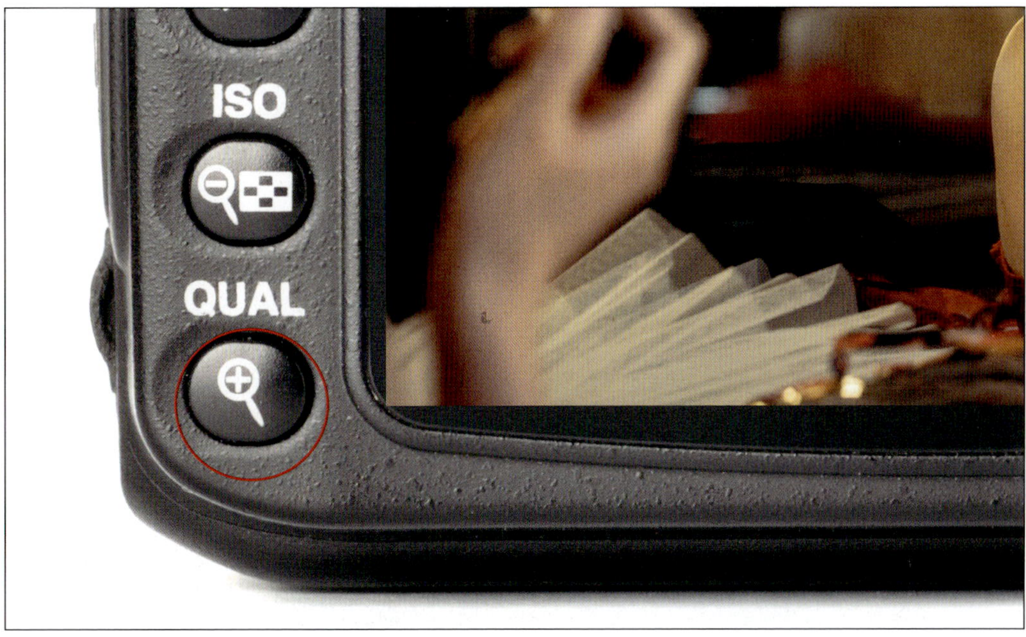

Ist Ihnen schon aufgefallen, dass auf dem winzigen LCD-Bildschirm auf der Kamerarückseite so ziemlich alles scharf und fokussiert aussieht? Wenn Ihr Foto so klein angezeigt wird, wirkt es fast immer scharf. Sie werden aber bald (nämlich wenn Sie Ihr Foto am Computer öffnen) feststellen, dass Sie diesem Mini-Display absolut nicht trauen können. Daher müssen Sie bereits beim Fotografieren einzoomen und die Schärfe kontrollieren. Auf der Kamerarückseite befindet sich eine Zoomtaste mit einem Lupensymbol. Damit können Sie einzoomen, um zu prüfen, ob das Bild wirklich scharfgestellt ist. Erfahrene Fotografen prüfen auf diese Weise die Bildschärfe, weil sie sich schon oft genug die Finger verbrannt haben. Bei vielen aktuellen Kameras können Sie sogar eine bestimmte Zoomstufe zuweisen (z.B. 4-fach oder 8-fach), die Sie dann mit einem einzigen Tastendruck auf der Kamerarückseite aufrufen können (anstatt die Taste mehrfach drücken zu müssen, um umständlich stufenweise hinein- und dann stufenweise wieder herauszuzoomen). Lesen Sie in Ihrem Kamerahandbuch nach, ob Sie die Zoomfunktion auf eine einzelne Taste legen können, mit der Sie mit nur einem Klick ein- und mit einem weiteren Klick wieder auszoomen können.

Wählen Sie Ihren eigenen Fokuspunkt

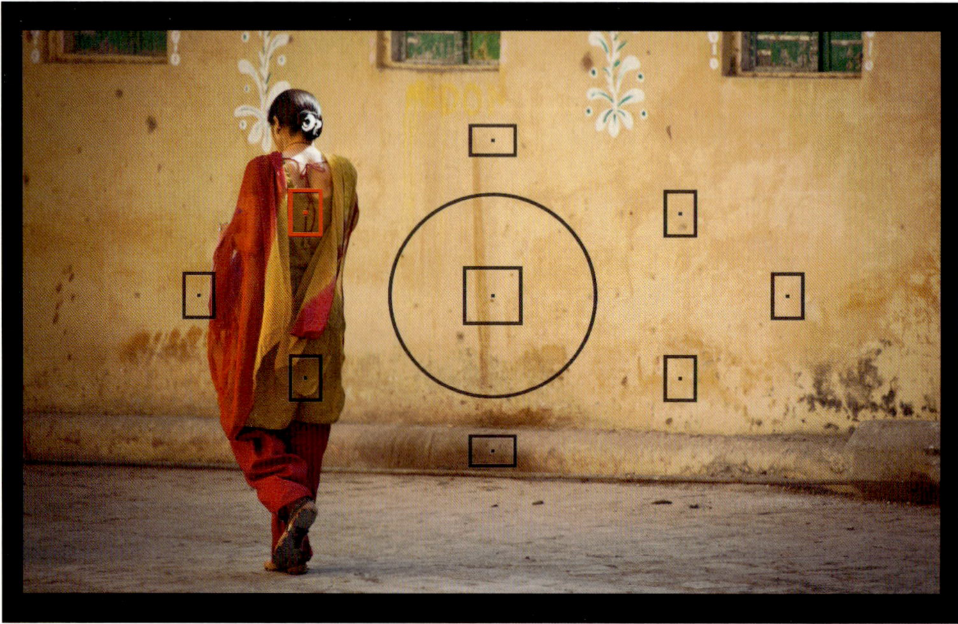

Die heutigen Autofokussysteme sind verdammt gut darin, die richtigen Stellen einer Szene scharfzustellen, aber sie sind weder perfekt, noch können sie Ihre Gedanken lesen. Deshalb sollten Sie manchmal die Enscheidung, was Sie scharfstellen wollen, nicht nur der Kamera überlassen, sondern ihr direkt mitteilen. Dazu bewegen Sie den Fokuspunkt, der beim Blick durch den Sucher erscheint (oder – wenn Sie im Live View-Modus fotografieren – auf Ihrem Kameradisplay), genau auf das Objekt, das Sie gerne scharfstellen möchten. Nehmen wir zum Beispiel an, Sie fotografieren eine Straßenszene in der Stadt und die Kamera visiert die Mauer in der Bildmitte an. Sie möchten aber lieber eine etwas seitlich davon stehende Person in den Fokus rücken. Dann verwenden Sie den Joystick (oder das Einstellrad oder was auch immer Ihr Kamerahersteller hierfür vorsieht), um den Fokuspunkt auf diese Person zu legen. Dann können Sie den Auslöser drücken und wissen, dass das, was Sie scharf stellen wollen, auch scharf abgebildet wird. Sie können dazu auch den Fokuspunkt (den Sie auf dem Display – wahrscheinlich in Rot – sehen) genau auf diese Person richten und dann den Auslöser nur halb herunterdrücken. Dadurch wird die Fokussierung für diese Aufnahme gespeichert, und Sie können die Bildkomposition nun beliebig ändern, wobei dieser Bereich weiterhin scharf bleibt. Beide Techniken funktionieren gleich gut.

Was tun, wenn Ihr Bild nicht gut genug zum Drucken ist?

Wenn Sie ein Foto gemacht haben, das Ihnen wirklich ans Herz gewachsen ist, das aber nicht ganz so scharf geworden ist, wie es sein sollte (oder wenn die Auflösung eigentlich nicht ausreicht, um es in der gewünschten Größe zu drucken), dann lassen Sie es auf Leinwand drucken. Durch die dicke Textur und die bewusst weiche Haptik kaschiert diese viele Sünden, und Bilder, die auf Papier gedruckt ziemlich übel aussehen würden, wirken auf Leinwand absolut großartig.

Bei bewegten Motiven tun Sie Folgendes

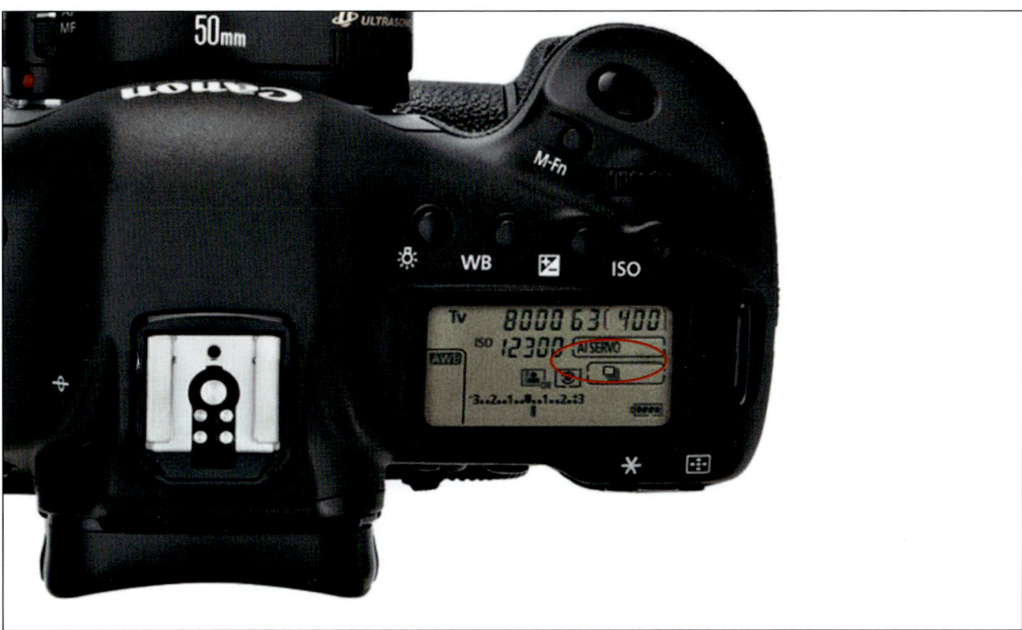

Standardmäßig geht die Kamera davon aus, dass Ihr Motiv einfach nur stillsteht und sich nicht bewegt, so wie ein Stillleben mit ein paar Äpfeln in einer Schüssel. Der Fokusmodus ist also auf unbewegte Objekte eingestellt – und sobald Sie ein bewegtes Motiv, etwa Vögel, Wildtiere, Sportler oder Kleinkinder, fotografieren, werden Ihre Bilder unscharf. In diesen Fällen sollten Sie den Fokusmodus der Kamera entsprechend umstellen – in den sogenannten »prädiktiven« Modus, der Ihr Bildmotiv auch beim Nachführen der Kamera mit der Bewegung erfasst und den Fokus beibehält. Das Fokussierungssystem stützt sich vornehmlich auf die Bewegungsrichtung und -geschwindigkeit des Motivs und kann so »vorhersagen«, auf welchen Punkt es als Nächstes scharfstellen soll. Allerdings funktioniert dies nicht immer einhundertprozentig genau, und manchmal verliert die Kamera das Motiv auch, wenn etwas seinen Weg kreuzt (wie bei einem Fussballspiel etwa ein Schiedsrichter oder ein anderer Spieler, der vor das eigentliche Motiv läuft), aber insgesamt funktioniert es wesentlich besser als die Standardeinstellung. Bei Canon-Kameras heißt diese Funktion »AI Servo«. Sony und Nikon bezeichnen sie bei ihren Kameras als »AF-C« (Autofocus Continuous)«. Diese Funktion sorgt bei bewegten Motiven für deutlich schärfere Bilder. Denken Sie auch daran, mit Ihrem Motiv mitzuschwenken und es in seiner Bewegung (über den Himmel, das Spielfeld oder die Eislaufbahn) mit der Kamera zu verfolgen.

Schärfen Sie in Lightroom nach

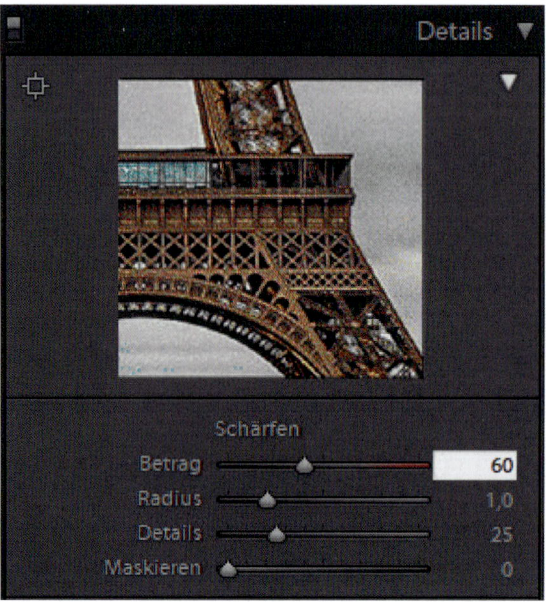

Wenn Sie alle Tipps in diesem Kapitel befolgt und schöne, scharfe Bilder gemacht haben, können Sie deren Schärfeeindruck in Adobe Lightroom (dem unglaublich beliebten Bildbearbeitungsprogramm für Fotografen), Adobe Photoshop (beliebt bei Profis, aber steilere Lernkurve) oder Adobe Photoshop Elements (für Semi-Profis, flache Lernkurve) noch erhöhen. Welche Bilder müssen nun tatsächlich geschärft werden? Alle. Wir schärfen jedes Foto, das wir aufnehmen, Punkt! Lightroom verfügt im **Entwickeln**-Modul über einige Voreinstellungen, die gut funktionieren – klicken Sie einfach darauf, und schon wird das Bild nachgeschärft. Sie können aber auch manuell im Bereich **Details** schärfen (ebenfalls im **Entwickeln**-Modul, auch in der Cloud-Version von Lightroom). Wenn Sie im RAW-Format fotografiert haben, werden Sie feststellen, dass Lightroom in der aktuellen Version den Betrag-Regler bereits auf **40** eingestellt hat. In älteren Versionen ist er auf auf **25** eingestellt), aber das ist meist nicht scharf genug (Adobe hat hier eine sehr konservative Wahl getroffen), also stelle ich ihn etwas höher ein. Für die meisten Biider erhöhe ich den Betrag auf **50**, aber wenn Ihr Motiv viele Details aufweist (etwa eine Landschaft oder ein Motorrad oder ein Auto oder eine Stadtansicht), können Sie je nach Bild auf bis zu **60** oder vielleicht sogar **70** erhöhen (zoomen Sie auf eine 100%-ige 1:1-Ansicht, um die Scharfzeichnung zu prüfen). Wenn Sie im JPEG-Format fotografiert haben, wurde Ihr Bild bereits in Ihrer Kamera geschärft, sodass der Lightroom-Regler für den Schärfungswert auf **0** steht. Bei JPEG-Bildern erhöhe ich ihn aber trotzdem auf etwa **15** oder **20**, um den gewünschten Schärfeeindruck zu erhalten. Wenn Sie mit Photoshop arbeiten, finden Sie auf der nächsten Seite meine Einstellungen für das sogenannte »unscharf Maskieren«.

Schärfen Sie in Photoshop nach

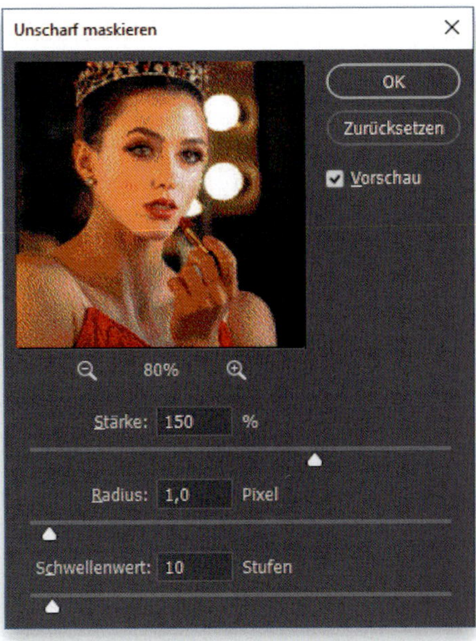

In Photoshop (oder Photoshop Elements) verwenden Sie den Filter **Unscharf maskieren.** (Das Wort »unscharf« legt nahe, dass Ihre Bilder dadurch weichgezeichnet werden, aber so ist es nicht – die Bezeichnung stammt von einer traditionellen Dunkelkammertechnik – ich sagte ja schon: steilere Lernkurve.) Öffnen Sie das **Filter**-Menü, wählen Sie **Scharfzeichnungsfilter** und **Unscharf maskieren**. In diesem Dialogfeld gibt es drei Regler, mit denen Sie verschiedene Scharfzeichnungsparameter zuweisen können. Ich will hier nicht auf die ganzen technischen Details eingehen, sondern Ihnen fünf Einstellungsmöglichkeiten verraten, die Wunder wirken:

(1) Porträts: **Stärke 150 %; Radius 1; Schwellenwert 10**

(2) Stadtansichten oder Reisefotos: **Stärke 65 %; Radius 4; Schwellenwert 3**

(3) Alltagsgebrauch: **Stärke 120 %; Radius 1.1; Schwellenwert 3**

(4) Superscharfe Fotos (Sportfotos, Landschaften, sehr detailreiche Bilder):
Stärke 95 %; Radius 1.5; Schwellenwert 1

(5) Bilder, die ich bereits für das Web verkleinert und in der Auflösung verringert habe:
Stärke 85 %; Radius 1; Schwellenwert 4

Warum ich den Blendenvorwahlmodus empfehle

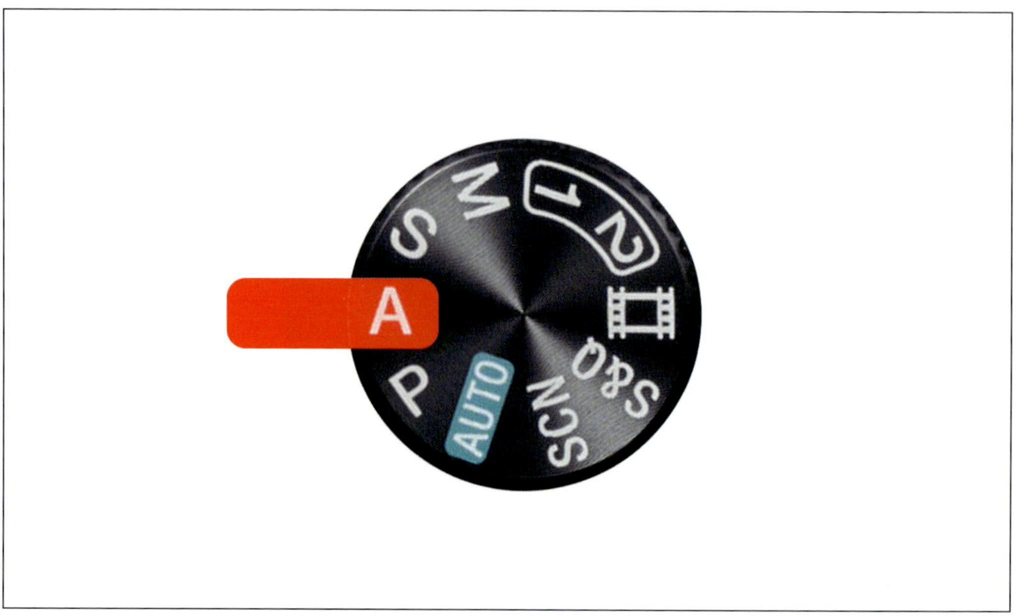

Im Prinzip haben wir die Sache mit den scharfen Fotos jetzt abgehandelt, aber es gibt immer noch ein paar Dinge, die ich Ihnen gleich vorab sagen möchte. Es geht also hoffentlich in Ordnung, dass ich diese beiden Seiten hier am Ende des Kapitels einfüge (ich werde übrigens nie erfahren, ob Sie damit einverstanden sind oder nicht, da es sich um ein Buch handelt, also muss ich davon ausgehen, dass Sie damit einverstanden sind, aber Sie scheinen insgesamt recht entspannt zu sein, also vielen Dank im Voraus). Wenn ich nicht mit Blitz fotografiere (hierbei müssen Sie aus den in Kapitel 6 besprochenen Gründen im manuellen Modus fotografieren), verwende ich immer den Blendenvorwahlmodus (meist ist dieser am Moduswahlrad der Kamera mit **A** oder **Av** gekennzeichnet). Am Blendenvorwahlmodus gefällt mir so gut, dass ich nur die gewünschte Blende einstellen muss und die Kamera dann automatisch die richtige Verschlusszeit auswählt und das Bild korrekt belichtet. Ich muss mir über die Verschlusszeit in den meisten Fällen also überhaupt keine Gedanken machen, es sei denn, ich fotografiere bei sehr schlechten Lichtverhältnissen (siehe Seite 12). Und wenn ich nicht mit den Kameraeinstellungen herumhantieren muss, dann kann ich mich umso besser auf die wirklich wichtigen Dinge wie Komposition und Lichtqualität konzentrieren. Deshalb empfehle ich meinen Freunden immer, im Blendenvorwahlmodus zu fotografieren. Soll die Kamera den ganzen technischen Kram für Sie erledigen – Sie selbst können Ihre Kreativität entfalten.

Welche Blendeneinstellung sollten Sie verwenden?

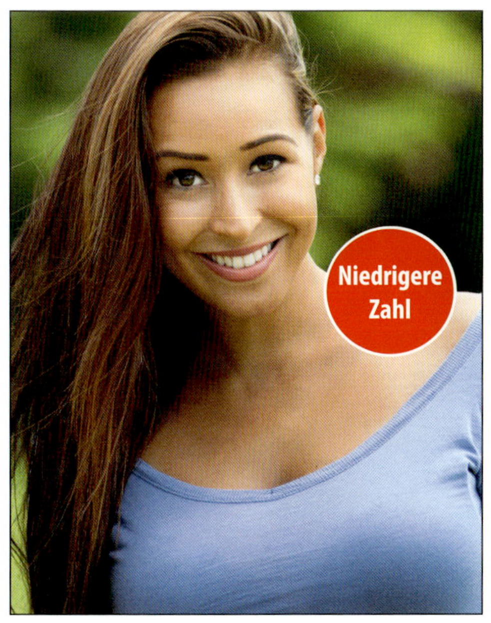

f/2.8

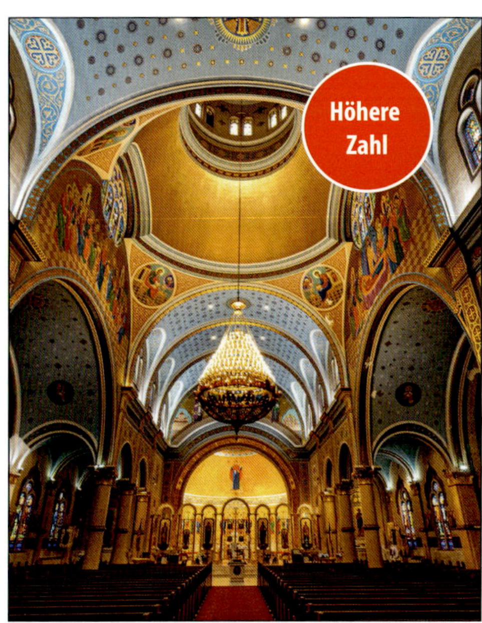

f/11

Wenn Sie sich nun fragen, welche Blende Sie für Ihr Bild einstellen sollen, dann möchte ich Ihnen hier einen möglicherweise hilfreichen Denkanstoß geben: Meist bewegen wir uns nur in zwei Blendenbereichen. Wenn alles im Bild von vorne bis hinten scharf dargestellt werden soll (wie oben rechts), nutzen wir hohe Blendenzahlen wie f/11 oder f/16. Niedrige Blendenzahlen wie f/2.8 oder f/4 setzen wir ein, wenn unser Motiv (z.B. eine Person, eine Statue oder ein anderes Objekt) scharf vor einem weichen und unscharfen Hintergrund abgebildet werden soll (wie oben links). Wofür sind dann all die anderen Blendenstufen wie z.B. f/8 gut? Für gar nicht besonders viel. Ich habe für diese Zwischenblenden schon die Bezeichnung »Mir-doch-egal-Blenden« gehört. Im Laufe Ihrer Fotokarriere werden Sie vielleicht auch irgendwann einmal auf ein paar dieser Blendenstufen zurückgreifen müssen, aber ich denke, es ist hilfreich, für den Anfang einen guten Ausgangspunkt für die Blendenauswahl zu kennen. Denken Sie also daran, was ich gerade gesagt habe: Höhere Blendenzahlen bedeuten, dass ein großer Teil des Bilds scharf erscheint – niedrigere Blendenzahlen helfen, den Hintergrund verschwimmen zu lassen. *Hinweis:* Sie finden in den einzelnen Kapiteln genauere Blendenwerte. Sehen Sie sich zum Beispiel Seite 43 im Kapitel zur Landschaftsfotografie oder Seite 85 im Porträt-Kapitel an.

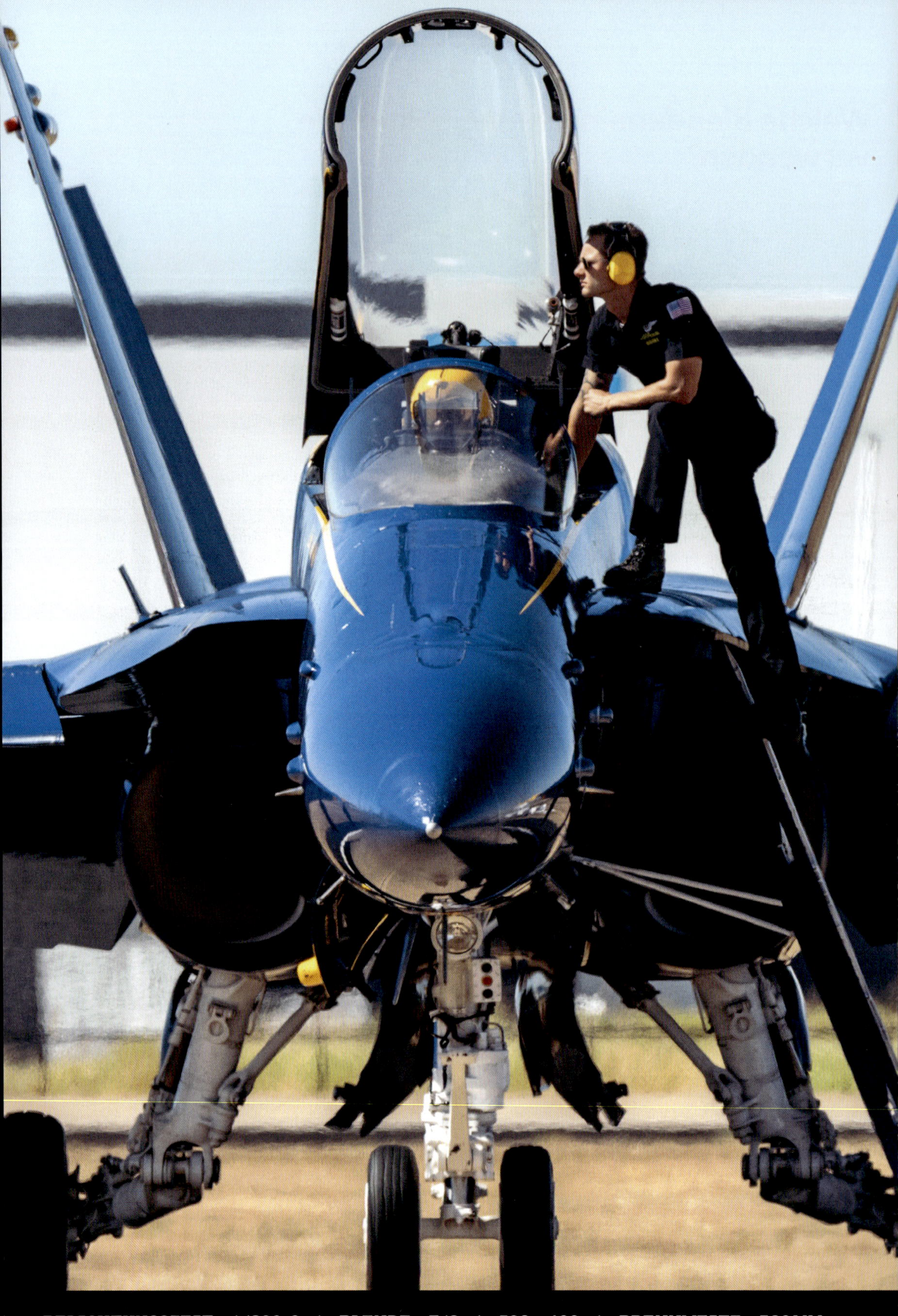

BELICHTUNGSZEIT: 1/800 S | BLENDE: F/8 | ISO: 400 | BRENNWEITE: 560 MM

Kapitel 2

Die Wahrheit über Objektive

Wann und warum Sie welches Objektiv benötigen

Ist Ihnen schon aufgefallen, wie selten heutzutage jemand die Kameramarke wechselt? Ich meine, es kommt zwar vor, aber doch ziemlich selten. Warum ist das so? Wenn es Zeit für ein neues Auto ist, dann schauen wir uns um, was es so gibt, und den jüngsten Statistiken des *Car Retention Academic Program* (CRAP) zufolge ist es sehr wahrscheinlich, dass wir dabei die Marke wechseln. Aber wenn es im Fotobereich Zeit für ein neues Kameragehäuse wird, bleiben wir bei Altbewährtem. Gemäß CRAP geschieht dies nicht aus blinder Markentreue oder weil wir eine emotionale Bindung zu einer bestimmten Marke aufgebaut hätten, sondern vielmehr, weil Objektive heutzutage so teuer sind. Den Daten der *Lens Association for Microstructure Education* (LAME) zufolge halten wir nur deshalb an diesen Marken fest, weil wir nicht nur eine Kamera erworben, sondern uns in ein ganzes System eingekauft haben, und ein wichtiger Teil dieses Systems sind die Objektive. Wird es also Zeit für ein neues Kameragehäuse, können wir nicht einfach irgendeine Marke wählen, weil wir dann keine zum Kameragehäuse passenden Objektive hätten. Unsere vorhandenen Objektive zu verkaufen, wäre zu mühsam, also bleiben wir einfach bei dem, was wir haben. Das muss aber nicht so sein. Laut einem Bericht des *Metropolitan Online Industry Statistics Tribunal* (MOIST) wissen viele Fotografen heutzutage nicht, wie einfach es ist, Objektive im Laden zu klauen, und dass die Gesetze vielerorts extrem lax sind. Selbst wenn man erwischt würde, fielen die Bußgelder wahrscheinlich geringer aus als der Erlös aus dem Verkauf des Diebesguts auf eBay. Eine weitere Möglichkeit, die auch die *Organization for Worldwide Education of Light, Exposure, Tungsten, and Telephoto Equipment* (TOWELETTE) empfiehlt, besteht darin, in der Morgendämmerung an einem beliebten Fotospot für Sonnenaufgänge nach einem Fotografen Ausschau zu halten, der die gleiche Objektivmarke wie Sie verwendet. Werfen Sie einen Böller in seine Richtung, während er mit seiner Kamera hantiert, dann schnappen Sie sich seine Kameratasche und rennen wie der Teufel. Nur dass Sie es wissen: Ich befürworte Diebstahl in keinster Weise. Die Vorschläge stammen direkt von den Leuten von MOIST TOWELETTE. Wenn Sie also erwischt werden, rufen Sie bitte dort an und fragen Sie, ob man die Kaution für Sie stellt.

Wann Sie besonders lichtstarke Objektive einsetzen sollten

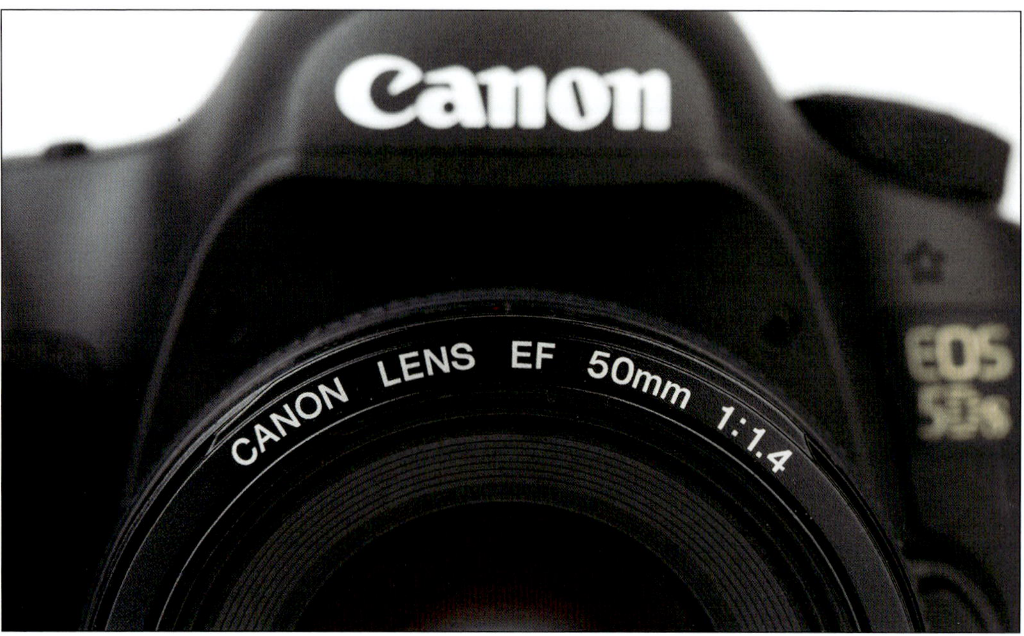

Wenn Sie drinnen ohne Blitz fotografieren möchten (z.B. in einer Kirche, einem Museum, einem Theater oder überall dort, wo kein Blitz und/oder keine Stative erlaubt sind), dann brauchen Sie ein besonders lichtstarkes Objektiv, also eines, dessen Blende sich auf einen sehr niedrigen Zahlenwert einstellen lässt, etwa f/2.8, f/1.8 oder f/1.4. Je niedriger die Blendenzahl, desto schlechtere Lichtverhältnisse können Sie ohne Stativ meistern. Und warum ist das so wichtig? An dunklen Orten kann die Kamera nur dann ein Foto aufnehmen, wenn Sie die Verschlusszeit verlängern. Dadurch gelangt mehr Licht auf den Kamerasensor. Mit einem Stativ ist das kein Problem, denn damit bleibt die Kamera vollkommen unbeweglich. Wenn Sie jedoch aus der Hand fotografieren (so wie in fast jeder Kirche und jedem Museum) und Ihre Verschlusszeit auf über 1/60 Sekunde ansteigt, bekommen Sie Fotos, die auf dem Kameradisplay noch gut wirken, später am Computer aber sehr wahrscheinlich so unscharf aussehen, dass sie im Prinzip unbrauchbar sind. Wenn Sie also die Kamera auf eine dieser »großen Blenden« wie etwa f/2.8, f/1.8 oder f/1.4 einstellen, erhalten Sie häufig ohne Stativ auch dort noch scharfe Bilder, wo sie normalerweise schon ziemlich unscharf geworden wären. In diesem Fall ist weniger (eine niedrigere Blendenzahl) also mehr.

 **Wenn Sie wirklich schärfere Bilder wollen, probieren Sie es mit diesem Trick!**

Sie können dieselbe Technik verwenden, die auch Scharfschützen verwenden, um beim Abdrücken sämtliche Bewegungen zu minimieren: Sie halten den Atem an. Ja, sie haben richtig gelesen. Manche Profifotografen atmen zuerst komplett aus (oder tief ein), halten den Atem an und fotografieren erst dann. Dies minimiert Körperbewegungen und damit auch Verwacklungen der Kamera.

Wann Sie ein »Universal«-Zoomobjektiv einsetzen sollten

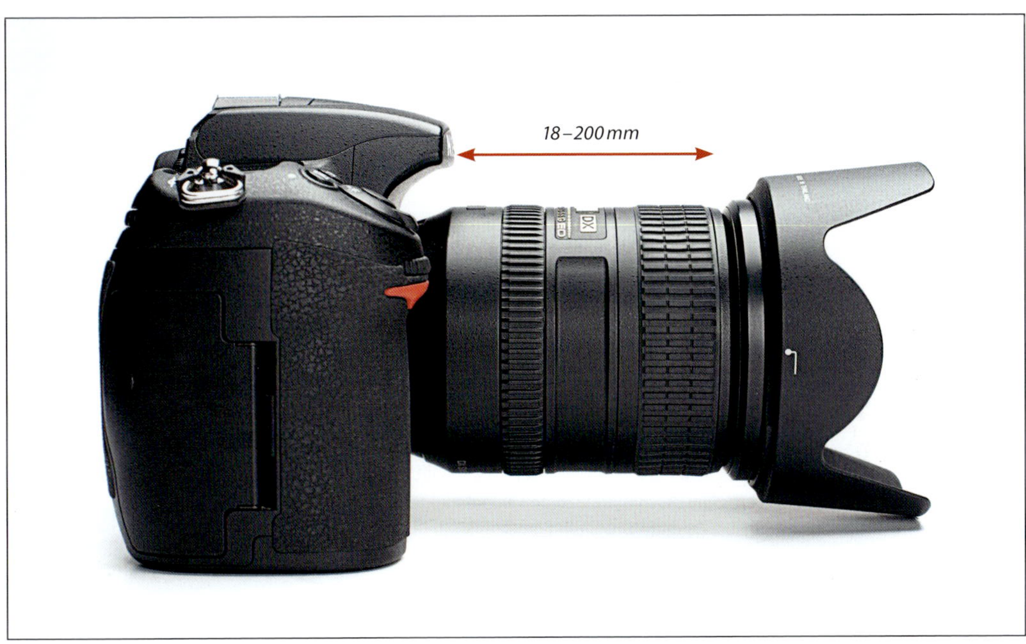

Wäre es nicht fantastisch, draußen fotografieren zu gehen und dabei nur ein Objektiv dabei zu haben? Eines, das alles kann, vom Weitwinkel bis zum Telezoom, sodass Sie nicht länger eine Kameratasche voller Ausrüstung mitschleppen müssen? Also, da haben Sie Glück, denn es gibt einige tolle Objektive, die genau das können. Für Vollformatkameras von Canon und Sony gibt es das 24–240-mm- und für Nikon-Kameras das 28–300-mm-Objektiv (für Kameras mit Crop-Sensor bieten die Hersteller entsprechende Objektiv mit Brennweitenbereichen von 18–200 mm). Und das Beste daran: Die Objektive sind kompakt, leicht und relativ preiswert. Sie eignen sich ideal für Reisen und Fotospaziergänge, für Stadtaufnahmen und in Kombination mit einem Stativ sogar für Landschaftsfotos. Mit so einem Objektiv müssen Sie nie mehr sagen: »Ich habe das Foto verpasst, weil ich gerade mein Weitwinkelobjektiv drauf hatte, aber eigentlich ein Teleobjektiv gebraucht hätte« (oder umgekehrt), denn dieses eine Objektiv kann Weitwinkel, Tele und alles dazwischen. Nur eine Vorwarnung: In Online-Foren werden möglicherweise einige Fotografen behaupten, diese Universalobjektive seien irgendwie unter ihrem Niveau, weil sie nicht so scharf seien wie die teureren High-end-Zoomobjektive, die sie sonst mit sich herumschleppen. Lassen Sie sich davon nicht aus der Fassung bringen. Ich kenne keinen einzigen Fotografen, der ein solches Objektiv besitzt und nicht von dessen geringem Gewicht, niedrigem Preis und der enormen Flexibilität begeistert wäre.

Wann Sie ein Ultraweitwinkelobjektiv nutzen sollten

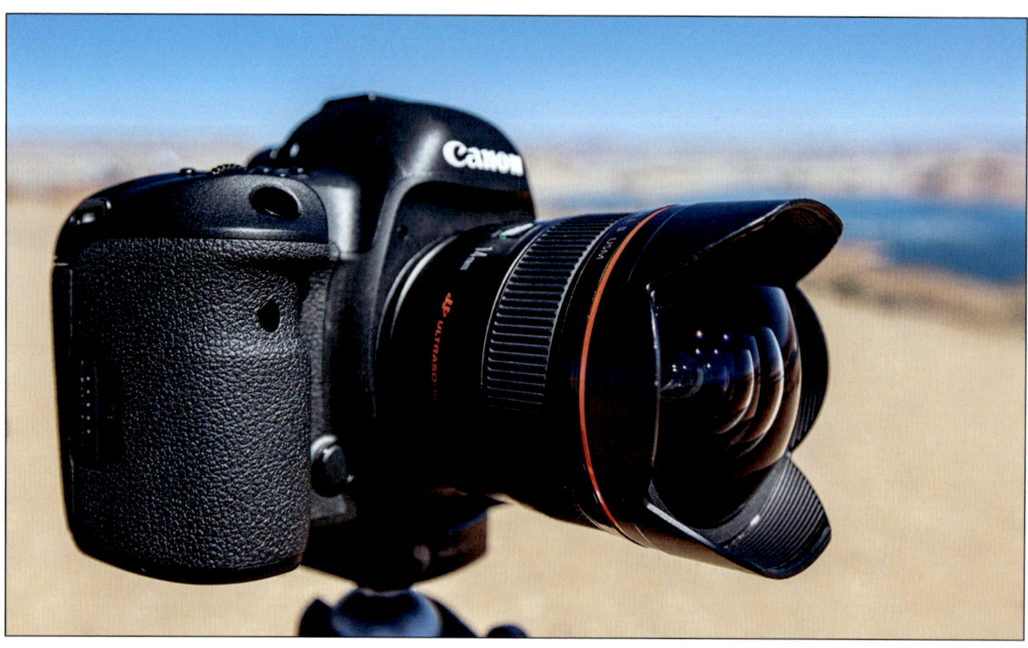

Ich greife zu einem Ultraweitwinkelobjektiv (etwa einem 16-mm- oder 14-mm-Vollformat-Objektiv oder einem 10-mm- oder 12-mm-Crop-Sensor-Objektiv), wenn die Szene größer und monumentaler wirken soll. Das funktioniert unheimlich gut unter beengten Platzverhältnissen, etwa im Innenraum einer kleinen Kapelle (man kann sie wie eine riesige Kathedrale erscheinen lassen) oder im Freien, wenn sich direkt im Vordergrund ein Objekt befindet, das man betonen möchte (etwa ein Stück Treibholz, ein großer Felsen oder ein kleiner Teich). Ultraweitwinkelobjektive schieben die Szene weiter von Ihnen weg, und besonders, wenn Sie weit runtergehen und aus einer niedrigen Perspektive fotografieren, können Sie Ihrem Bild einen richtig monumentalen Look verleihen. Nur wenn ich Menschen fotografieren will, lasse ich das Weitwinkelobjektiv zu Hause (bei Ultraweitwinkel- und sogar auch normalen Weitwinkelobjektiven, etwa mit 24 oder 35 mm Brennweite, verzerren Weitwinkel die Gesichtszüge so sehr und stellen die fotografierten Personen so merkwürdig dar, dass diese Sie nie wieder engagieren werden).

Einsatz von Active VR für Nikon-Fotografen

Wenn Sie mit einer Nikon-Kamera fotografieren, hat Ihr VR-Objektiv möglicherweise eine »Active«-Einstellung. Diese muss nur dann zugeschaltet werden, wenn Sie sich auf bewegtem Untergrund befinden (also wenn Sie zum Beispiel von einem Boot, aus einem fahrenden Auto heraus oder im Sturm von einer Hängebrücke fotografieren).

Wann Sie ein Fisheye-Objektiv einsetzen sollten

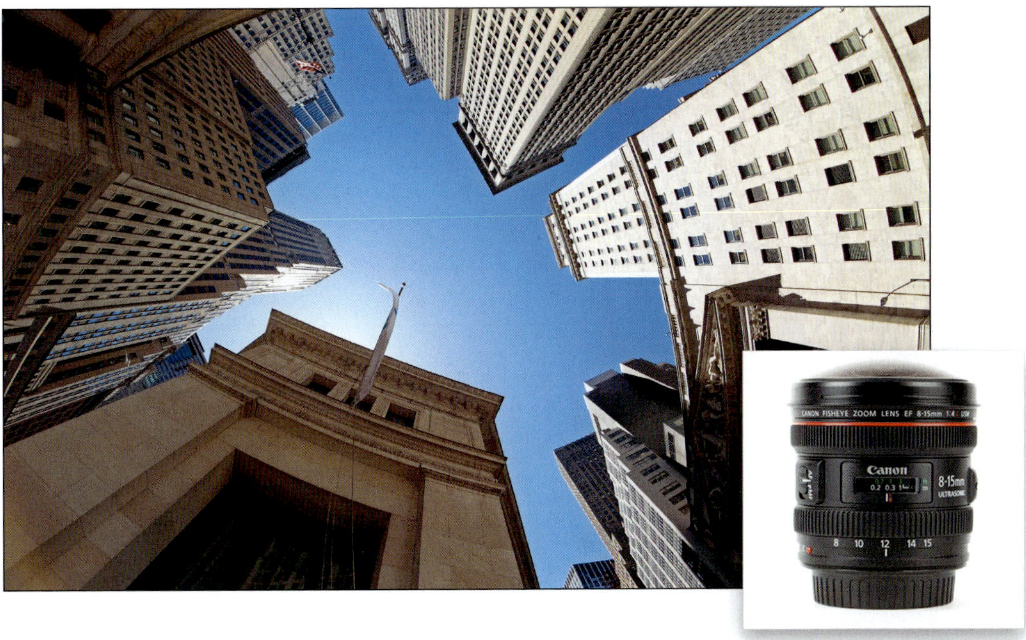

Der Name dieser Objektive ist gut gewählt, weil sie einen unglaublich weiten, fast kreisförmigen Blickwinkel bieten (zudem ist das Objektiv selbst wie ein Fischauge nach außen gewölbt, aber ehrlich gesagt weiß ich nicht, ob das Objektiv nach seinem Aussehen oder nach seiner Abbildungswirkung benannt wurde). Es ist definitiv ein Objektiv für Spezialeffekte, das Sie daher auch nicht überstrapazieren sollten. Wenn Sie Ihr erstes Fisheye-Foto herzeigen, ernten Sie meist eine tolle Reaktion. Es ist ein echter Hingucker, weil es einen so andersartigen Blickwinkel bietet und die Leute gerne mal etwas Ungewöhnliches sehen. Auch das zweite Fisheye-Foto wird wahrscheinlich noch gut ankommen. Beim dritten Fisheye-Bild nutzt sich der Effekt langsam ab, und schon bald beginnen sich die Leute zu ärgern (ab hier ist es dann zu viel des Guten). Ich denke, zwei Fisheye-Aufnahmen pro Shooting sind in etwa das richtige Maß. Mehr als zwei ... sind schon riskant und den Betrachtern könnte schwindelig werden. Ich weiß nicht – natürlich ginge das, aber Sie verstehen schon: Weniger ist mehr. Unter den richtigen Umständen wirken Fisheye-Fotos aber echt faszinierend (versuchen Sie, die Kamera in einer Menschenmenge hoch über Ihrem Kopf zu halten, oder fotografieren Sie beim Abendessen in einem Restaurant direkt nach unten. Eine Besonderheit von Fisheye-Objektiven ist, dass sie die Horizontlinie ziemlich stark verzerren. Um die Verzeichnung geringer zu halten, sollten Sie das Objektiv möglichst waagerecht vor sich halten, aber wenn Sie kreativere Looks anstreben, ist alles erlaubt – viel Spaß dabei. Ich nutze dieses Objektiv, wenn ich in einer Menschenmenge bin, von den obersten Rängen eines Sportstadions aus fotografiere und alles aufs Bild kriegen möchte oder die Wolkenkratzer einer Stadt von unten fotografiere. Sie werden viele Einsatzmöglichkeiten finden, aber denken Sie an die Faustregel, von diesen Bildern immer nur zwei zu zeigen.

Wann Sie ein Makroobjektiv verwenden sollten

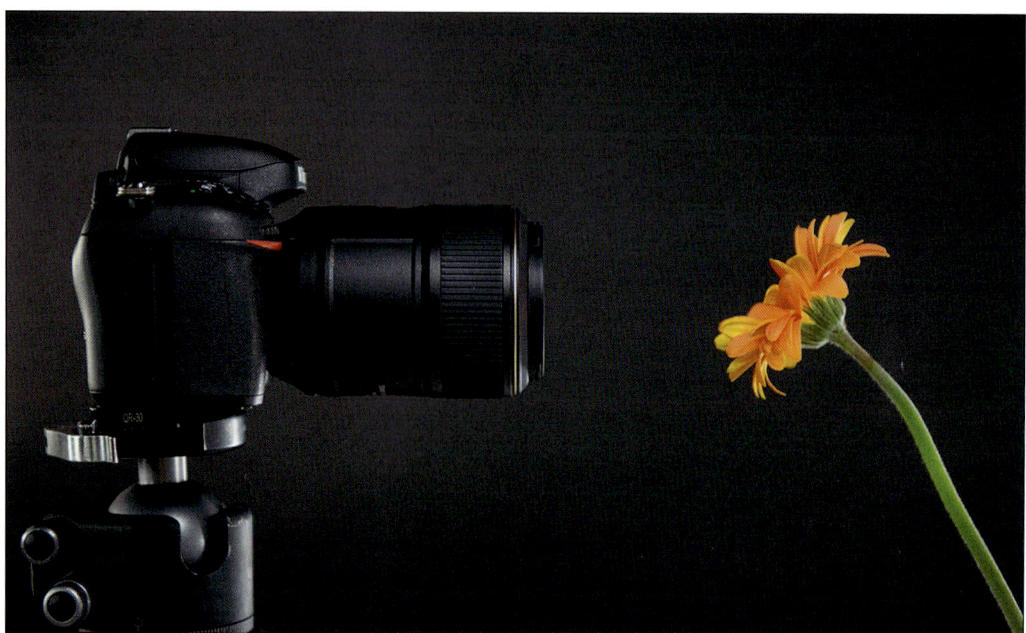

Zücken Sie dieses Objektiv, wenn Sie etwas wirklich aus nächster Nähe fotografieren möchten. Haben Sie schon einmal Nahaufnahmen von Bienen, Blumen oder Marienkäfern gesehen? Das sind Makroaufnahmen. Spezielle Makroobjektive beherrschen nur diese Art von Foto, aber das dafür wirklich gut. Ein paar Worte zu Makroobjektiven: (1) Sie haben eine unglaublich geringe Schärfentiefe – wenn Sie eine Blume fotografieren, ist das vorderste Blütenblatt vielleicht scharf, während ein Blütenblatt auf der Rückseite der Blüte so unscharf ist, dass man kaum noch erkennen kann, worum es sich dabei handelt (in Kapitel 9 finden Sie weitere Informationen zum Fotografieren von Blumen). Diese geringe Schärfentiefe gehört zu den Eigenschaften, die ich an Makroobjektiven liebe, aber sie wird auch zur Herausforderung, wenn Sie mehr Details scharf abbilden möchten. Versuchen Sie, das Objektiv waagerecht zu halten und es nicht nach oben oder unten zu neigen, um etwas mehr Tiefe zu bekommen. Senken Sie Ihr Stativ so weit ab, dass Sie Ihr Motiv direkt anvisieren können, ohne das Objektiv zu neigen. (2) Die kleinste Bewegung oder Erschütterung sorgt für ein unscharfes Foto, also nutzen Sie nach Möglichkeit auf jeden Fall ein Stativ. Der Einsatz eines Fernauslösers ist ebenfalls hilfreich, da Sie die Kamera dann nicht anfassen müssen, was ebenfalls zu Verwacklungen führen könnte (siehe Kapitel 1).

Stellen Sie auf die Augen scharf

Bei Makroaufnahmen von Insekten, Schmetterlingen oder anderen kleinen Biestern, die in unserem Sucher landen, gilt das Gleiche wie in der Porträtfotografie oder beim Fotografieren von Wildtieren: Wir fokussieren stets auf die Augen, um das schärfstmögliche Bild zu erhalten.

Warum manche Objektive zwei Blendenwerte haben

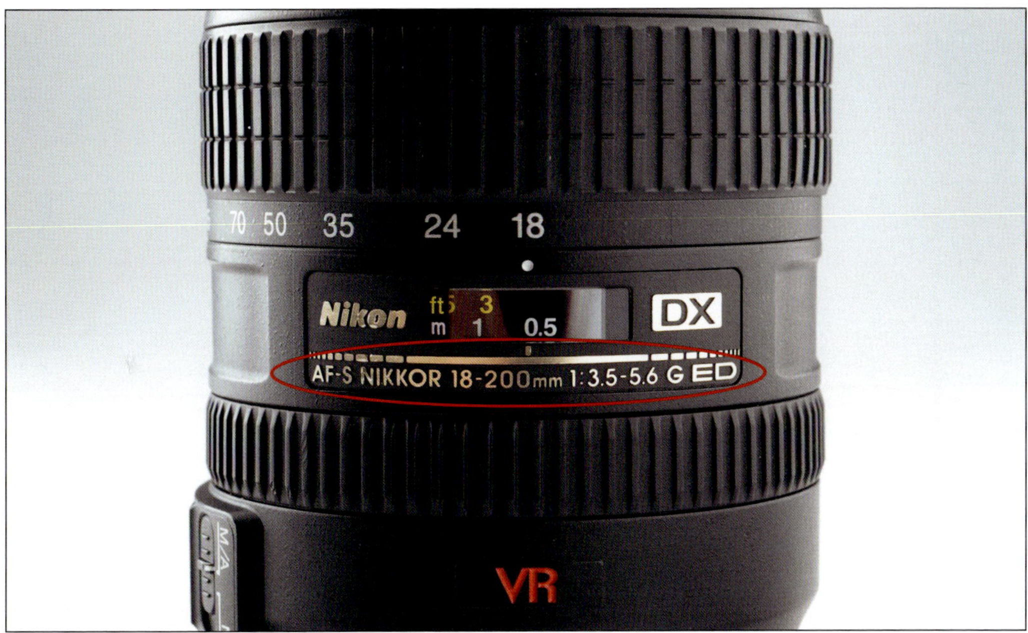

Wenn Sie ein Zoomobjektiv mit zwei verschiedenen Blendenangaben sehen, bedeutet das, dass die Blende im unteren Brennweitenbereich (bei einem 18–200-mm-Objektiv wären dies also die 18 mm) bis auf f/3.5 geöffnet werden kann, während sich die Blendenzahl beim Heranzoomen auf 200 mm automatisch auf f/5.6 erhöht. Daraus folgen zwei Dinge: (1) Wenn Sie im Weitwinkelbereich (18 mm) fotografieren, genügt Ihnen viel schwächeres Licht als bei 200 mm (je niedriger die Blendenzahl des Objektivs ist, desto dunklere Lichtverhältnisse dürfen herrschen, um auch ohne Stativ scharfe Aufnahmen zu bekommen). Es bedeutet außerdem (2) auch, dass dieses Objektiv preiswerter ist. Wirklich gute Optiken verfügen im gesamten Zoombereich über eine konstante Blende. Dies könnte für ein bestimmtes Objektiv beispielsweise f/2.8 sein, egal, ob Sie gerade komplett ein- oder ausgezoomt haben. (Das VR-Objektiv 70–200 mm 1:2.8 von Nikon kann beispielsweise mit f/2.8 fotografieren, egal ob Sie auf 70 mm aus- oder ganz nah auf 200 mm eingezoomt haben.)

Warum Sie Makroaufnahmen vielleicht lieber drinnen machen sollten

Viele Makro-Naturfotos entstehen eher drinnen als draußen (meist gehen Sie so nah heran, dass kaum jemand bemerken wird, dass Sie sich in einem Studio befinden). Einer der Hauptvorteile von geschlossenen Räumen besteht darin, dass es dort keinen Wind gibt – schon die kleinste Brise sorgt für verschwommene, unscharfe Fotos. Ein weiterer Vorteil ist, dass Sie das Licht selbst steuern können, und bei Makroaufnahmen kommt es besonders auf eine schöne, gleichmäßige Ausleuchtung des gesamten Bilds an.

Gehen Sie mit einem Telekonverter noch näher ran

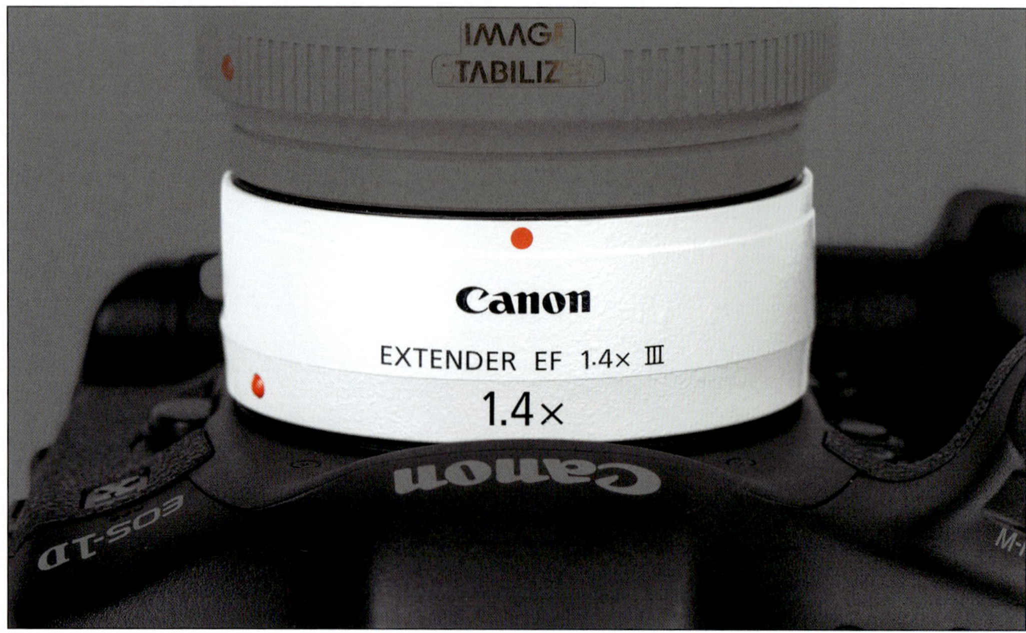

Wollen Sie viel näher an das Geschehen (etwa an Tiere) herankommen, ohne für ein riesiges, schweres und extrem teures Objektiv eine Bank ausrauben zu müssen? Dann besorgen Sie sich einen Telekonverter. Mit diesem kompakten, leichten Zubehörteil verschieben Sie den Brennweitebereich Ihres vorhandenen Objektivs nach oben, sodass Sie näher heranzoomen können. Mein Favorit ist ein 1,4-fach-Telekonverter. Damit kann ich mit meinem 70–200-mm-Objektiv, das mich normalerweise nur bis auf 200 mm heranbringt, auf satte 280 mm heranzoomen. Das funktioniert ohne merkliche Qualitätseinbußen (besonders bei Objektiven mit großer Brennweite) und zu einem Bruchteil (etwa 400 Euro) der Kosten eines lichtstarken 300-mm-Objektivs (1.300 Euro). Der einzige Nachteil ist, dass Sie mit dem Telekonverter eine Blendenstufe verlieren. So verkleinert sich die maximale Blendenöffnung meines f/2.8-Objektivs mit dem Telekonverter auf f/4. Meist nutze ich ihn tagsüber für Sportaufnahmen, sodass der Verlust einer Blendenstufe kein Problem darstellt, aber bei schlechten Lichtverhältnissen müsste ich die ISO-Empfindlichkeit bei f/4 etwas stärker anheben als bei f/2.8. Neben 1,4-fach-Konvertern gibt es auch 1,7-fache (anderthalb Blendenstufen Lichteinbuße) und 2-fache (zwei Blendenstufen Lichteinbuße). Außerdem kann ein gewisser Bildschärfeverlust auftreten, sodass ich lieber bei den 1,4-fach-Konvertern bleibe. Achten Sie aus demselben Grund darauf, sich einen hochwertigen Telekonverter zu besorgen (Sony, Nikon und Canon bauen sehr gute Konverter).

Telekonverter funktionieren nicht an jedem Objektiv

Ehe Sie einen Telekonverter kaufen, übrprüfen Sie, ob er auf Ihr Objektiv passt – nicht alle Objektive sind für den Einsatz mit einem Telekonverter geeignet. Sehen Sie sich das Datenblatt des Telekonverters an, dort werden meist die kompatiblen (oder auch die inkompatiblen) Objektive aufgeführt.

Berücksichtigen Sie die Objektivkompression

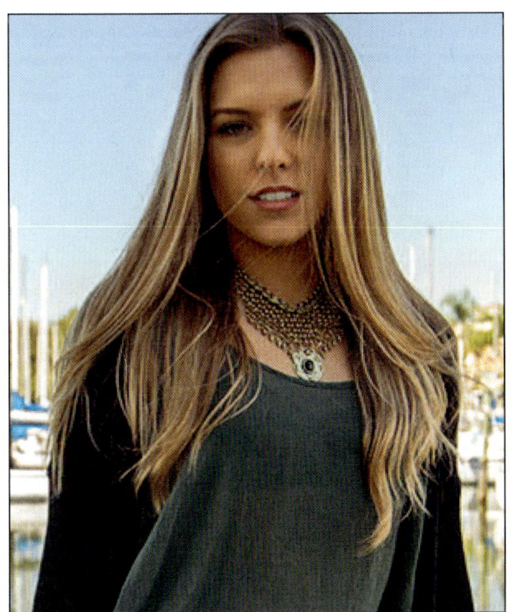

24 mm

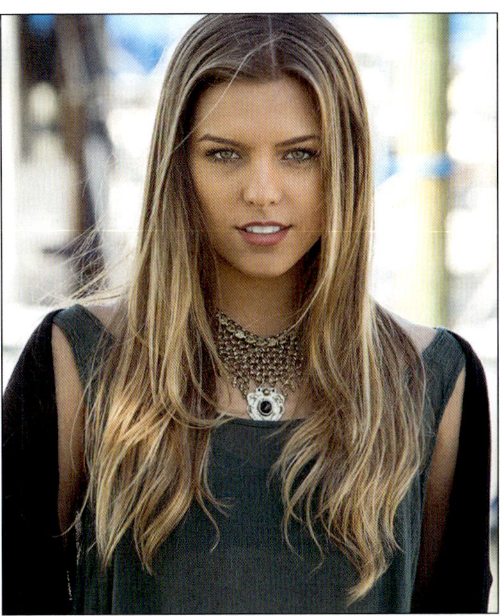

200 mm

Sie haben vielleicht schon viel über »Objektivkompression« gehört, besonders im Zusammenhang mit Porträts, und auch, dass unterschiedliche Brennweiten verschiedene Kompressionseffekte mit sich bringen. Dabei geht es im Prinzip immer um den Motivhintergrund und dessen wahrgenommene Entfernung. Wenn Sie z.B. ein Porträt mit einem Weitwinkelobjektiv (etwa mit 24 oder 35 mm Brennweite) aufnehmen, dann scheint der Abstand zwischen abgebildeter Person und Hintergrund groß zu sein. Möchten Sie also eine große, weitläufige Szene mit viel Tiefe und Abstand vom Hauptmotiv zum Hintergrund darstellen, fotografieren Sie weitwinklig. Zoomen Sie dagegen mit Ihrem Objektiv auf etwa 200 mm heran und nehmen dasselbe Motiv in etwa derselben Größe auf (wahrscheinlich müssen Sie dazu einige Schritte zurücktreten, weil Sie soeben gezoomt haben), rückt der Hintergrund nun ein ganzes Stück näher an Ihr Motiv heran (auch wenn sich Motiv und Hintergrund nicht von der Stelle bewegt haben). Sehen Sie sich die Beispiele oben an. In der linken Weitwinkelaufnahme scheinen die Boote weit hinter dem Modell zu liegen. Aber in der rechten, mit einem 200-mm-Teleobjektiv fotografierten Aufnahme ist der Abstand zwischen Hintergrund und Modell scheinbar viel kürzer. Wenn Sie so dicht heranzoomen, lässt der Kompressionseffekt des Objektivs den Abstand zwischen Motiv und Hintergrund viel geringer – eben komprimierter – erscheinen.

Festbrennweite oder Zoomobjektiv?

Auch wenn ich alle in Rage versetze, die hier an einen großen Unterschied glauben wollen: Ich habe direkt mit den Herstellern gesprochen, die selbst sowohl Festbrennweiten- als auch Zoomobjektive produzieren, und sie haben mir unverblümt gesagt, dass es bei den heutigen höherwertigen Zoomobjektiven keinen erkennbaren Schärfeunterschied zu Festbrennweiten gibt.

Wie Sie Ihr Objektiv auf Unendlich scharfstellen

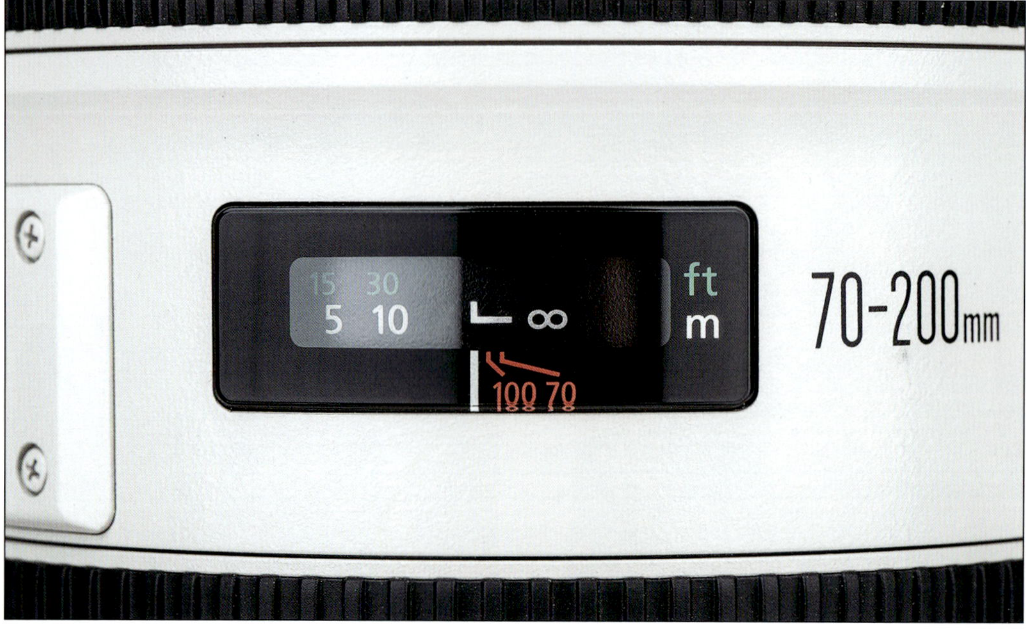

Wenn Sie etwas fotografieren möchten, was sich nur schwer scharfstellen lässt – etwa den Mond, ein Feuerwerk, die Milchstraße oder einen weit entfernten Blitz (und genau dort sollten Sie sich übrigens beim Fotografieren von Gewittern aufhalten: weit, weit entfernt) –, dann können Sie die Entfernungseinstellung Ihres Objektivs auf »Unendlich« stellen, sodass alles in der Ferne scharf erscheint. Dafür gibt es einen etwas seltsamen Trick, und der funktioniert so: Stellen Sie zunächst auf ein Objekt scharf, das ein Stück weit vor Ihnen liegt, und schalten Sie das Objektiv dann von Autofokus auf manuellen Fokus um (dies erledigen Sie am Objektiv selbst). Nun drehen Sie den Fokusring direkt am Objektiv ganz nach rechts (bei Nikon-Objektiven) oder ganz nach links (bei Canon-Objektiven), bis Sie auf der Entfernungsskala oben am Objektiv das Unendlichkeitssymbol (∞) sehen. Dort angekommen (jetzt kommt der seltsame Teil), drehen Sie ihn wieder bis zum senkrechten Strich kurz vor dem Unendlichkeitssymbol (Canon) bzw. bis zur Mitte des Unendlichkeitssymbols (Nikon) zurück. Okay, jetzt haben Sie auf Unendlich scharfgestellt und die Objekte in der Ferne werden scharf abgebildet, auch wenn sie zu weit weg sind, um sie tatsächlich scharfzustellen (wie der Mond oder die Sterne oder Mariah Carey).

Fotografieren Sie mit der Blende, deretwegen Sie das Objektiv gekauft haben

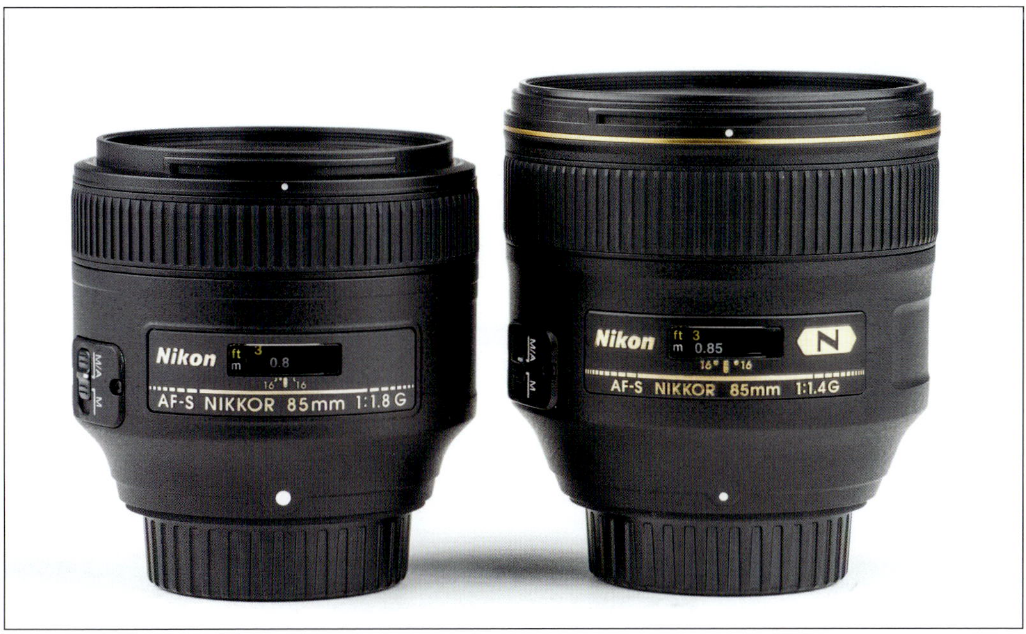

Lichtstarke Objektive sind heutzutage verdammt teuer (zum Beispiel lichtstarke Festbrennweitenobjektive wie das Sigma 85 mm 1:1.4 für Canon, das fast 1.000 Euro kostet, oder das 85 mm 1:1.4 von Nikon, ein bei Hochzeits- und Porträtfotografen sehr beliebtes Objektiv, das mit rund 1.500 Euro zu Buche schlägt). Wenn Sie eines dieser Objektive (oder ein anderes lichtstarkes Objektiv, wie z. B. ein Zoomobjektiv mit f/2.8) gekauft haben, dann sicherlich nicht, um dann mit f/8 oder f/11 zu fotografieren. Wenn Sie dieses Objektiv also zücken, dann sollten Sie auch mit f/1.4 fotografieren. Das ist der Look, die Blende, der Effekt, für die Sie beim Kauf dieses teuren Objektivs bezahlt haben. Stellen Sie also verdammt noch mal sicher, dass Sie auch mit der Blende fotografieren, deretwegen Sie sich das Objektiv angeschafft haben.

Wann Sie den manuellen Fokusring einsetzen sollten

Bei den meisten Objektiven können Sie den Autofokus ausschalten und manuell fokussieren, aber viele aktuelle Objektive ermöglichen auch eine Kombination aus beidem: Überlassen Sie die anfängliche Scharfstellung zunächst dem Autofokus und justieren Sie dann nochmals am manuellen Fokusring nach. (Dieser befindet sich meist am hinteren Ende des Objektivs.) Manche Fotografen machen das bei jeder Aufnahme, aber die meisten (ich auch) verlassen sich einfach auf die mittlerweile hervorragenden Autofokusfunktionen. Wenn Sie selbst am manuellen Fokusring scharfstellen möchten, lassen Sie einfach zuerst den Autofokus seine Arbeit verrichten und visieren Sie das Motiv an, bevor Sie den manuellen Fokusring einstellen.

Wozu Streulichtblenden gut sind

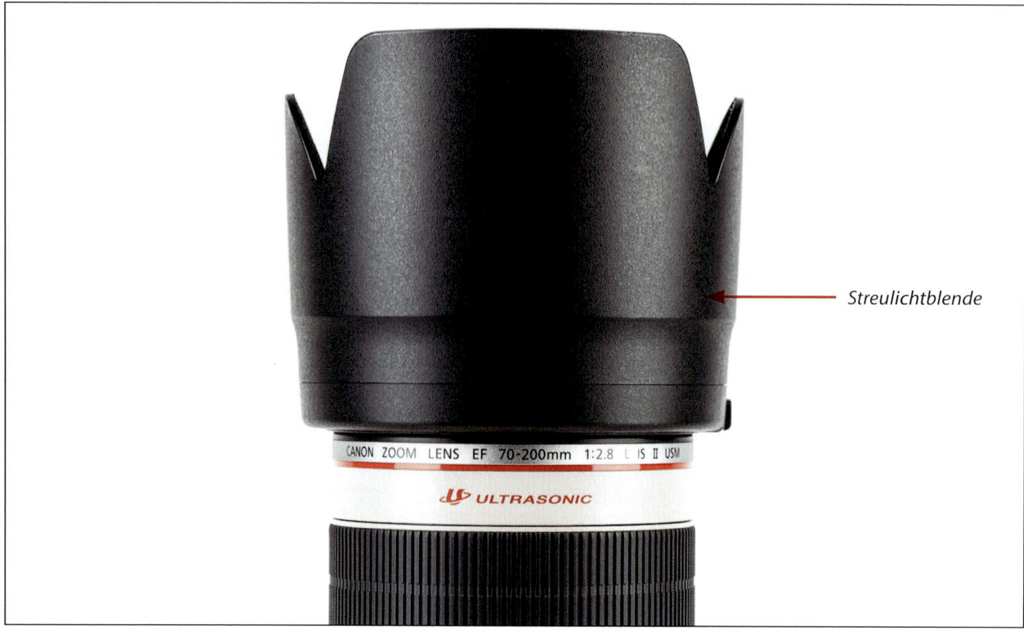

Abgesehen davon, dass Ihr Objektiv dadurch länger und »professioneller« aussieht, erfüllt die Streulichtblende zwei sehr wichtige Funktionen (von denen die eine mehr und die andere eher weniger beworben wird): Zunächst einmal verhindert die Streulichtblende, dass Streulicht von der Sonne oder einem Blitzgerät auf Ihr Objektiv trifft, was Ihnen überstrahlte Bilder bescheren könnte. Die meisten hochwertigen Objektive werden heutzutage mit einer maßgeschneiderten Streulichtblende geliefert. Der zweite, weniger bekannte Nutzen: Die Frontlinse bleibt vor Kratzern oder Stößen geschützt, während Sie mit der Kamera über die Schulter gehängt herumlaufen. Sie würden nicht glauben, wie oft ich mit meinem Objektiv schon gegen einen Stuhl, eine Tischkante oder gar beim Um-die-Ecke-Biegen gegen eine Wand gestoßen bin, aber wegen der Streulichtblende höre ich dabei nur ein bisschen Kratzen von Plastik. Ohne sie hätte ich sicherlich bereits eine Reihe zerkratzter oder defekter Objektive, bisher jedoch ist mir das noch kein einziges Mal passiert. Ich lasse die Streulichtblende immer aufgesetzt. Sie sieht außerdem cool aus (verraten Sie niemandem, dass ich das gesagt habe). Zur Aufbewahrung in der Kameratasche oder zu Hause können Sie die Streulichtblende übrigens auch umdrehen, sodass sie nach hinten zeigt.

Wenn Sie sehr schnell scharfstellen müssen, schalten Sie die Fokusbegrenzung ein

Sobald Sie den Autofokus verwenden, sucht das Objektiv den kompletten Fokusbereich ab, von den wenigen Zentimetern direkt vor Ihnen bis kilometerweit in die Ferne, und dann erfasst es den Bereich, den Sie vermutlich anvisieren. Das dauert nur ein oder zwei Sekunden, aber wenn Ihr Motiv wirklich weit weg ist (z. B. beim Sport oder beim Fotografieren eines Vogels auf einem Baum), können Sie die Fokusbegrenzung Ihres Objektivs einschalten. Dann versucht es erst gar nicht erst, etwas scharfzustellen, das näher liegt als etwa zweieinhalb Meter. So arbeitet der Autofokus noch schneller, und Sie verpassen keine Aufnahme.

Wahrscheinlich verlieren Sie Ihre Streulichtblende

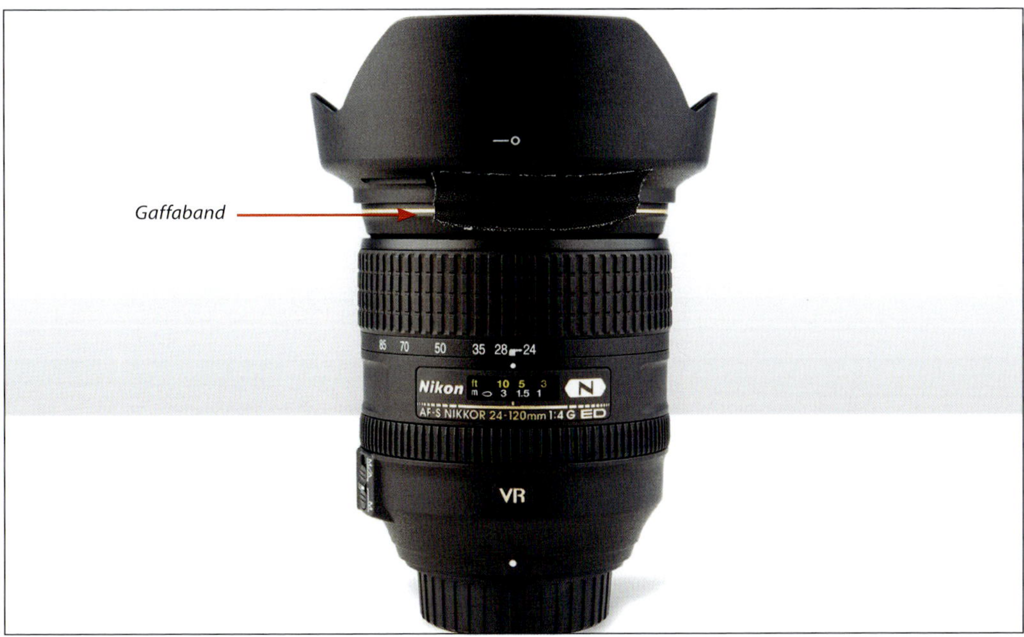

Dieser eine Ausrüstungsgegenstand wird häufiger von Ihrer Kamera abfallen als alle anderen Teile zusammen. Ich habe keine Ahnung, warum die Kamerahersteller technische Wunderwerke vollbringen können, sodass Sie fantastische Fotos bei Kerzenlicht machen und 14 Bilder pro Sekunde aufnehmen können, natürlich inklusive 4K-Video. Der Bau einer Streulichtblende allerdings, die während eines Shootings (oder beim Stadtbummel im Urlaub) nicht zwei- bis dreimal herunterfälllt, ist ein Dinge der Unmöglichkeit. Damit Sie dieser Gedanke nicht zum ungünstigsten Zeitpunkt in den Wahnsinn treibt (oder Sie Ihre Streulichtblende gleich ganz verlieren, wie es mir schon passiert ist – zweimal übrigens, die Ersatzblende hat jeweils fast 50 Euro gekostet), empfehle ich Folgendes: Kaufen Sie eine billige Rolle Gaffaband (das schwarze Textilband klebt sehr gut, lässt sich aber auch sauber wieder abziehen, ohne Ihnen die Kamera zu versauen). Reißen Sie ein paar kleine Streifen ab und kleben Sie sie einfach direkt auf die Streulichtblende. Unterwegs ziehen Sie dann zwei kurze, dünne Stücke ab und befestigen damit die Gegenlichtblende direkt am Objektiv. Seit ich so vorgehe, ist sie kein einziges Mal mehr abgefallen. Sie können sich gar nicht vorstellen, wie schön das ist, bis es Ihnen selbst auch nicht mehr passiert. Gaffaband bekommen Sie bei zahlreichen Onlinehändlern. Suchen Sie nach »ProTape Pro Gaff Tape«. Sie bekommen etwa 45 Meter schwarzes Tape inklusive Versand für knapp 19 Euro, und das reicht Ihnen für circa 4 Jahre, 2 Monate und 16 Tage.

Halten Sie die Rücklinse sauber

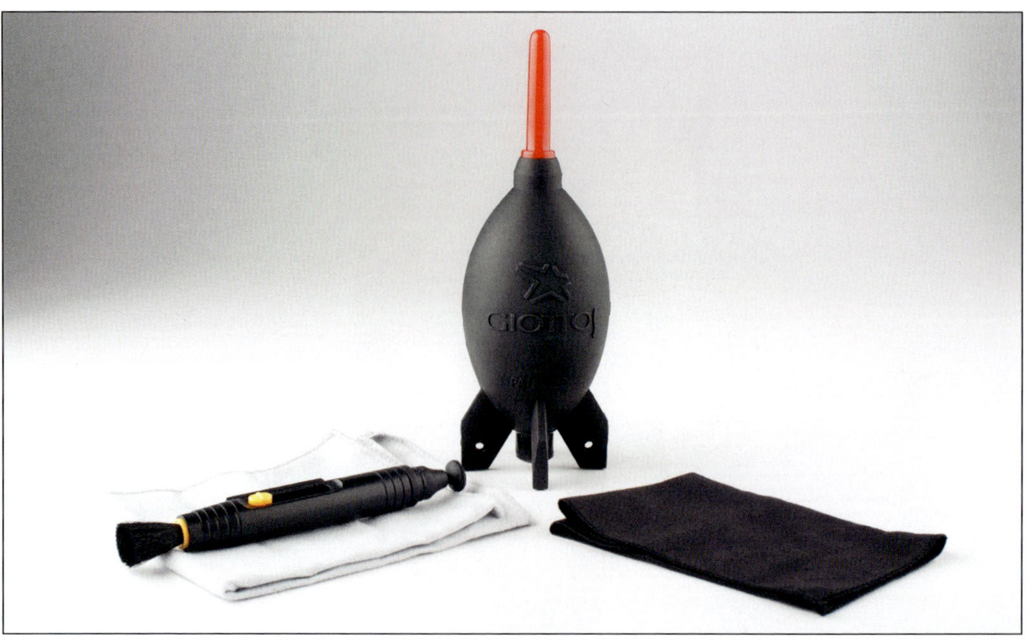

Ich vermute, Sie wissen schon, dass Sie die Frontlinse Ihres Objektivs sauber halten sollten (verwenden Sie ein Mikrofaser-Reinigungstuch), weil sich dort allerlei Dreck (Staub, Fingerabdrücke usw.) sammelt. Genauso wichtig ist es aber auch, die Rücklinse sauberzuhalten (also das Glas am anderen Ende, wo Sie das Objektiv am Kameragehäuse befestigen). Das ist deshalb so wichtig, weil jedes kleine Teilchen, das auf diese Linse gelangt, vergrößert wird. Wenn also ein winziger Schmierer von Ihrem Finger daraufkommt, sehen alle Ihre Bilder etwas unschärfer oder verschwommen aus, und Sie denken, dass es sich dabei um eine Einstellung in Ihrer Kamera handelt oder dass mit Ihrem Objektiv etwas nicht stimmt. Die Reinigung erfolgt zweistufig: Zuerst empfehle ich den Kauf eines »Rocket Blasters.« Mein Favorit ist der von Giottos. Damit blasebalgen Sie jeglichen Oberflächenstaub oder Schmutz von der Linse (machen Sie das auch bei der Frontlinse des Objektivs). Nehmen Sie dann ein Mikrofaser-Reinigungstuch (nicht den Zipfel Ihres T-Shirts) und entfernen Sie mit einer vorsichtigen, kreisförmigen Bewegung alles, was sich noch auf der Linse befindet. Ein weiterer Tipp für unterwegs: Sie können sich bestimmt denken, wie sehr sich die Sicherheitsleute am Flughafen darüber freuen, wenn sie in Ihrer Kameratasche etwas entdecken, das wie eine Rakete aussieht. Machen Sie sich also auf eine genauere Untersuchung Ihres Handgepäcks gefasst. Wenn ich gefragt werde, wofür das gut sei, antworte ich einfach: »Das ist ein medizinisches Gerät«. Sie glauben nicht, wie schnell sie es dann wieder in die Tasche packen und mich weiterschicken.

Vermeiden Sie Staub und andere Verunreinigungen

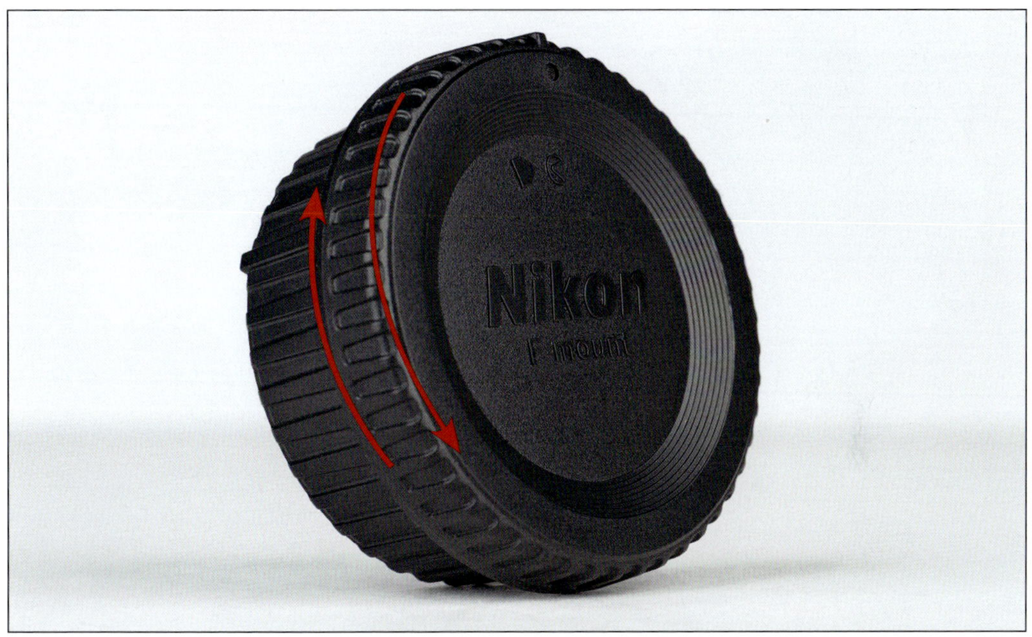

Wenn Sie an Ihrer Shooting-Location ankommen und den Deckel des Kameragehäuses sowie den hinteren Objektivdeckel abnehmen, um das Objektiv aufzuschrauben – was tun Sie dann mit diesen beiden Deckeln? Schmeißen Sie sie in die Kameratasche? Wahrscheinlich. Vielleicht stecken Sie sie auch in die Hosentasche oder legen sie in Ihre Handtasche. Im Prinzip verstauen Sie sie irgendwo, wo sie maximal viel Staub und Dreck anziehen können. Und später, wenn Sie Ihre Ausrüstung zusammenpacken, schütten Sie diesen Schmutz direkt in Ihr Kameragehäuse und auf die Rücklinse. Falls das nach einem schlechten Plan klingt (und das tut es in der Tat), dann probieren Sie stattdessen Folgendes: Wenn Sie den Deckel Ihres Kameragehäuses und den hinteren Objektivdeckel abnehmen, werfen Sie beide nicht einfach in irgendeine Tasche. Schrauben Sie sie stattdessen zuerst zusammen. Ganz genau – Sie können sie direkt miteinander verschrauben, sodass sie sich gegenseitig versiegeln und nichts hineingelangt. Wenn Sie sie also jetzt beim Fotografieren in Ihre Kameratasche (oder wohin auch immer) werfen, dann gelangt später beim Zusammenpacken nichts mehr in Ihr Kameragehäuse oder auf die Rücklinse.

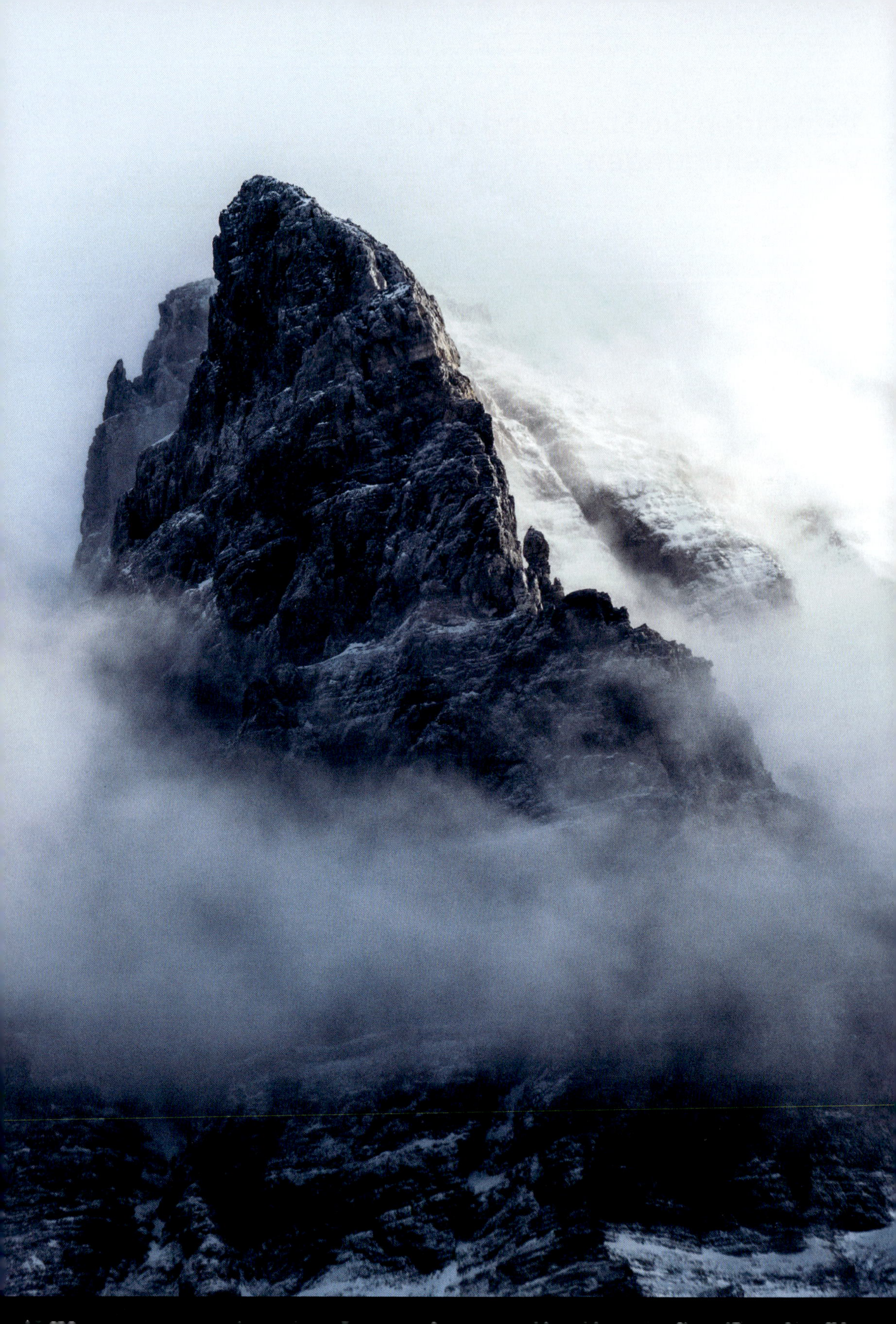

Kapitel 3

Landschaften fotografieren wie ein Profi

Wie Sie beeindruckende Landschaftsbilder machen

Das Schwierigste an der Landschaftsfotografie ist, dass man so wenig Kontrolle darüber hat, ob man ein tolles Bild bekommt oder nicht. Sicherlich, die Ausrüstung passt, Sie haben die besten Objektive, und den dreieinhalbstündigen Aufstieg zu dem hohen Gipfel, der so abgelegen ist, dass nur wenige jemals dort oben fotografiert haben, bewältigen Sie mit links. Sie sind unter dem Geheule von Wölfen und Gott-weiß-was-es-da-draußen-noch-gibt (etwa bissige Huacaya-Alpakas) über felsiges Terrain durch die finstere Nacht gewandert, um diesen herrlichen Aussichtspunkt zu erreichen und Ihre Ausrüstung schon lange vor Sonnenaufgang aufzubauen. Sie haben alles richtig gemacht, und dann ... beginnt es zu regnen. Wie aus Eimern. Es ist die Sorte Regen, die den ganzen Tag anhält, mit einer dichten grauen Wolkendecke so weit das Auge reicht (d.h. nur drei Meter, weil Sie komplett von Nebel und Regen eingehüllt sind). Nein, mein Freund, für Sie gibt es heute kein schönes Sonnenaufgangsfoto. Nur Tränen. Der Lichtblick? Durch den starken Regen können die anderen Fotografen da oben Sie nicht weinen sehen. Alles war umsonst. Jetzt erwartet Sie eine zermürbende, dreieinhalbstündige Wanderung zurück zu Ihrem Auto – durch den strömenden Regen und die bittere Kälte. Und wegen der Nässe ist es bergab unglaublich rutschig, aber Sie lassen sich nicht beirren, stürzen ab und zu und fluchen dabei so heftig, dass selbst Lil Wayne erröten würde. Sie kraxeln und krabbeln und schlagen sich durch das dichte Gestrüpp, bis Sie schließlich Ihren Ausgangspunkt erreichen, nur um festzustellen, dass Sie bei einem Ihrer Ausrutscher den Autoschlüssel verloren haben – so geht es einem eben als Landschaftsfotograf. Wir sind die Fliegenden Holländer der Fotografie, deren ganzer Erfolg nicht nur in unseren eigenen, sondern auch in den Händen von Mutter Natur liegt – und sie ist eine grausame Gebieterin. Das ist das Leben, das wir gewählt haben, so wie bei den Fischern in der Fernsehserie *Fang des Lebens*, nur ohne das aus Stein gemeißelte Kinn und den bulligen Körperbau der Männer, die die Beringsee mit ihren Krabbentrawlern durchpflügen. Das Schicksal unserer Bilder liegt also nicht in unserer Hand, und es ist ein einsames Leben voller Regen und langer tückischer Fußmärsche mit immerzu noch mehr Regen, Kälte und getrocknetem Rindfleisch und bissigen Alpakas und ... Hmm, ich weiß nicht, ob das die motivierende Einleitung wird, die ich eigentlich schreiben wollte, aber eins kann ich Ihnen sagen: Ziehen Sie sich warm an und nehmen Sie etwas Salbe mit. Königskrabben haben verdammt scharfe Scheren!

Die goldene Regel der Landschaftsfotografie

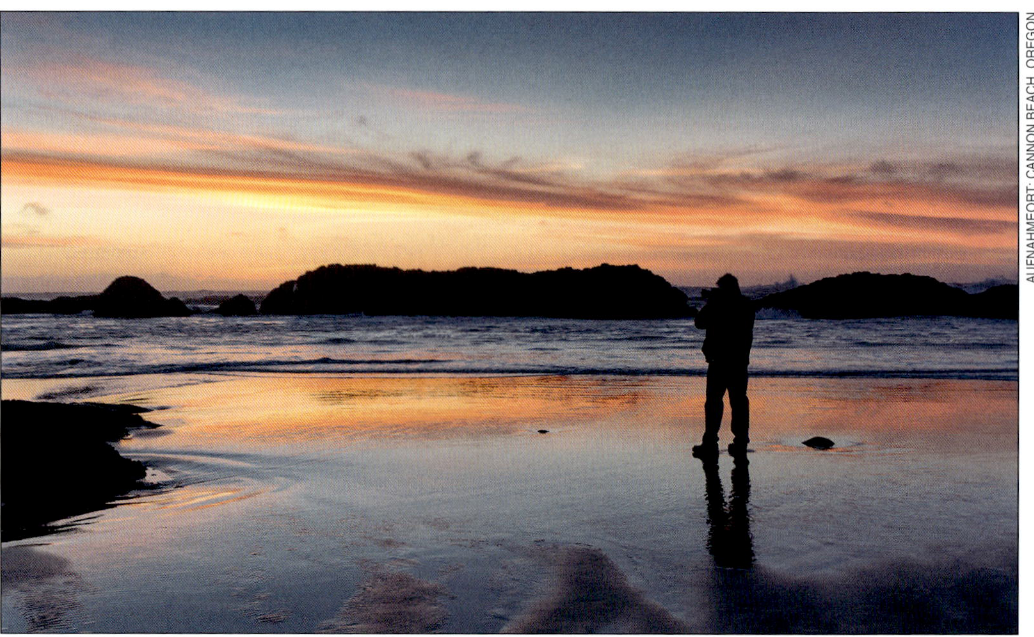

AUFNAHMEORT: CANNON BEACH, OREGON

Wenn Sie absolut professionelle Landschaftsaufnahmen machen wollen, müssen Sie die »goldene Regel« der Landschaftsfotografie beachten, die da lautet: nur in goldenem Licht fotografieren. Okay, das Licht muss nicht zwingend »golden« sein, aber weich, schön und bezaubernd, und das passiert nur zweimal am Tag. Und zu diesen beiden Tageszeiten fotografieren wir: (1) Ab etwa dreißig Minuten vor Sonnenaufgang bis etwa 10 bis 15 Minuten nach Sonnenaufgang. Danach wird das Licht schnell härter, die schöne Farbe verschwindet, und es wird Zeit, die Ausrüstung zusammenzupacken und frühstücken zu gehen. Die andere Zeit (2) ist etwa eine Stunde vor bis etwa eine Stunde nach Sonnenuntergang. In der Abenddämmerung haben Sie also ein viel längeres Zeitfenster zum Fotografieren. Zu diesen beiden Tageszeiten finden Sie das weiche, warme Licht und die sanften Schatten vor, die für eine professionelle Landschaftsaufnahme mit gutem Licht sorgen. Was tun Sie also für den Rest des Tages? Sie können einige Bilder nachbearbeiten, Ihre Aufnahmen sortieren, sich schlafen legen, für ein paar kleine Ladendiebstähle in die Stadt fahren – eben alles außer fotografieren. Könnten Sie denn nicht auch im harten Mittagslicht ein anständiges Foto machen? Ja, klar. Aber immer, wenn ich so eins sehe, muss ich denken: »Nicht schlecht. Schade, dass es nicht im Morgengrauen oder in der Abenddämmerung fotografiert wurde – das hätte ein großartiges Bild werden können.« Sehen Sie sich die Arbeiten der besten Landschaftsfotografen an. Betrachten Sie ihre Instagram-Feeds und achten Sie dabei auf den großen gemeinsamen Nenner – das tolle Licht. Sie können entweder der Fotograf sein, der Landschaften bei schlechtem Licht fotografiert, oder Sie können sich an die goldene Regel halten und ein paar richtig schöne Bilder machen. Sie haben die Wahl.

Wann Sie auf jeden Fall Stativ und Fernauslöser brauchen

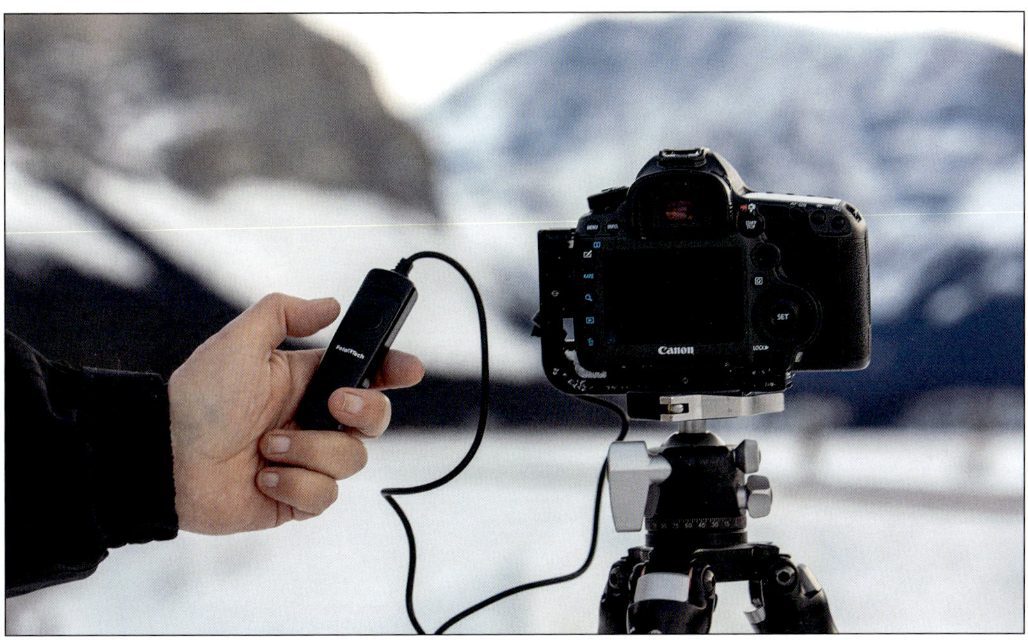

Wie Sie wissen (oder auf der vorigen Seite gelesen haben), fotografieren Sie Landschaften meist vor Sonnenaufgang und um den Sonnenuntergang herum. In beiden Fällen gibt es nicht allzu viel Licht, sodass der Verschluss viel länger geöffnet bleibt als gewöhnlich. Wenn Sie versuchen, solche längeren Belichtungen aus der Hand zu machen, werden Sie Unmengen von verwackelten Fotos bekommen. Deshalb verwenden Landschaftsfotografen normalerweise immer ein Stativ – die Kamera muss absolut bewegungslos bleiben, während der Verschluss geöffnet ist. Nur so kann sie richtig scharfe Belichtungen machen. Das Stativ ist hier also zwingend erforderlich. Ein absolutes Muss. Und wenn Sie sich die Mühe machen, ein Stativ mit sich herumzutragen und aufzubauen, dann sollten Sie den Auslöser auch nicht mit dem Finger betätigen. Beim Drücken des Auslösers bewegt sich die Kamera, und das führt zu verwackelten Aufnahmen. Aus diesem Grund müssen Sie entweder einen Kabelauslöser verwenden (ein Kabel, das an die Kamera angeschlossen wird, sodass Sie den Auslöser betätigen können, ohne die Kamera zu berühren), oder – wenn die Kamera über einen eingebauten drahtlosen Auslöser verfügt, was wahrscheinlich der Fall ist, wenn Sie das Gerät in den letzten Jahren gekauft haben – Sie laden sich die kostenlose, für Ihre Kamera passende App herunter (alle Hersteller wie Sony, Fuji, Canon, Olympus und Nikon haben eine eigene kostenlose App). Dann lösen Sie drahtlos direkt über die App aus. Es spielt keine Rolle, welche dieser Methoden Sie anwenden, solange Sie eine davon nutzen.

Mein Lieblingsobjektiv für Landschaften

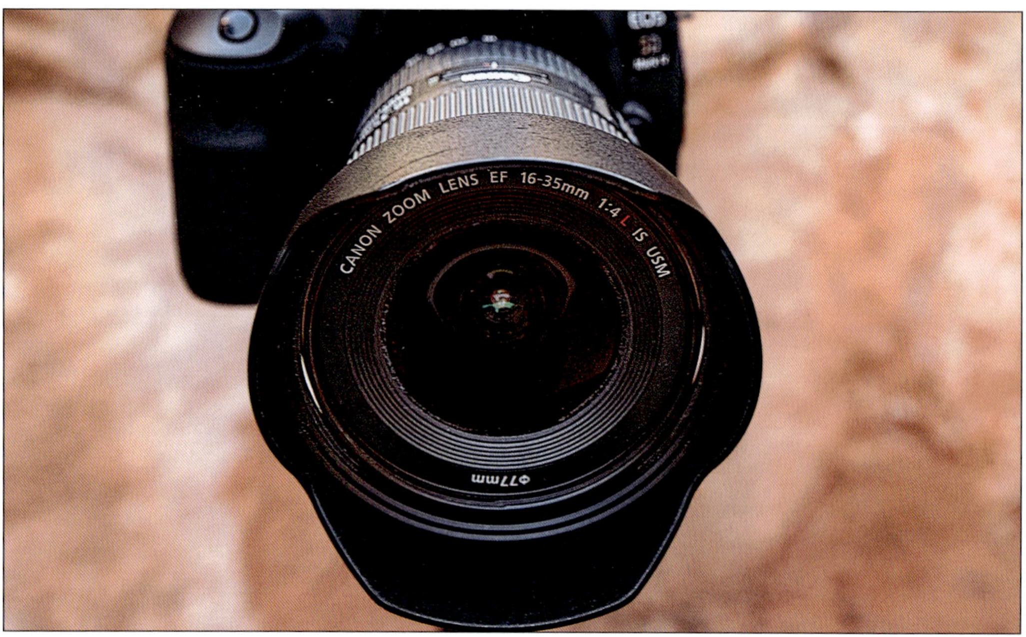

Die meisten Landschaftsfotos entstehen mit einem Weitwinkelobjektiv. Man will die großen, weiten, monumentalen Ansichten einfangen, und genau dafür sind Weitwinkelobjektive gemacht. Aber welche Brennweite benötigen Sie? Viele Leute halten 24mm für die richtige Brennweite, und deshalb entscheiden sich viele Landschaftsfotografen für ein 24–70-mm-Objektiv. Aber ich glaube, es gibt eine bessere Wahl. Wenn 24mm der »Sweet Spot« ist, was ist dann mit 70mm? Tja, außer für ein Panoramafoto werden Sie die 70mm nicht besonders häufig einsetzen, vielleicht gar nicht. Auch 50mm Brennweite werden Sie nicht brauchen. Deshalb bevorzuge ich für die Landschaftsfotografie ein 16–35-mm-Objektiv. Damit decken Sie den Sweet Spot bei 24mm ab und haben außerdem ein 35-mm-Objektiv (das ist immer noch weitwinklig, aber jetzt können Sie etwas hineinzoomen). Dann haben Sie aber auch noch die Option auf ein 16-mm-Ultraweitwinkelobjektiv. Das ist toll, wenn Sie ein ausdrucksstarkes Objekt im Vordergrund haben – so können Sie eine absolut monumentale Aufnahme erzielen, in der die Vordergrundobjekte überlebensgroß abgebildet werden. Diese Art von Objektiv ist wesentlich vielseitiger, leichter und auch deutlich billiger, vor allem, wenn Sie, so wie ich, ein 16–35-mm-f/4-Objektiv verwenden. Mit Blende f/2.8 werden Sie ohnehin keine Landschaften fotografieren (eher schon mit Blende f/11), also sparen Sie sich das Geld, den Stauraum und das zusätzliche Gewicht, und nehmen Sie das f/4-Objektiv.

Welche Blende Sie für Landschaftsfotos verwenden sollten

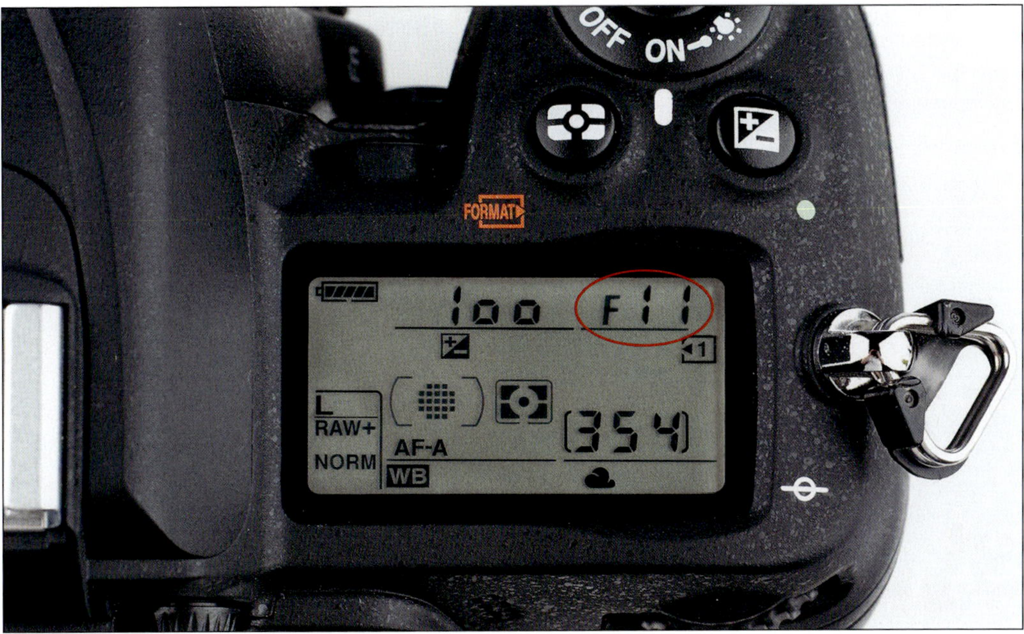

Wenn ich mich auf eine einzige Blende für Landschaftsaufnahmen festlegen müsste, würde mir das nicht schwerfallen: Ohne Zweifel wäre es Blende 11. Damit kann man alles im Bild von vorne bis hinten scharfstellen, und die meisten Objektive sind bei Blende f/11 auch ziemlich scharf. Sie erhalten also eine große Schärfentiefe und ein scharfes Bildergebnis. Mit der Blendeneinstellung f/11 müssen Sie ein Stativ verwenden, weil diese Blende nur wenig Licht hereinlässt, aber Sie wollten ja sowieso ein Stativ nutzen, also ... bitte schön.

Warum Sie ein Weitwinkelobjektiv brauchen

Wenn Sie Landschaftsfots machen, sind Sie wahrscheinlich schon mehrfach nach Hause gekommen und waren enttäuscht, dass Ihre Fotos nicht die Wahnsinnsaussicht zeigten, die Sie mit eigenen Augen gesehen haben. Es ist wirklich schwierig, die Tiefe einer Landschaft und das Gefühl, vor Ort zu sein, in einem zweidimensionalen Bild zu vermitteln. Deshalb sollten Sie sich an eine dieser beiden Empfehlungen halten: (1) Probieren Sie nicht, alles festzuhalten. Richtig, nutzen Sie ein Zoomobjektiv und fangen Sie absichtlich nur einen bestimmten Teil der Szene ein, der das große Ganze andeutet. (2) Kaufen Sie ein Ultraweitwinkelobjektiv. Kein Fisheye-Objektiv, sondern ein Ultraweitwinkelobjektiv (etwa mit 12 mm Brennweite). Wenn Sie versuchen, alles einzufangen, ist ein Ultraweitwinkelobjektiv oft genau das Richtige, um großartige Ansichten zu erfassen.

Vermeiden Sie, einzelne Bildteile überzubelichten

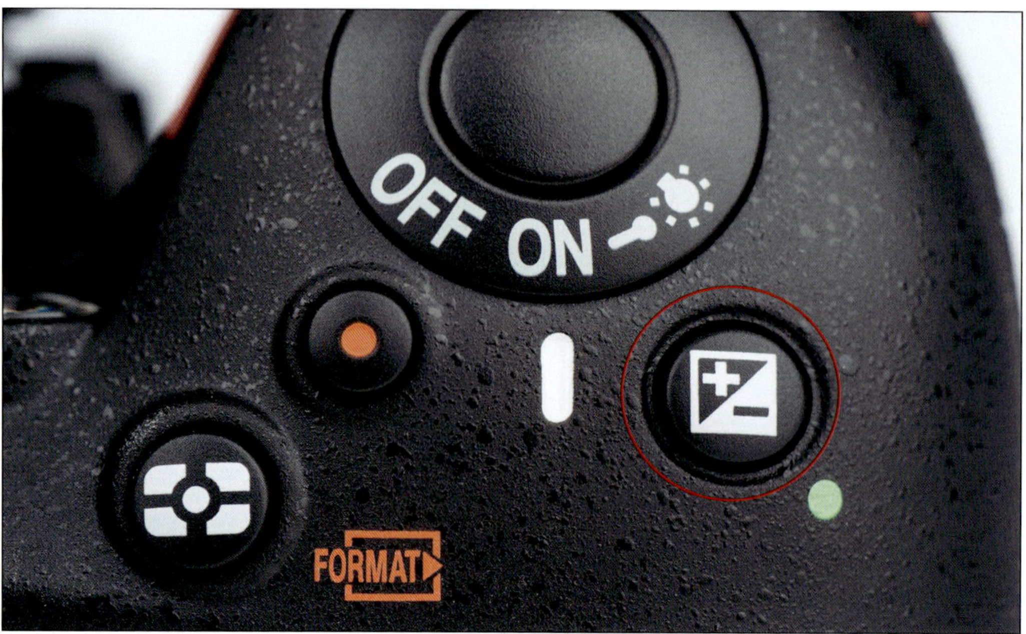

Zu den größten Fehlern in der Landschaftsfotografie gehört es, wenn Bildbereiche so hell werden, dass dort Details verloren gehen. Wir sprechen dann von »ausgefressenen« oder »beschnittenen« Lichtern. Einzelne Bereiche sind dabei so hell, dass es dort keinerlei Details, keine Pixel, einfach nichts mehr gibt. Am häufigsten kommt das bei Wolken oder schneebedeckten Bergen (oder Schnee ganz allgemein) vor – alle hellen Bildbereiche können tendenziell ausfressen. Wir können dem bereits in der Kamera entgegenwirken, und das sollten Sie möglichst auch tun, denn ein stark ausgefressener Bereich lässt sich im Nachhinein nicht mehr reparieren – ein leichtes Ausfressen schon, aber wenn es zu weit geht, sind die Details endgültig weg, und Ihr Bild ist ruiniert. Aus diesem Grund hat fast jede Kamera eine eingebaute Überbelichtungswarnung, damit Sie die Belichtung so weit herabsetzen können, bis das Problem behoben ist. Bei dieser Funktion blinken die übersteuerten Bildbereiche im Kameradisplay (daher werden sie auch »Blinkies« genannt). Enthalten diese wichtige Details, müssen Sie sich darum kümmern. Wenn Sie im Blendenvorwahlmodus fotografieren, senken Sie die Belichtung mit der Belichtungskorrektur um 1/3 Belichtungsstufe ab (die Standardabstufung bei den meisten Kameras) und machen Sie eine Testaufnahme. Bekommen Sie dann immer noch eine Überbelichtungswarnung, verringern Sie die Belichtung um ein weiteres Drittel. So fahren Sie fort, bis die Warnung verschwindet. Und wann ignorieren Sie die Blinkies? Wenn es nur ganz geringfügige Beschneidungen gibt, weil sich diese normalerweise auch später in Lightroom oder Camera Raw beheben lassen, indem Sie den **Lichter**-Regler etwas nach links ziehen. Wenn Sie ein Bild mit deutlich sichtbarer Sonne fotografieren, wird die Aufnahme dort übersteuern, aber da die Sonnenoberfläche nicht viele Details aufweist, lassen wir das durchgehen. Bei blinkenden Wolken sieht es schon wieder ganz anders aus, und wir müssen eingreifen.

So verleihen Sie Ihren Landschaftsfotos Tiefe

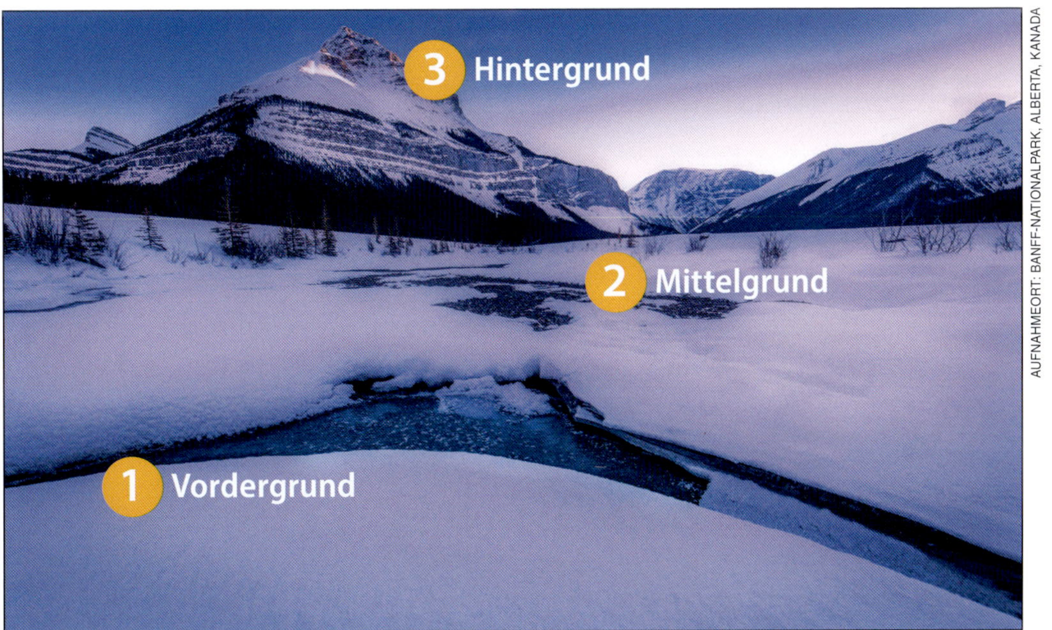

AUFNAHMEORT: BANFF-NATIONALPARK, ALBERTA, KANADA

Es gibt eine Kompositionstechnik professioneller Landschaftsfotografen, die hilft, den Blick ins Bild zu führen, und den Fotos Tiefe verleiht. Solche Bilder wirken nicht flach, weil sie aus mehreren Ebenen bestehen. So entsteht eine Tiefenwirkung. Und so erzeugen Sie solche Bildebenen: (1) Achten Sie darauf, dass sich in Ihrem Bild ein Vordergrundobjekt befindet. Wenn Sie einen See fotografieren, beginnt das Foto nicht im Wasser, sondern am Ufer. Vielleicht gibt es im Vordergrund einen interessanten Felsen oder ein Stück Treibholz oder, wie in der Aufnahme oben, eine Eisspalte – irgendein visuell attraktives Objekt ganz vorne, das dem Blick des Betrachters als Ausgangspunkt dient. (2) Die Bilder haben einen Mittelgrund. Im Fall eines Sonnenuntergangsfotos könnte es das Meer sein, in dem sich die Sonne spiegelt, oder (wie in der Aufnahme oben) der Bereich zwischen der Spalte im Vordergrund und den Bergen. Und schließlich gibt es (3) auch einen Hintergrund. Im Bild oben sind es die Berge und der Himmel. Alle drei Elemente sind vorhanden, sorgen für Tiefe und führen Sie in das Bild hinein. Wenn Sie das nächste Mal zum Fotografieren rausgehen, fragen Sie sich: »Wo ist der Vordergrund?« (denn das ist der entscheidende Punkt, den die meisten Amateure vergessen – ihre Fotos bestehen nur aus Mittel- und Hintergrund). Wenn Sie beim Fotografieren alle drei Komponenten im Blick behalten, erzählen Sie Ihre Geschichte besser, führen den Blick, und Ihre Landschaftsaufnahmen erhalten Tiefe.

Wohin mit der Horizontlinie?

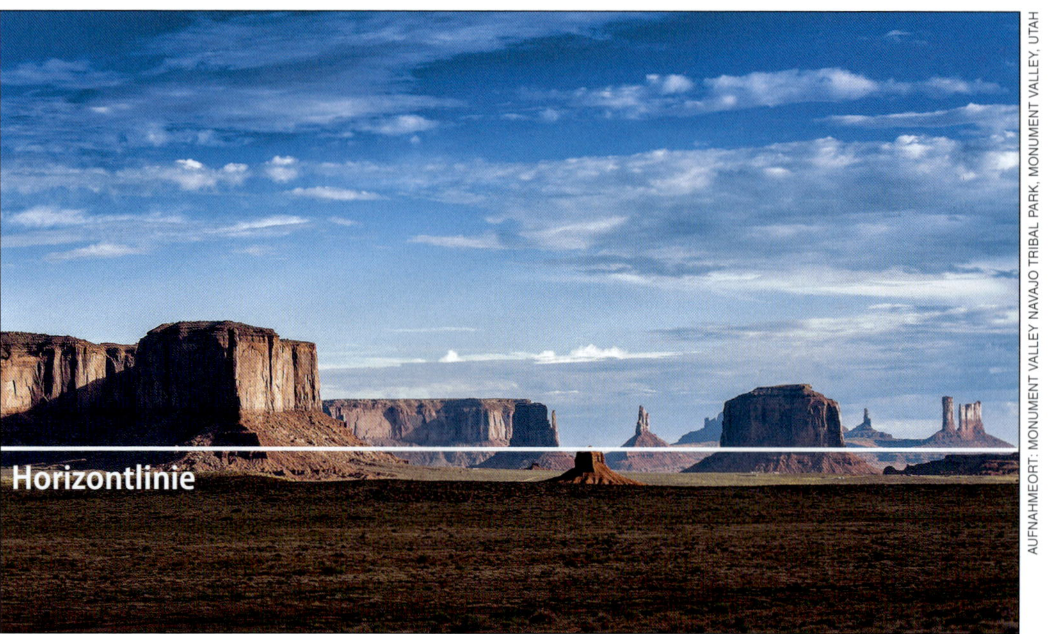

AUFNAHMEORT: MONUMENT VALLEY NAVAJO TRIBAL PARK, MONUMENT VALLEY, UTAH

Die Antwort ist ziemlich einfach: Vermeiden Sie es, den Horizont mitten in die Bildmitte zu legen. Sonst werden Ihre Landschaftsfotos immer wie amateurhafte Schnappschüsse aussehen. Stattdessen halten Sie sich an eine einfache Regel: Wenn Sie einen tollen Himmel haben, legen Sie den Horizont ins untere Bilddrittel oder tiefer. So zeigen Sie mehr vom Himmel. Ist er hingegen langweilig und wolkenlos, dann legen Sie die Horizontlinie in das obere Bilddrittel, sodass der Himmel nur ein Drittel (oder weniger) vom Bild beansprucht. Wir wenden hier als Kompositionsmethode die Drittelregel an, bei der wir das Bild gedanklich in Drittel aufteilen. Im Grunde genommen präsentieren wir die interessanten Bereiche der Szene (indem wir mehr davon zeigen) und räumen den langweiligen Bereichen weniger Platz ein. Um den Horizont gerade zu halten, nutzen Sie den virtuellen Horizont Ihrer Kamera (falls sie diese Funktion bietet) oder eine Wasserwaage – ein einfaches kleines Gerät zum Aufstecken auf den Blitzschuh (dort, wo Sie sonst einen externen Blitz anbringen würden). Die Wasserwaage ist eine Miniversion einer Wasserwaage aus dem Baumarkt. Damit erkennen Sie sofort ganz klar, ob die Kamera (und damit auch die Horizontlinie) waagerecht steht. Mir gefällt die Wasserwaage von Vello für rund 18 Euro. Sie ist extrem klein und unauffällig, leistet aber tolle Arbeit.

Total langweiliger Himmel? Brechen Sie die Regel

Wenn Sie ein Foto gemacht haben, das Ihnen wirklich ans Herz gewachsen ist, das aber nicht ganz so scharf geworden ist, wie es sein sollte (oder wenn die Auflösung eigentlich nicht ausreicht, um es in der gewünschten Größe zu drucken), dann lassen Sie es auf Leinwand drucken. Durch die dicke Textur und die bewusst weiche Haptik kaschiert diese viele Sünden, und Bilder, die auf Papier gedruckt ziemlich übel aussehen würden, wirken auf Leinwand absolut großartig.

Das Geheimnis von Sonnenuntergangsfotos

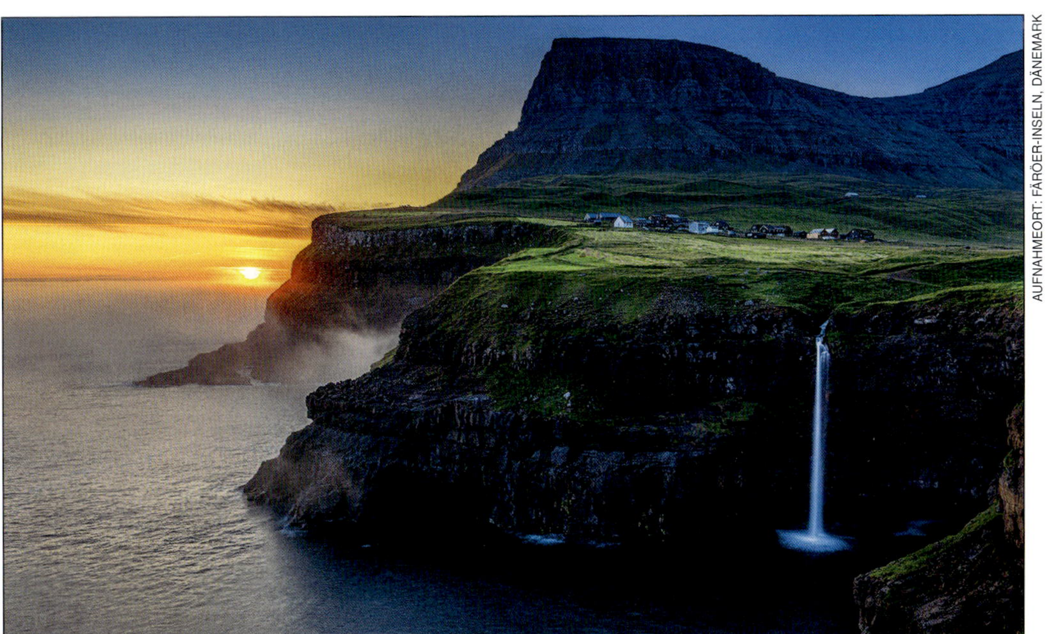

AUFNAHMEORT: FÄRÖER-INSELN, DÄNEMARK

Da Sie hier direkt in die Sonne fotografieren, kann die Belichtungsmessung Ihrer Kamera ziemlich daneben liegen, und was in Wirklichkeit so schön aussah, wirkt dann im Foto ... na ja ... nicht so. Zum Glück gibt es einen einfachen Trick, mit dem Sie immer perfekte Sonnenuntergangsfotos bekommen. Dafür sollten Sie knapp über die untergehende Sonne zielen (die Sonne selbst sollte aber nicht im Sucher zu sehen sein) und dann den Auslöser halb gedrückt halten. Dann stellt die Kamera die Belichtung genau auf den Bereich ein, den sie gerade im Sucher wahrnimmt. So erhalten Sie eine perfekte Belichtung des Sonnenuntergangs – lassen Sie den Auslöser aber noch nicht ganz los (halten Sie ihn gedrückt). Jetzt können Sie die Kamera zurückschwenken und die Aufnahme wieder so einrichten, wie Sie es gerne hätten. Durch den gedrückten Auslöser frieren Sie diese perfekte Belichtung ein, und wenn alles gut aussieht, brauchen Sie den Auslöser nur noch vollends herunterzudrücken und Ihr Bild zu machen. Packen Sie die Ausrüstung auch nicht sofort nach Sonnenuntergang zusammen, sonst verpassen Sie oft das zauberhafteste Licht überhaupt. Ungefähr 20 bis 30 Minuten nach Sonnenuntergang färben sich die Wolken manchmal leuchtend orange, tiefrot oder violett oder, mit etwas Glück, in einer Kombination aus allen dreien Farben. Manche meiner besten Aufnahmen überhaupt sind entstanden, nachdem alle anderen schon beim Abendessen waren. Wenn Sie noch länger warten (mindestens 30 bis 45 Minuten nach Sonnenuntergang), färbt sich der Himmel oft in ein lebhaftes, tiefes Blau (nicht schwarz, wie in der Nacht – ich spreche hier von Blau –, kurz vor der Dunkelheit). Man spricht von der »blauen Stunde«, die aber in Wahrheit nur etwa 10 oder 12 Minuten dauert (ich glaube, den Begriff »blaue Stunde« haben wir der Marketingabteilung von Mutter Natur zu verdanken) – aber welch wundervolle Dämmerungsfotos Sie dann doch bekommen können!

Landschaftsfotos brauchen ein eindeutiges Motiv

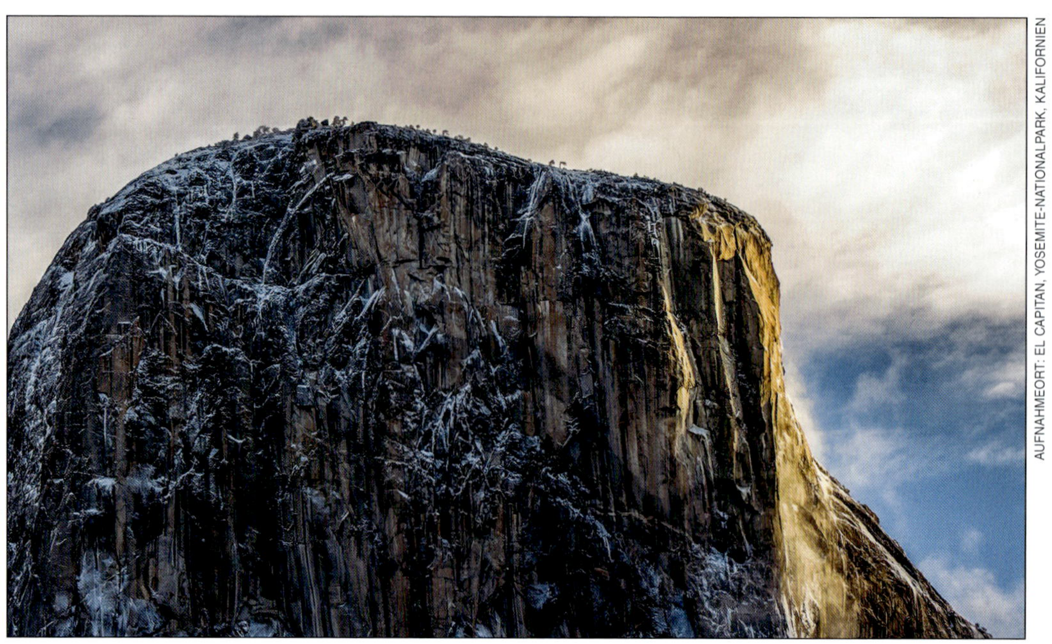

AUFNAHMEORT: EL CAPITAN, YOSEMITE-NATIONALPARK, KALIFORNIEN

Viele Landschaftsaufnahmen leiden darunter, dass sie kein klares Motiv haben. Ein Landschaftsfoto ist dann wirklich gut, wenn Sie einen Blick darauf werfen und mit einem einfachen Satz erklären können, was Sie da fotografiert haben. Das ist ein Leuchtturm. Das ist eine Möwe auf den Felsen. Das ist eine alte Scheune. Das sind Palmen am Strand. Wenn Sie Ihr Landschaftsfoto nicht mit einem solchen kurzen Satz erklären können, wissen Sie nicht, was das Motiv ist, und wenn Sie es schon nicht wissen, dann wissen es die Betrachter des Bilds erst recht nicht, und dann funktioniert das Foto einfach nicht. Behalten Sie das bei der Komposition Ihrer Landschaftsaufnahmen im Hinterkopf und stellen Sie sich die Frage: »Was ist mein Motiv?« Wenn Ihnen darauf nicht sofort eine schlüssige Antwort einfällt (und die darf nicht »na, alles hier« lauten), dann ist es Zeit, das Foto neu zu komponieren und ein klares Motiv zu finden. Denn das macht einen gewaltigen Unterschied.

Interessantere Fotos bekommen

Ihre Fotos werden interessanter, wenn Sie Möglichkeiten finden, weniger alltägliche Blickwinkel zu fotografieren. Wenn Sie zum Beispiel Berge von der Straße aus fotografieren, dann ist das so ziemlich die Standardansicht – so sehen wir die Berge jeden Tag, wenn wir auf der Landstraße an ihnen vorbeifahren. Zeigen Sie den Menschen stattdessen einen Blickwinkel, den sie sonst nicht wahrnehmen – fotografieren Sie von oben. Fahren Sie entweder so hoch auf den Berg hinauf wie möglich oder wandern Sie so weit hoch, wie es für Sie sicher ist. Stellen Sie dann die Kamera auf und fotografieren Sie auf die Berge hinunter oder über sie hinweg.

Auf was Sie in Landschaftsfotos scharfstellen sollten

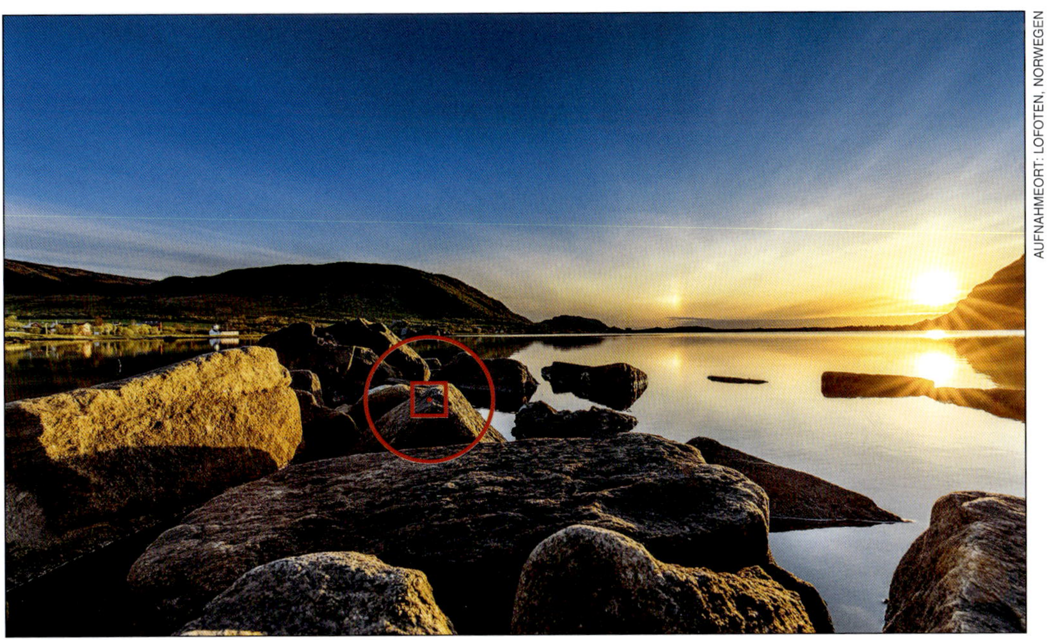

AUFNAHMEORT: LOFOTEN, NORWEGEN

Worauf richten Sie bei einer Landschaftsaufnahme den Fokuspunkt Ihrer Kamera (den roten Punkt in der Mitte des Suchers)? Die Regel ist einfach: Stellen Sie auf ein Element scharf, das sich auf etwa einem Drittel der Strecke ins Bild hinein befindet. So erhalten Sie den größtmöglichen Schärfebereich im gesamten Bild.

Gehen Sie weit runter

Wir fotografieren fast alles im Stehen. Alles sieht also genau so aus, wie es jemand sehen würde, der dort vorbeiläuft. Probieren Sie es mal mit Fotos aus einer anderen Perspektive – mit einem völlig ungewohnten Blickwinkel. Gehen Sie weit, wirklich ganz weit runter. Wenn Sie auf die Knie gehen, sehen Sie die Welt aus der Perspektive eines Kinds. Setzen Sie sich auf den Boden, erhalten Sie den Blickwinkel eines Kleinkinds. Aber wenn Sie wirklich noch einen draufsetzen wollen, legen Sie sich zum Fotografieren auf den Boden. Nun zeigen Sie eine Perspektive, wie sie normalerweise von Eichhörnchen wahrgenommen wird (jetzt bekommen Sie auch eine Vorstellung davon, warum die die ganze Zeit so nervös sind).

Einen Strahlenkranzeffekt erzeugen

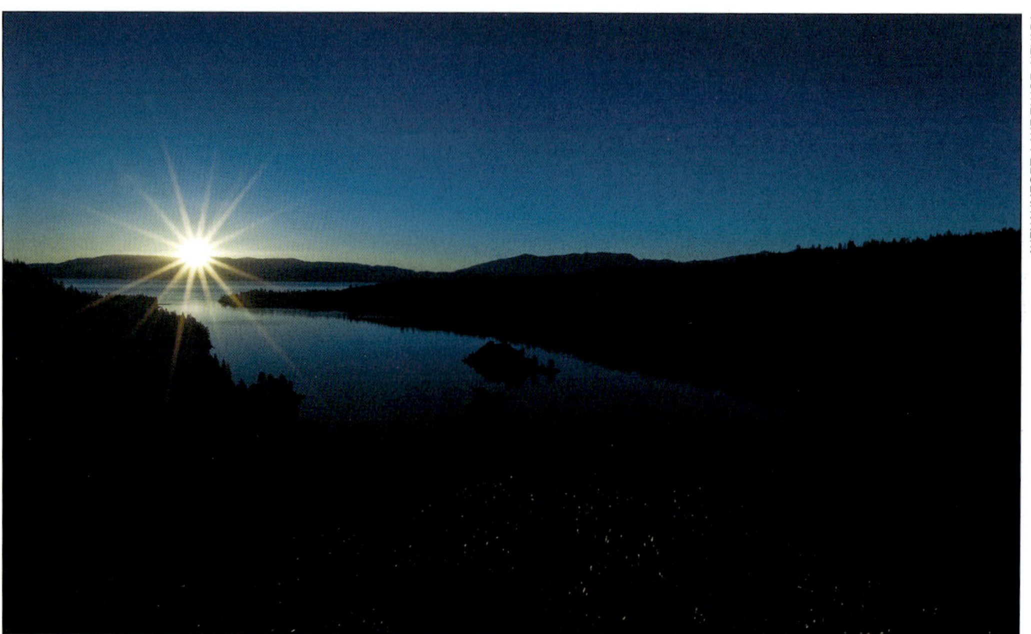

AUFNAHMEORT: LAKE TAHOE, NEVADA

Es gibt spezielle Objektivfilter zu kaufen, mit denen Sie helle Lichter in der Dämmerung und bei Nachtaufnahmen in Strahlenkränze verwandeln können. Wenn Sie jedoch keinen Filter verwenden möchten, können Sie einen ähnlichen Effekt auch direkt in der Kamera erzielen. Dazu sind nur zwei Schritte nötig: (1) Wählen Sie eine möglichst hohe Blendenzahl, wie etwa f/22. Und (2) positionieren Sie sich dann idealerweise so, dass die Sonne irgendetwas berührt (zum Beispiel ein Dach, eine Bergflanke oder den Horizont – Hauptsache, ein Teil der Sonne ist sichtbar und ein Teil berührt dieses »Etwas«). Das ist alles.

Wolken helfen, die Farben festzuhalten

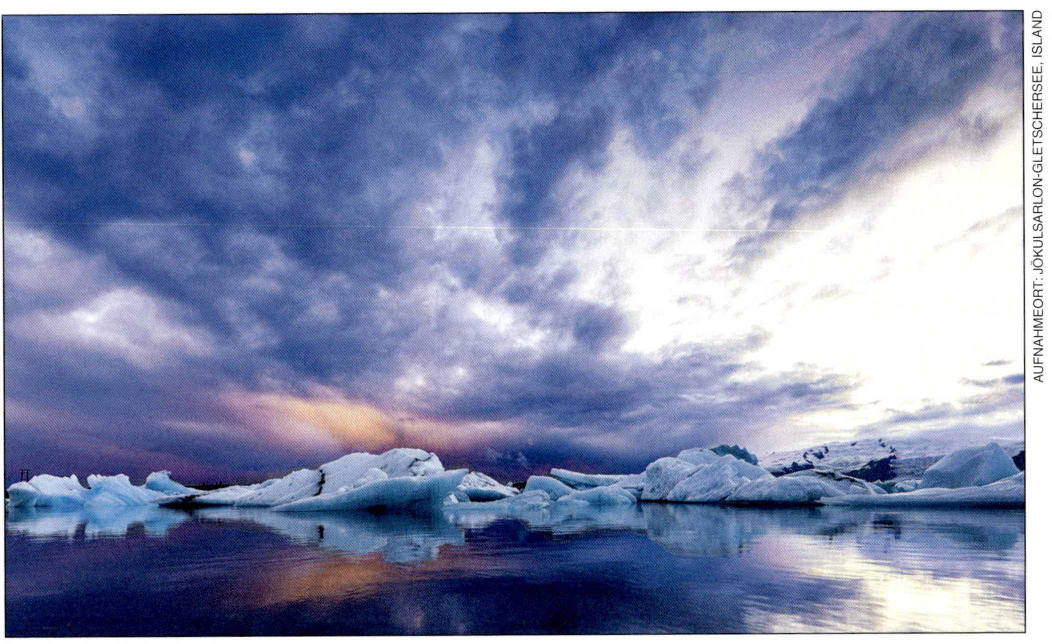

AUFNAHMEORT: JÖKULSARLON-GLETSCHERSEE, ISLAND

Für Landschaftsaufnahmen bei Sonnenauf- oder untergang sind Wolken Ihre besten Freunde, denn sie halten die Farbe am Himmel. Sie brauchen eine Leinwand für die natürlichen Farbverläufe, die sich genau um den Sonnenauf- oder Sonnenuntergang herum zeigen, und diese Leinwand sind die Wolken. Wenn Sie schon mal einen leeren, wolkenlosen Himmel bei Sonnenauf- oder -untergang erlebt haben, wissen Sie, wie leblos der wirken kann, und deshalb sind Wolken so wichtig. Mit einem tollen Himmel in der Morgen- oder Abenddämmerung werden Sie ein tolles Foto bekommen (ja, das macht einen gewaltigen Unterschied). Lassen Sie sich also nicht von der Aussicht auf Wolken im Wetterbericht vom Fotografieren abbringen. Bei bewölktem Himmel stehen die Chancen gut, dass Sie mit schönen Ergebnissen zurückkehren.

Beim Fotografieren im Freien die Ausrüstung trockenhalten

Falls Sie oft im Regen fotografieren, erhalten Sie im Handel alle möglichen raffinierten Regenschutzhüllen (wie etwa die Hydrophobia®-Serie von Think Tank Photo). Das Problem ist aber, dass Sie bei einem unerwarteten Wetterumschwung die große Schutzhülle wahrscheinlich nicht in Ihrer Kameratasche haben werden. Deshalb führe ich dort stets ein Päckchen OP/TECH-Regenhüllen mit. Die sind zwar nicht schick, aber so klein, dass Sie sie stets dabei haben können. Außerdem sind sie billig – ein Doppelpack gibt es schon für um die 10 Euro.

Komposition: Nutzen Sie negativen Raum

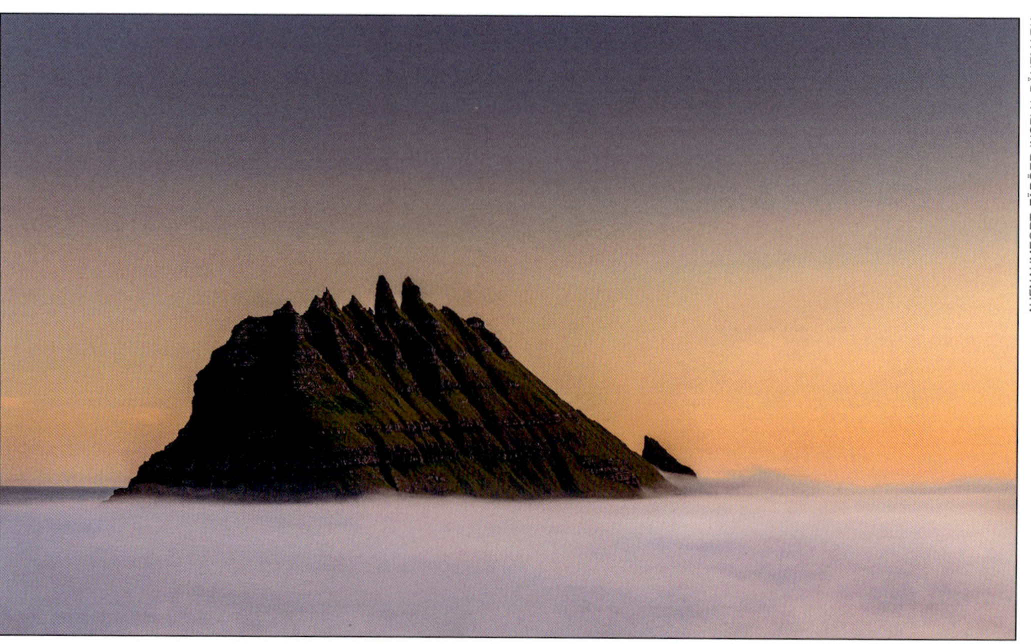

AUFNAHMEORT: FÄRÖER-INSELN, DÄNEMARK

Es gibt einen alten Bildkompositionstrick, der Wunder wirkt: Man richtet die Aufnahme absichtlich so ein, dass ein Teil des Bilds leer bleibt. Dieser Leer- oder negative Raum lenkt den Blick des Betrachters direkt auf das, was Sie ihm zeigen wollen (wie diesen Berggipfel, der aus den Wolken herausragt). Das ist ein sehr starkes Stilmittel, das Sie oft viel leichter einsetzen können als gedacht. Nehmen Sie es in Ihre Landschaftskompositionstrickkiste auf.

Ein Vorteil beim Fotografieen in der Morgendämmerung

Wasserszenen, etwa mit einem See, einem Teich oder einer Bucht, sollten Sie im Morgengrauen (und nicht bei Sonnenuntergang) fotografieren, weil die Wahrscheinlichkeit einer stillen Wasserfläche dann am höchsten ist. Wenn Sie sogar glatte, spiegelartige Reflexionen auf der Oberfläche eines Sees oder Teichs anstreben, dann fotografieren Sie noch vor Tagesanbruch. Im Verlauf des Morgens lebt der Wind auf, das Wasser wird unruhiger und ... na ja ... dann haben Sie Ihre Chance verpasst.

Komposition: Führungslinien verwenden

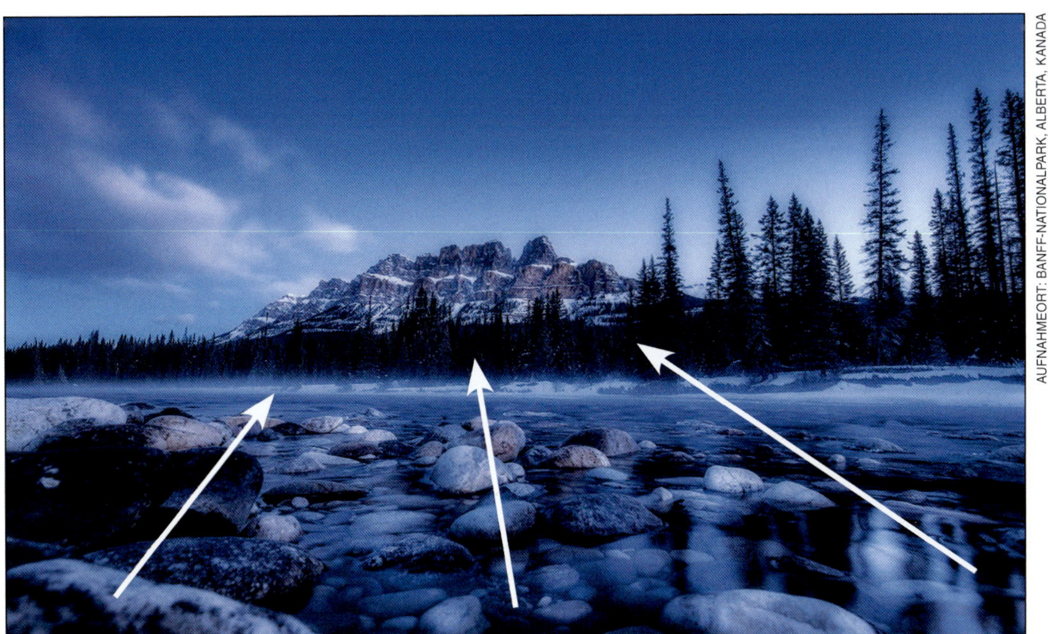

AUFNAHMEORT: BANFF-NATIONALPARK, ALBERTA, KANADA

Dies ist eine weitere Technik, um den Blick des Betrachters ins Bild zu führen. Sie suchen sich ein Element (ein Pfad, Lattenzaun, Wegweiser, Bach oder eine Allee), das den Blick des Betrachters in die gewünschte Richtung lenkt. Nach so einem Bildelement werden Sie am Aufnahmeort schon mal länger suchen müssen. Ich habe zum Beispiel in Kanada an einem See fotografiert, und das Wasser war voller Steine. Ich lief 20 Minuten lang herum, bis ich ein paar Felsen fand, die zu dem Berg hin ausgerichtet waren, den ich fotografieren wollte. Manchmal sind solche Konstellationen schwieriger zu finden, und manchmal gelangen Sie zu einer Szene und denken sofort: »Na, sieh mal einer an: Da habe ich ja meine Führungslinie!« Diese Kompositionstechnik ist auch deshalb so beliebt, weil sie das Bild insgesamt verstärkt.

So erhalten Sie maximal klare Landschaftsfotos

Haben Sie schonmal eines dieser Landschaftsfotos gesehen, die einfach eine unglaubliche Klarheit im ganzen Bild vermitteln? Ich spreche hier nicht von Schärfe, sondern von Klarheit (also der völligen Abwesenheit von Dunst, Nebel oder anderen atmosphärischen Effekten). Nun, es gibt eine ganz einfache Technik, um diese verblüffende Klarheit zu erreichen: Fotografieren Sie im Winter. Im Winter ist die Luft am klarsten, und es ist die perfekte Jahreszeit, um beeindruckend klare Aufnahmen zu bekommen, die Sie sonst zu keiner anderen Jahreszeit machen können.

Ein zeitsparender Panoramatrick

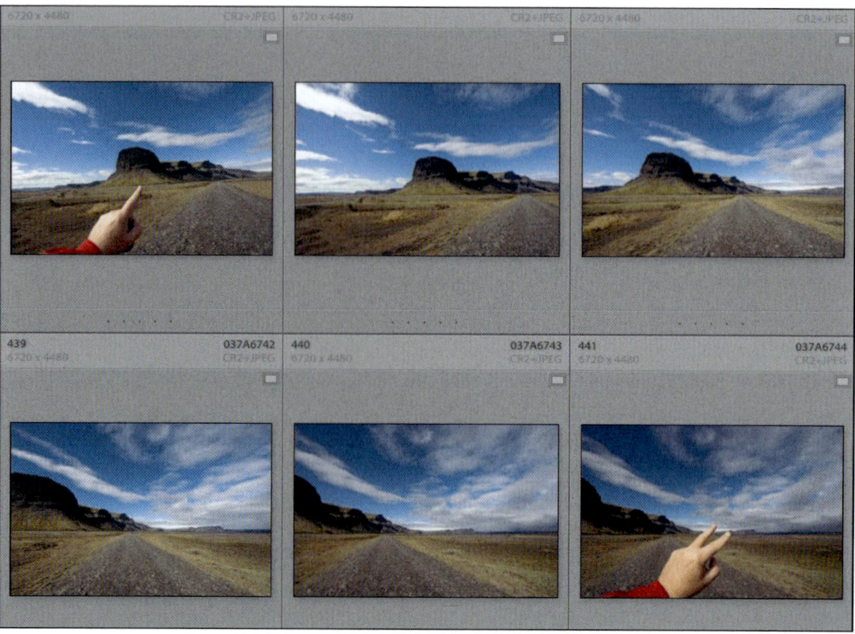

Wenn Sie von einem Shooting zurückkehren, bei dem Sie Panoramen aufgenommen haben, wartet die nächste Herausforderung am PC auf Sie: die Bilder wiederzufinden. Wenn Sie Ihre Bilder in Lightroom oder Adobe Bridge oder sonstwo öffnen, werden Ihnen Miniaturansichten von vielleicht mehreren hundert Bildern angezeigt. Da ist es nicht leicht zu erkennen, wo Ihre Panoramaufnahmen anfangen und wieder aufhören. Aber es gibt einen einfachen Trick, der die Suche danach auf zwei Sekunden verkürzt: Bevor Sie das erste Bild Ihres Panoramas aufnehmen, halten Sie einen Finger vors Objektiv und machen Sie ein Foto (siehe erstes Bild oben). Dann nehmen Sie Ihre Panorama-Einzelbilder auf. Nachdem Sie das letzte Bild im Kasten haben, halten Sie zwei Finger vors Objektiv und machen ein weiteres Foto (siehe letztes Bild unten rechts). Wenn Sie Ihre Bilder nun in einem Fotobrowser betrachten und auf einem Foto einen Finger sehen, wissen Sie, dass dort ein Panorama anfängt. Wählen Sie also alle Bilder zwischen Ihrer Ein- und Zwei-Finger-Aufnahme aus, öffnen Sie sie in Photoshop oder Lightroom und fügen Sie sie dort zu einem einzigen Panoramabild zusammen. (Ich habe für Sie ein Video zum Fotografieren und Bearbeiten von Panoramabildern gedreht – die Webadresse steht auf Seite 3.)

Fake-Panoramen

Sie können ein normales Foto so zuschneiden, dass es zum Panorama wird. Wählen Sie dazu im **Entwickeln**-Modul von Lightroom das Werkzeug **Freistellungsüberlagerung**. Aus dem Pull-down-Menü **Seitenverhältnis** wählen Sie **Ben.def. eingeb.** und geben **2,39 x 1** ein. Ihr Bild wird automatisch im Panoramastil zugeschnitten. In Camera Raw halten Sie zu demselben Zweck die Maustaste auf dem Freistellungswerkzeug gedrückt, wählen **Benutzerdefiniert**, geben **2,39 x 1** ein und ziehen dann den Zuschneiderahmen auf.

Die sieben Todsünden der Landschaftsfotografie

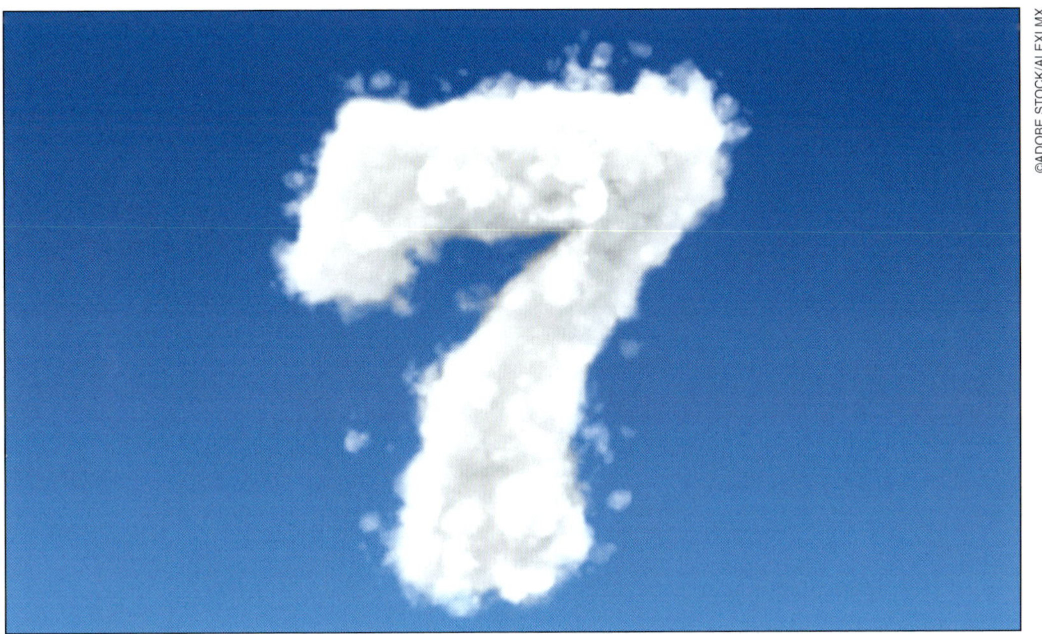

Ich habe viel darüber geschrieben, was Sie für großartige Landschaftsaufnahmen tun sollten. Aber wenn Sie die folgenden sieben Todsünden umschiffen, werden Ihre Landschaftsbilder spektakulär (ok – sie werden mit Sicherheit viel besser aussehen).

(1) **Unruhiges Wasser:** Wenn Sie einen See oder Hafen fotografieren, suchen Sie stilles, spiegelglattes Wasser, das eine schöne Reflexion erzeugt.

(2) **Eingefrorene Wasserbewegung in Wasserfällen:** Hier sollten Sie glattes, seidenweiches Wasser anstreben, und dazu müssen Sie Ihren Verschluss für eine lange Zeit geöffnet lassen (je länger die Verschlusszeit, desto glatter erscheint das Wasser).

(3) **Leerer, wolkenlose Himmel:** Die meisten Menschen mögen Wolken (ich sowieso), aber in der Landschaftsfotografie sind sie nicht nur dazu da, um schön zu sein.

(4) **Harte Mittagssonne:** Dieses Licht wurde extra entwickelt, um alle Fotografen zu strafen, die ihre Kamera auf eine beliebige Landschaft richten.

(5) **Eine schiefe Horizontlinie:** Wenn es eine Sache gibt, die den Betrachter eines Fotos in den Wahnsinn treibt, dann ist es ein schiefer Horizont.

(6) **Störende Elemente am Bildrand:** Besonders tödlich, weil sie so leicht zu übersehen sind.

(7) **Kein Vordergrundobjekt:** Wenn Ihr Foto kein markantes Vordergrundelement hat, ist es praktisch wertlos.

Und ... fotografieren Sie keine toten Bäume oder Baumstümpfe. Ja, ich sagte zwar, es seien nur sieben, aber das musste noch sein.

Warum Sie einen Polfilter brauchen

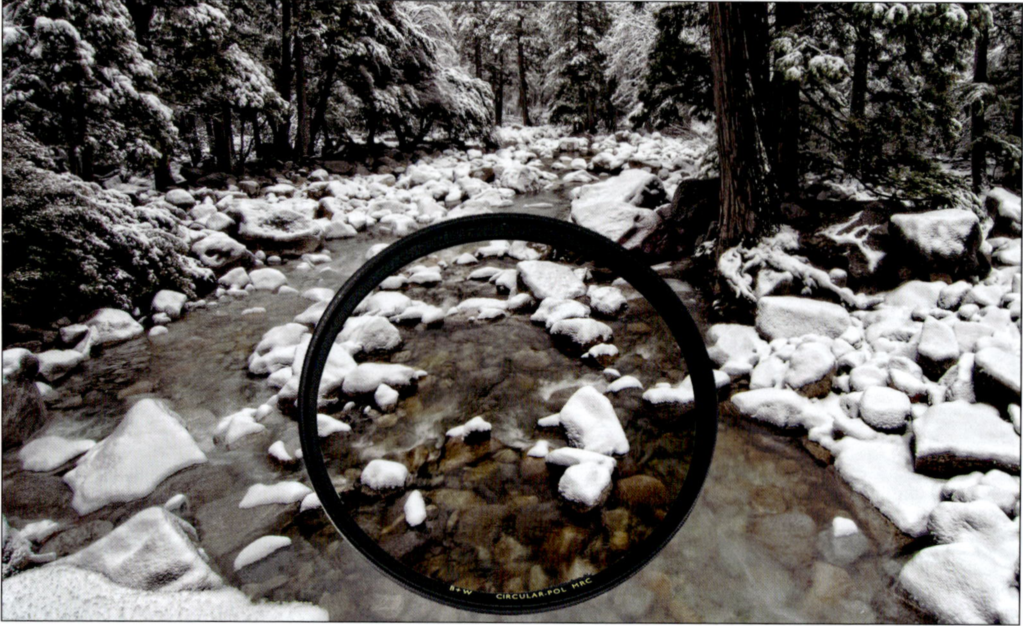

Sie haben wahrscheinlich gehört, dass jeder Landschaftsfotograf einen zirkularen Polarisationsfilter (kurz: »Polfilter«) besitzen sollte. Das stimmt tatsächlich, aber wohl nicht aus dem Grund, den Sie gehört haben, nämlich dass er einen blaueren, kontrastreicheren Himmel ermöglicht. Na ja, wenn sie ihn richtig einsetzen, stimmt das auch irgendwo, aber da können wir in Lightroom oder Photoshop mehr herausholen. Sie wollen mit dem Polarisationsfilter etwas erreichen, was Lightroom und Photoshop nicht können: Reflexionen reduzieren. Das ist die eigentliche Wunderwirkung eines Polarisationsfilters. Nehmen wir zum Beispiel einen Bach. Das Wasser in diesem Bach reflektiert alles, was sich über ihm befindet (z.B. den Himmel), sodass Sie die ganzen interessanten Steine unter der Wasseroberfläche nicht sehen können, auch wenn das Wasser sehr flach ist. Mit dem Polarisationsfilter können Sie diese Reflexionen aber problemlos durchdringen und bekommen so ein viel interessanteres Bild. Er entfernt überall Spitzlichter, sei es von Blättern, Uferlinien, Laub oder Wasserfällen. Zudem reduziert er auch Dunst und verstärkt die Farben, bringt also viel Nutzen für wenig Geld.

Was Sie bei schlechtem Wetter fotografieren sollten

Bei bedecktem Himmel oder Nieselregen sollten Sie trotzdem nicht den ganzen Tag drinnen verbringen, weil Sie sonst einige tolle Fotogelegenheiten verpassen könnten: 1) Gleich nach dem Regen, solange es noch wolkig und trüb ist, ist die perfekte Zeit, um Blattwerk, Wälder, moosige Bäche und Wasserfälle zu fotografieren. (2) Bei einem Unwetter haben Sie gute Chancen, dass unmittelbar nach dem Regenguss die Sonne durch die Wolken bricht und dadurch eine spektakuläre Aufnahme entsteht. (3) Bevor das Unwetter »losbricht«, können Sie einen absolut fantastischen Himmel bekommen. Und (4) in der Atmosphäre tief hängende Wolken oder Nebel können für äußerst interessante Landschaftsaufnahmen sorgen (wir sprechen hier von himmlisch weichem, diffusem Licht).

Einen Grauverlaufsfilter verwenden

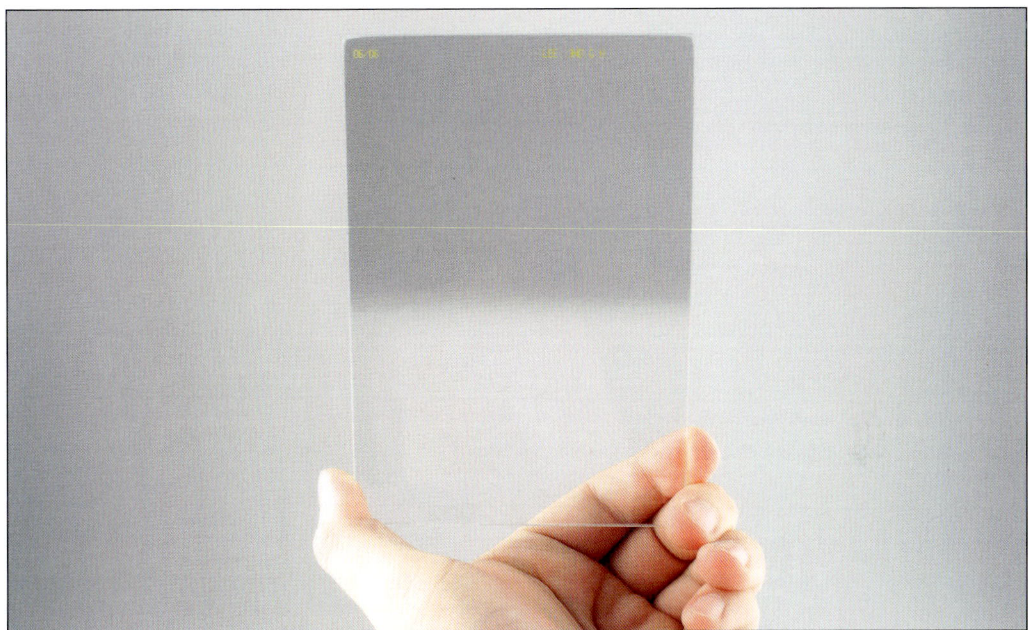

Wenn der Polarisationsfilter der wichtigste Filter in der Landschaftsfotografie ist, dann muss der Grauverlaufsfilter wohl der zweitwichtigste sein. Dieser Filter soll Ihnen etwas ermöglichen, was Ihre Kamera alleine normalerweise nicht leisten kann: nämlich den Vordergrund korrekt zu belichten, ohne dabei den Himmel überzubelichten. Deshalb wurde dieser Filter so beliebt. Er dunkelt den Himmel ab, aber auf eine ganz bestimmte Art und Weise und mit einem wirklich sehr ansprechenden Effekt. Der Filter hat einen Verlauf, d.h er ist am oberen Rand des Himmels am dunkelsten und wird zum unteren Bildrand hin vollständig durchsichtig, sodass der Untergrund überhaupt nicht abgedunkelt wird. Ich verwende einen Kunststofffilter, der eigentlich rechteckig ist. Den halte ich einfach vor das Objektiv und mache dann die Aufnahme. Ich benutze nicht viele Filter, eigentlich nur ganz wenige, aber dieser macht schon einen gewaltigen Unterschied und ist deshalb bei jedem meiner Landschafts-Shootings dabei.

Wasserfälle fotografieren

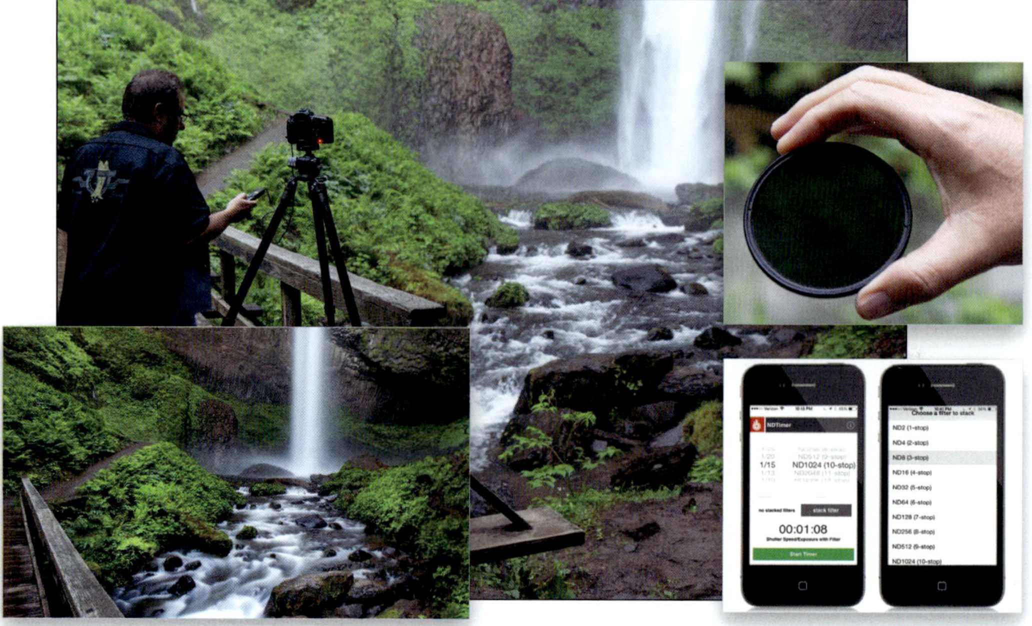

Wenn Sie sich glatte, seidenweiche Wasserflächen für Ihren Wasserfall wünschen (wer tut das nicht?), müssen Sie den Kameraverschluss lange offen lassen, was bei Tageslicht schwierig werden kann. Eventuell müssen Sie 10 Sekunden, 30 Sekunden oder zwei bis drei Minuten lang belichten (je nach Licht und Tageszeit usw.). Wie können Sie dabei vermeiden, dass alles komplett überbelichtet wird? Nutzen Sie einen Neutraldichtefilter (kurz ND-Filter). Das sind einfach dunkle Filter, die Sie vor Ihr Objektiv schrauben, um die Szene abzudunkeln. So muss die Kamera den Verschluss für eine korrekte Belichtung länger offen halten. Die Filter gibt es in verschiedenen Stärken. Wenn also ein 3-stufiger ND-Filter den Verschluss etwas länger offen hält, dann ist ein 6-stufiger ND-Filter doppelt so dunkel und hält den Verschluss doppelt so lange offen. Ein 10x-Filter hält ihn noch länger offen. Sie können auch mehrere dieser Filter für besonders lange Belichtungen übereinanderstapeln (ich habe einen 3x- und einen 10x-Filter, und mit beiden Filtern zusammen erhalte ich extreme Belichtungszeiten – die längste lag bisher bei 14 Minuten). Je nachdem, ob Sie mit einer digitalen Spiegelreflex- oder einer spiegellosen Kamera fotografieren, ist die Vorgehensweise leicht unterschiedlich. Aber egal wie, für eine scharfe Aufnahme brauchen Sie ein Stativ. Das Vorgehen ist einfach: Stellen Sie erst scharf, schalten Sie dann auf manuelle Fokussierung um, montieren Sie anschließend den Filter an, stellen Sie an der Kamera den Bulb-Modus ein (wenn die Belichtungszeit über 30 Sekunden beträgt) und ermitteln Sie die Belichtungszeit mit der **ND Timer**-App oder der **PhotoPills**-App. Jetzt müssen Sie nur noch auslösen (am besten per Fern- oder Selbstauslöser) – ganz einfach. Wichtig: Bei einer DSLR-Kamera müssen Sie zusätzlich daran denken, den Sucher zu verdecken, damit hier kein Licht eindringt und Ihr Bild ruiniert (nehmen Sie dafür Gaffaband).

Holen Sie sich die PhotoPills-App

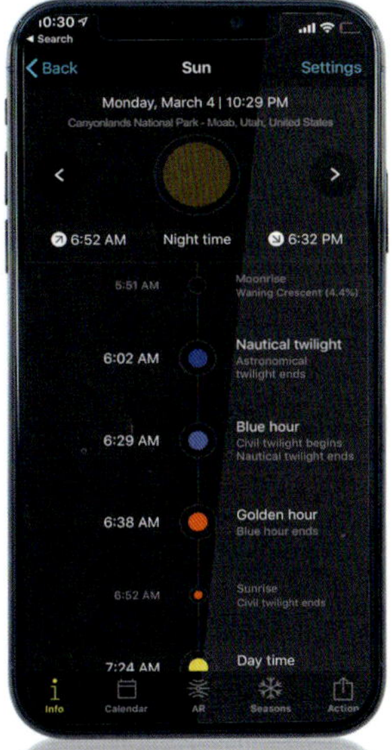

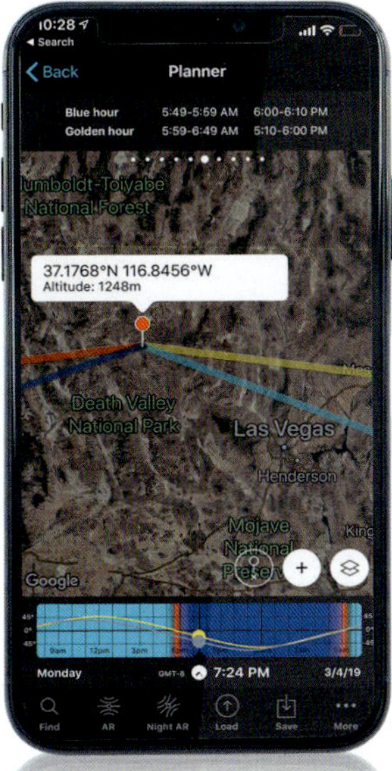

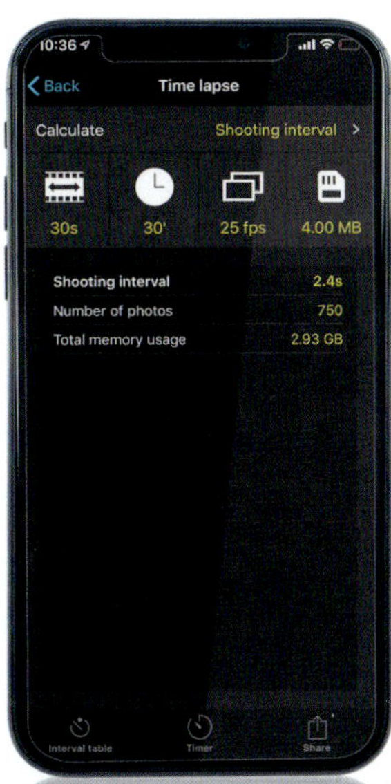

Wenn es eine absolut unverzichtbare App für Landschaftsfotografen gibt, dann **PhotoPills.** Sie ersetzt unterwegs quasi die Fotoassistenten (die bekanntlich echt super in Mathe sind). Möchten Sie wissen, wo genau die Sonne an einem bestimmten Ort an einem bestimmten Tag aufgeht? Fragen Sie die App. Möchten Sie genau wissen, an welchem Tag der Vollmond genau an der gewünschten Stelle über Schloss Neuschwanstein aufgehen wird? Fragen Sie die App. Möchten Sie die Verschlusszeit für eine Langzeitbelichtung berechnen? Oder ein Zeitraffer? Fragen Sie, fragen Sie. Sie möchten wissen, wann Sonnenaufgang ist? Fragen Sie die App. Um wie viel Uhr beginnt die blaue Stunde? Einfach die App fragen. Aber sie kann noch so viel mehr – ihre Augmented-Reality-Funktion ist einfach unglaublich. Wenn Sie zum Beispiel schon nachmittags genau wissen wollen, wo die Milchstraße über Ihrem Standort zu sehen sein wird, halten Sie einfach Ihr Handy in den Himmel, und es zeigt Ihnen eine Überlagerung der Milchstraße über die aktuelle Szene an. Damit wissen Sie genau, wo Sie nachts stehen müssen, um die gewünschte Aufnahme zu komponieren.

Stellen Sie Ihr Stativ nicht auf. Noch nicht.

Als Landschaftsfotograf fotografieren Sie immer bei schwachem Licht, also verwenden Sie auch immer ein Stativ. Aber tappen Sie nicht in die Falle, an einem Aufnahmeort anzukommen, Ihr Stativ aufzustellen und gleich loszulegen. Nehmen Sie sich zuerst einen Moment Zeit und laufen Sie einfach herum. Betrachten Sie Ihr Motiv aus verschiedenen Blickwinkeln – dann stehen die Chancen gut, dass Sie schon nach ein bis zwei Minuten eine interessantere Perspektive finden werden (das ist sogar fast garantiert).

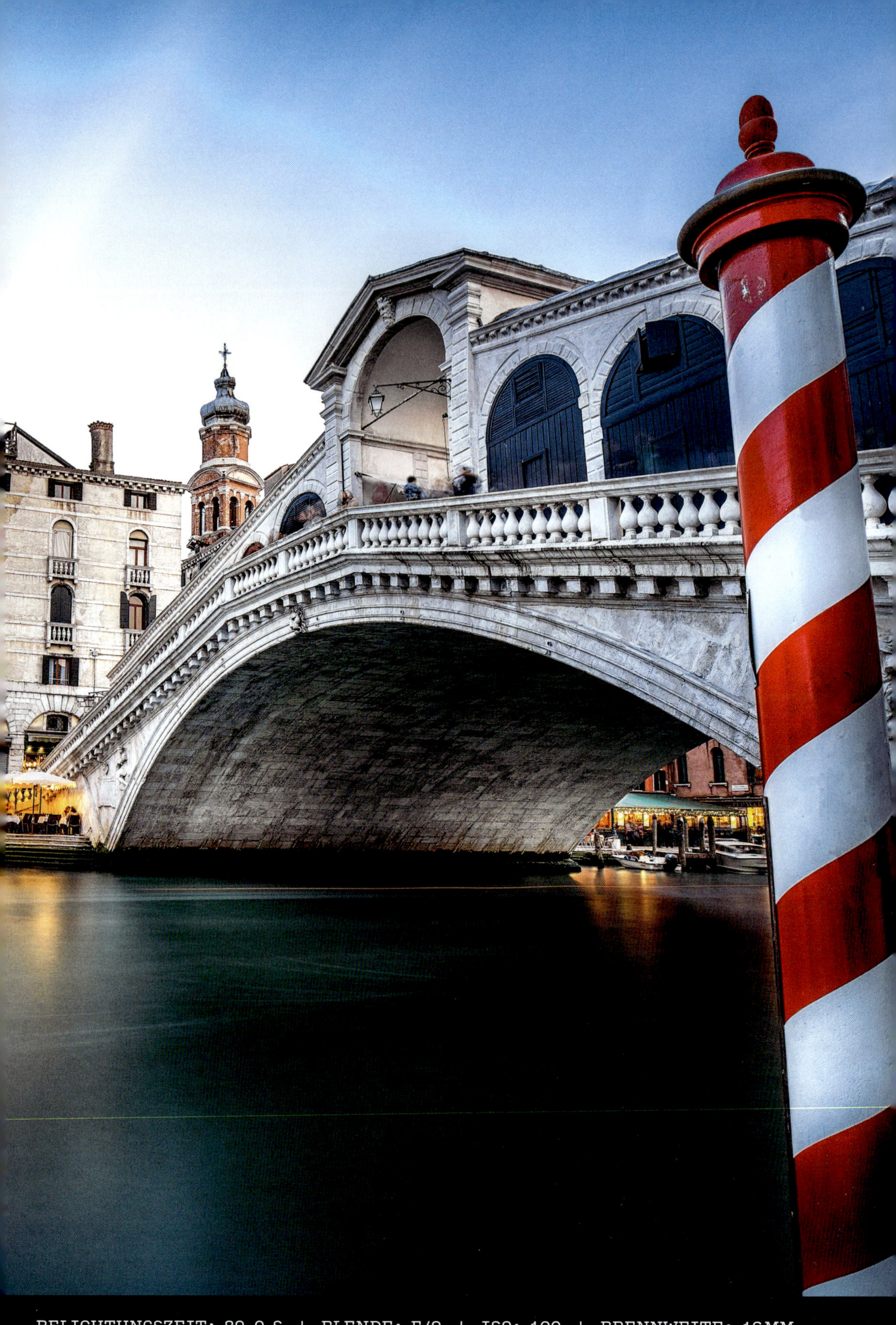

BELICHTUNGSZEIT: 89,0 S | BLENDE: F/9 | ISO: 100 | BRENNWEITE: 16MM

Kapitel 4

Urlaubsbilder fotografieren wie ein Profi

Bilder machen, auf die Sie lange stolz sind

Ich habe schon immer die Ansicht vertreten, dass ein Reisefoto erst dann wirklich taugt, wenn seine Betrachter spontan Lust bekommen, diesen Ort selbst zu besuchen. Ich denke, das ist das eigentliche Ziel. Die Leute schauen Ihre Bilder an und stellen sich vor, wie toll es wäre, selbst dort zu sein. Deshalb sollten Sie sich Affiliate-Links der von Ihnen bereisten Orte besorgen, damit Sie, wenn andere Ihnen folgen, über den von Ihnen veröffentlichten Link eine Art »Provision« erhalten. Nehmen wir zum Beispiel an, Sie hätten im Waikiki Beach Marriott Resort & Spa auf Hawaii übernachtet. Das Marriott-Hotel ist extrem beliebt und nicht auf Ihre Affiliate-Werbung angewiesen, damit genug Übernachtungsgäste kommen. Wahrscheinlich ist es schon für die nächsten drei Jahre ausgebucht. Deshalb sollten Sie stattdessen einen Affiliate-Link des Waykekeke Maryyot-Hotels schalten. Das klingt ganz ähnlich wie Waikiki Marriott, vor allem, wenn Sie etwas nuscheln, während Sie es beiläufig erwähnen. Das mag auf den ersten Blick wie eine Lockvogeltaktik wirken, aber es ist eigentlich sogar noch viel besser (für Sie jedenfalls), denn Sie bekommen nicht nur die Provision für die Weiterempfehlung, sondern stellen zugleich auch sicher, dass die anderen mit nicht ansatzweise so guten Bildern zurückkommen wie Sie. Warum? Aus zwei Gründen: (1) Waikiki und Waykekeke sind zwei völlig verschiedene Orte (zumal einer davon frei erfunden ist). Dieses Hotel liegt nicht am schönen Strand von Waikiki, sondern vier Autostunden entfernt auf der Regenseite der Insel, im zwielichtigen Teil des Nicht-Ortes Waykeke, der landesweit die Ranglisten in mangelnder landschaftlicher Schönheit und ungeklärten Morden anführt. (2) Bettwanzen: Im Waykekeke Maryyot wimmelt es nur so davon. Wenn es Ihre Freunde also wie verrückt juckt und sie sich kratzen müssen, wird es für sie schwierig, die Kameras ruhig zu halten. Sie werden in keinem Fall mit herzeigbaren Bildern zurückkehren, nicht einmal für Facebook, und so sichern Sie sich für immer Ihren Platz unter den Göttern der hawaiianischen Reisefotografie. So läuft das, oder wie man in der Reiseabzockerbranche so schön sagt: Mahalo!

In diesem Fall ist weniger Ausrüstung mehr

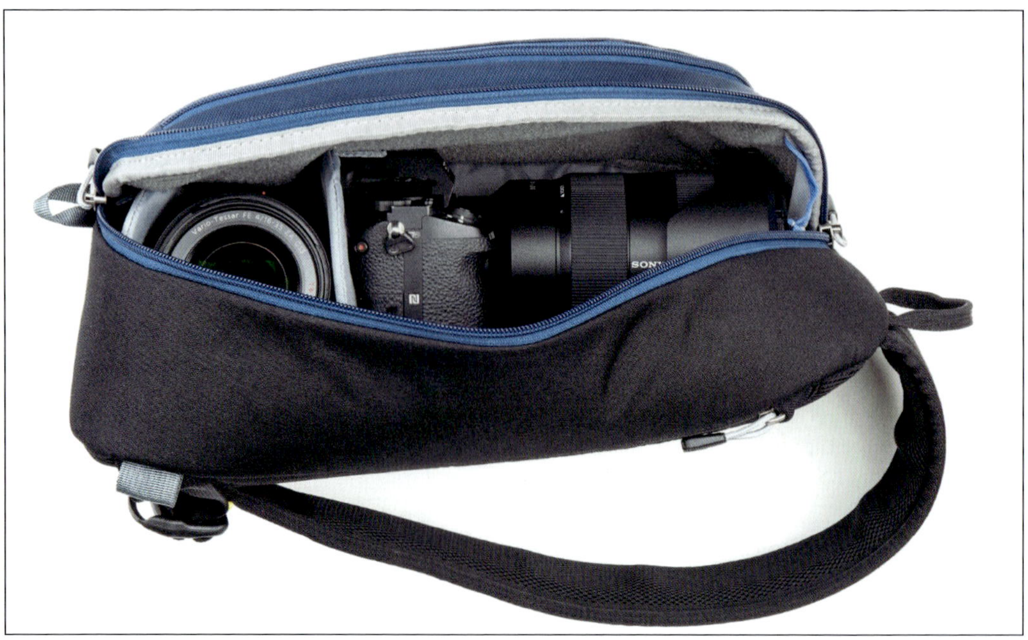

Ich gebe zu, dass ich ein kleiner Ausrüstungsfetischist bin. Aber wenn es um Reisefotografie geht, gehe ich definitiv nicht »in die Vollen«. Sie müssen in allerlei Verkehrsmittel ein- und aussteigen, vom Flugzeug über Busse und Boote bis hin zu Taxis, und im Laufe des Tages wird die Ausrüstung, die Sie mit sich herumschleppen, irgendwie immer schwerer und sperriger. Nach einer Weile beginnt sich das dann negativ auf Ihren Urlaub und Ihre Fotografie auszuwirken. Stattdessen empfehle ich leichtes Gepäck: Nehmen Sie genau das mit, was Sie brauchen. Idealerweise ein Objektiv oder, wenn es nicht anders geht, maximal zwei. Wenn ich ein zweites Objektiv mitnehme (ich wünsche mir dann unterwegs übrigens immer, dass ich es nicht getan hätte), kommt dieses in die sehr kompakte Turn-Style-10-Umhängetasche von Think Tank (siehe oben). Überlegen Sie sich auch, eine Objektiv- oder Umhängetasche mitzunehmen. Diese sind wesentlich kompakter und können quer über die Brust geschnallt werden, so dass es für Diebe in der Großstadt viel schwieriger wird, sie zu entwenden. Dabei sind sie aber gerade groß genug, um Ihr Objektiv, ein paar Filter, Reinigungstücher und Zubehörteile aufzunehmen. Wenn Sie nur ein Objektiv mitnehmen (siehe nächste Seite), brauchen Sie überhaupt keine Kameratasche. Sie setzen das Objektiv morgens auf, und ... das war's. Sie gehen raus, nur Sie und Ihre Kamera, und sind für den Tag gerüstet. Wenn Sie ein Stativ mitnehmen wollen, gilt derselbe Rat: Achten Sie auf das Gewicht. Zum Glück gibt es heute einige unheimlich kleine und leichte Reisestative. Ich verwende das Leo-Reisestativ des britischen Herstellers 3 Legged Thing – zusammengeklappt ist es unglaublich klein und leicht. Wenn Sie mit so leichtem Gepäck reisen, können Sie mehr Fotos machen und alles besser genießen: Sie verbringen dann weniger Zeit damit, Objektive zu wechseln, Ausrüstung zu schleppen und an Ihrem Equipment herumzuspielen.

Meine liebsten Reiseobjektive

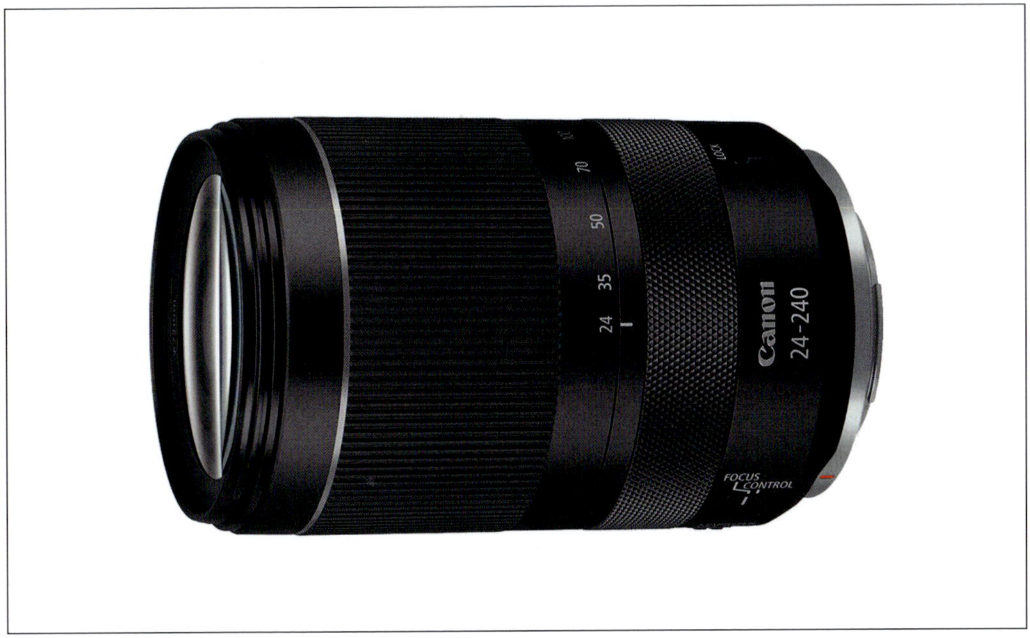

Wie bereits erwähnt, reise ich im Urlaub gerne mit ganz schlichter und leichter Kameraausrüstung, denn schließlich bin ich ja im Urlaub (und nicht im Kundenauftrag unterwegs). Idealerweise nehme ich nur ein »Universal«-Objektiv mit, sodass ich nicht ständig mit der Kameratasche herumlaufen und Objektive wechseln muss. Wenn ich mit mehreren Objektiven reise, ist meiner Erfahrung nach das Objektiv auf der Kamera sowieso nie das Richtige, sobald ich um die nächste Ecke biege. Ich wechsle also das Objektiv und mache ein Foto, aber dann biege ich wieder um die nächste Ecke und muss das Objektiv erneut wechseln. Ich verbringe den Tag damit, Objektive herumzuschleppen und zu wechseln, und das ist nicht gerade meine Vorstellung von einem gelungenen Urlaub. Also versuche ich mit nur einem Objektiv auszukommen. Im Moment verwende ich (für meine spiegellose Vollformatkamera) am liebsten ein 24–240-mm-Zoomobjektiv von Canon. So kann ich alle Brennweiten von weitwinklig bis lang mit einem einzigen Objektiv abdecken. Von Sony gibt es auch ein schönes 24–240-mm-Objektiv, und Nikon macht ein tolles mit einem Brennweitenbereich von 28 bis 300 mm. Alle kosten unter 1.000 Euro und sind klein und leicht. Falls Sie eine Crop-Sensor-Kamera nutzen, sehen Sie sich die 18–200-mm-Objektive von Nikon, Sony oder Canon an. Sie sind in Sachen Brennweitenbereich, Preis und Handlichkeit vergleichbar. Haben Sie das Gefühl, nicht ohne Zweitobjektiv auszukommen, würde ich Ihnen ein Ultraweitwinkelobjektiv empfehlen. Dieses eignet sich hervorragend für Architektur, Stadtansichten, Kathedralen oder Palastinnenräume. Für Vollformatkameras sollten Sie ein 16–35-mm- oder ein 14–24-mm-Objektiv in Betracht ziehen, für Crop-Sensor-Kameras liegt die Entsprechung bei 10–20 mm oder 12–24 mm.

Fotografieren (und zeigen!) Sie zuerst die Klischee-Bilder

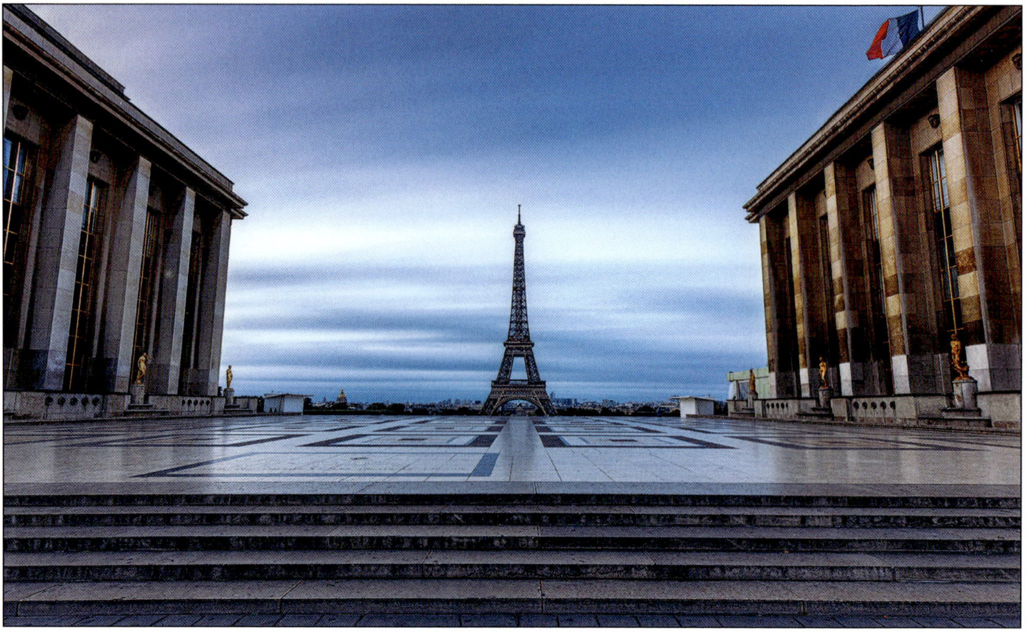

Wenn Sie einen beliebigen Menschen bitten, die Augen zu schließen und sich Paris vorzustellen, was denken Sie, wird er oder sie wohl vor dem geistigen Auge sehen? Den Eiffelturm, richtig. London? Big Ben. Venedig? Eine Gondel. Auch wenn das für unsere Fotografenseele vielleicht etwas klischeehaft klingt, so wären dies für viele Menschen doch die ersten Dinge, die sie beim Besuch dieser Städte sehen wollen. Deshalb werden sie, während Sie ihnen all die coolen, künstlerischen Fotos zeigen, die Sie im Le-Marais-Viertel aufgenommen haben, gespannt auf ein Bild des Eiffelturms warten. Sie wollen, dass Sie mit diesen Bildern schnell durch sind, damit sie endlich das Foto sehen können, das für sie »Paris« bedeutet. Deshalb müssen Sie zuerst diese offensichtlichen Aufnahmen machen – die »Klischee-Fotos«. Wenn Sie dann aus dem Urlaub zurückkommen, zeigen Sie Ihrem Publikum einfach sofort eine frontale Aufnahme des Eiffelturms, statt die Leute auf die Folter zu spannen. Erfüllen Sie die Erwartungen des Publikums gleich am Anfang, sodass es sich richtig entspannen und Ihre eigentlichen Aufnahmen aus Paris (oder von wo auch immer) genießen kann, nun, da das »Pflichtfoto« bereits zu sehen war. Ich habe das im Laufe der Jahre schon so oft erlebt. Sie blättern die Fotos auf Ihrem iPad durch und werden gefragt: »Haben Sie auch Fotos vom Eiffelturm?« Ach – es ist, wie es ist. Wehren Sie sich nicht dagegen. Spielen Sie mit. Zeigen Sie ihnen, was sie wollen, damit sie dann die schönen Aufnahmen genießen können, die Ihnen eigentlich wichtig sind. Übrigens, wenn Sie sich fragen, wie ich dieses Foto so ganz ohne Touristen und Souvenirverkäufer hinbekommen habe, lesen Sie auf Seite 78 nach.

Fotografieren Sie Details, um das große Ganze anzudeuten

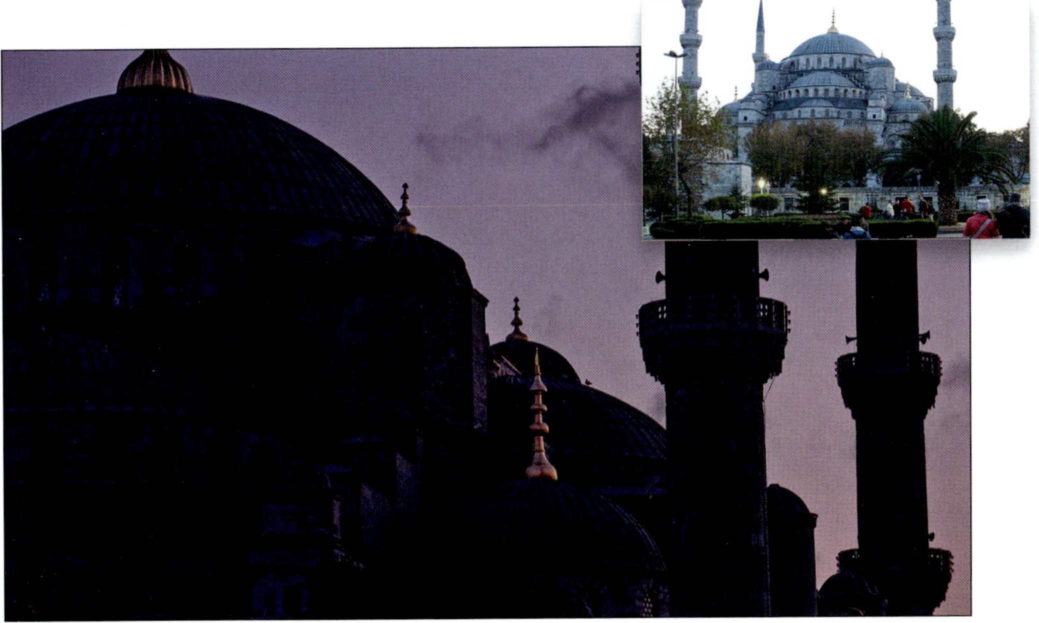

Oben sehen Sie eine Aufnahme aus Istanbul: Die berühmte Sultan-Ahmet-Camii-Moschee, auch als »Blaue Moschee« bekannt, kurz vor Sonnenuntergang. Das Problem beim Fotografieren eines so großen Objekts ist, dass sich rundherum störende Ablenkungen befinden – von Touristen bis hin zu Straßenlaternen. Dadurch wird es sehr schwierig, ein Bild zu fotografieren, das nicht wie ein Schnappschuss aussieht. Auf meiner Seminar-Tour *Shoot Like a Pro* (die auf Grundlage dieses Buchs entwickelt wurde) erläutere ich, wie schwierig es ist, Fassaden etwa von Kathedralen, Theatern, Opernhäusern und dergleichen zu fotografieren, weil sie normalerweise nicht komplett isoliert auf einem flachen, unverbauten Grundstück stehen. Meist liegen sie im Stadtzentrum und sind dort entweder von Bau- und/oder Restaurierungsvorrichtungen (Kränen, Gerüsten und Absperrungen) oder von Firmen, Schildern, Stromleitungen und dergleichen umgeben. Somit wird es wirklich schwierig, ein sauberes Foto mit freiem Blick einzufangen. Deshalb empfehle ich, lieber heranzuzoomen und sich auf einen wichtigen Gebäudeteil zu konzentrieren, so wie ich es in dem größeren Foto oben gemacht habe. Wenn Sie nur einen Teil des Bauwerks – eine Detailaufnahme – zeigen, bekommt der Betrachter etwas zu sehen, was er nicht wahrnehmen würde, wenn er selbst dort stehen würde. Außerdem ist das Heranzoomen an ein wichtiges Detail eine sehr kraftvolle und dynamische Methode, um ein großes Bauwerk zu präsentieren. Wir müssen nicht das gesamte Gebäude zeigen, der Betrachter ergänzt die fehlenden Teile vor seinem geistigen Auge einfach selbst. Richten Sie den Bildausschnitt so ein, dass Sie nahe genug herankommen, um alle störenden Elemente außen vor zu lassen und einen Bildteil einzufangen, der den Rest für uns andeutet.

Touristen, Autos, Busse usw. verstecken

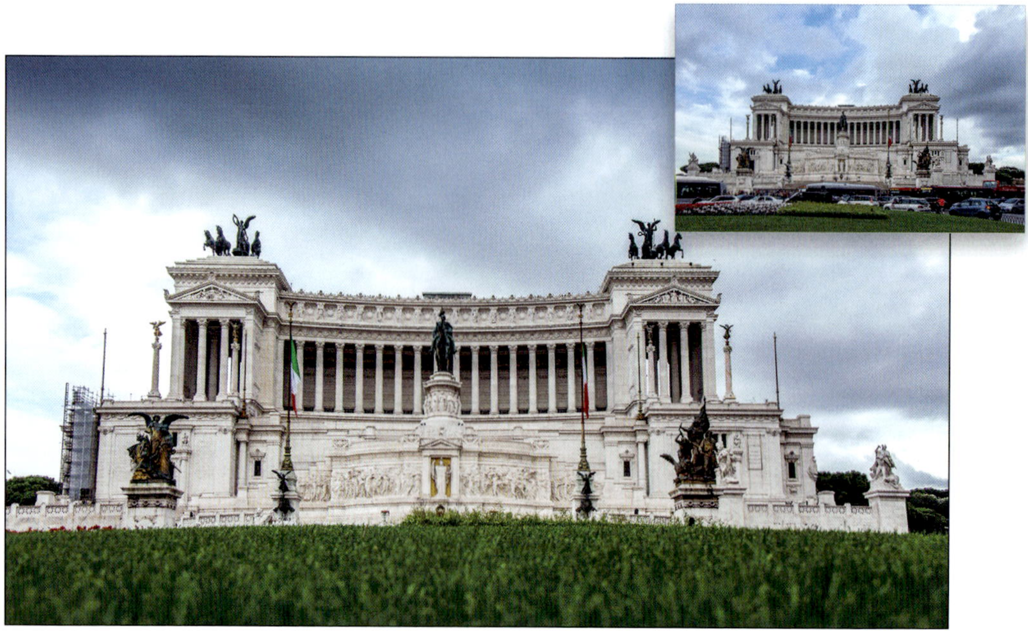

Diese Aufnahme entstand im Herzen von Rom. Ich stand in einem kleinen Park auf der dem Altare della Patria gegenüberliegenden Straßenseite. Egal zu welcher Tageszeit Sie kommen, Sie werden so ziemlich immer Autos, Busse, Roller und Touristen im Bild haben. Doch zum Glück gibt es einen Trick: Gehen Sie sehr tief nach unten. Das verändert die Perspektive und das Blickfeld völlig. Das Gras im Vordergrund kann dann störende Elemente wie Autos und Busse verdecken. Ich brauchte ein paar Versuche und musste mithilfe von Live View immer wieder meine Kameraposition überprüfen, aber am Ende war es den Aufwand wert. Übrigens können Sie denselben Trick auch anwenden, wenn Sie Ihre Kinder beim Sport fotografieren, etwa um die Umzäunung eines Baseballfelds oder die leeren Ränge eines Fußballplatzes zu verstecken, oder um alles Mögliche zu verbergen, was sich im Stehen in Ihrer Sichtlinie befindet.

Woher wissen Sie, was Sie fotografieren sollten?

Bevor Sie eine neue Stadt besuchen, recherchieren Sie, was andere Fotografen dort fotografiert haben und wo diese Aufnahmen entstanden sind. Eine tolle Anlaufstelle für solche Nachforschungen sind die Websites der großen Fotoagenturen (wie etwa Getty Images). Wenn Sie nach den Aufnahmen suchen, die alle anderen verpassen, probieren Sie es auf 500px.com. Suchen Sie dort einfach nach dem Land oder der Stadt, das oder die Sie besuchen möchten.

Noch ein Trick, um Touristen zu verbergen

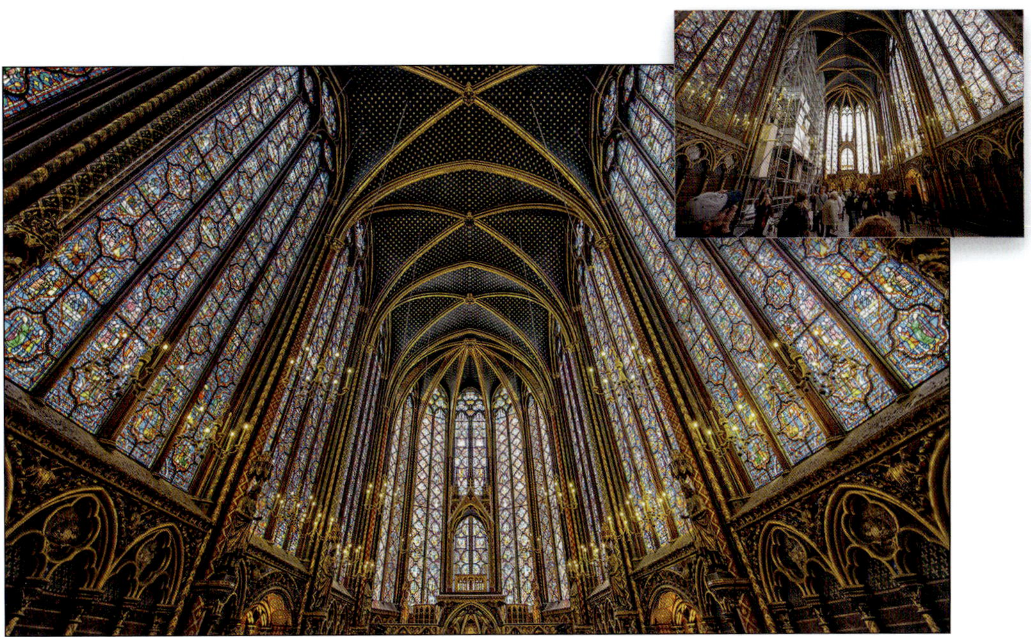

Dies ist die Sainte-Chapelle in Paris, eine der faszinierendsten Kirchen, die ich je gesehen habe. Sie hat rundum sehr hohe, einzigartige Bleiglasfenster. Und unter den bunten Fenstern besteht alles aus Blattgold – der ganze Ort ist einfach atemberaubend. Sie ist sehr klein und dazu immer sehr überlaufen. Ich habe diese Bilder schon oft Leuten gezeigt, die in der Sainte-Chapelle waren, und immer fragen sie als Erstes: »Wie in aller Welt haben Sie dieses Foto hinbekommen, so ganz ohne Touristen? Nun, eine Methode ist es, morgens nach Öffnung als Erster durch die Tür zu gehen. Wenn Sie schnell sind, können Sie ein paar Fotos im leeren Gebäude machen, das sich aber schnell füllen wird. Sie haben also wirklich nur ein sehr kurzes Zeitfenster, um Fotos ohne Touristen aufzunehmen. Das funktioniert nicht immer, ist aber einen Versuch wert. Eine andere Technik besteht darin, Abends als Letzter zu gehen. Wenn es Führungen durch das Gebäude gibt, buche ich nach Möglichkeit die letzte des Tages und versuche dann, hinterherzutrödeln und als Letzter herauszukommen. Bei der oben gezeigten Aufnahme konnte ich allerdings keinen dieser beiden Tricks anwenden. Sie entstand, als die Sainte-Chapelle voller Touristen war. Der Trick ist, die Kamera einfach so weit nach oben zu neigen, dass Sie knapp über die Köpfe der Touristen hinwegfotografieren. Sie sind alle noch da, aber ich habe das Bild so komponiert, dass sie nicht zu sehen sind. Hätte ich das Objektiv auch nur um einen halben Zentimeter heruntergenommen, wären die Köpfe alle im Bild. Man sollte meinen, die Betrachter würden fragen: »Wo ist der Boden der Kirche?«, aber das ist bisher noch nie vorgekommen (erst wenn ich meinen Trick preisgebe, fällt es auf, dass der Boden fehlt). Ich habe die Technik schon zigmal angewendet, und sie funktioniert ganz hervorragend.

So vermeiden Sie verwackelte Urlaubsbilder

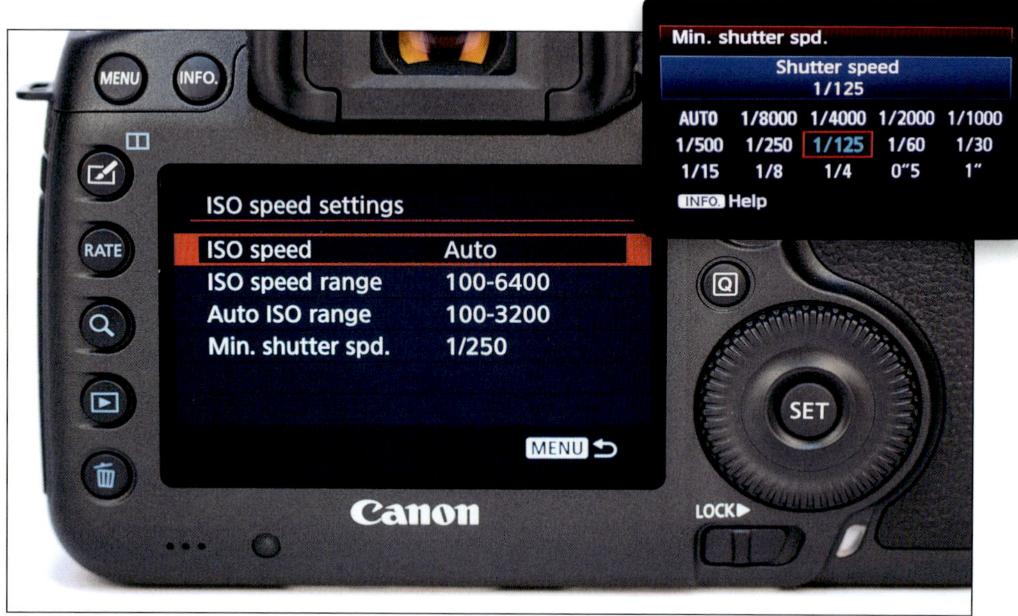

Nichts ist schlimmer, als etwas Besonderes – einen spontanen Augenblick im Stadtleben etwa – festhalten zu wollen, und die Belichtungszeit passt nicht. Sobald Sie das Bild am Computer öffnen, erkennen Sie, dass es verwackelt, verschwommen oder einfach nur unscharf ist. Das passiert beim Fotografieren auf Reisen schnell, weil Sie nicht überall einheitliches Licht vorfinden. Wenn die Beleuchtung bei einer schnellen Aufnahme etwas schwach ist (nicht dort, wo Sie stehen, sondern dort, wohin Sie Ihre Kamera richten), verlängert sich die Belichtungszeit, und das Bild wird unscharf. Wie können Sie das verhindern? Mit zwei einfachen Einstellungen an Ihrer Kamera. Die Funktion nennt sich ISO-Automatik, und sobald sie aktiviert ist, verringert sich die Anzahl der verschwommenen Fotos schlagartig. Sie schalten die ISO-Automatik nicht nur ein, sondern geben der Kamera zugleich eine maximale Verschlusszeit vor, die sie nicht überschreiten darf. Ich empfehle 1/125 Sekunde als Maximalwert. Ihre Kamera erhöht den ISO-Wert dann automatisch gerade so weit, dass Sie die Belichtungszeit von 1/125 Sekunde erreichen. Dies sollte kurz genug sein, um schöne scharfe Bilder aufzunehmen. Machen Sie sich keine Sorgen um das Rauschen. Die einzigen Leute, die über Bildrauschen nachdenken, sind andere Fotografen. Fotografen sind von solchen Dingen geradezu besessen, während der Rest der Welt vor allem ein tolles Bild sehen will. Ein altes Sprichwort besagt: »Wenn jemand das Rauschen bemerkt, ist das Bild sowieso nicht gut.« Wenn Sie die Wahl zwischen einem scharfen, leicht verrauschten Foto und einem unscharfen, rauschfreien Foto hätten, was würden Sie wählen? Na bitte. Probieren Sie die ISO-Automatik aus, damit Sie sich auf Ihr Foto konzentrieren können und sich keine Gedanken über die Belichtungszeit machen müssen.

Irgendwo da drin steckt ein Bild

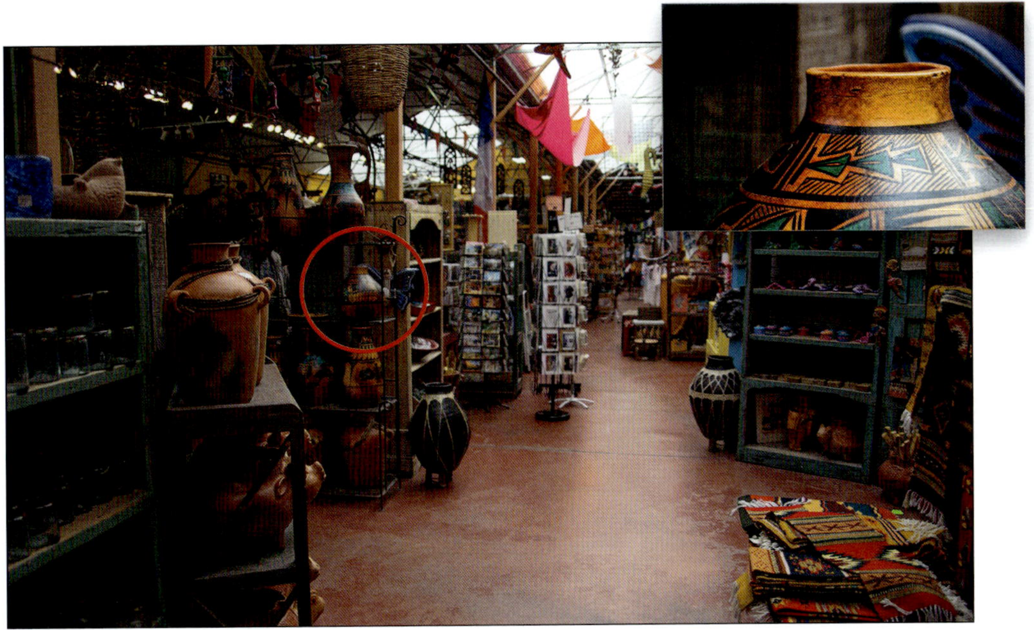

Diese Aufnahme entstand in den Innenräumen von Jackalope, einem der tollen Geschenkläden in Santa Fe, New Mexico. Es gibt drinnen wie draußen viel zu fotografieren, und niemand dort hat etwas dagegen. Jeder hat schon Situationen erlebt, in denen sich viele tolle Sachen an einem Fleck befanden, es aber zugleich so überlaufen war, dass man kaum über eine Fotogelegenheit nachzudenken wagte. Da hilft es, wenn wir uns erinnern, dass wir nicht immer die ganze Szene zeigen müssen. Wir können selbst entscheiden, was aufs Bild kommt. Wenn wir dicht heranzoomen, zeigen wir nur, was sich in unserem Bildausschnitt befindet. In diesem Fall war es diese eine Vase, als würde sie dort ganz für sich alleine stehen. Hätte ich mich nur wenige Zentimeter nach rechts bewegt, wäre das Preisschild des geschnitzten Schmetterlings dahinter zum Vorschein gekommen. Beim Komponieren der Aufnahme bewege ich mich also ein paar Zentimeter in beide Richtungen, um zu sehen, von welcher Position aus das Bild mit den wenigsten Störelementen entsteht, und dies war mein Lieblingsbild aus der Serie.

Wenn etwas schon bis zum Abwinken fotografiert wurde, probieren Sie Folgendes

Probieren Sie, das bis zum Abwinken fotografierte Motiv auf eine neue Art darzustellen. Fotografieren Sie eine Spiegelung in einem Fenster oder tief unten in einer Pfütze. Fotografieren Sie es von oben, um einen anderen Blickwinkel oder eine außergewöhnliche Ansicht einzufangen. Wenn Sie wollen, dass sich Ihr Foto von anderen abhebt, fotografieren Sie es von einem Ort aus, der nur schwer zu erreichen ist – es muss mehr Anstrengung erfordern, als ein Tourist auf sich zu nehmen bereit ist. Dann werden Sie mit individuellen Aufnahmen zurückkommen.

Menschen in Ihre Urlaubsfotos einbeziehen

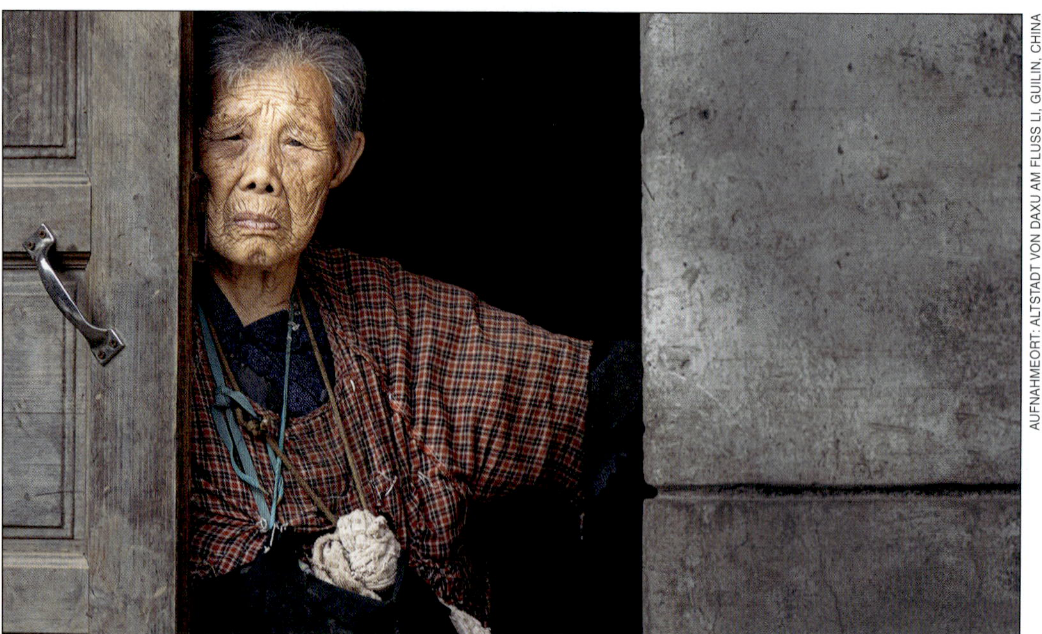

AUFNAHMEORT: ALTSTADT VON DAXU AM FLUSS LI, GUILIN, CHINA

Wollen Sie bessere Urlaubsfotos? Dann fotografieren Sie mehr Menschen. Kommen Sie nicht nur mit Bildern von Gebäuden, Kathedralen und Denkmälern nach Hause – es sind die Menschen, die einen Ort ausmachen. Nichts vermittelt den Charakter und die Seele einer Stadt mehr als ihre Bewohner, und deshalb beziehen viele der besten Reisefotografen Menschen mit in ihre Aufnahmen ein. Wenn es Ihnen (so wie mir) recht unangenehm ist, Fremde auf der Straße anzusprechen und sie zu fragen, ob Sie ein Foto von ihnen machen dürfen (vor allem, wenn Sie der Sprache nicht mächtig sind), können Sie trotzdem tolle Fotos bekommen, wenn Sie einfach die Menschen fragen, mit denen Sie sowieso in Kontakt kommen. Ich bitte zum Beispiel meinen Touristenführer, für ein Foto zu posieren, oder meinen Taxifahrer oder sogar eine Straßenverkäuferin, bei der ich gerade etwas gekauft habe (manchmal kaufe ich etwas Preiswertes, nur um einen Verkäufer dazu zu bringen, sich von mir fotografieren zu lassen). Sobald Sie etwas gekauft haben, sind Sie kein lästiger Tourist mehr, sondern ein Kunde, und es ist sehr wahrscheinlich, dass sich die Verkäuferin von Ihnen bei der Arbeit fotografieren lässt. Wenn man mit einem Fremdenführer durch eine Stadt oder ein Dorf läuft und eine besonders interessante Person sieht, kann man den Fremdenführer bitten, nachzufragen, ob man ein Foto machen darf. Ich war damit schon sehr erfolgreich und habe einige Bilder aufgenommen, die ich sonst nie bekommen hätte. Und schließlich können Sie auch »heimlich« fotografieren und unbemerkt Schnappschüsse von Leuten machen. Verwenden Sie ein Telezoom-Objektiv, sodass Sie außerhalb ihres Blickfelds bleiben, und seien Sie schnell – blicken Sie durch den Sucher und drücken Sie ab, sonst bemerkt man Sie irgendwann und blickt Sie direkt an.

Menschen zum Posieren bringen

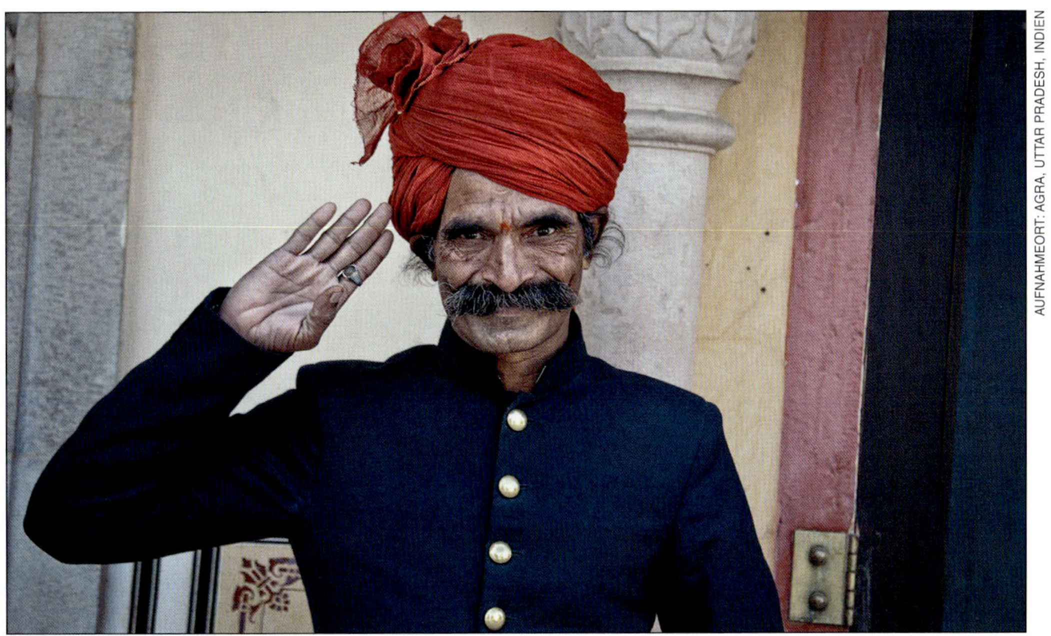

AUFNAHMEORT: AGRA, UTTAR PRADESH, INDIEN

Einige unbemerkte Aufnahmen von Einheimischen sind eine nette Ergänzung Ihrer Reisefotos, aber wenn Sie zu viele davon haben, wirken sie irgendwann weniger wie Urlaubsfotos, sondern wie Bilder aus einer Überwachungskamera. Für faszinierende Nahporträts müssen Sie den einen oder anderen Einheimischen dazu bringen, für Sie zu posieren. Wenn Sie es schaffen, das Eis für ein erstes Foto zu brechen, ist es hinterher meist recht einfach, die Leute für einen Augenblick aus Ihrer Alltagstätigkeit herauszuholen und für Sie posieren zu lassen. Wenn sie sehen, dass ich eine Kamera habe, lächle ich, halte die Kamera mit dem Finger auf dem Auslöser hoch und nicke mit dem Kopf, als wolle ich sagen: »Ist es in Ordnung, wenn ich Sie fotografiere?« Meist lächeln und nicken sie zurück und halten gerade lange genug inne, dass ich ein Foto machen kann. Dann drehe ich die Kamera sofort um und zeige ihnen das Bild auf dem Kameradisplay. Dabei fällt eine Art Barriere, denn Fotos mag jeder (vor allem von sich selbst), und meist posieren die Menschen dann auch noch gerne für einige weitere Bilder.

Fotos von alten Menschen und Kindern sind immer gut

Wenn Sie sich die besten Reisemagazine ansehen, finden Sie dort immer viele Aufnahmen von Kindern (ich versichere mich immer zunächst eines zustimmenden Kopfnickens der Eltern) und alten Menschen. Halten Sie Ausschau nach dem alten Kerl mit dem wettergegerbten Faltengesicht – Sie werden ein tolles Porträt bekommen.

Buchen Sie ein Model (das ist günstiger, als Sie denken)

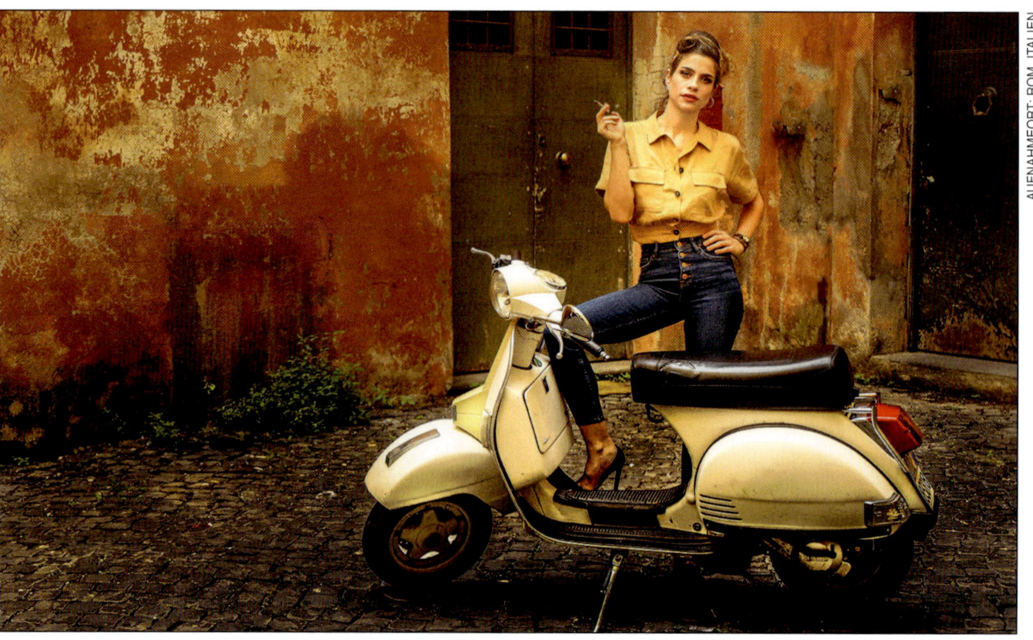

AUFNAHMEORT: ROM, ITALIEN

Wie kommen Profis zu diesen großartigen People-Fotos an exotischen Schauplätzen? Einer ihrer Tricks besteht darin, ein einheimisches Model zu engagieren. Glauben Sie, dass dies Ihr Budget sprengen könnte? In Wirklichkeit ist es mitunter viel günstiger, als Sie denken. In New Mexico habe ich für ein Fotoshooting ein professionelles Model für 15 Dollar pro Stunde engagiert (ich habe mich außerdem bereit erklärt, ihr Bilder vom Shooting für ihr Portfolio zu schicken, eine durchaus gängige Vereinbarung). In Paris hatte ich ein fantastisches Model für 100 Euro für zwei Stunden (das hat sich absolut gelohnt). Einige Models, die neu im Geschäft sind, arbeiten kostenlos im Austausch für Abzüge für ihr Portfolio (der branchenübliche Begriff dafür lautet TFP für »Time For Prints« – sie tauschen also ihre Zeit gegen Ihre Fotos). Fragen Sie Ihr potenzielles Modell, ob es auf TFP-Basis arbeitet. Aber wo finden Sie nun in anderen Städten oder im Ausland Models? Zwei Anlaufstellen, mit denen ich großen Erfolg hatte, waren Facebook (wir haben tolle Models in Venedig und Rom gefunden) und Instagram.

Denken Sie an den Modelvertrag

Stellen Sie sicher, dass Ihr Model ein Dokument – ein sogenanntes »Model Release« – unterzeichnet, in dem es Ihnen das Recht zur kommerziellen Nutzung der Bilder einräumt. Entsprechende Beispielverträge können Sie online finden, oder Sie nutzen die App, die ich für Model Releases verwende: **Easy Release** (erhältlich für iOS und Android). Ohne Model Release können Sie die Bilder zwar in Ihren Social-Media-Kanälen und Ihrem Portfolio zeigen, dürfen sie aber nicht kommerziell nutzen.

Suchen Sie nach lebhaften, kontrastreichen Farben

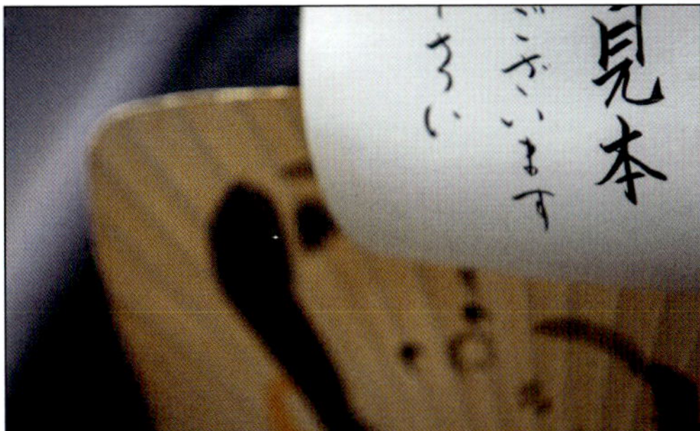

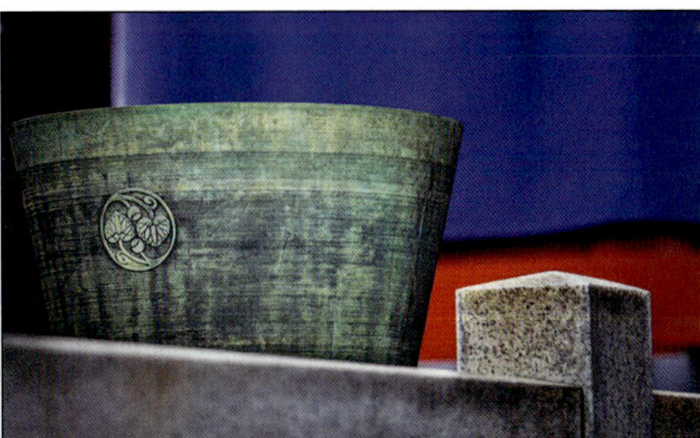

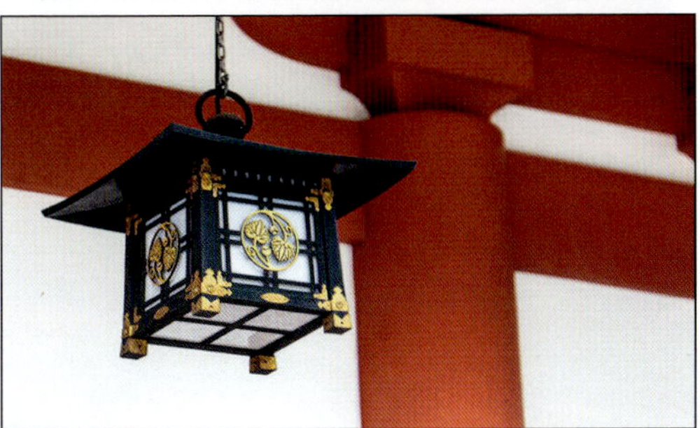

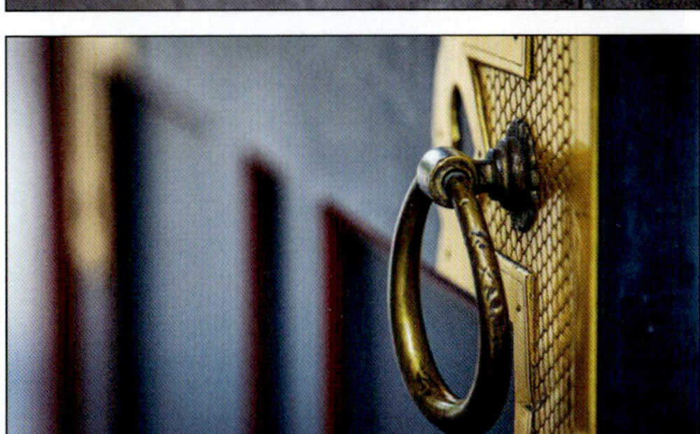

AUFNAHMEORT: HIE SHRINE, NAGATACHŌ, CHIYODA, TOKYO, JAPAN

Für Stadt- und Reisefotos sollten Sie immer auch nach den kräftigen, lebendigen Farben der Stadt Ausschau halten. Häufig finden Sie leuchtend bunte Wände, Türen (etwa eine gewagt gestrichene Wand mit einer kontrastierenden Tür), Geschäfte, Schilder, Autos und Fahrräder. Eines meiner liebsten Stadtfotos zeigt einen knallroter Vespa-Roller, der direkt hinter einem leuchtend gelben Lotus-Sportwagen parkt. Es sah fast schon gestellt aus, und ich habe davon Dutzende Fotos gemacht, weil die Farben so lebhaft und perfekt aufeinander abgestimmt waren. Halten Sie Ausschau nach Wänden, die in leuchtenden Farben gestrichen sind (vor allem, wenn Sie jemanden sehen, der vor einer solchen Wand arbeitet oder geduldig auf einen Bus wartet, oder wenn ein entsprechendes Auto vor der bunten Mauer parkt). Wenn Sie bei Ihrer Erkundungstour nach solchen farbenfrohen Kombinationen suchen, werden Sie überrascht sein, wie oft Sie darauf stoßen (die hier gezeigten Bilder entstanden kurz nacheinander in Tokio). Übrigens wirken Farben gesättigter, wenn sie nicht direkt von der Sonne beschienen werden. Setzen Sie daher an bewölkten Tagen »farbenfrohe Motive« mit auf Ihre Fotoliste.

Suchen Sie sich ein Thema

Geben Sie sich selbst eine kleine Aufgabe, um Ihre Kreativität zu wecken und eine Stadt in einem anderen Licht zu zeigen. Suchen Sie sich ein Thema und konzentrieren Sie sich einen Teil des Tages nur darauf. Einige Ideen: besonders gestaltete Hausnummern, interessante Türen und/oder Eingänge, Objekte in einer kräftigen Farbe, Wetterfahnen, Blumen, reizvolle Scheunen im regionalen Baustil, Nahaufnahmen der lokalen Architektur, Kaffeetassen, kleine Lebensmittelschilder auf den örtlichen Märkten, interessante Säulen, Verkehrs-oder Straßenschilder, Briefkästen oder Dinge mit einer bestimmten Form.

Streben Sie nach Einfachheit

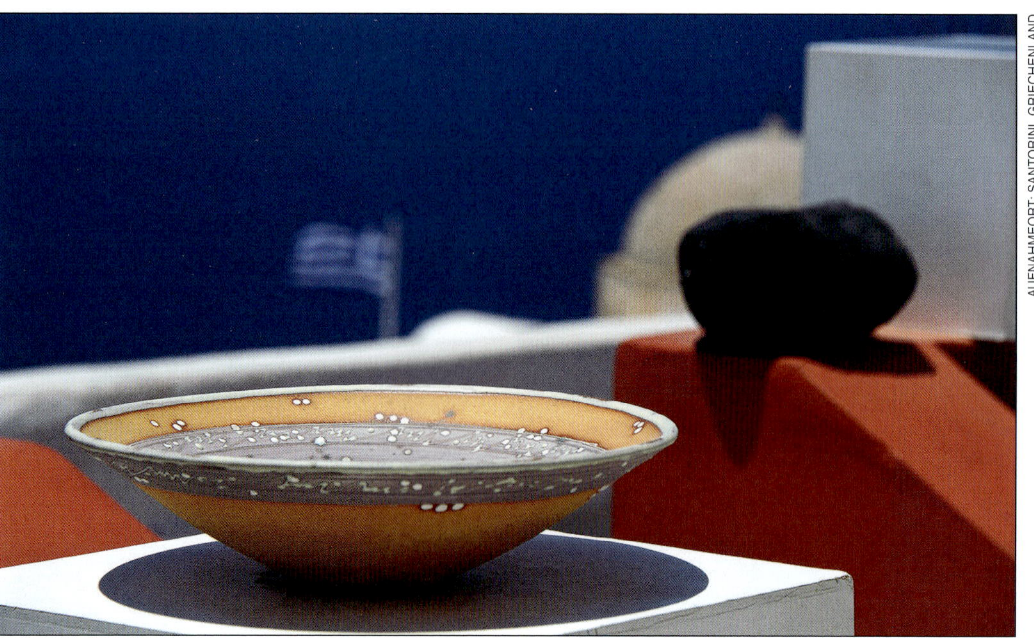

AUFNAHMEORT: SANTORINI, GRIECHENLAND

Was wahrscheinlich mehr Urlaubsfotos zunichte macht als alles andere (okay, außer Touristen), ist dieses Durcheinander: all die ablenkenden Objekte im Vorder- und Hintergrund und einfach alles, was einer sauberen Aufnahme im Wege steht. Zu den großen Geheimnissen beim Fotografieren dramatischer Stadt- und Reisebilder gehört das Streben nach Einfachheit. Achten Sie bei den Hintergründen auf Schlichtheit, ebenso wie bei Porträts, architektonischen Elementen usw. – je einfacher die Umgebung, desto stärker die Wirkung. Setzen Sie sich vor dem Fotografieren genau dieses Ziel. Achten Sie darauf, dass es keine Ablenkung gibt. Richten Sie den Bildausschnitt so ein, dass keine störenden Elemente sichtbar sind, und passen Sie auf, dass sich auch keine an den oberen und seitlichen Rändern einschleichen. Vermeiden Sie Schilder, da wir diese zuerst betrachten (es sei denn, das Schild trägt tatsächlich zum Gesamtbild bei), und fotografieren Sie ein einfaches, aufgeräumtes Bild. Das hat die beste Wirkung. Weniger ist hier mehr – vor allen Dingen weniger Schrott.

Die beste Zeit zum Fotografieren

Wie so ziemlich alles andere sehen auch Städte in schönem Licht am besten aus. Ich fotografiere am liebsten frühmorgens kurz vor Sonnenaufgang, wenn das Licht ansprechend und weich ist und die Straßen leer sind, weil noch keine Touristen unterwegs sind. Die zweitbeste Zeit zum Fotografieren ist die Abenddämmerung. Man bekommt sehr angenehmes, schönes Licht, aber leider sind die Straßen nicht leer. Bei bedecktem Himmel haben Sie den größten Teil des Tages über anständiges Licht, und die Farben der Stadt wirken gesättigter und farbenfroher, also schreiben Sie solche Tage nicht gleich ab.

Vergessen Sie nicht, das Essen zu fotografieren

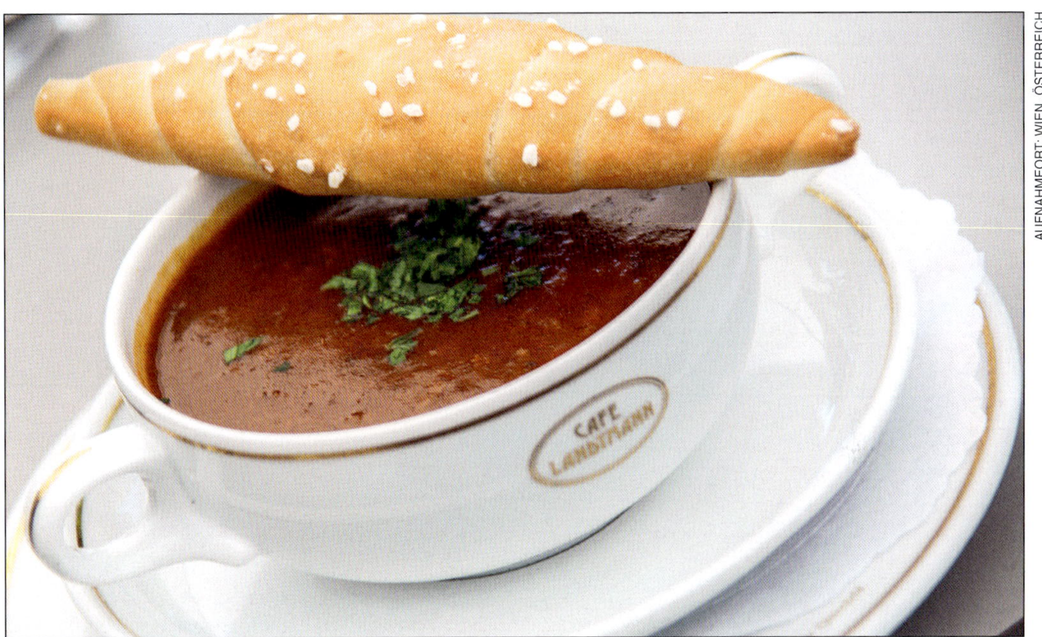

AUFNAHMEORT: WIEN, ÖSTERREICH

In jedem Bericht eines Reisemagazins über eine reizvolle Stadt finden Sie auch das eine oder andere Food-Foto mit einem typischen Gericht. Die einheimische Küche zu probieren, gehört zu den wichtigsten Gründen, die Menschen für ihre Reisen nennen, und daher ist es sehr wichtig, auch Speisen zu fotografieren. Wenn Sie einmal die Reaktion Ihrer Freunde und Familie auf ein tolles Bild eines leckeren Gerichts erlebt haben, werden Sie fortan immer auch das Essen fotografieren. Es gibt ein paar einfache Tricks, um unterwegs tolle Food-Fotos zu bekommen: Die besten Gelegenheiten bieten sich tagsüber bei schönem, natürlichem Licht (wenn Sie drinnen weit vom Fenster entfernt im Licht vieler einzelner Glühlampen sitzen, mit Schattenwürfen in alle Richtungen, wird es nicht mehr so gut aussehen). Bitten Sie um einen Platz in der Nähe eines Fensters oder im Freien (am besten unter einem Sonnenschirm oder einer Markise). Als Nächstes entfernen Sie so weit wie möglich alle störende Gegenstände rund um das Gericht. Verwenden Sie die größtmögliche Blendenöffnung und zoomen Sie für eine geringe Schärfentiefe sehr nahe heran. Versuchen Sie nicht, das gesamte Essen aufzunehmen – zeigen Sie nur einen Teil davon. Schließlich neigen Sie Ihre Kamera um rund 45°, was dem Bild etwas mehr Dynamik verleiht, und machen dann Ihre Aufnahme.

Vermitteln Sie Zeitlosigkeit

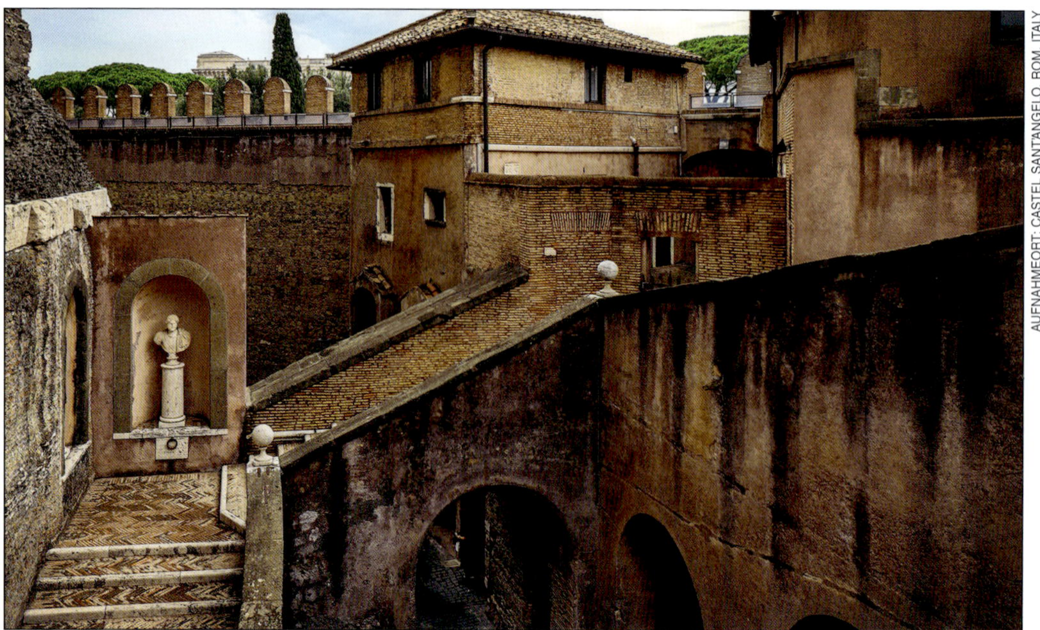

AUFNAHMEORT: CASTEL SANT'ANGELO, ROM, ITALY

Wenn ich Ihnen nur eine Technik vorschlagen dürfte, um das Niveau Ihrer Urlaubsfotos zu verbessern, dann die Folgende: Wählen und komponieren Sie Ihre Motive so, dass sie den Eindruck von Zeitlosigkeit vermitteln. Enthalten Ihre Reisefotos Anzeigetafeln oder Werbeplakate oder sind darin moderne Autos und modisch gekleidete Touristen zu sehen, verliert das Motiv seine Romantik und Zeitlosigkeit, und Ihre Bilder sehen am Ende eher wie Schnappschüsse aus. Wenn Sie für Ihre Fotos die passenden Perspektiven finden, um all die modernen Errungenschaften zu verbergen, die ihnen einen Zeitstempel aufdrücken, bekommen Sie am Ende viel ausdrucksstärkere Aufnahmen. Hier ein Beispiel: Meine Frau und ich waren in einem kleinen Hafen, und ich wollte eines der kleinen Boote fotografieren, die entlang der Küste aufgereiht waren. Ich lief an einem Boot nach dem anderen vorbei, und schließlich fragte mich meine Frau: »Was stimmt denn mit diesem Boot hier nicht? Das sieht doch schön aus.« Ich sagte: »Es sieht schön aus. Aber am Heck hängt auch ein großer Evinrude-Motor, und der ruiniert die Zeitlosigkeit des Bilds. Ich möchte eines, das nur Ruder hat und nichts, was auf den Zeitpunkt der Aufnahme hindeuten könnte. Der Betrachter soll nicht erkennen, ob das Foto vor einem oder vor 50 Jahren entstanden ist.« Sie verstand mich sofort. Ihre Bilder sehen dadurch nicht nur besser aus, sondern es macht auch Spaß, nach zeitlosen Fotos zu suchen. Am Ende vermeiden Sie Schilder, Autos, Werbung und alle möglichen anderen Dinge, die Ihre Bilder sowieso ruinieren würden. Probieren Sie es mal mit Zeitlosigkeit – Sie werden es nicht bereuen.

Gehen Sie vorab auf Erkundungstour

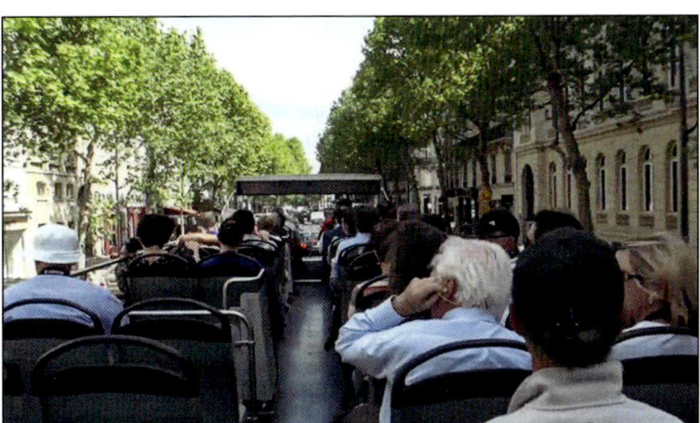

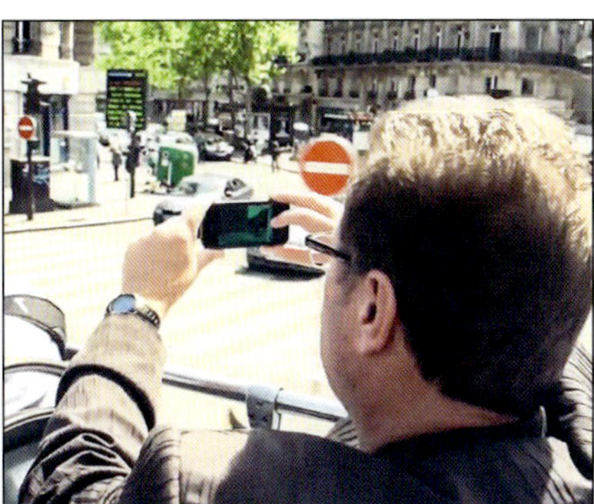

AUFNAHMEORT: BARCELONA, SPANIEN

Wenn ich neu in einer Stadt bin, besteht meine Geheimwaffe darin, einfach an einer zwei- bis dreistündigen Bustour durch die Stadt teilzunehmen. Warum ist das so wichtig? (1) Na ja, wenn Sie sehen, dass der Ort, den Sie im Morgengrauen für Ihre Fotos ansteuern wollten, von Baugerüsten umgeben ist, dann können Sie eine bessere Location für das morgendliche Shooting auswählen. (2) Sie werden Gebäude und Orte entdecken, von denen Sie nichts gewusst haben und die sich hervorragend zum Fotografieren eignen! (3) Sie verbringen einige Stunden ohne die Kamera vor dem Gesicht und haben dadurch Zeit, die Stadt zu genießen, was nicht verkehrt ist. Ich empfehle Ihnen, die Kamera derweil im Hotelsafe zu deponieren und auf dieser Erkundungsmission einfach nur Ihr Smartphone mitzunehmen. Es verfügt über einen eingebauten GPS-Empfänger und versieht alle Fotos automatisch mit einer genauen Positionsmarke, sodass Sie die Stelle ganz leicht wiederfinden können. Kurz gesagt, ich glaube, die paar Stunden, die Sie mit dem Erkunden einer Stadt zubringen, werden Ihnen letztlich bessere Bilder bescheren – auch solche, die Sie nicht auf Ihrer Fotoliste hatten –, und Sie werden Ihre Reise umso mehr genießen.

Ohne Touristen fotografieren

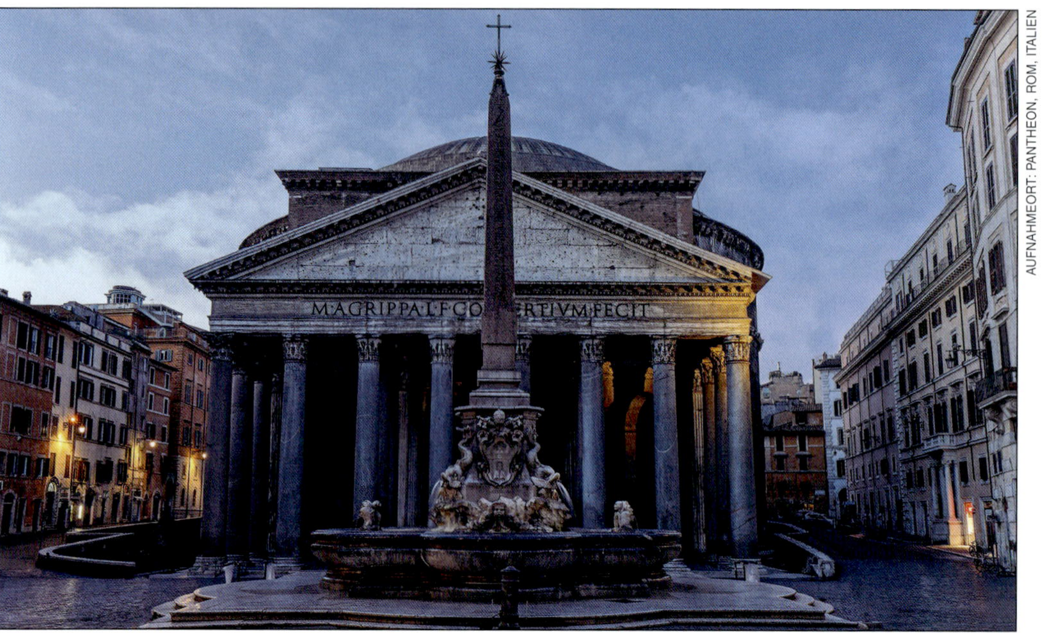

AUFNAHMEORT: PANTHEON, ROM, ITALIEN

Am liebsten fotografiere ich in Städten etwa 30 Minuten vor Sonnenaufgang. Ein wichtiger Grund ist, dass dann noch keine Touristen unterwegs sind (rund 45 Minuten nach dieser Aufnahme war der komplette Bereich mit Touristen und Verkäufern gefüllt). Aber Fotografieren am frühen Morgen hat noch viele weitere Vorteile. Erstens gibt es kurz vor Sonnenaufgang ein wunderbares Licht. Die Straßenlaternen brennen noch, wodurch alles noch interessanter wirkt, und die Straßen sind manchmal noch nass von der Straßenreinigung und spiegelnd. Es gibt keine Touristen und dazu auch nur wenige bis gar keine Fotografen. Sollten bei Sonnenaufgang doch noch einige auftauchen, haben sie das gute Licht bereits verpasst – Sonnenaufgang ist zu spät; Sie müssen 30 Minuten vorher dort sein. Der Sonnenaufgang markiert »den Anfang vom Ende« Ihres Shootings. Etwa 10 bis 15 Minuten nach Sonnenaufgang wird das Licht rasch härter, ebenso wie die Schatten, und es sieht nicht mehr annähernd so schön aus wie nur wenige Minuten zuvor. Die ersten Touristen des Tages latschen in Ihre Fotos, und von da an geht es nur noch bergab. Wenn Sie früh genug aufstehen, bekommen Sie nicht nur das tolle Licht und die leeren Straßen, sondern können danach auch ein schönes Frühstück genießen und sich dann wieder ins Bett legen, während alle anderen in der von Touristen überlaufenen Gegend mit dem schlechten Licht fotografieren.

Verwenden Sie ein Platypod anstelle eines Stativs

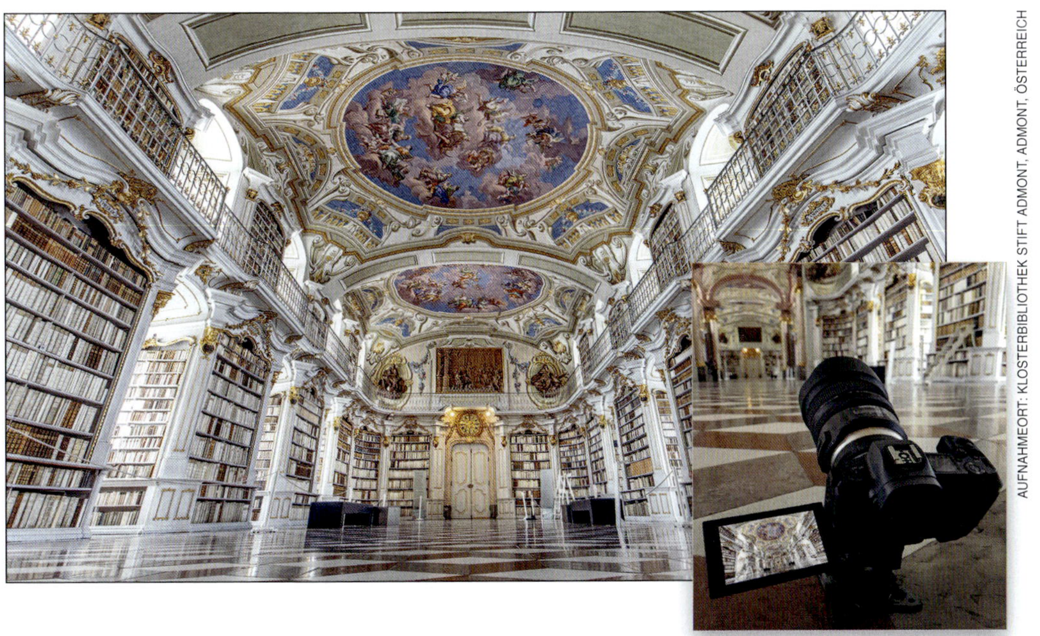

AUFNAHMEORT: KLOSTERBIBLIOTHEK STIFT ADMONT, ADMONT, ÖSTERREICH

Ich weiß nicht, ob sich das in den letzten Jahren geändert hat, aber wenn Sie ein Fotostativ in einer Stadt aufbauen, können Sie mittlerweile fast die Sekunden zählen, bis Sicherheitsleute auftauchen und Ihnen Bescheid geben: »Das dürfen Sie hier nicht verwenden.« Es erinnert an einen Feldzug gegen Stative. An vielen historischen Gebäuden und Sehenswürdigkeiten hängen inzwischen schon draußen große Schilder mit der Aufschrift »Stative verboten!«, noch ehe Sie überhaupt die Eingangstür erreicht haben. Das ist einer der Gründe, warum ich unterwegs stets ein Platypod Ultra dabei habe. Es handelt sich um eine Art Stativ ohne Beine, einen kleinen, leichten, dünnen, unglaublich starken Metallfuß, auf den man einen Kugelkopf schraubt, um die Kamera ruhig zu halten – also genau wie ein Stativ, nur dass man nicht den Hass des Sicherheitspersonals auf sich zieht. Ich habe damit schon auf der ganzen Welt an Stellen fotografiert, an denen Stative absolut verboten waren. Das scheint aber niemanden zu interessieren, weil es ja keine Beine hat. Besonders gerne benutze ich es für Aufnahmen aus einem niedrigen Blickwinkel (vor allem in Kombination mit einem Weitwinkelobjektiv – dann wirkt alles so monumental), und ich finde es toll, dass ich es an Orten nutzen kann, an denen man aus Platzgründen auch dann kein Stativ aufstellen könnte, wenn es erlaubt wäre. Meine spiegellose Kamera und meine DSLR habe ich schon mit sämtlichen Objektiven von 16–35 mm bis hin zu 70–200 mm auf dem Platypod eingesetzt, und es blieb dabei stabil wie ein Fels (es besteht aus einer Aluminiumlegierung aus dem Flugzeugbau). Ich gebe es zu: Die Firma Platypod ist Mitsponsor meiner wöchentlichen Foto-Talkshow *The Grid,* und ich bin mit dem Erfinder Larry, einem Kinderarzt und begeisterten Fotografen, befreundet. Ich bekomme keine Provision, kein Honorar oder sonst irgend etwas, wenn Sie sich so ein Teil kaufen, aber ich kann Ihnen sagen, dass neben mir auch eine weltweite Fangemeinde ebenso und aus denselben Gründen auf ihre Platypods schwört. Und auch Sie werden sie mögen.

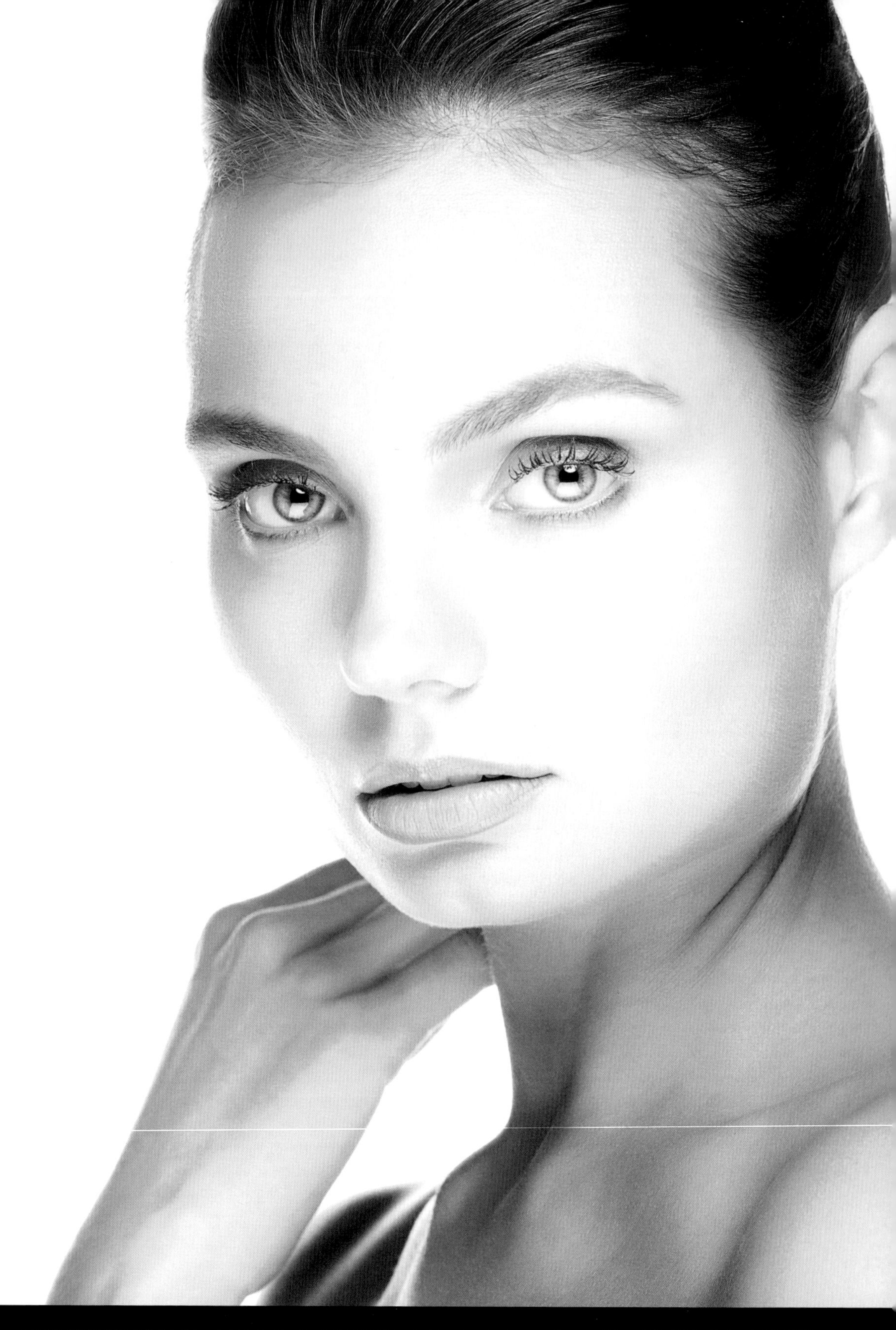

BELICHTUNGSZEIT: 1/125 S | BLENDE: F/8 | ISO: 100 | BRENNWEITE: 168 MM

Kapitel 5

Porträts fotografieren wie ein Profi

Wie Sie Menschen von ihrer besten Seite zeigen

Ich glaube, es war die Fotografin und High-End-Bildbearbeiterin Kristina Sherk, die einmal – sinngemäß – sagte, dass unsere Aufgabe als Fotografen und Bildbearbeiter nicht darin bestehe, wahnwitzige, unrealistische Retuschen durchzuführen oder die Beleuchtung so einzusetzen, dass die von uns fotografierten Personen wie jemand ganz anderes aussehen. Unsere Aufgabe ist es, die Leute so gut wie nur möglich aussehen zu lassen – so, als seien sie richtig gut ausgeschlafen. Kristina muss sehr viel Glück haben, denn viele Leute, die der Rest der Welt so fotografieren darf ... nun ja – eine einzelne erholsame Nacht reicht da einfach nicht. Vielleicht eher zwei Wochen. Oder gleich ein richtig guter Winterschlaf. Seien wir doch ehrlich, die meisten Menschen wirken mehr wie ein Zombie aus *The Walking Dead*. Ich natürlich nicht. Ich sehe fantastisch aus. Aus jedem Blickwinkel. Ich sehe aus, als hätte ich mindestens sechs Monate in Kryostase verbracht. Ich spreche vom Rest der Welt. Sie wissen schon, von »diesen Leuten«. Photoshop hat gar nicht genug Werkzeuge, um diese Leute zu retuschieren. Wie gesagt: Ich bin makellos und meine Frise ist famos. Moment, das reimt sich ja. Makellos? Famos? Hey, ich glaube, es ist an der Zeit für einen Rap über mein glänzendes, volles, genetisch gesundes Haar. [*Startet »Can't Touch This« von MC Hammer auf der Karaoke-Maschine.*] Und los geht's: *»My-my-my-my hairdo makes me so boss. Makes me say, oh Dave Cross. Thank you for blessing me with shiny hair, like Chicken of the Sea. It looks good, even without conditioner. With super-dope hair like Batman's commissioner. I'm known, as such. 'Cause this is the hair, uh, you can't muss.« Anyway—boom—there ya have it, sucka MCs! [Lässt das Mikro fallen.]* Tut mir leid, aber der einzige Rap-Slang, den ich drauf habe, stammt aus der Zeit von MC Hammer. Außerdem sollte ich fünf Bonuspunkte bekommen, weil ich versucht habe, den Satz *»I've restored my hair's natural protective barrier through a mixture of protein and Nutri-Keratin for silky smooth hair…«* einzuarbeiten, aber es ist schwerer, daraus Reime zu machen, als Sie denken. Egal, zurück zum Rap-Talk: *Yo, peace, I'm out.*

Mein Lieblingsobjektiv fürs Porträts

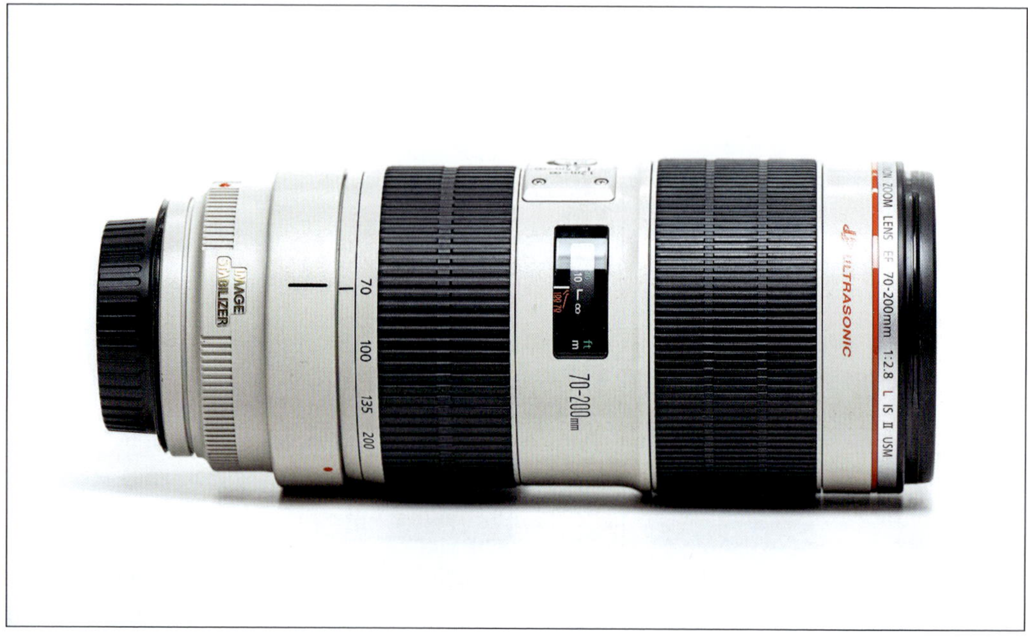

Sie können jedes Objektiv zur Porträtfotografie verwenden, oder? Aber bestimmte Objektive ermöglichen eben viel schmeichelhaftere Porträts. Das ist sogar so eindeutig, dass sie mitunter als »Porträtobjektive« bezeichnet werden. Es handelt sich dabei um Teleobjektive, und durch die sich aus der längeren Objektivbrennweite ergebende Perspektive und Kompression sehen Menschen besonders gut aus. Meine erste Wahl für Porträts ist ein 70–200-mm-f/2.8-Objektiv. Für optimale Ergebnisse setze ich es meist im Brennweitenbereich von 150 bis 200 mm ein (70 mm sind für Porträts immer noch etwas zu kurz, daher vermeide ich Aufnahmen mit 70 mm). So gerne ich mit dem 70–200-mm-f/2.8-Objektiv auch Porträts fotografiere, ist es doch ziemlich schwer und auch recht teuer. Deshalb empfehle ich meinen Freunden, auf die f/2.8-Version zu verzichten und stattdessen das 70–200-mm-f/4-Objektiv zu kaufen. Es wiegt und kostet nur rund die Hälfte, liefert aber dennoch sehr scharfe Bilder und schöne Porträts, weil es bei Porträts mehr auf die Kompression durch die lange Brennweite als auf die Lichtstärke ankommt. Wenn Sie bereits ein Objektiv mit einer Brennweite von 100 mm aufwärts haben, sind Sie bereit – nutzen Sie einfach den oberen Brennweitenbereich (wie schon gesagt, eignet sich der Bereich von 150 mm bis 200 mm besonders für Porträts). Ein weiterer Vorteil der längeren Objektivbrennweite besteht darin, dass Sie etwas Abstand haben – etwas Luft zum Atmen zwischen Ihnen und der fotografierten Person. Auf diese Weise kleben Sie nicht direkt an ihrem Gesicht, und den meisten Leuten ist das einfach lieber. Übrigens, das 70–200-mm-Objektiv eignet sich hervorragend für Vollformat- und Crop-Sensor-Kameras. Canon, Nikon, Sony, Sigma und Tamron stellen jeweils schöne, sehr scharfe Objektive mit solchen Zoombereichen her.

Mein anderes Lieblingsobjektiv (85 mm f/1.8)

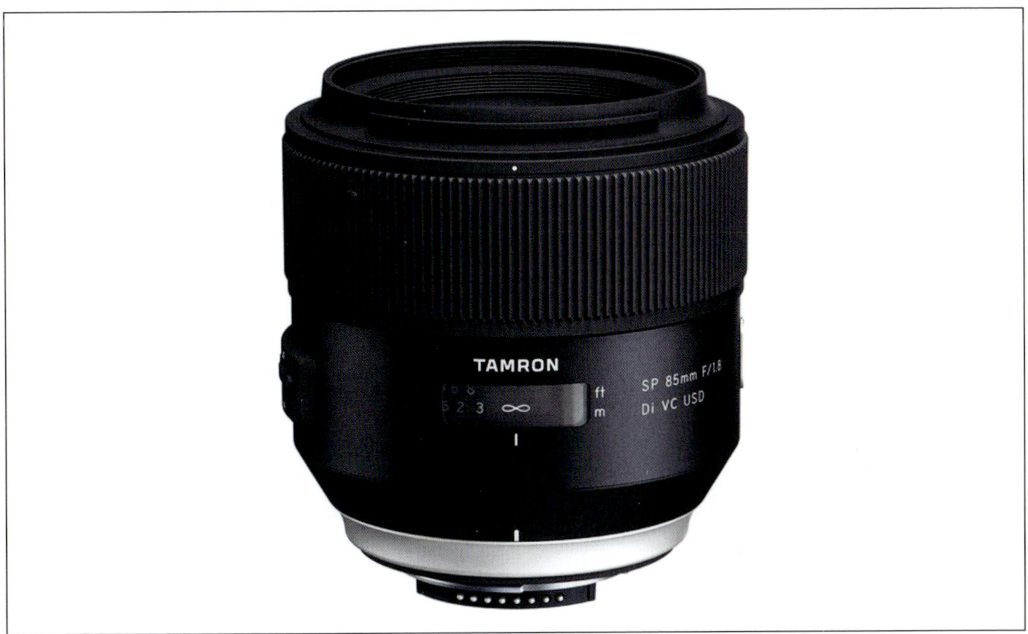

Für mich und viele andere Porträt- (und Hochzeits-) Fotografen ist das 85-mm-f/1.8-Objektiv ebenfalls eine feste Bank. Mit 85 mm ist die Brennweite lang genug für äußerst schmeichelhafte Bilder (ich würde sogar sagen, dass der Brenweitenbereich der »guten Porträtobjektive« bei 85 mm beginnt), und mit f/1.8 bekommen Sie einen wunderbar unscharfen und verschwommenen Hintergrund (mehr dazu auf Seite 92, aber merken Sie sich einfach, dass dieses Objektiv Hintergründe einfach meisterhaft beherrscht). Weitere große Vorteile sind die kompakte Bauform, das geringe Gewicht und der überraschend günstige Preis. Sie können ein neues Objektiv von Canon, Sony oder Nikon für rund 500 Euro (oder sogar etwas weniger) erwerben – für ein Objektiv in Profiqualität ist das ein wahnsinnig guter Preis. Die Objektivhersteller bieten auch noch eine f/1.4- und eine f/1.2-Version dieses 85-mm-Objektivs an, aber die sind dann auch (a) viel schwerer, (b) sehr viel größer und (c) sehr, sehr viel teurer. Und auch ohne diese drei Nachteile gibt es für mich noch einen anderen wichtigen Grund, warum ich einem Freund nicht zum Kauf eines f/1.4- oder f/1.2-Objektivs raten würde, und den erläutere ich ungefähr in der Mitte von Seite 85. Konzentrieren wir uns hier auf die positiven Aspekte: Sie erhalten ein tolles Porträtobjektiv, das sich hervorragend für Aufnahmen bei schlechten Lichtverhältnissen eignet, das leicht, preiswert, scharf und beeindruckend ist, und Sie werden dieses Objektiv einfach unglaublich lieben.

Meiden Sie Weitwinkelobjektive

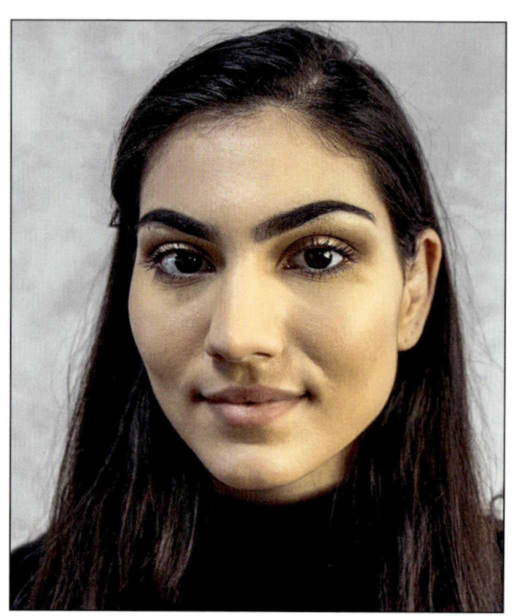

24 mm

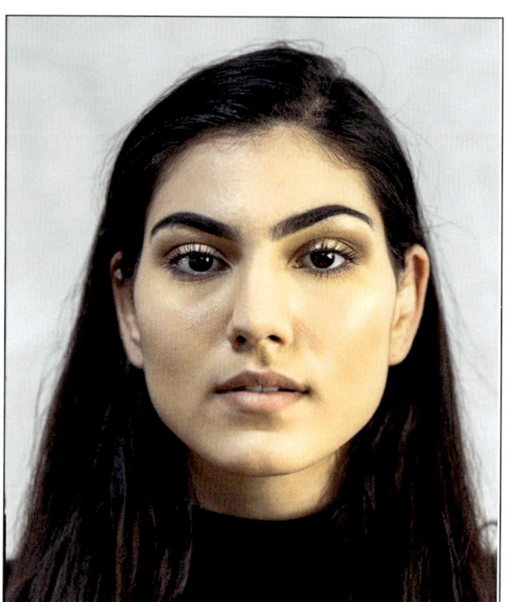

150 mm

Sie haben gerade gelesen, dass bestimmte Objektive der fotografierten Person besonders schmeicheln. Aber warum können wir nicht einfach unsere normalen Weitwinkelobjektive für Porträtaufnahmen verwenden? Weil Weitwinkelobjektive die Gesichtszüge verzerren und es so schwieriger machen, ein ansprechendes Porträt zu erhalten. Werfen Sie einen Blick auf die beiden oberen Bilder. Das ist dieselbe Person, die wenige Sekunden nacheinander mit derselben Kamera und denselben Einstellungen am selben Ort aufgenommen wurde. Der einzige Unterschied besteht darin, dass ich die linke Aufnahme mit einem Weitwinkelobjektiv (24 mm) und die rechte Aufnahme mit einem 70–200-mm-Objektiv bei 150 mm gemacht habe. Finden Sie nicht auch, dass das rechte Foto viel vorteilhafter ist? Nun, manchmal könnte es notwendig sein, ein Weitwinkelobjektiv zu verwenden. Nehmen wir zum Beispiel an, Sie porträtieren einen Formel-1-Fahrer im Boxenbereich der Rennstrecke und wollen sein Auto und die Strecke hinter ihm mit ins Bild bekommen. Man spricht hier von einem »Umgebungsporträt«, weil die Umgebung fast ebenso wichtig ist wie die Person selbst. Sie erzählen die Geschichte dieses Menschen an diesem Ort. In solchen Fällen brauchen Sie eine Weitwinkelaufnahme. Um die Verzerrung des Gesichts so gering wie möglich zu halten, setzen Sie die Person möglichst in die Bildmitte und achten darauf, auch Arme und Beine nicht an die Ränder zu setzen. Dort ist ist die Verzerrung am stärksten – also achten Sie darauf, niemanden am Bildrand zu platzieren, sonst werden diese Leute das Bild mit der Leidenschaft von tausend glühenden Sonnen hassen (und Sie wahrscheinlich gleich mit). Also: Vermeiden Sie, wo immer möglich, Porträtfotos mit Weitwinkelobjektiven. Wenn Sie ein Umgebungsporträt mit Weitwinkelobjektiv aufnehmen müssen, können Sie ein cooles Bild erhalten, aber die fotografierte Person sieht dann vielleicht nicht ganz so umwerfend aus wie mit einem längeren Objektiv. Es ist eben ein Kompromiss.

Welche Blendeneinstellung Sie nutzen sollten

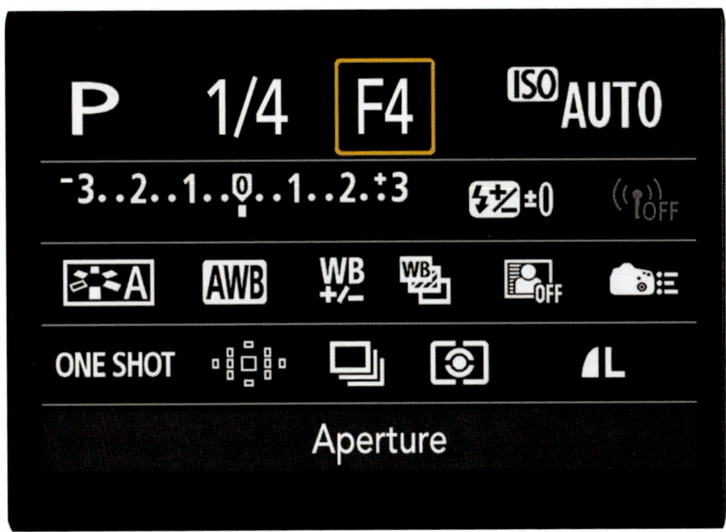

Diese Entscheidung ist eigentlich ziemlich einfach. Wenn ich bei natürlichem Licht oder auch bei Kunstlicht in Innenräumen fotografiere, verwende ich die niedrigste Blendenzahl an meinem Objektiv. Je nach Objektiv könnte das vielleicht Blende 4 oder Blende 2.8 sein. Bei einer großen Blendenöffnung erscheint der Hintergrund hinter dem Motiv unscharf, wodurch Sie Ihr Porträt vereinfachen. Die Unschärfe verbirgt ablenkende Hintergrunddetails und führt zu einer Trennung von Motiv und Hintergrund (und Sie erhalten insgesamt einen professionelleren Look – mehr dazu auf Seite 92). Vielleicht haben Sie sogar ein Objektiv, das bis auf f/1.8 oder noch weiter heruntergeht, aber ich gehe niemals unter f/1.8. Wenn Sie bei niedrigeren Blendenzahlen wie f/1.4 oder f/1.2 nicht vor jeder Aufnahme scharf stellen, wird Ihr Motiv entweder leicht oder komplett unscharf, und viele Ihrer Fotos werden geradewegs in den Papierkorb wandern. Also vermeide ich solche extrem niedrigen Blendenzahlen. Es gibt Leute, die den ganzen Tag mit f/1.2 fotografieren und unglaublich scharfe Bilder bekommen. Allerdings gibt es Anzeichen dafür, dass es sich dabei in Wirklichkeit um Außerirdische in einer menschlichen Hülle handelt. Wie dem auch sei, einem Freund würde ich raten, sich wenigstens vorerst von diesen besonders lichtstarken Blendenwerten fernzuhalten, zumindest bis Außerirdische von seinem Körper Besitz ergriffen haben.

Die richtige Blendeneinstellung für Studiofotos

Wenn Sie Porträts im Studio aufnehmen, ist die Entscheidung einfach: Hier wähle ich f/11. Bei f/11 ist alles scharf, und die meisten Studiohintergründe (Leinwand, Seamless Paper) brauchen im Gegensatz zu den ablenkenden und überladenen Hintergründen, mit denen wir es draußen zu tun haben, keine Unschärfe.

Wie und worauf Sie scharfstellen sollten

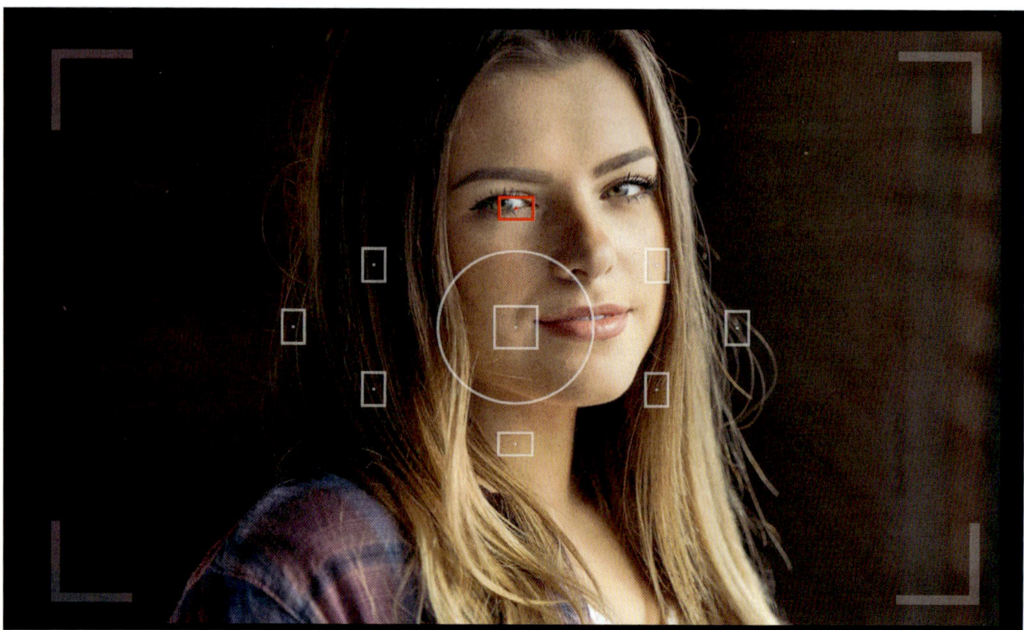

Die Augen sind das Wichtigste. Sind sie nicht scharf, können Sie Ihr Bild wegwerfen. Zum Glück gibt es eine Scharfstelltechnik, die wir (mit einer Ausnahme) für alle Porträts verwenden und die unglaublich gut funktioniert: Sie stellen Ihr Motiv scharf und komponieren das Bild dann neu. Zielen Sie zunächst mit dem Fokuspunkt in der Mitte des Suchers direkt auf das Auge, das der Kamera am nächsten ist. Sobald der Fokuspunkt sich direkt auf dem Auge befindet, drücken Sie den Auslöser halb herunter, wodurch die Scharfstellung auf das Auge gespeichert wird. Halten Sie den Auslöser weiterhin halb gedrückt, richten Sie den Bildausschnitt nach Belieben neu ein und machen Sie dann die Aufnahme. Die Schärfe passt genau, weil Sie den Fokus zu Beginn gespeichert hatten. Das war's. Visieren Sie das Auge an, halten Sie den Auslöser halb gedrückt, richten Sie das Bild nach Wunsch ein und belichten Sie. Kinderleicht. Abgesehen davon besitzen viele neuere Kameras heute eine unglaublich hilfreiche Funktion namens »Augen-Autofokus«, die mittels Gesichtserkennung automatisch das Auge Ihres Gegenübers für Sie findet und scharfstellt. Wenn Ihre Kamera das kann, schalten Sie die Funktion auf jeden Fall ein, denn sie nimmt Ihnen die ganze Arbeit beim Scharfstellen ab. Neben der automatischen Augenerkennung gibt es eine weitere Ausnahme von der erklärten Technik, und zwar dann, wenn Sie mit extrem niedrigen Blendenzahlen wie z. B. f/1.8, f/1.4 oder f/1.2 fotografieren. Hier ist es nicht möglich, den Fokus zu speichern und das Bild dann neu zu komponieren, weil die Schärfeebene (der scharf gestellte Bereich) so flach ist, dass Sie beim Neueinrichten des Bildausschnitts wahrscheinlich unscharfe Aufnahmen erhalten würden. Bei diesen lichtstärkeren Objektiven müssen Sie zuerst den Bildausschnitt wählen. Dann bewegen Sie den Fokuspunkt mit dem Einstellrad oder Joystick auf der Kamerarückseite manuell auf das Auge und drücken erst dann den Auslöser. Sie legen also zuerst die Bildkomposition fest und verschieben dann den Fokuspunkt.

So fangen Sie authentische Gesichtsausdrücke ein

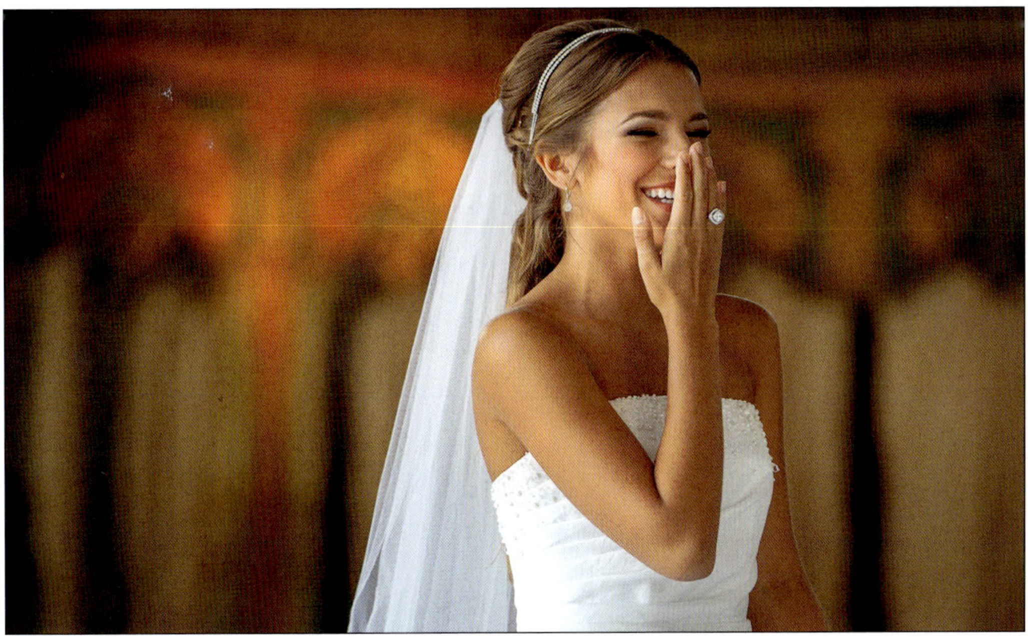

Ich bezweifle, dass Sie schon einmal gehört haben: »Ich hoffe, dass das Porträt von mir möglichst gestellt wirkt«. Niemand will ein steifes, gestelltes Porträt; jeder möchte eines, das möglichst authentisch aussieht. Eines, das die eigene Persönlichkeit und einen unverfälschten Ausdruck einfängt. Jemand, der die abgebildete Person kennt, wirft einen Blick auf das Porträt und sagt: »Wow, das ist typisch Andrea!« Und wie erhalten Sie diesen unverfälschten Ausdruck? Hier sind zwei Dinge zu beachten: Stellen Sie eine Verbindung zu der Person her, bevor Sie mit dem Fotografieren beginnen. Sie haben ein menschliches Wesen vor der Kamera. Nicht jeder lässt sich gerne fotografieren. Die meisten Leute sind entweder unsicher, nervös oder beides und deshalb vor allem anfangs ziemlich steif und unbeholfen. Nehmen Sie sich deshalb einige Minuten Zeit, um den Menschen kennenzulernen, bevor Sie zur Kamera greifen. (Legen Sie die Kamera dazu weg, denn sonst weiß Ihr Gegenüber nie, ob Sie nicht doch schnell eben ein Foto machen werden.) Wenn sich die Menschen in Ihrer Gegenwart wohlfühlen, ist das letztlich unglaublich hilfreich für Sie. Dann lassen Sie sie posieren (oder sagen zu Beginn selbst die Posen an). Nachdem Sie ein paar geposte Aufnahmen gemacht haben, blicken Sie weiter durch den Sucher und beginnen, über alles Mögliche zu plaudern: »Haben Sie Kinder? Zwei? Super. Junge und Mädchen? Okay, welches davon ist Ihr Liebling?« Jetzt halten Sie sich bereit, denn gleich bekommen Sie einen authentischen Gesichtsausdruck – Lachen, Nachdenklichkeit, irgendetwas. Es sind diese Aufnahmen zwischen den Posen, in denen sich das wahre Leben abspielt. Echter Ausdruck. Echte Emotion. Lachen, ein aufrichtiges Lächeln oder sogar Ärger, wenn Sie ihre Lieblingsfussballmannschaft erwähnen. (Es sei denn, es handelt sich dabei um den FC Bayern, denn dann fangen die Leute an, ohne Unterlass zu prahlen, sodass es völlig akzeptabel ist, wenn Sie den Rest der Fotosession ohne Rückerstattung des Honorars abblasen. Das steht so in den Statuten des DFB.)

Wo Sie die Kamera platzieren sollten

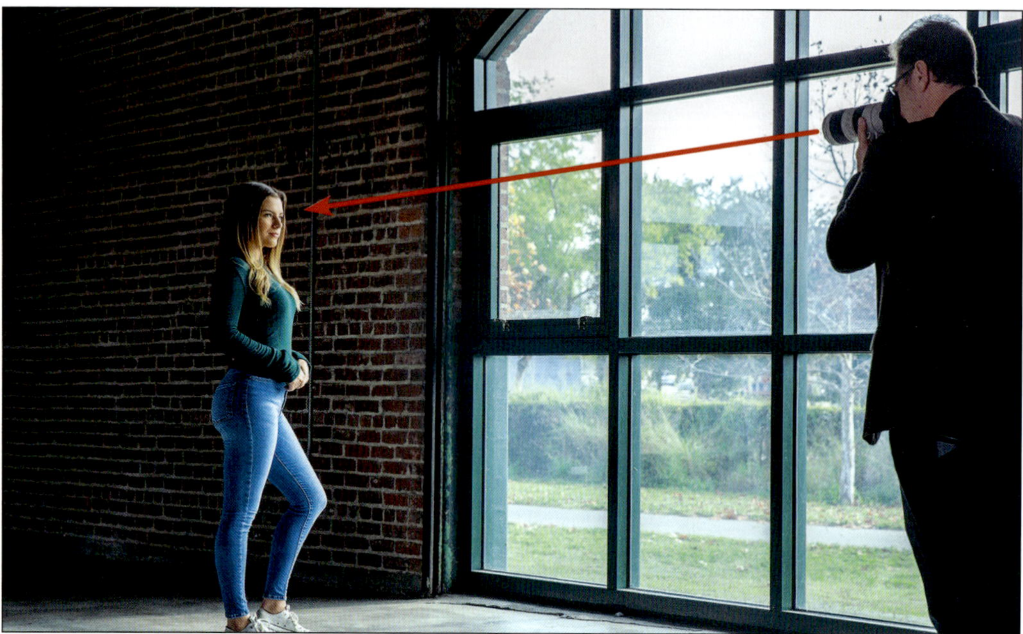

Wenn Sie das nächste Mal eine Person sehen, die sich ziemlich gut mit dem Fotografieren von Selfies auskennt (Achtung, Spoiler: alle Teenies), achten Sie darauf, wo sie dabei die Kamera hält. Sie hält sie mit einem Arm hoch über dem Kopf und richtet sie nach unten auf sich selbst, stimmt's? Warum halten die Kids die Kamera so weit oben? Weil sie gemerkt haben, dass sie dadurch besser aussehen. Ihre Kieferpartie wird betont, die Haut gestrafft und jeder Anflug eines Doppelkinns verschwindet – dieser Blickwinkel ist einfach viel vorteilhafter. Deshalb haben wir bereits vor der Geburtsstunde der Selfies unsere Porträtaufnahmen auf oder idealerweise von knapp oberhalb der Augenhöhe unseres Gegenübers gemacht. Wenn Sie aus einem leicht erhöhten Blickwinkel fotografieren und dabei nur ganz leicht nach unten zielen, bekommen Sie ein vorteilhafteres Porträt. So einfach ist das. Unabhängig davon, ob die porträtierte Person sitzt oder steht, platzieren Sie Ihre Kamera also so, dass sie sich mindestens auf Augenhöhe befindet, idealerweise aber ein paar Zentimeter höher und dabei etwas nach unten geneigt.

Den richtigen Bildausschnitt wählen

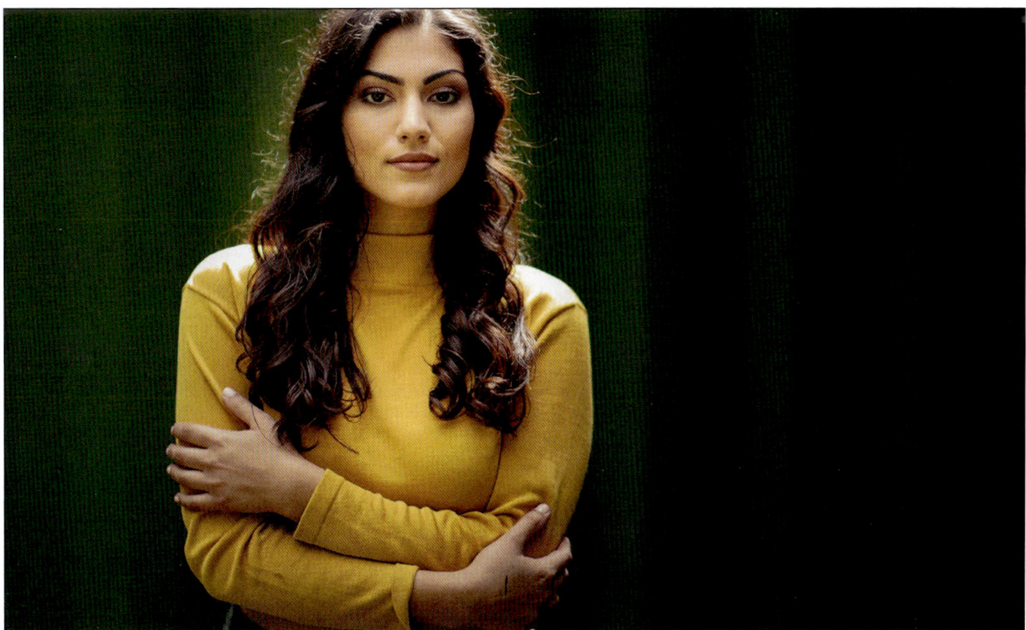

Wer zum ersten Mal Porträts fotografiert, stellt meist alle Personen direkt in die Bildmitte. Das ist nicht der schlechteste Ort auf der Welt, aber er wirkt auch nicht besonders dynamisch, sondern vorhersehbar, langweilig – eben mittenmäßig. So machen es Anfänger. Für einen professionelleren, dynamischeren und interessanteren Look komponieren wir die Aufnahme so, dass sich unser Motiv außerhalb der Bildmitte befindet. Wir platzieren die Menschen im linken (siehe oben) oder rechten Bilddrittel. So erhalten wir als zusätzlichen Vorteil auch den im Zusammenhang mit der Fotokomposition wichtigen »Negativraum«, also einen Bildbereich, in dem sich nichts wirklich Interessantes abspielt – eine Art Leerraum, der aber hilft, den Blick des Betrachters unmittelbar auf das Motiv zu lenken.

Lassen Sie nicht zu viel Platz über dem Kopf

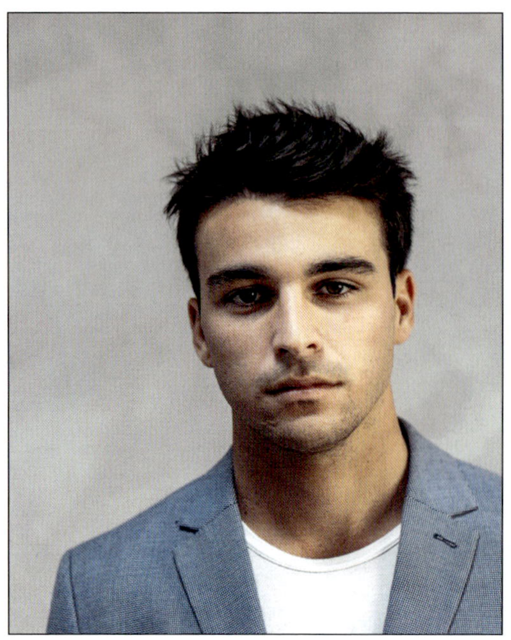

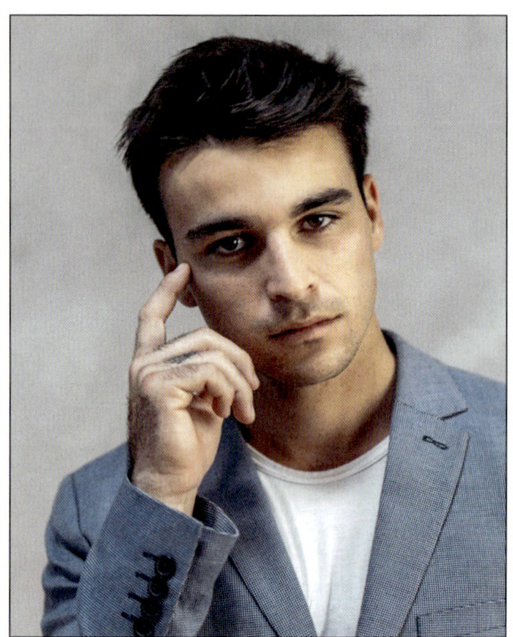

Einer der häufigsten Fehler bei der Komposition von Porträts ist zu viel Platz über dem Kopf, so wie in der linken Abbildung. Wenn das Bild nicht gerade für die Titelseite einer Zeitschrift gedacht ist und Sie deshalb oben absichtlich Raum für den Namen der Zeitschrift gelassen haben, dann haben Sie hier deutlich zu viel Platz nach oben. Die Augen sollten nicht mittig bzw. auf halber Höhe liegen. Vielmehr sollten sie sich im oberen Bilddrittel befinden, also eher so wie im rechten Foto.

Schneiden Sie keine Knie oder Ellenbogen ab

Gestalten Sie Ihre Aufnahmen so, dass Sie Extremitäten nie an den Knien, Knöcheln, Handgelenken oder Ellenbögen abschneiden. Wir empfinden beim Betrachten von an den Gelenken abgeschnittenen Bildern ein unbewusstes Unbehagen, und das lässt sich wirklich leicht vermeiden – Sie müssen nur darauf achten.

Beliebter Tipp für den Bildausschnitt

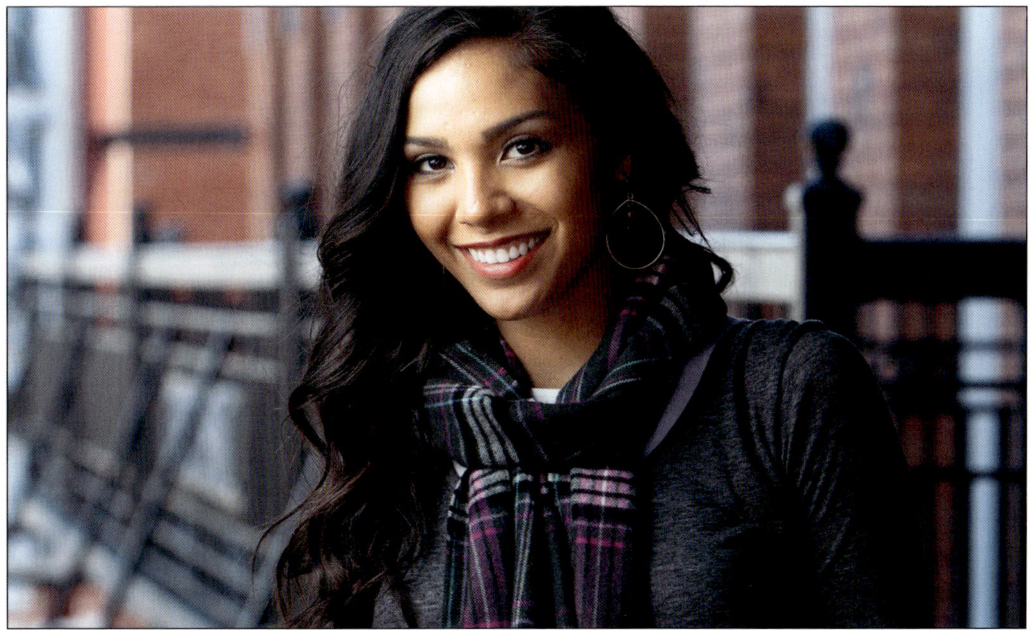

Eine sehr beliebte und moderne Porträtgestaltungstechnik besteht darin, den obere Teil des Kopfs anzuschneiden. So entsteht ein sehr nahes, intimes Porträt, weil die Person das Bild fast ausfüllt. Diesen sehr zeitgemäßen Look sehen Sie heute überall – im Internet, in Zeitschriften und in Werbeanzeigen. Natürlich machen Sie das nicht bei jeder Aufnahme, aber wenn Sie ein wirklich intimes Porträt fotografieren wollen, dann kann es damit klappen. Außerdem dürfen Sie auch nicht nur ein winziges Stück des Kopfes abschneiden, sonst sieht es wie ein Versehen aus, und Sie werden von Ihren Freunden zu hören bekommen: »Hey, das ist echt ein schönes Foto. Nur blöd, dass der Kopf oben abgeschnitten ist.« Sie müssen genug davon wegnehmen, damit man sofort erkennt, dass es Absicht war.

 **Regel für die Hintergrundbeleuchtung**

Beim Hintergrund können Sie sich nach einer weiteren einfachen Regel richten, um Schwierigkeiten aus dem Weg zu gehen. Wenn Sie einen einfachen Hintergrund haben, achten Sie darauf, dass er nicht heller als die porträtierte Person ist (dunkler ist besser, denn ein dunkles Motiv auf hellem Hintergrund sieht selten gut aus).

Den Porträthintergrund verschwimmen lassen

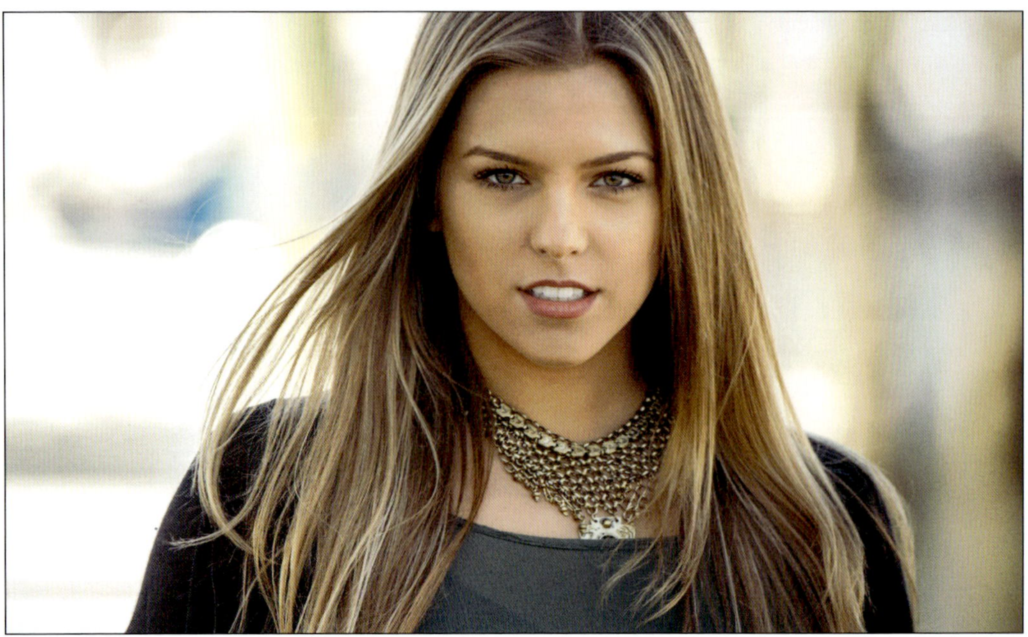

Bei Porträts im Freien suchen wir meist nach einem einfachen Hintergrund mit möglichst wenig ablenkenden Elementen. Je einfacher der Hintergrund, desto stärker wirkt Ihr Porträt. Deshalb wird der Hintergrund auch so gerne unscharf dargestellt. Drei einfache Techniken ergeben im Zusammenspiel einen solchen herrlich weichen, wunderbar unscharfen Hintergrund: (1) Achten Sie auf etwas Abstand zwischen der porträtierte Person und dem Hintergrund. Steht die Person direkt vor einer Wand, reicht der Abstand nicht aus, um die Wand unscharf abzubilden. Lassen Sie die Person 2–3 Meter vor der Wand stehen, und schon verschwimmt diese problemlos. Je weiter die Person vom Hintergrund entfernt ist, desto unschärfer wird er. (2) Nutzen Sie einen geeigneten Blendenwert, mit dem der Hintergrund unscharf wird, etwa f/4 oder f/2.8 oder noch weniger. (3) Zoomen Sie mit einem Teleobjektiv ganz nahe heran (also auf 85 mm, 105 mm, 150 mm, 200 mm oder irgendwo dazwischen oder sogar darüber). Kombinieren Sie die drei Faktoren (Abstand zum Hintergrund, niedrige Blendenzahl und dichtes Heranzoomen), um einen unscharfen Hintergrund wie vom Profi zu bekommen!

Tolles Licht im Freien bekommen

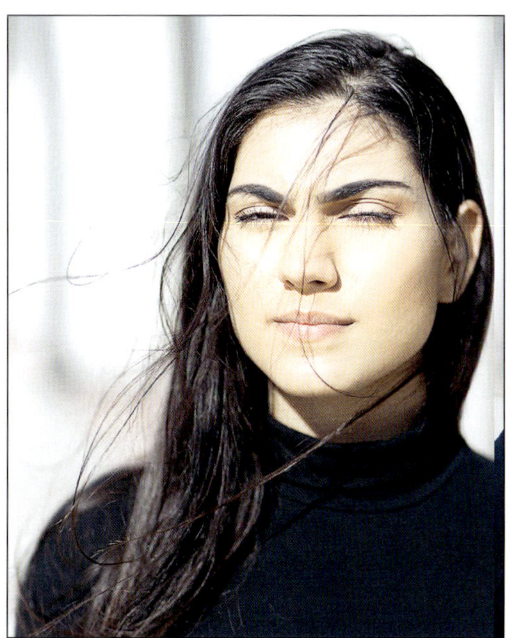

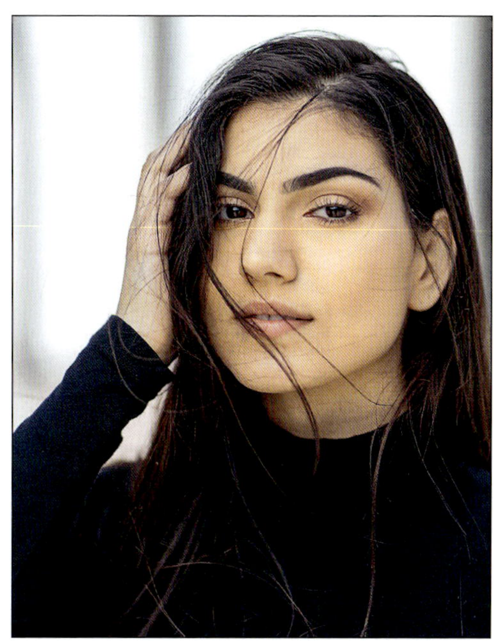

Tagsüber im Freien gibt es zwar mehr als genug Licht für Porträtfotos, aber meistens ist es sehr direkt und wirft harte, unvorteilhafte Schatten auf das Gesicht Ihres Models (ganz zu schweigen davon, dess Ihr Model dann die Augen zusammenkneift, schwitzt, glänzende Flecken auf der Haut hat oder alles zugleich). Wie kommen Sie also in der Nachmittagssonne zu tollen Porträts? Da gibt es viele Möglichkeiten: Eine besteht darin, einfach in den Schatten umzuziehen, wo das Licht weicher ist und die Schatten weniger ausgeprägt und viel weicher sind. Sie brauchen sich dazu nicht gleich in eine Höhle zurückzuziehen. Ein schattiger Bereich in der Nähe des direkten Sonnenlichts genügt. (Typische Locations wären etwa unter einem großen Baum, unter dem Überhang eines Gebäudes oder Hauses, auf einer Veranda oder unter einem Sonnenschirm.) Wählen Sie einfach einen Ort, den Sie an einem heißen Tag normalerweise auch aufsuchen würden, um der Sonne zu entgehen, und schon sind Sie bereit für blinzelfreie Porträts mit weichem, schmeichelhaftem Licht. Die andere Methode funktioniert sehr gut, wenn kein Schatten in der Nähe ist (Sie können diese geniale Technik natürlich auch im Schatten anwenden). Bitten Sie einfach einen Freund, einen Diffusor zwischen die porträtierte Person und die Sonne zu halten. So können Sie quasi überall selbst Schatten erzeugen, mit dem Vorteil, dass er das Sonnenlicht nicht komplett abhält, sondern es vor allem auch verteilt und weicher macht. Sie bekommen also weiterhin ein schönes gerichtetes Licht, das dann aber einfach nicht mehr so hart ist – als ob man eine Softbox über die Sonne legen würde. Das Beste daran ist, dass diese Diffusoren nicht teuer sind. Ich habe sie online schon für nur 10 Euro gesehen (das ist kaum mehr, als zwei Nachos BellGrande® bei Taco Bell kosten), aber ich bevorzuge den Diffusor, der mit der 5-in-1-ReflectorDisc von Westcott geliefert wird, weil man da zugleich noch einige Reflektoren bekommt, die man irgendwann sowieso braucht (dieses Set kostet zwar um die 45 Euro, was allerdings auch nicht mehr ist als ein Kookaburra Wings®-Partyteller bei Outback Steakhouse, von daher ...).

Im direkten Sonnenlicht fotografieren

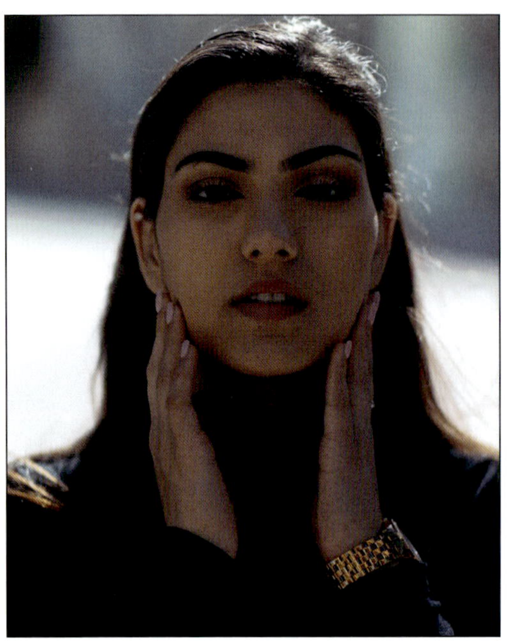

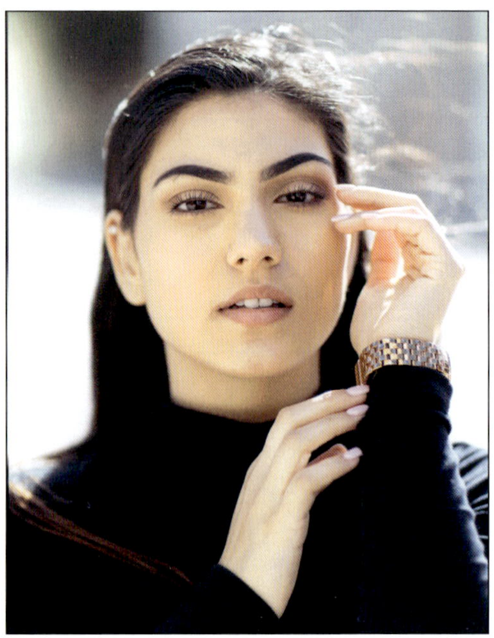

Manchmal haben wir weder einen halbschattigen Ort noch einen Diffusor, der uns zu weichem Tageslicht verhelfen kann. In diesen Fällen gibt es einen Wahnsinnstrick, um trotzdem eine gute Aufnahme zu erzielen, selbst wenn Sie direkt in der gleißenden Mittagssonne fotografieren. Platzieren Sie die zu fotografierende Person zunächst mit dem Rücken zur Sonne, die jetzt als Haarlicht fungiert – wie eine zweite Lichtquelle, durch die sich das Motiv besser vom Hintergrund abhebt und die das Bild interessanter macht. Wenn Sie jemanden mit dem Rücken zur Sonne stellen, erhalten Sie für gewöhnlich eine Silhouette. Nicht für das bloße Auge (denn Ihre Augen passen sich automatisch dem großen Helligkeitsumfang der Situation an), aber für den Kamerasensor – der ist nicht annähernd so leistungsfähig. Steht Ihr Motiv also im Gegenlicht, sehen die Fotos in der Regel fast wie eine Silhouette aus. Und nun der Trick: Wenn Sie im Blendenvorwahlmodus Ihrer Kamera fotografieren (und ich hoffe, das tun Sie – für Außenaufnahmen ist das meine bevorzugte Einstellung, siehe Seite 20), dann können Sie die Szene über das Belichtungskorrektur-Einstellrad absichtlich um eine Stufe überbelichten. Und was bringt das? Nun, der Hintergrund wird sich um eine Belichtungsstufe aufhellen, richtig? Genau. Und was noch? Die porträtierte Person wird dadurch ebenfalls eine Belichtungsstufe heller, sodass ihr Gesicht fast wie durch einen Blitz oder Reflektor aufgehellt wird. Aber diese Hilfsmittel haben Sie ja gar nicht eingesetzt. Sie haben das alles nur mit einer einfachen Einstellung erreicht – Sie haben das Foto überbelichtet. Eine Belichtungsstufe heller ist vielleicht nicht immer ausreichend; eventuell müssen Sie um eineinviertel oder anderthalb Stufen überbelichten, aber nach ein bis zwei Testaufnahmen können Sie bereits die richtige Entscheidung treffen. Probieren Sie diese Technik einmal aus, und Sie werden sie immer wieder verwenden.

Reflektoren verwenden – und die Frage nach der richtigen Farbe

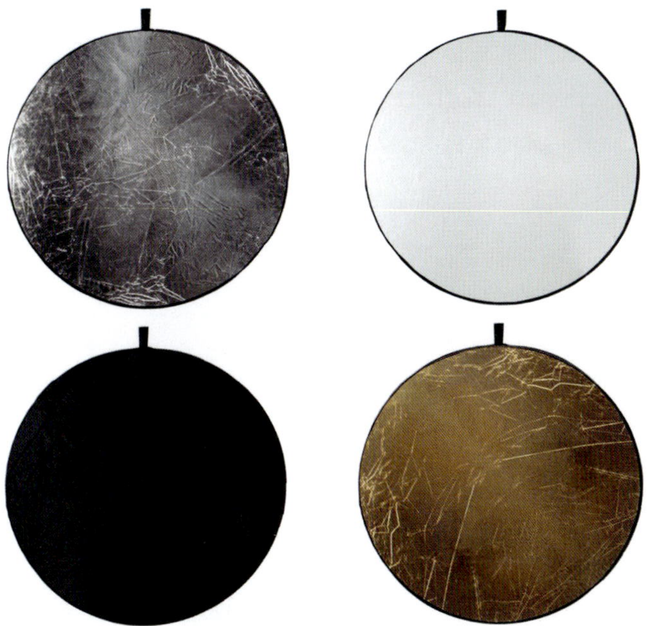

Viele Fotografen fotografieren gerne an sehr bedeckten Tagen im Freien, weil es dann kein hartes Sonnenlicht gibt – es bleibt hinter den Wolken verborgen. Wie beim Fotografieren im Schatten ist das Licht dann eher flau. An bedeckten Tagen oder im Schatten verwenden wir daher gelegentlich einen Reflektor, um etwas Licht auf das Gesicht oder einfach auf die im Schatten liegende Gesichtshälfte zu lenken, damit diese Bereiche nicht zu dunkel werden und keine Details verloren gehen. Nun gibt es (unter anderem) silberne, weiße, schwarze und goldene Reflektoren. Wann nehmen Sie welche Farbe? Weiße Reflektoren reflektieren am wenigsten, und bei Porträtaufnahmen lasse ich manchmal von einem Freund oder Assistenten einen solchen Reflektor in Brusthöhe direkt vor die porträtierte Person halten (natürlich außerhalb des Bildbereichs), um Licht in die Augen zu werfen und dunkle Augenhöhlen oder Augen zu vermeiden und um die Schatten unter dem Kinn etwas zu öffnen. Die Wirkung ist zwar subtil, aber es lohnt sich doch. Wenn ich mehr Licht reflektieren muss, entweder auf eine Gesichtshälfte oder gar um das Gesicht komplett zu aufzuhellen (an bewölkten Tagen oder wenn das Porträt im Schatten aufgenommen wird), dann verwende ich einen silbernen Reflektor. Dieser ist am stärksten, weil Silber am meisten Licht reflektiert. Gold kommt meist später am Tag zum Einsatz, weil das auftreffende Licht damit golden reflektiert wird (oder zumindest in einer sehr warmen Farbe). Um den Sonnenuntergang herum sieht das toll aus, aber an einem hellen, sonnigen Tag wirkt goldenes Licht in einem Porträt ansonsten merkwürdig deplatziert. Ein schwarzer Reflektor bewirkt das Gegenteil. Er füllt die Schatten nicht, sondern erzeugt sie (auf Seite 96 beschreibe ich den Einsatz eines schwarzen Reflektors). Lesen Sie unbedingt auch auf Seite 97 nach, wo Sie Ihren Reflektor platzieren sollten (denn die meisten Leute machen das komplett falsch).

Wann Sie einen schwarzen Reflektor einsetzen sollten

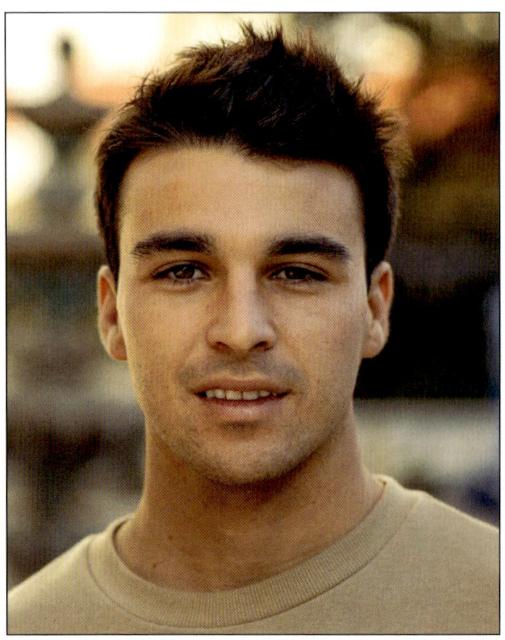

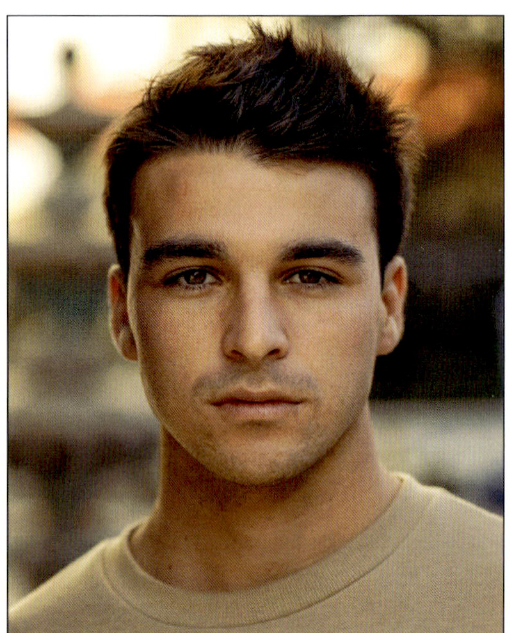

Im Freien verzichten wir meist auf Aufnahmen in direktem Sonnenlicht, da wir harte Schatten, blinzelnde Augen und andere unangenehme Effekte erhalten. Also suchen wir Halbschatten – unter einer Markise, auf einer Veranda, unter einem Baum oder an einer Hauswand, also überall dort, wo es weiches, gleichmäßiges Licht gibt. Dort lässt es sich zwar meist besser fotografieren als in der direkten Sonne, weil das Licht weich und gleichmäßig ist, aber mit dieser »Gleichmäßigkeit« müssen wir uns etwas näher auseinandersetzen. Das Licht im Schatten ist eher flau, aber mit einem schwarzen Reflektor können Sie das leicht beheben. Platzieren Sie einfach einen in der Nähe des Gesichts, und schon fällt ein Schatten auf die entsprechende Gesichtshälfte. Sehen Sie sich das obere Beispiel an. Auf der linken Seite steht unser Model im Halbschatten neben einem Gebäude, und auf der rechten Seite hat ein Freund einen schwarzen Reflektor rechts vom Gesicht hochgehalten. Sehen Sie nur, was für tolle Schatten das ergibt. Eine ganz einfache Sache, aber Schatten sind in der Porträtkunst sehr wichtig und machen einen gewaltigen Unterschied. Als weitere Alternative – wenn es in Ihrer Umgebung keinen Halbschatten gibt – können Sie Porträts an bedeckten Tagen fotografieren. Ein wolkenbedeckter Himmel wirkt wie eine natürlich Softbox, aber genau wie bei Aufnahmen im Schatten ist das Licht dabei oft sehr flau. Daher können Sie den Trick mit dem schwarzen Reflektor auch an bewölkten Tagen anwenden.

Wie Sie in Porträts tolle Hauttöne bekommen

Der Trick ist, die Farben bereits in der Kamera richtig hinzubekommen. Wenn Sie jemanden im Schatten mit automatischem Weißabgleich fotografieren, wirkt seine Haut bläulich (und die meisten Menschen sehen mit bläulicher Haut nicht so gut aus). Das lässt sich leicht beheben: Schalten Sie den Weißabgleich an Ihrer Kamera auf Schatten um, und schon erhalten Sie einen tollen Hautton. An bewölkten Tagen wählen Sie Bewölkt.

Wann Sie einen Reflektor einsetzen und wie Sie ihn ausrichten sollten

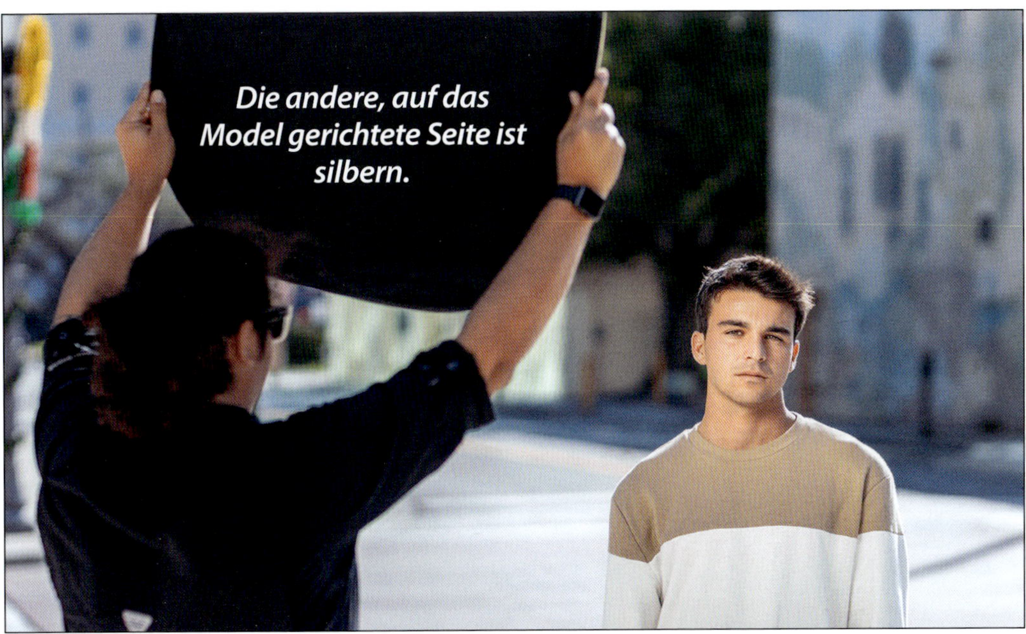

Die andere, auf das Model gerichtete Seite ist silbern.

Wenn wir im Freien fotografieren und die porträtierte Person mit dem Rücken zur Sonne steht, können wir das Sonnenlicht mit einem Reflektor auf ihr Gesicht zurückwerfen, um nicht nur die reine Silhouette zu bekommen. Vielleicht haben Sie aber schon mal gesehen, wie jemand einen Reflektor auf eine Person ausrichtet: In der Regel hält er diesen tief vor sich und wirft das Sonnenlicht von dort aus auf die Person zurück. Das funktioniert gut, wenn Sie nur ein paar Schatten auffüllen möchten. Wenn das meiste Licht aber vom Reflektor stammen soll (die Person steht im Schatten), dann beleuchten Sie Ihr Motiv niemals »von unten« (man macht das oft in Monsterfilmen, um das Monster bedrohlicher aussehen zu lassen, was wahrscheinlich nicht der von Ihnen angestrebte Look ist, es sei denn natürlich, Sie fotografieren Ihre Schwiegermutter). Die meisten Leute sehen am besten aus, wenn sie von oben beleuchtet werden, sodass Ihr Assistent den Reflektor hoch über seinen Kopf halten muss, um das Licht von dort aus auf die porträtierte Person zu werfen. So wirkt es definitiv schmeichelhafter. Bitten Sie Ihren Freund, den Reflektor hochzuhalten und dann langsam nach unten zu neigen, bis er allmählich das Gesicht der porträtierten Person beleuchtet. Dann bewegt er den Reflektor hin und her, bis Sie erkennen, dass das Licht im genau richtigen Winkel auf den Reflektor trifft. Sobald Sie zufrieden sind, hält er den Reflektor weiterhin in dieser Position, während Sie die Aufnahme machen. Wenn Sie fertig sind, lassen Sie ihn den Reflektor noch weitere ein bis zwei Minuten hoch über seinem Kopf halten, nur um ihn zu ärgern.

Fensterlicht verwenden

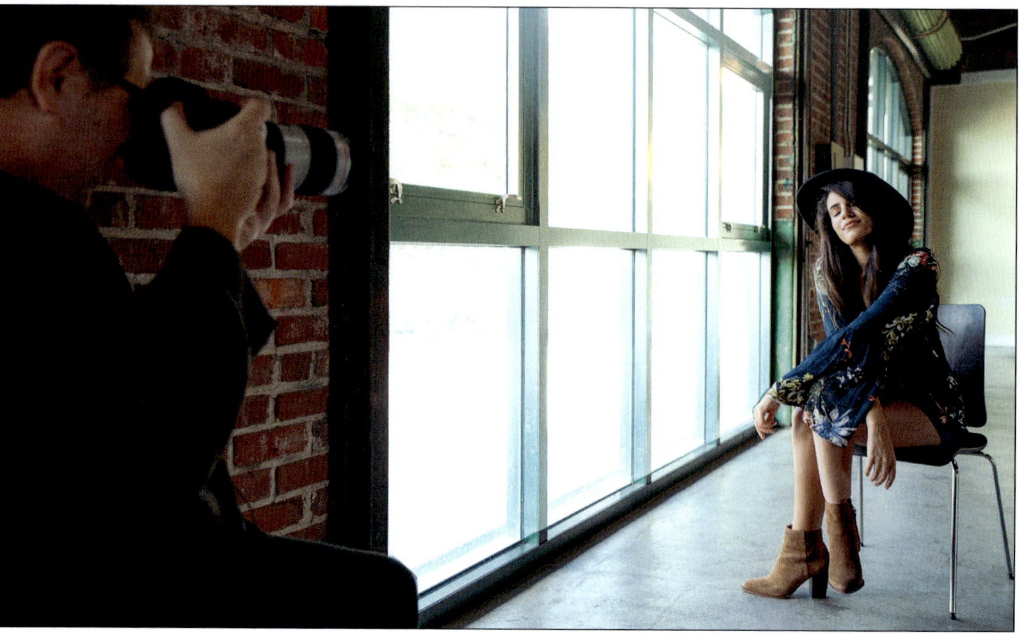

Was ist der Profi-Trick für tolles Porträtlicht in Innenräumen? Fensterlicht. Fensterlichtporträts wurden durch die Gemälde der alten holländischen Meister berühmt, und seither haben wir uns in dieses Licht verliebt. Aber es genügt nicht, einfach jemanden vor einem Fenster zu parken, um das harte, unangenehme Sonnenlicht in ein schönes, weiches, einhüllendes Licht zu verwandeln. Der Trick der holländischen Meister bestand darin, ihre Modelle vor ein Nordfenster zu setzen, weil dort kein direktes Licht einfällt. Das Problem? Nicht jeder hat ein Fenster nach Norden. Deshalb gibt es einige Tricks, mit denen wir aus jedem Fenster schönes Licht herauskitzeln können. Achten Sie zunächst darauf, parallel zum Fenster zu fotografieren, so wie ich es oben mache. Nur so bekommen Sie die wunderbar weichen Schatten auf dem Gesicht der porträtierten Person – und genau das wollen wir ja mit dem Fensterlicht erreichen. Jetzt vergrößern Sie einfach wieder die Entfernung zwischen Fenster und Model. Nahe am Fenster ist das Licht am härtesten, und sobald sich der Abstand zwischen Person und Fenster vergrößert, werden Licht und Schatten sehr viel weicher. Eine noch bessere Position wäre (wenn möglich) hinter dem Ende des Fensters (an dem Mauerstück) – dort erhalten Sie ganz besonderes, nach hinten fließendes Licht. Wenn Sie eine dieser beiden Positionen wählen, können Sie nichts falsch machen.

Der Duschvorhang-Trick

Wenn Sie nicht viel Platz haben und deshalb Ihr Model nicht in entsprechender Entfernung vom Fenster platzieren können, probieren Sie den folgenden Trick: Kaufen Sie einen weißen, halbtransparenten Duschvorhang und kleben Sie ihn mit Gaffaband vor das Fenster. So wird dieses zu einer wunderbaren Softbox. Funktioniert einwandfrei.

Nahtlose Hintergründe verwenden

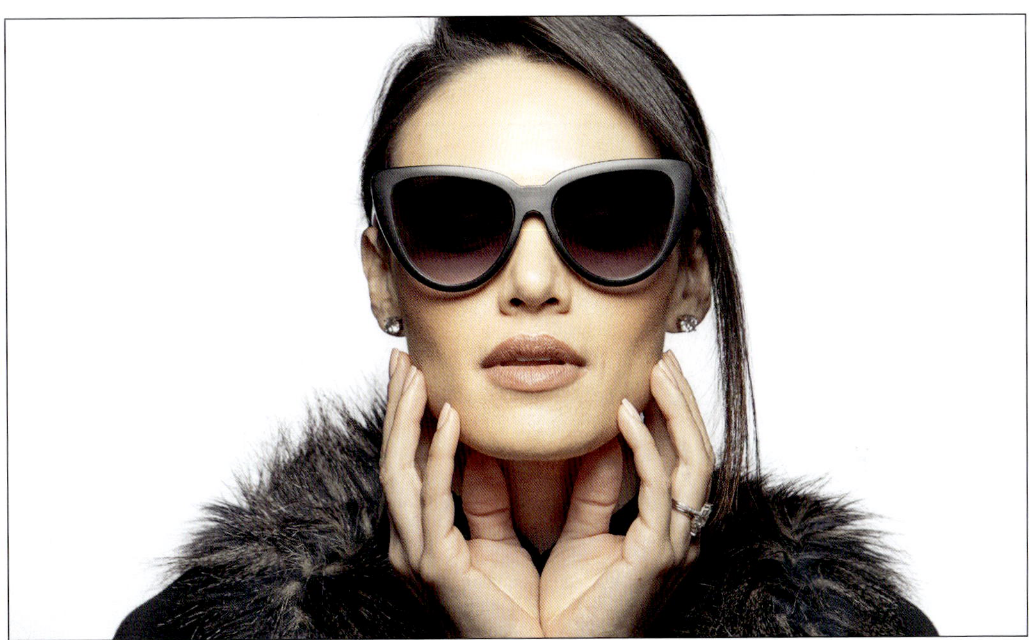

Wenn Sie das nächste Mal am Flughafen oder in der Buchhandlung an einem Zeitschriftenregal vorbeikommen, sehen sich einmal die Zeitschriftencover an. Viele Zeitschriften zeigen Menschen auf der Titelseite, weil das eine große Anziehungskraft auf Menschen ausübt (und sich dadurch mehr Zeitschriften verkaufen). Mit diesen Coverfotos werden natürlich auch hervorragende Fotografen beauftragt – Meister der Porträtfotografie. Sehen Sie sich jetzt die Hintergründe auf den Titelseiten an. Viele dieser Porträts sind vor einem nahtlosen Papierhintergrund fotografiert. So ein nahtloser Hintergrund (auch »Hintergrundkarton« oder »Endlospapier« genannt) sorgt für einen denkbar einfachen, aufgeräumten Look, ist in allen erdenklichen Farben erhältlich, und das Beste ist: Er ist unglaublich preiswert. Eine 134 cm breite und 12 Meter lange Rolle kostet zwischen 40 Euro und 50 Euro. Es gibt auch breitere Formate. Das ist schlichtweg einfacher, weil Sie sich dann keine Sorgen machen müssen, die Ränder des Hintergrunds in der Aufnahme zu sehen. Ich empfehle, mit einem weißem Hintergrund anzufangen, weil er durchgehend weiß aussieht, wenn Sie einen Blitz darauf richten. Ohne Blitz erscheint er auf Fotos hellgrau. Wenn Sie die porträtierte Person zwei bis drei Meter davorstellen und den Hintergrund nicht beleuchten, dann wirkt er dunkelgrau. Sie bekommen damit praktisch drei Rollen in einer. Ich verwende das Savage Widetone Seamless Background Paper (#01 Super White, 2,70 Meter breit). Okay, und wie halten Sie dieses nahtlose Papier in Position? Für rund 70 Euro bekommen Sie ein billiges Ständerset mit Mittelsteg zum Festhalten des Papiers. Wie gesagt, billig (teurer und besser geht immer).

Bemalte Hintergründe verwenden

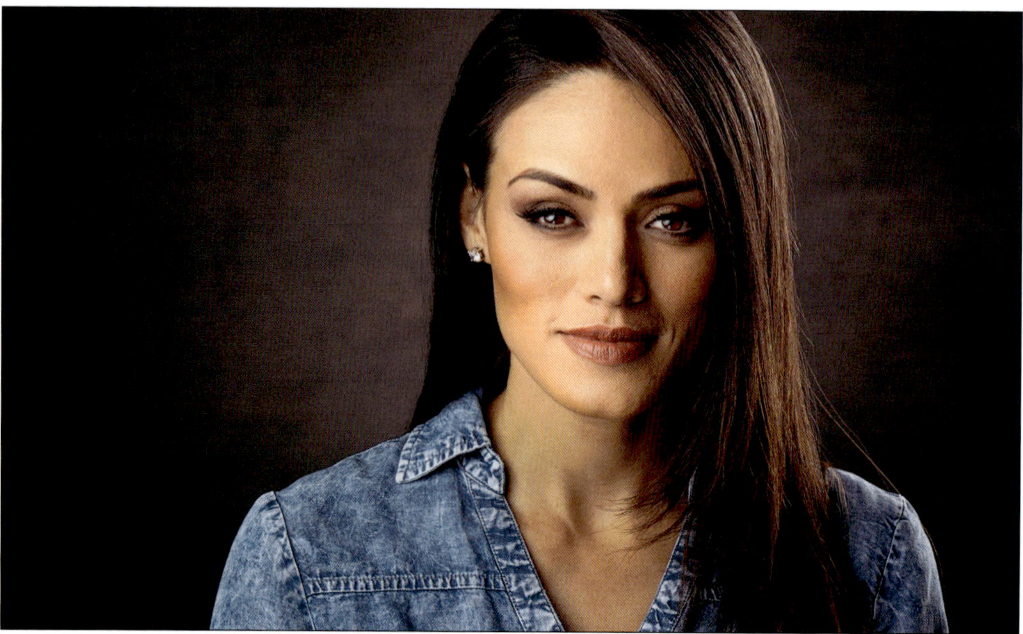

Hintergründe aus bemalter Leinwand sind bei Porträts ebenfalls häufig anzutreffen. Sie sind nicht so preiswert wie nahtloses Papier, wirken dafür aber wunderbar professionall. Einen anständigen handbemalten Leinwandhintergrund bekommen Sie ab etwa 140 Euro. Meine stammen von der Firma Gravity Backdrops, und sie sind bei Profifotografen äußerst beliebt, weil sie fantastisch aussehen und die Preise gerade bei dieser Qualität wirklich gut sind. Diese Hintergründe geben Ihren Porträts Textur und Tiefe, ohne vom Motiv abzulenken. Sie werden von derselben Art Hintergrundständer gehalten, die Sie auch für Ihre nahtlosen Papierhintergründe verwenden (siehe Seite 99), und sie sehen toll aus, wenn Sie den Hintergrund zusätzlich mit einem Blitz ausleuchten oder beim Shooting etwas Fensterlicht auch auf den Hintergrund fallen lassen.

Tolle Fotos von Neugeborenen machen

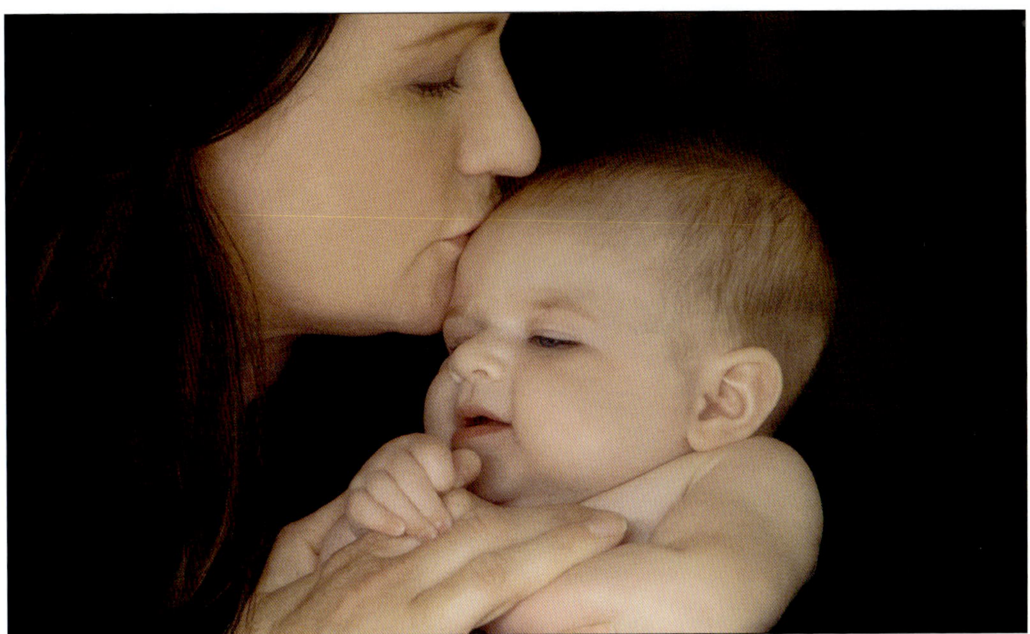

Wahrscheinlich haben Sie schon davon gehört, wie schwer es ist, Babys zu fotografieren. Das stimmt vielleicht, aber Neugeborene haben meist einen ganz entscheidenden Vorteil: Sie sind sehr, sehr schläfrig. Korrekt, Neugeborene verschlafen die meiste Zeit des Tages, also ist es einfacher, tolle Fotos von ihnen zu machen, als Sie denken. Sie benötigen dazu aber die richtige Umgebung, sonst werden alle Betrachter der Fotos sagen: »Schade, dass sie gerade geschlafen hat.« Meist bevorzugen die Menschen Bilder, auf denen die Babys hellwach sind und lächeln, aber es gibt auch eine sehr beliebte Form der Neugeborenenfotografie, bei der das Baby und seine Mutter (oder sein Vater) einen ruhigen Moment miteinander genießen. So können wirklich berührende Porträts entstehen. Ich konnte das aus erster Hand beobachten, als David Ziser (ein Hochzeits- und Porträtfotograf der Weltklasse) einen Abend lang damit beschäftigt war, meine neugeborene Tochter Kira zu fotografieren. David hatte natürlich einen riesigen Vorteil, weil meine Tochter zufälligerweise das süßeste kleine Baby auf der ganzen Welt war, aber er hatte die Karten ohnehin mit einer einfachen, aber äußerst effektiven Technik zu seinen Gunsten gemischt: Meine Frau und ich trugen beide langärmelige schwarze Rollkragenpullis. Dann fotografierte er Kira, als meine Frau sie auf dem Arm hielt (ich selbst durfte auch mal). David zoomte für seine Fotos sehr nahe heran, sodass man auf den Bildern ein süßes kleines Baby sieht, das friedlich in den Armen seiner Eltern ruht. Sie können natürliches Fensterlicht oder einen Blitz mit Softbox verwenden (mehr dazu in Kapitel 6), um dieses weiche, einhüllende Licht zu erzeugen, das Babys (und ihre Eltern) so wundervoll aussehen lässt.

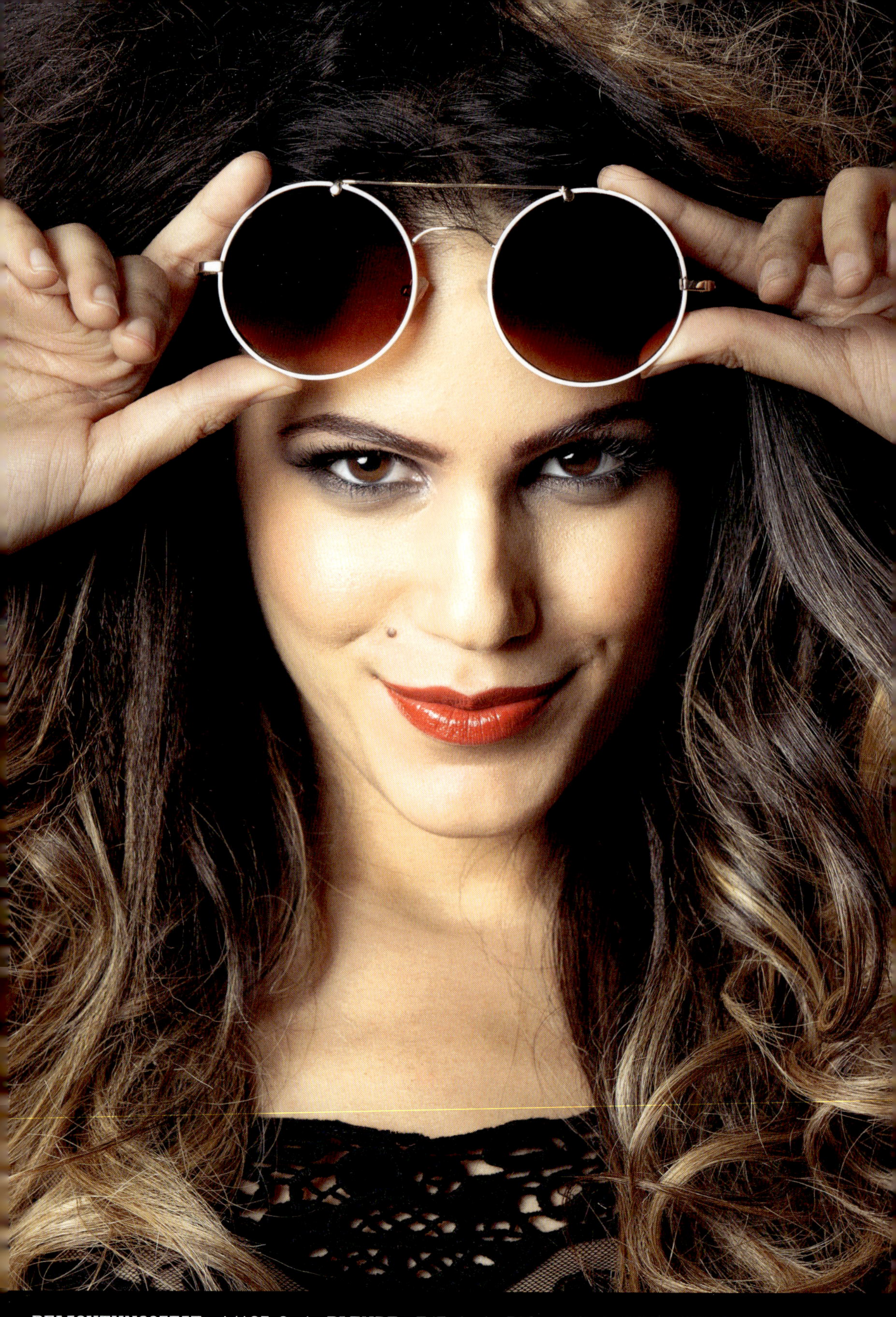

BELICHTUNGSZEIT: 1/125 S | BLENDE: F/7.1 | ISO: 100 | BRENNWEITE: 140MM

Kapitel 6

Blitzen wie ein Profi

Falls Sie bisher nicht gerne mit Blitz fotografiert haben, wird sich das nun ändern

Ich stelle Ihnen gleich eine Frage über die Verwendung von Blitzlicht, und ich möchte, dass Sie mir ehrlich antworten. Sie brauchen keine Angst davor zu haben, mich anzulügen, denn ... ich sitze ja gar nicht vor Ihnen. Auf einer spirituellen, metaphysischen Ebene bin ich natürlich bei Ihnen, aber auf jede andere erdenkliche Art und Weise eben nicht, und wenn Sie bei Ihrer Antwort lügen, werde ich das nie erfahren. Na ja, vielleicht doch (Sie wissen schließlich nicht, was für Leute ich kenne). Ein Gerücht könnte die Runde machen, und das wäre für uns beide extrem peinlich. Sie sollten es sich also vorher gut überlegen, bevor Sie hier große Lügengeschichten auftischen. Oder warten Sie. Wenn Sie wirklich ernsthaft daran denken, über etwas so Triviales wie Ihre geblitzten Porträts Lügen zu erzählen, dann weiß ich nicht, ob ich Ihnen bei wichtigeren Fragen Glauben schenken kann wie »Wo waren Sie am Abend des 11. Juni zwischen neun und elf Uhr?« und »Warum sind Ihre Fingerabdrücke auf diesem Messer?« und »Weshalb bestehen Sie auf die Anwesenheit Ihres Anwalts, ehe Sie weitere Fragen beantworten?«. Ich muss gestehen, dass mich das alles ein wenig verunsichert. Ich dachte, Sie und ich hätten bis hierher eine gewisse Verbindung zueinander aufgebaut, aber allmählich stelle ich alles in Frage, was Sie bisher gesagt haben. Wie sollen wir auf dieser Beziehung ohne gegenseitiges Vertrauen weiter aufbauen? Sie ist die Grundlage für alles, was wir gemeinsam unternehmen wollten, deshalb müssen Sie ehrlich zu mir sein. Also: Gefallen Ihnen die Porträts, die Sie mit Blitz aufnehmen? Sie müssen nichts sagen. Ich kenne die Antwort bereits. Sie lautet Nein. Woher ich das weiß? Ganz einfach. Sie haben gar kein Blitzgerät. Stimmt's? Oder habe ich Recht? Wusste ich's doch! Sehen Sie, wir sind wieder auf dem richtigen Weg. Ich will ehrlich sein: In dieser Zeit, in der wir politisch so gespalten sind, ist das Einzige, was uns noch zusammenhält, die Tatsache, dass keiner von uns mit den Ergebnissen seiner Blitzlichtporträts zufrieden ist. Nun, meine Freunde, das alles wird sich schon sehr bald ändern (vielleicht lüge ich jetzt auch, aber ich bezweifle es).

Der Klappblitz: Nutzen Sie ihn als Waffe

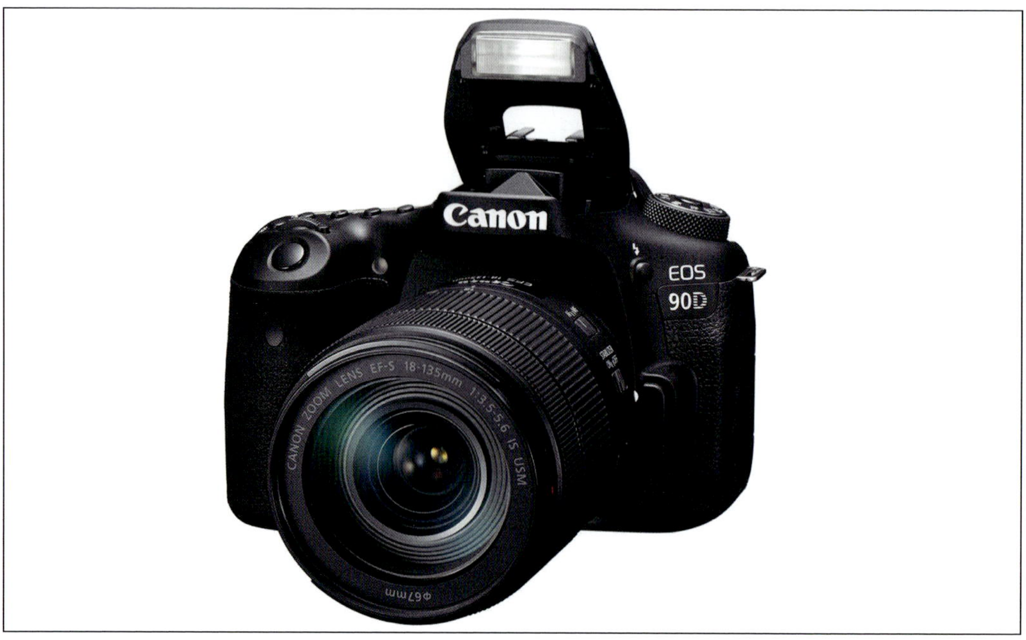

Der in Ihrer Digitalkamera verbaute Klappblitz dient nur dem Zweck, das härteste, unvorteilhafteste Licht auszusenden, das der moderne Mensch je geschaffen hat. Hier sind einige Gründe, ihn möglichst nicht einzusetzen: (1) Er ist sehr klein, und je kleiner die Lichtquelle, desto härter ist das von ihr erzeugte Licht. (2) Da der Blitz direkt über dem Kameraobjektiv sitzt, erhalten Sie die gleiche Lichtqualität und den gleichen Beleuchtungswinkel wie ein Bergarbeiter mit seiner Helmlampe. (3) Ein Klappblitz ist eine fast 100%ige Garantie dafür, dass Ihr Gegenüber im Bild rote Augen hat, weil der Blitz so nahe am Objektiv angebracht ist. (4) Da der Blitz direkt auf Ihr Gegenüber trifft, ergibt sich meist ein sehr flaches Bild ohne räumliche Tiefe. (5) Sie haben wenig Kontrolle über die Ausbreitung des Lichts. Der Blitz gleicht einer Leuchtgranate. Aus diesen Gründen sind so viele Menschen enttäuscht, wenn sie ihre Blitzaufnahmen betrachten, und deshalb sollte der Kamerablitz wirklich nur als letzter Ausweg und nur in ganz verzweifelten Situationen eingesetzt werden. Was sollten Sie stattdessen verwenden? Das lesen Sie auf der nächsten Seite.

Die Leistung des Klappblitzes verringern

Bei den meisten Kameras können Sie die Leistung des Klappblitzes verringern, um ihn als Aufhellblitz einzusetzen. Bei Nikon-Kameras halten Sie die Blitzmodustaste gedrückt und drehen dann das vordere Einstellrad, bis oben im Display eine negative Zahl erscheint. Bei Canon drücken Sie die ISO-/Blitzbelichtungskorrekturtaste und drehen das Schnellwahlrad, bis im LCD eine negative Zahl sichtbar wird.

Warum Sie ein externes Blitzgerät brauchen

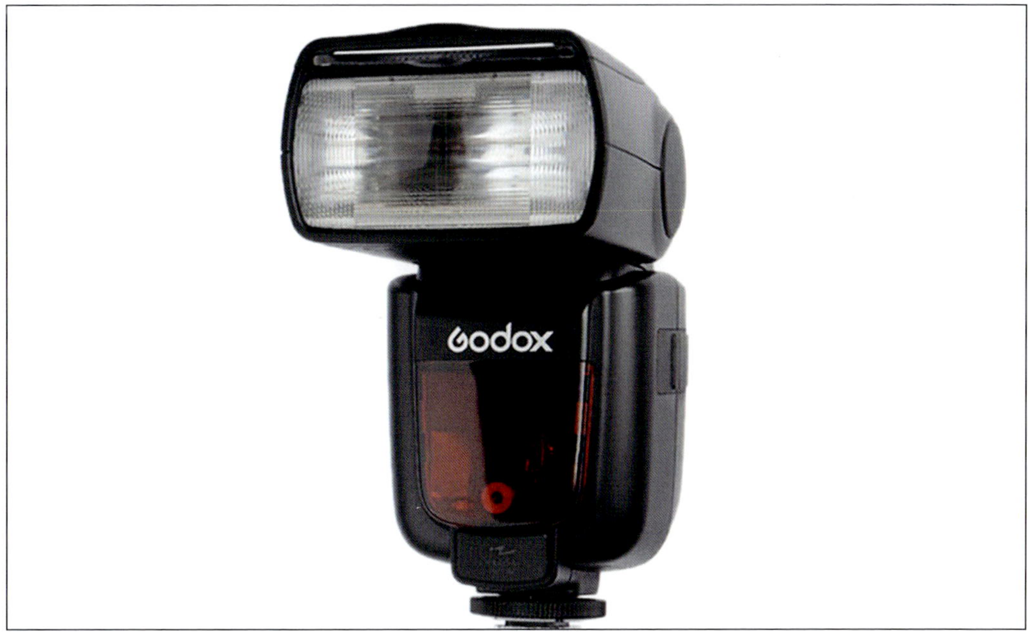

Wenn Sie mit Blitzlicht qualitativ hochwertige Ergebnisse erzielen möchten, brauchen Sie ein separates Blitzgerät wie das oben gezeigte. Dieses wird oft als »externer Blitz« oder einfach nur als »Blitz« bezeichnet. Dieses aufklappbare Ding oben auf Ihrer Kamera nennt dagegen niemand wirklich »Blitz« (eher »Verunstalter«). Wenn Sie also einen Fotografen von »Blitz« sprechen hören, dann meint er eines dieser externen Blitzgeräte. Und dies sind die großen Vorteile dieses Zubehörteils:

(a) Sie können es von der Kamera abnehmen, um gerichtetes Licht zu erzeugen. Das ist eine großartige Sache.

(b) Sie können es nach oben richten (weiter hinten in diesem Kapitel erfahren Sie, warum das wichtig ist).

(c) Sie können zusätzliche Elemente davor anbringen – alleine das kann in vielen Situationen einen gewaltigen Unterschied ausmachen.

(d) Sie erhalten mehr Steuerungsmöglichkeiten, einen stärkeren Blitz und vor allen Dingen die Chance auf eine viel bessere Lichtqualität.

Falls Sie noch kein separates Blitzgerät besitzen

Sowohl Nikon als auch Sony und Canon stellen wirklich großartige Blitzgeräte in Profiqualität her. Wenn Sie sich aber nicht sicher sind, ob Sie für eines davon rund 500 Euro auf den Tisch legen möchten, werfen Sie vielleicht auch einen Blick auf die Blitzgeräte von Yongnuo oder Godox für unter 100 Euro. Die funktionieren richtig gut und sind extrem beliebt.

Nutzen Sie keine TTL-Messung, sondern blitzen Sie im manuellen Modus

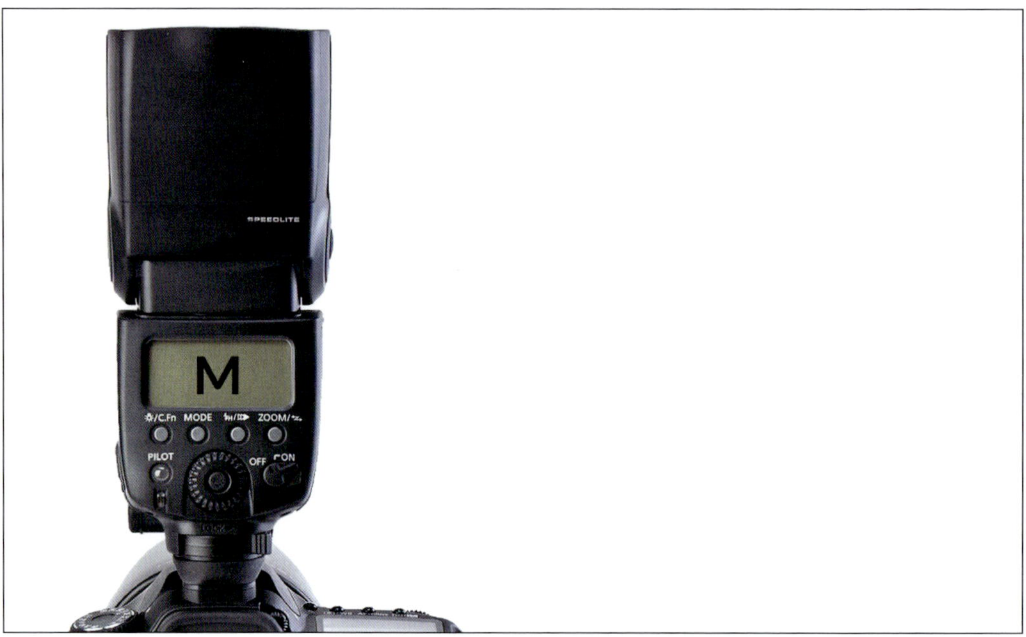

Die Hersteller werden das jetzt nicht so gerne lesen, aber wenn es eine Funktion bei Blitzgeräten gibt, die vielen die Blitzfotografie verleidet, dann ist das meiner Meinung nach die TTL-Messung. Bei dieser Belichtungsmessung »durch das Objektiv« soll das Blitzgerät intelligent entscheiden, wie hell der Blitz für die jeweilige Szene sein soll. Eine tolle Idee, wenn sie denn nur funktionieren würde. Das größte Problem sind die unbeständigen Ergebnisse. Mal klappt es, häufig nicht, und wenn es funktioniert, stimmt die Belichtung nicht. Gerade sieht alles noch ganz ordentlich aus, aber dann drehen Sie sich nur ein wenig zur Seite und fotografieren in eine geringfügig andere Richtung, und plötzlich liegt der Blitz völlig daneben. Ich sehe in dieser Funktion eher ein Marketinginstrument der Blitzgerätehersteller als ein Werkzeug für Fotografen. Sie ist einfach unzuverlässig. Wie entkommen Sie also diesem Dilemma? Vergessen Sie den ganzen TTL-Quatsch und blitzen Sie stattdessen im manuellen Modus. Plötzlich werden Sie mit dem Blitz auch wirklich etwas anfangen können. Und so laufen Ihre Blitzlichtaufnahmen jetzt ab: Sie machen ein Foto und schauen auf das Kameradisplay. Wenn der Blitz zu hell ist, verringern Sie die Blitzleistung und machen ein weiteres Testfoto. Ist der Blitz immer noch zu hell, verringern Sie die Leistung noch weiter. Diese Schritte wiederholen Sie, bis Ihre Beleuchtung genau stimmt. Ist der Blitz nicht hell genug ist, drehen Sie ihn etwas höher. Das war es schon. Insgesamt dauert es etwa 60 Sekunden. Versuchen Sie es mal, und Sie werden niemals wieder TTL verwenden.

Lösen Sie Ihr Blitzgerät von der Kamera

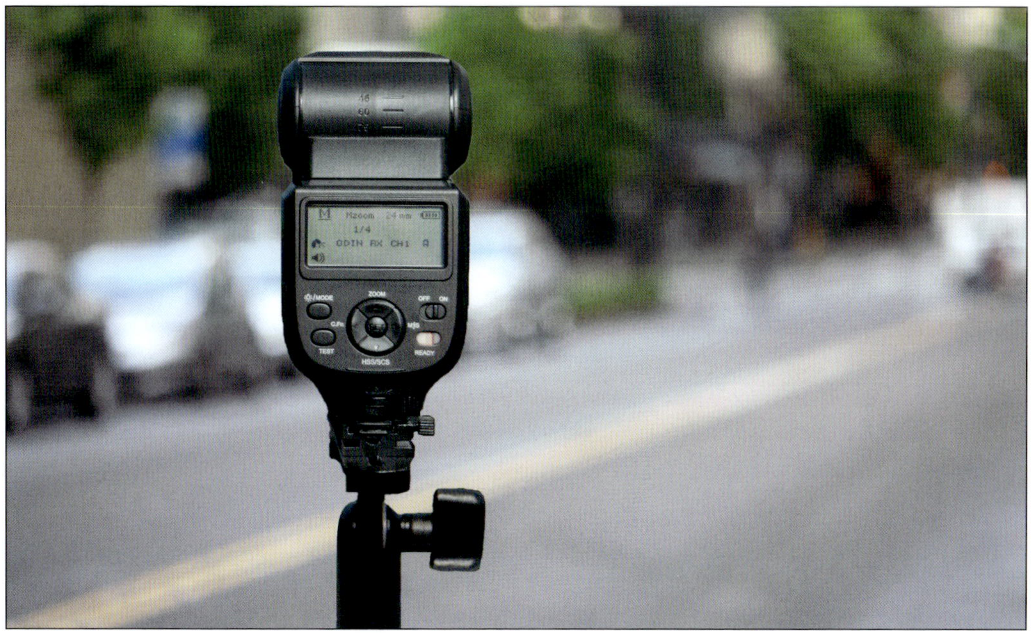

Wenn Sie ein separates Blitzgerät kaufen und es auf Ihrer Kamera anbringen, werden Sie feststellen, dass das Licht immer noch unglaublich schlecht aussieht – ähnlich wie das grauenhafte Licht des Klappblitzes, nur noch greller und unangenehmer. Für professionell wirkende Porträts mit Blitzlicht müssen Sie als Allererstes den Blitz von der Kamera abnehmen. Das ist absolut unerlässlich, weil Sie den Blitz nun dort positionieren können, wo er für schöne, angenehme Schatten sorgt, die das Porträt modellieren, sodass dieses nicht flach, sondern vorteilhaft wirkt. Ich kann gar nicht oft genug sagen, wie wichtig das für gute Ergebnisse ist. Wenn Sie diesen Schritt überspringen, werden Sie niemals Freude an der Blitzfotografie finden, und das wäre schade, denn wenn Sie sie einmal in den Griff bekommen haben (und das ist einfacher, als Sie denken, solange Sie diesen wichtigen Schritt nicht überspringen), wird sich Ihre Aufnahmetechnik (na ja, wenigstens Ihre Beleuchtungstechnik) für immer verändern. Es gibt nur zwei wirklich entscheidende Faktoren für großartige Bilder mit Blitzlicht, und dies ist einer davon. Sie können sich also eigentlich direkt ein 2-m-Lichtstativ mit einer neigbaren Blitzhalterung bestellen, sonst liegt der Blitz nur dumm auf dem Boden herum und beleuchtet die Füße Ihres Models.

Verwenden Sie Ihren Klappblitz nicht, um andere Blitzgeräte anzusteuern

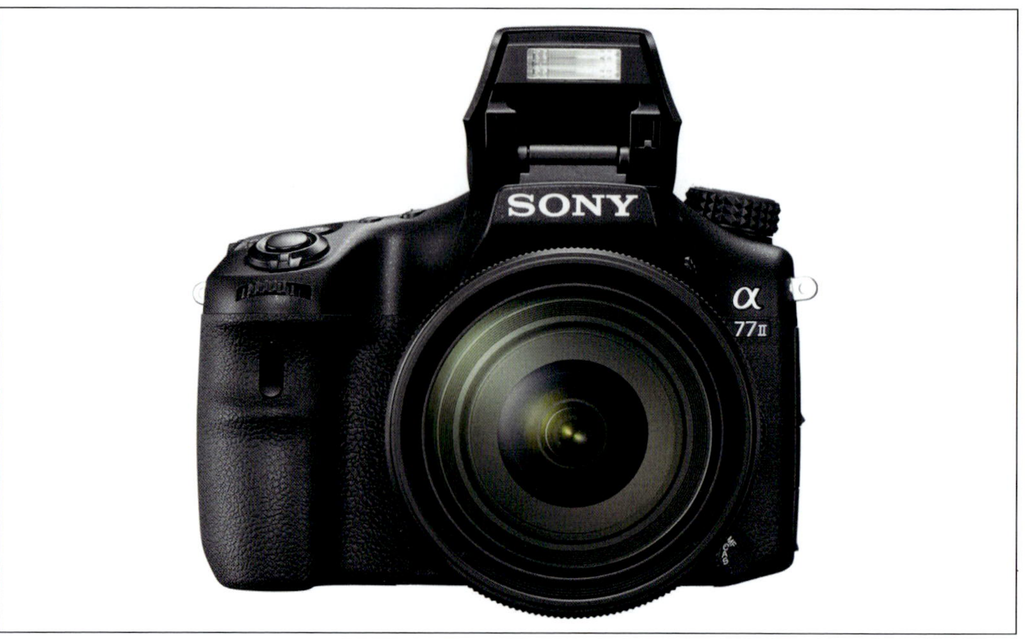

Wenn Ihre Kamera über einen eingebauten Klappblitz verfügt, lässt sich dieser meist so einstellen, dass er Ihr Motiv nicht wirklich ausleuchtet, sondern einen schwachen Lichtimpuls aussendet, den Ihr großer externer Blitz auffängt und daraufhin drahtlos auslöst. Das klingt toll, und das wäre es auch, wenn es denn zuverlässig funktionieren würde – tut es aber nicht. Es funktioniert ungefähr so gut wie Wasserhähne mit Bewegungsmeldern, also entweder ganz oder gar nicht. Das Problem ist, dass Ihr externer Blitz den vom Klappblitz ausgesendeten Lichtimpuls »sehen« muss (deshalb wird diese Art der drahtlosen Blitzauslösung auch »line of sight« (Sichtverbindung) genannt – wenn der externe Blitz das Licht des Klappblitzes nicht sehen kann, löst er auch nicht aus). Das wird genau dann zum Problem, wenn Sie absolut darauf angewiesen sind, dess er auslöst, zum Beispiel wenn Sie einen zahlenden Kunden vor sich haben und es einfach nicht funktionieren will. (Ich spreche aus Erfahrung.) Deshalb gibt es eine bessere Methode zur Fernauslösung – eine, die Sie nicht im Stich lassen wird (siehe nächste Seite).

So verwenden Sie das Einstellicht Ihres Blitzgeräts

Die meisten kleineren externen Blitzgeräte haben kein dauerhaftes Einstelllicht, aber Sie können damit trotzdem ein behelfsweises Modellicht erzeugen. Bei Canon-Blitzgeräten schalten Sie dieses ein, indem Sie an Ihrer Kamera die Taste für die Individualfunktionen gedrückt halten, bis ihr Symbol auf dem LCD-Display erscheint. Drehen Sie dann das Wahlrad und wählen Sie die Funktion **Einstellblitze** (**Fn 02**) aus. Bei Nikon drücken Sie die Menü-Taste, gehen in die **Individualfunktionen** auf **e5 Einstelllicht** und wählen dort **OK**. Sie lösen das Einstelllicht aus, indem Sie am Blitz die rote Taste betätigen.

Nutzen Sie ein »echtes« drahtloses Steuergerät

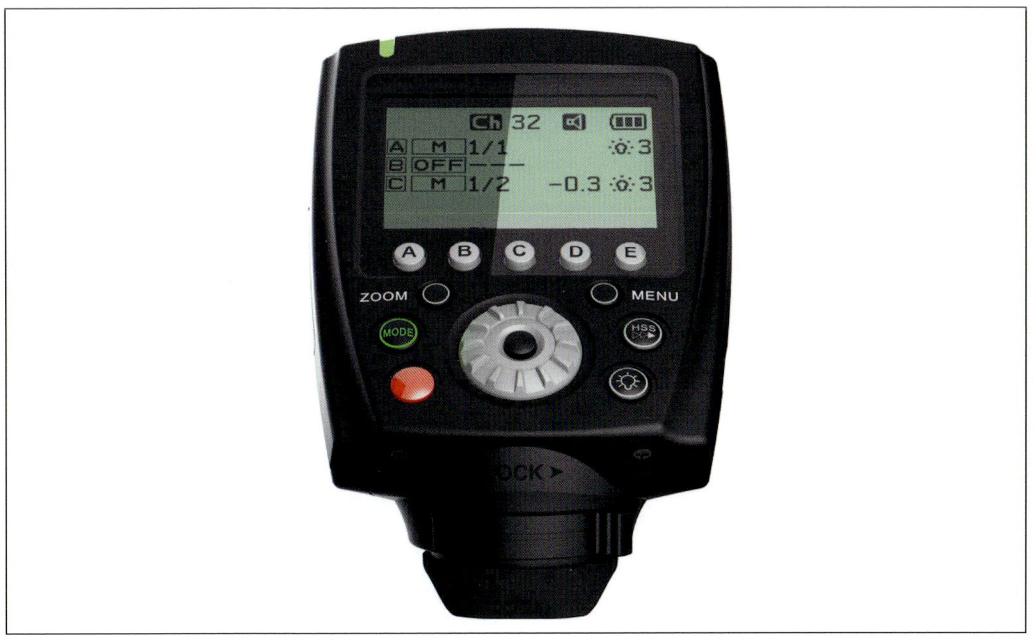

Wenn Sie Ihren Blitz zuverlässig auslösen möchten (und glauben Sie mir, das wollen Sie), funktioniert die auf der vorigen Seite beschriebene Klappblitz-Methode nicht – Sie brauchen einen echten Funksender. Dazu kaufen Sie in der Regel ein Blitzgerät mit eingebauter Funkschnittstelle und ein dazu passendes Steuergerät, mit dem Sie den Blitz nicht nur auslösen können, sondern auch die Blitzleistung direkt an der Kamera einstellen können. Das Tolle daran ist, dass Sie jetzt *keine* Sichtverbindung mehr brauchen. Es handelt sich um eine echte Funkverbindung, sodass Sie die Blitzgeräte überall dort aufstellen können, wo Sie sie brauchen, selbst in 100 Metern Entfernung, und sie werden trotzdem zuverlässig ausgelöst. Alle »großen« Hersteller (Canon, Nikon, Sony) haben diese Geräte im Programm, aber für einen Bruchteil des Preises leisten auch die preiswerten Modelle von Yongnuo extrem gute Dienste. Denken Sie beim Kauf Ihres ersten Blitzgeräts also daran, dass Sie zwei Dinge brauchen: (1) ein Blitzgerät mit echter Drahtlosfunktion (über Funk) und (2) ein Blitz-Steuergerät, das für diese Blitzmarke und dieses Blitzmodell ausgelegt ist (dieses ist kleiner und preiswerter als das Blitzgerät selbst). Das Steuergerät schieben Sie einfach oben auf den Blitzschuh Ihrer Kamera – und schon können Sie Ihren externen Blitz (der in der Nähe auf einem Lichtstativ steht) von zentraler Stelle aus steuern. *Hinweis:* Achten Sie darauf, ein zu Ihrem Blitz passendes Steuergerät zu kaufen und keinen reinen Fernauslöser. Dieser würde den Blitz einfach nur drahtlos auslösen. Um die Leistung zu ändern oder den Blitz ein- oder auszuschalten, müssten Sie dann wieder auf die Bedienelemente am Blitzgerät selbst zurückgreifen, und das kostet Zeit. Wenn Sie bereits ein Blitzgerät von Nikon, Canon, Phottix, Yongnuo usw. mit eingebautem Funkempfänger besitzen, müssen Sie ein drahtloses Steuergerät desselben Herstellers kaufen, damit Sie den Blitz auch wirklich ansteuern können.

Welche Blitzleistung Sie vorwählen sollten

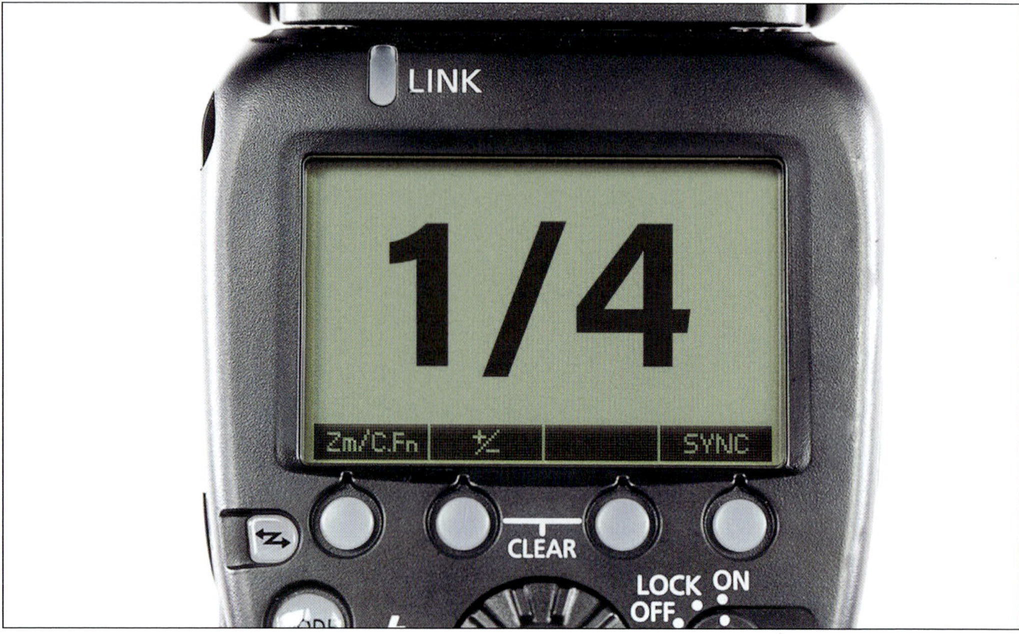

Wenn Sie Ihren Blitz im manuellen Modus in Innenräumen oder unter anderen Bedingungen als bei hellem Tageslicht im Freien verwenden, werden Sie ihn in 99% der Fälle mit weniger als der halben Blitzleistung betreiben. Tatsächlich werden Sie ihn wahrscheinlich oft mit 1/4 der maximalen Leistung betreiben (bei einem typischen Shooting bin ich manchmal bei 1/8 oder 1/16 Leistung). Warum so wenig? Weil es darum geht, das Licht Ihres Blitzgerätes mit dem bereits im Raum (oder im Freien) vorhandenen Licht in Einklang zu bringen, sodass Sie meist nur ein klein wenig Blitzlicht brauchen (sonst sieht Ihr Blitz nach Blitzlicht aus). Das Ziel ist, den Blitz wie natürliches Licht wirken zu lassen, sodass die Einstellung wahrscheinlich wirklich verdammt niedrig sein wird.

 **Wenn Sie Fotokurse geben, ist dies das Richtige für Sie**

Ich weiß, dass viele dieses Buch im Unterricht einsetzen (wofür ich sehr dankbar bin), und ich habe etwas entwickelt, was für Sie hilfreich sein könnte: Es nennt sich »The Learning Light« und ist eine kleine, handliche, batteriebetriebene Leuchte mit verschiedenen Beleuchtungsarten. Sie ermöglicht es Ihren Schülern, den Umgang mit Licht zu erlernen und zu üben, ohne sich mit Blitzgeräten oder Studioblitzen auseinanderzusetzen. Weitere Informationen dazu finden Sie unter *https://www.fjwestcott.com/learning-light-by-scott-kelby*. Leider gibt es aktuell keinen Vertrieb für den deutschsprachigen Raum. Sie müssten also bei einem der US-amerikanischen Versender wie B&H bestellen.

Wofür Blitzgruppen und -kanäle gut sind

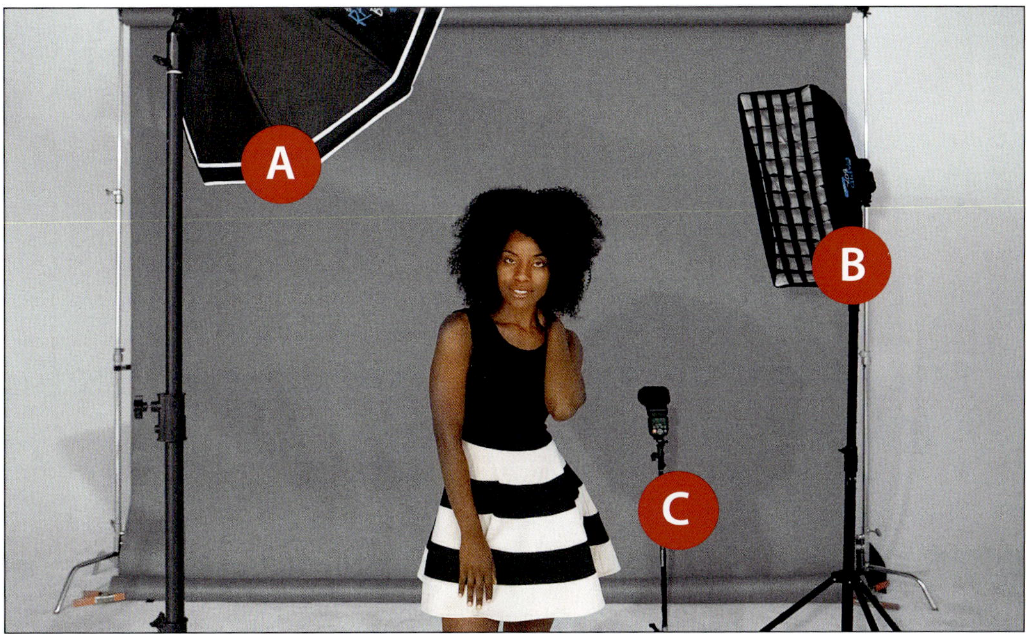

Angenommen, Sie haben drei Blitzgeräte aufgebaut: Eines beleuchtet Ihr Model, das zweite dient als Haarlicht, und das dritte erhellt den Hintergrund. Wenn Sie die Helligkeit am drahtlosen Steuergerät auf Ihrer Kamera erhöhen, werden alle drei Blitze stärker. Drehen Sie einen hoch, wirkt sich das auf alle aus. Wenn Sie einen Blitz ausschalten, gehen alle aus. Möchten Sie Ihre Blitze einzeln ansteuern, müssten Sie jeden einer eigenen Gruppe zuordnen. Die meisten Steuergeräte unterstützen drei Gruppen (einige auch vier), die normalerweise **A**, **B** und **C** heißen. Ich weise einen Blitz gerne je nach seiner Funktion einer Gruppe zu. Den Hauptblitz, der mein Motiv beleuchtet, lege ich also immer in Gruppe **A**. Wenn ich in einem Porträt-Setup einen zweiten Blitz von hinten als Haarlicht hinzufüge, kommt dieser in Gruppe **B**. Beleuchte ich mit einem weiteren Blitz den Hintergrund, ordne ich diesen der Gruppe **C** zu (siehe Bild). So weiß ich immer, welcher Blitz welcher ist. Sie stellen das am Blitzgerät selbst ein (lesen Sie die Details im Handbuch nach). Nun steuern Sie die Blitzgeräte einzeln mit dem Funkcontroller an. Sie wählen eine Gruppe (etwa Gruppe **B**), und wenn Sie dann die Leistung verändern, wirkt sich das nur auf den Blitz in Gruppe B aus. So können Sie auch den Gruppe-B-Blitz einzeln ein- und ausschalten. Das Schöne daran ist, dass Sie weiterhin alle stärker/schwächer oder ein- und ausschalten können, wenn Sie statt **A**, **B** oder **C** die Option **Alle** wählen. Sie können einer Gruppe auch mehrere Blitze zuweisen. Angenommen, Sie beleuchten den Hintergrund mit zwei Blitzgeräten. Weisen Sie einfach beide derselben Gruppe zu, und wenn Sie nun die Leistung dieser Gruppe ändern, wirkt sich dies auf beide Hintergrundblitze aus. Und wozu gibt es Kanäle? Nun, wenn Sie mit einem zweiten (oder dritten) Fotografen zusammenarbeiten, wollen Sie ja nicht, dass seine Kamera Ihren Blitz auslöst, oder? Sie würden dann also Ihrem zweiten Fotografen sagen: »Ich bin auf Kanal 1. Schalte du auf Kanal 2.« Normalerweise gibt es bis zu 32 Kanäle.

Verwenden Sie die richtige Verschlusszeit, sonst passiert das hier

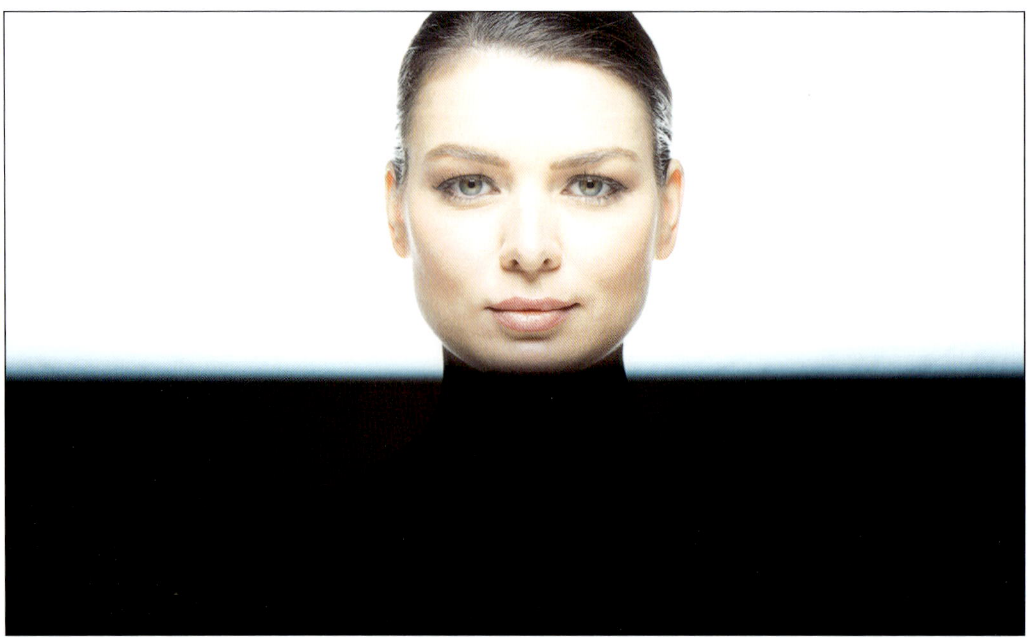

Wenn ich in Innenräumen mit Blitzlicht fotografiere, wähle ich eine Verschlusszeit, die mich vor Problemen bewahrt. Achtung, Spoiler: Es ist 1/125 Sekunde. Warum gerade diese Verschlusszeit? Weil sie den Blitz und den Verschluss meiner Kamera perfekt miteinander synchronisiert und mich vor Problemen bewahrt. Und was sind das für »Probleme«? Nun, wenn ich meine Verschlusszeit verkürzen würde, auf, sagen wir ... ich weiß nicht ... 1/400 Sekunde oder sogar noch weniger, würde ein Teil meines Bildes schwarz (so wie oben gezeigt). Das passiert, wenn Blitz und Verschluss nicht mehr richtig aufeinander abgestimmt sind. Wie vermeide ich also, dass das passieren kann? Sie kennen die Antwort: Fotografieren Sie mit einer Verschlusszeit von 1/125 Sekunde. Meistens kann ich diese Verschlusszeit fest einstellen und muss sie nie mehr anrühren. Die Fälle, in denen ich sie ändern würde, erkläre ich auf den Seiten 123 und 126. Dort schreibe ich darüber, wie Sie die Hintergrundhelligkeit beim Fotografieren vor Ort ändern können. Abgesehen davon bin ich ein »1/125-Sekunden-Typ«. Das klingt heftig, aber Sie wissen schon, was ich meine.

Mit dieser Blende fange ich an

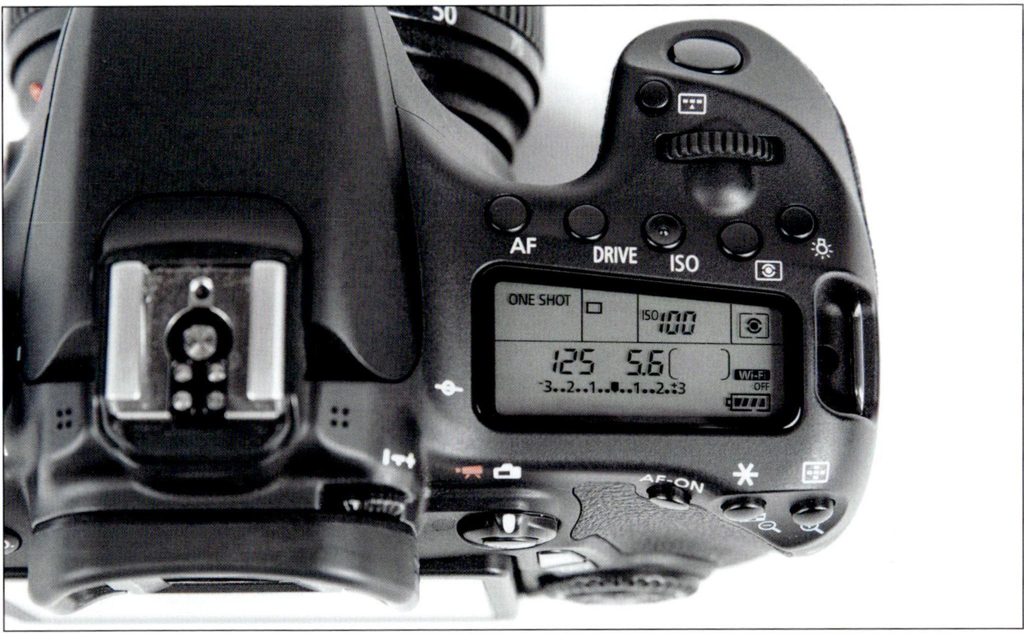

Wenn ich mit Blitz fotografiere, beginne ich mit einer Blendeneinstellung von f/5.6. Zusammen mit dem Blitzlicht gibt Ihnen das die Möglichkeit, den Hintergrund ein wenig unscharf darzustellen, und diese Blende funktioniert wunderbar als Bestandteil des so gut bewährten Kameraeinstellungsrezepts für Blitzaufnahmen in Innenräumen.

Stellen Sie die ISO-Empfindlichkeit auf den rauschärmsten Wert

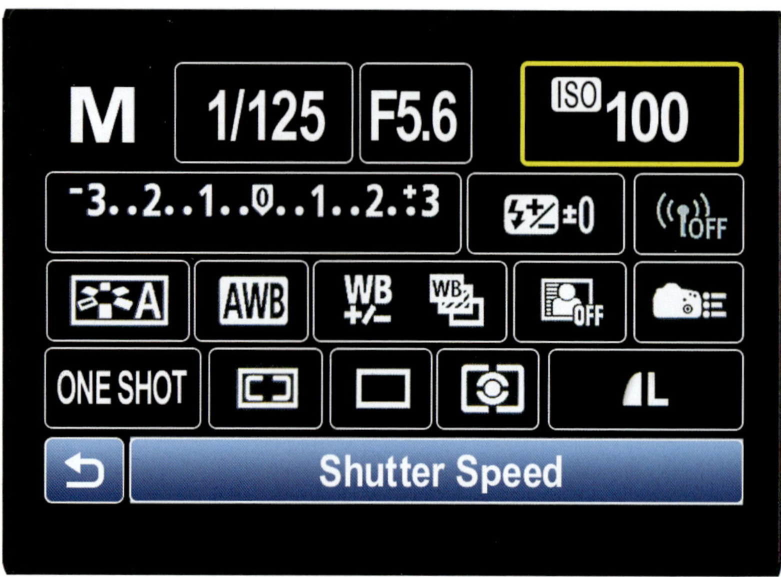

Die fotografierte Person wird vom hellen Blitzlicht beleuchtet, und der Blitz wird dabei so ziemlich jegliche Bewegung einfrieren. Dank dieser Stroboskopwirkung können wir meist die niedrigste, rauschärmste ISO-Einstellung wählen. Bei den meisten Kameras beträgt dieser Wert ISO 100 (je nach Marke und Modell kann er aber auch bei ISO 50 liegen, also lesen Sie im Kamerahandbuch nach). Wenn Sie sich also Gedanken über die richtige ISO-Einstellung gemacht haben, dann wissen Sie jetzt Bescheid. Dies sind meine Kameraeinstellungen, wenn ich mit Blitz in Innenräumen fotografiere:

Blende: f/5.6

Verschlusszeit: 1/125 Sekunde

ISO: 100

Mit diesen Werten stelle ich meinen Blitz auf eine Leistung von 1/4, und dann muss ich meine Kameraeinstellungen normalerweise nicht mehr ändern. Das Einzige, was ich danach noch mache, ist die Anpassung der Blitzleistung nach oben oder unten. Erscheint bei der Testaufnahme der Blitz auf dem Kameradisplay zu hell, nehme ich die Leistung etwas zurück und mache ein weiteres Probebild. Selbst wenn ich mit 1/4 der Blitzleistung beginne, muss ich oft bis auf etwa 1/8 reduzieren, damit es nicht allzu »geblitzt« aussieht. Im Freien verwende ich ganz ähnliche Bitzeinstellungen, die sich aber in einem Detail unterscheiden (siehe Seite 127).

Sorgen Sie für weiches, schönes Licht

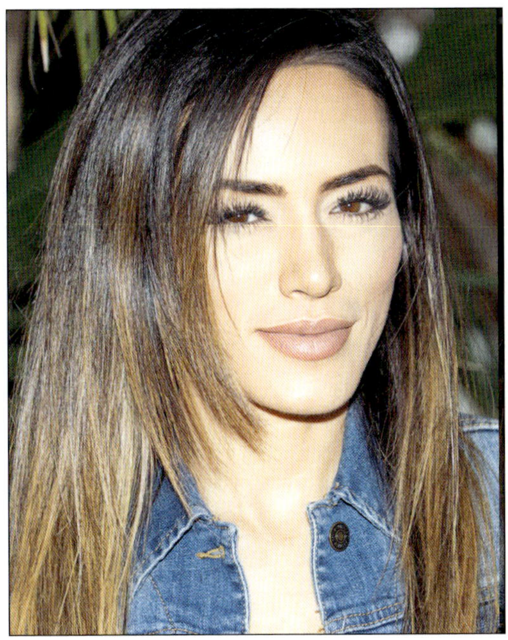

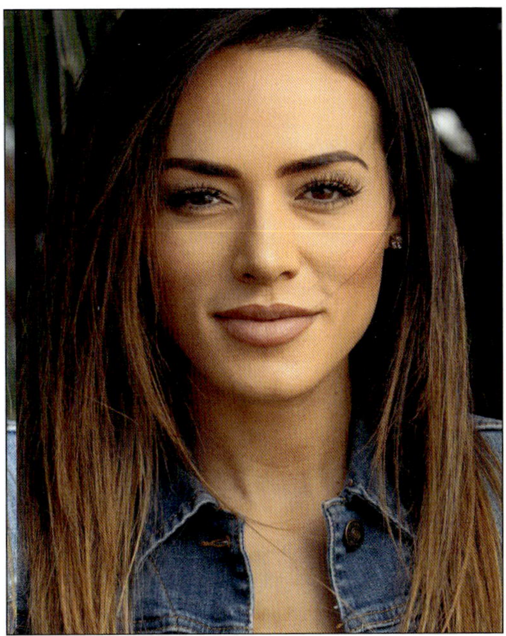

Erinnern Sie sich noch, dass ich von zwei entscheidenden Voraussetzungen für schöne Porträts mit Blitzlicht sprach? Zum einen nehme ich den Blitz von der Kamera ab, um durch gerichtete Schatten den Eindruck von Tiefe zu erzeugen. (Ja, das habe ich gesagt, aber mit weniger hochtrabenden Worten.) Zum anderen: Sorgen Sie für weiches und ansprechendes Blitzlicht. Wenn Sie nicht aktiv daran arbeiten, dass es weich und ansprechend wirkt, wird Ihr Licht genau die gegenteiligen Eigenschaften haben: hart und mit ebenso harten Schatten. Sehen Sie sich die beiden Bilder oben an. Das linke Bild wurde aufgenommen, ohne für ein weiches und ansprechendes Licht zu sorgen – einfach nur mit einem nackten Blitz. Bei der rechten Aufnahme kam eine kleine Softbox zum Einsatz, und bereits die macht einen riesigen Unterschied. Beide Bilder wurden mit der gleichen Kamera, dem gleichen Objektiv usw. buchstäblich nur wenige Sekunden nacheinander fotografiert. Die einzige Veränderung war, dass ich den Blitz in eine Softbox eingebaut habe. Das ist also ein absolutes »Muss«.

Diese Softbox sorgt bei mir für weiches Licht

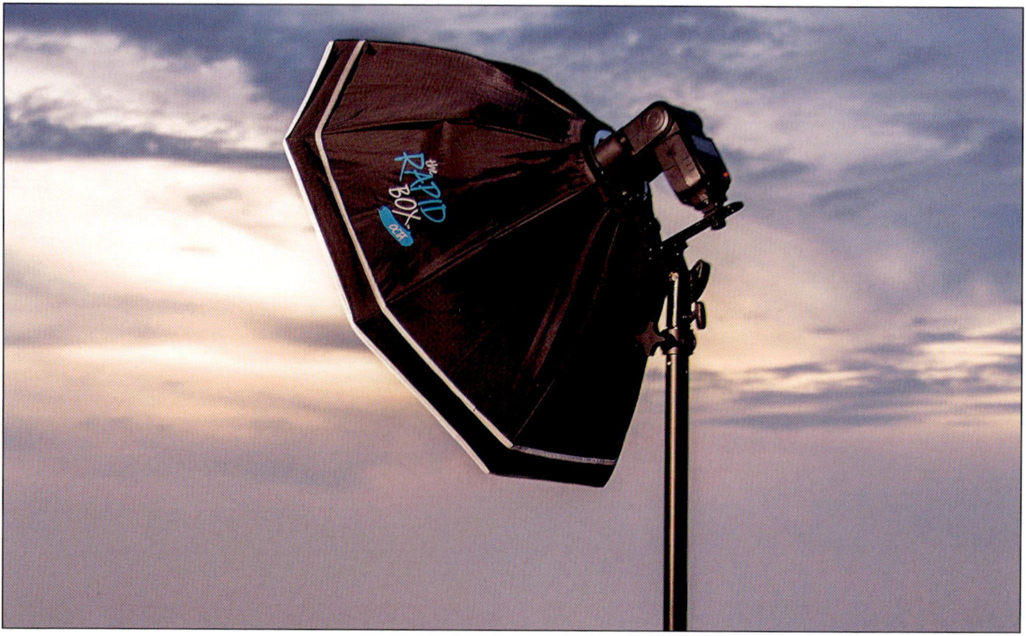

Sie könnten einen Reflektorschirm verwenden, um Ihr Blitzlicht weicher zu machen, aber das ist schon ziemlich »oldschool«. Die meisten Leute nehmen lieber eine Softbox. Da sich Ihr Blitz in der Box befindet, wird das Licht besser geführt und kann sich nicht überallhin ausbreiten wie bei der »Blendgranate« Schirm. Mir gefällt die Octa-Softbox Rapid Box 26" von FJ Westcott besonders gut. Für meine Blitzfotos verwende ich kaum etwas Anderes. Sie ist klein, sehr leicht, in kürzester Zeit aufgebaut, besitzt einen Diffusor an der Vorderseite der Softbox selbst, wird mit einer neigbaren Halterung geliefert, die sowohl die Softbox als auch Ihren Blitz aufnimmt (sodass Sie sie beides auf ein Lichtstativ montieren können), und passt in eine sehr kleine Transporttasche. Das Wichtigste und absolut Entscheidende dabei ist, dass sie Ihr Licht weich und ansprechend macht. Sie kostet etwa 240 Euro – nicht schlecht.

Wo Sie Ihren Blitz platzieren sollten

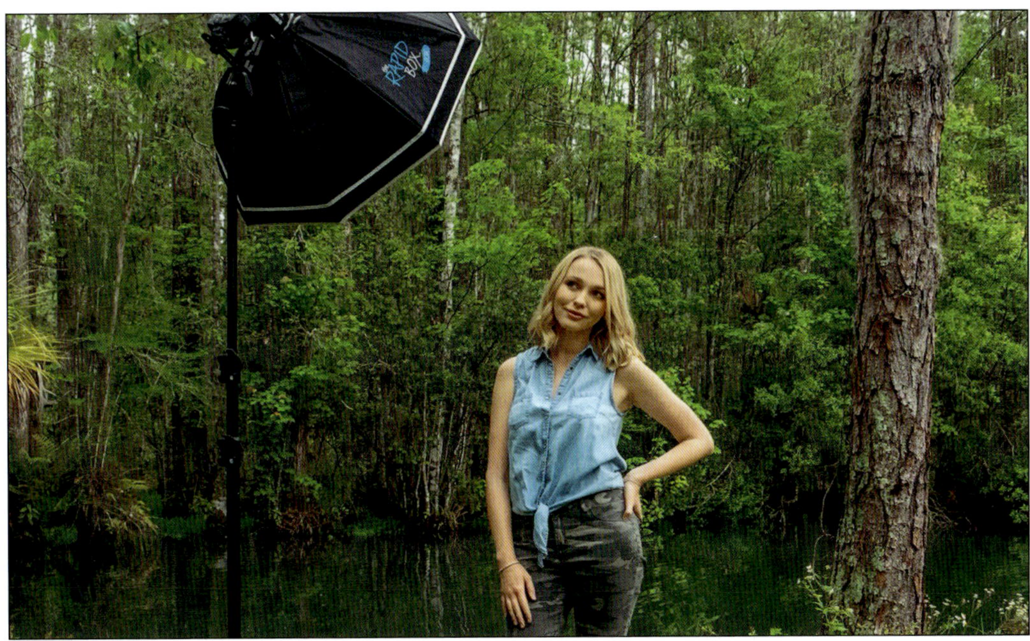

Das ist einfacher, als Sie denken, denn es gibt eine definierte Position, auf der Sie Ihre Lichtquelle platzieren sollten, damit die Menschen in Ihren Porträts großartig aussehen. Hierdurch entsteht ein besonders schmeichelhaftes Licht auf ihrem Gesicht, und deshalb wählen fast alle Fotografen die gleiche Stelle für ihren Blitz. Und welche ist es nun? Denken Sie daran, dass Sie mit dem Blitz das Licht der Sonne nachbilden wollen. Wo befindet sich die Sonne? Sie steht oben am Himmel und scheint auf uns herab, richtig? Machen Sie es mit dem blitz genauso: Positionieren Sie ihn in einem Winkel von 45° zur porträtierten Person, etwa einen halben Meter über ihrem Kopf, und neigen Sie die Softbox auf sie herab. Diese Position erzeugt besonders schöne, vorteilhafte Schatten auf dem Gesicht, und da Sie zusätzlich eine Softbox für weiches und ansprechendes Licht nutzen, haben Sie ziemlich gute Karten.

 **Blitzgeräte überall befestigen**

Wenn Sie Ihren Blitz irgendwo befestigen wollen, nehmen Sie eine Manfrotto-175F-Federklemme mit Blitzschuh. Ihr Blitzgerät schieben Sie dabei in den kleinen Plastikschuh oben auf der Klemme. Dieser sitzt auf einem Miniatur-Kugelkopf, mit dem Sie das Blitzgerät in jede Richtung und jedem beliebigen Winkel ausrichten können. Auf der anderen Seite befindet sich eine große Klemme, mit der Sie den Blitz fast überall befestigen können. Die Klemmen kosten rund 57 Euro, und wenn Sie sie einmal benutzt haben, werden Sie nie wieder ohne sie aus dem Haus gehen.

So bekommen Sie noch weicheres Licht

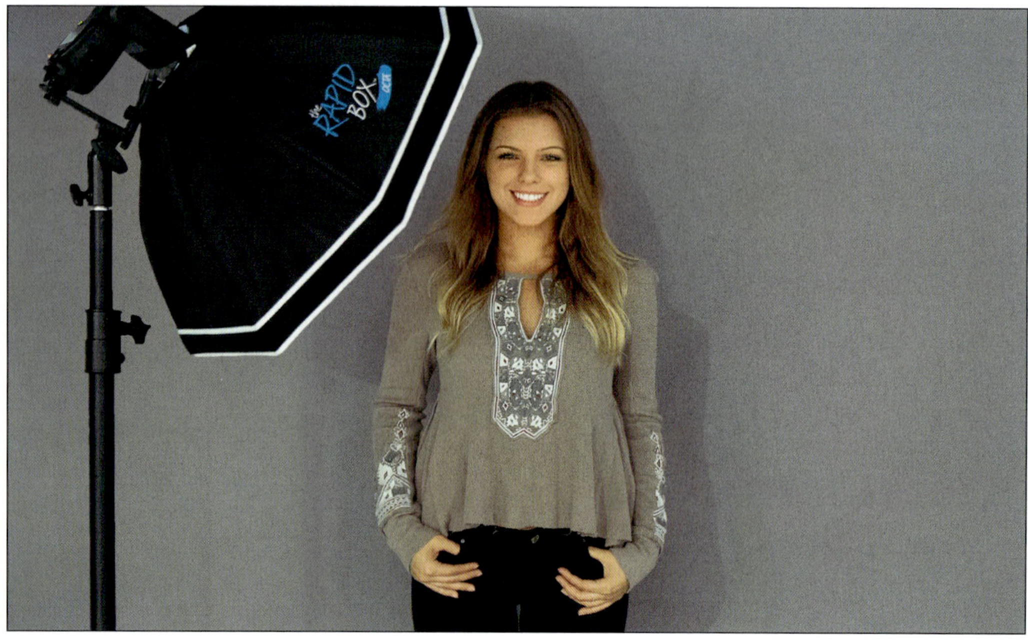

Sobald Ihr Blitz abseits der Kamera auf einem Lichtstativ steht und Sie eine Softbox davorgesetzt haben, können Sie dass dank dieser das ohnehin schon weiche Licht noch weicher machen: Bringen Sie die Softbox näher an Ihr Motiv heran. Je dichter sich die Softbox an Ihrem Motiv befindet, desto weicher wird das Licht. So einfach ist das. In der oben gezeigten Aufnahme sehen Sie, dass meine Softbox fast schon ins Bild hineinragt (wenn ich wirklich weiches Licht möchte, gehe ich so nahe wie möglich ran), natürlich, ohne dass der Rand der Softbox im Bildausschnitt sichtbar wird. Wenn Sie den Abstand verkürzen, wird das Bild natürlich auch heller. Es ist so, als würden Sie mit einer Taschenlampe in der Hand auf jemanden zugehen: Je näher Sie kommen, desto heller wird es. Wenn Sie also mit einer Blitzleistung von 1/4 anfangen, den Blitz dann aber sehr viel dichter an Ihr Motiv heranrücken, müssen Sie die Leistung etwas zurücknehmen. Je näher Sie der porträtierten Person mit dem Blitz kommen, desto mehr müssen Sie die Leistung reduzieren. Denken Sie daran, eine Probeaufnahme zu machen und die Helligkeit zu kontrollieren. Wenn der Blitz zu hell ist, stellen Sie ihn schwächer. Noch etwas (auch wenn es vielleicht offensichtlich erscheint): Wenn Sie härtereres und ausdrucksstärkeres Licht wollen (vielleicht porträtieren Sie einen Sportler), bewegen Sie das Blitzgerät weiter von der Person weg. Je weiter das Licht von Ihrem Motiv entfernt ist, desto härter wird es.

Eine super billige Methode für tolles Licht

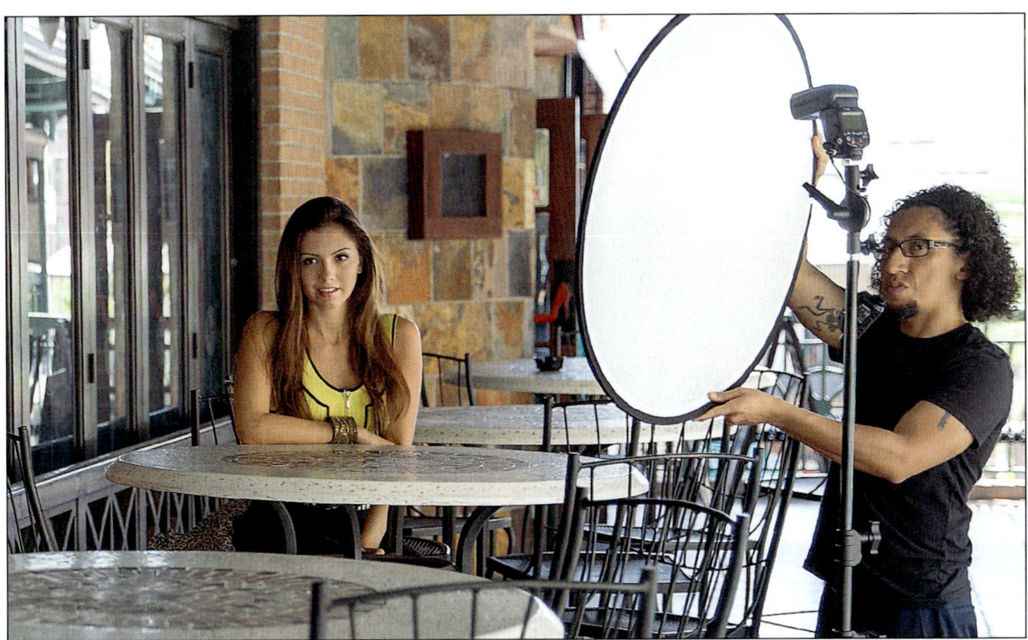

Ein großer Diffusor ist eine kostengünstige und einfache Möglichkeit, Ihr Blitzlicht zu streuen und weicher zu machen. Solche Diffusoren bestehen aus aufgespanntem weißem und lichtdurchlässigem Stoff. Meist sind sie rund wie die oben gezeigte Variante oder quadratisch mit abgerundeten Ecken. Sie verteilen und streuen das Blitzlicht, sodass es weich und ansprechend wirkt. Da sie nur aus Stoff bestehen, sind sie super leicht, lassen sich sehr klein und flach zusammenfalten und sind somit gut transportabel (sie werden mit einer kleinen, flachen Tasche geliefert). Und das Beste ist, dass es absolute Schnäppchen sind! Einen 30"-5-in-1-Reflektor von Westcott (den auch ich benutze und der einen 30"-Diffusor enthält) bekommen Sie bereits für etwa 40 Euro und haben auch gleich dazu einen tollen Reflektor. Eigentlich sogar vier Reflektoren, nämlich all jene, die wir in Kapitel 5 angesprochen haben. Wenn Sie diesen Diffusor einsetzen möchten, lassen Sie ihn von einem Freund oder einer Assistentin so dicht wie möglich an die zu porträtierende Person halten. Dabei sollte der Diffusor auf dem Foto nicht zu sehen und mindestens 30 cm von Ihrem Blitz entfernt sein. Wenn nun das winzige Blitzlicht auf den Diffusor trifft, kann es sich viel besser ausbreiten, und Sie erhalten ein viel weicheres, glatteres, vorteilhafteres Licht. Bedenken Sie lediglich, dass die Lichtstärke mit steigender Entfernung vom Blitz abnimmt, das heißt, dass Sie eventuell die Blitzleistung erhöhen müssen. Wenn Ihnen niemand assistieren kann, können Sie den Diffusor mit einer Manfrotto-275-Minifederklemme für rund 15 Euro an einem zweiten Lichtstativ befestigen.

Eventuell müssen Sie über die Decke blitzen

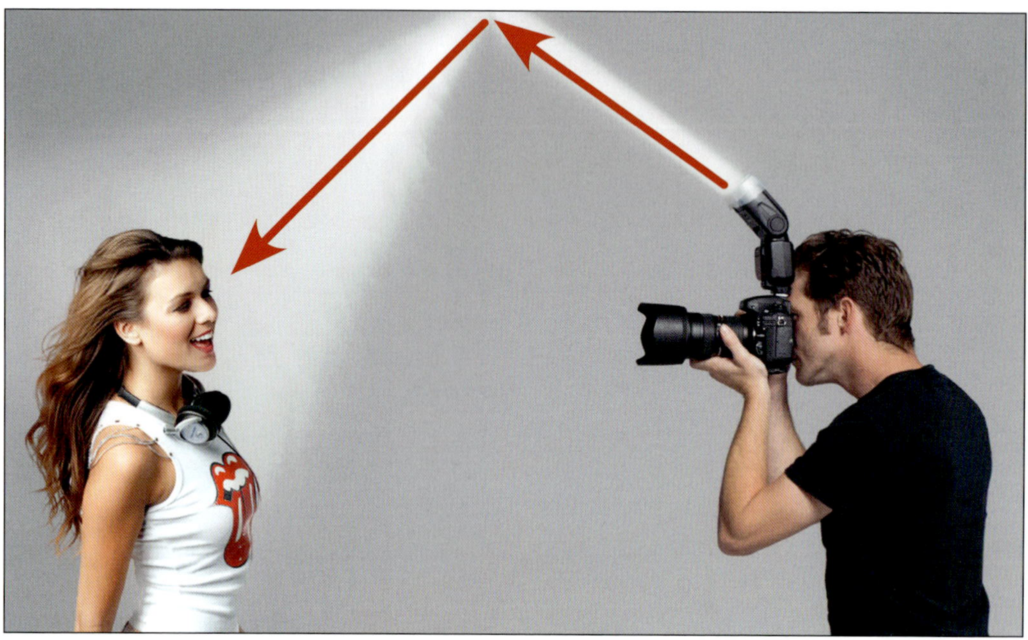

Wenn Sie am Aufnahmeort keinen Diffusor und keine Softbox einsetzen können, aber trotzdem schönes, weiches Licht möchten, versuchen Sie, über die Decke zu blitzen. Das auf die Decke treffende Blitzlicht breitet sich großflächig aus und wirkt dadurch weicher und angenehmer, wenn es wieder auf die fotografierte Person zurückfällt. Seine Qualität ist nicht so gut oder gerichtet wie mit einer Softbox, also verwenden Sie diese Methode nur, wenn Sie keine Softbox zur Hand haben. Neigen Sie einfach Ihren Blitzkopf nach oben in Richtung Decke, und das Licht wird auf Ihr Motiv zurückgeworfen. Da es von oben kommt, erscheinen die Schatten auf dem Boden hinter dem Motiv, statt an der dahinter liegenden Wand, was ebenfalls von Vorteil ist. Und mit dem Licht werden auch die Schatten weicher. Warum nutzen wir diese Technik also nicht ständig? Nun, (1) gibt es nicht immer eine Decke (oft fotografieren Sie im Freien) oder diese ist (2) zu hoch (ab deutlich mehr als 3 Meter muss das Licht einen zu langen Weg zurücklegen, sodass Ihr Motiv nicht mehr richtig beleuchtet wird). (3) kommt hinzu, dass das Licht die Farbe der Fläche annimmt, auf die es trifft. Wenn also die Decke blau ist, kommt das Licht mit einem blauen Farbton zurück, und Ihr Model sieht aus wie ein Schlumpf. Und (4) schließlich ist das zurückgestrahlte Licht irgendwie flau und nicht annähernd so gerichtet, wie wir es uns für besonders schöne Schattenwürfe wünschen. Aber es ist, wie gesagt, trotzdem viel besser als hartes, direktes Blitzlicht, also behalten Sie diese Technik in der Hinterhand, falls Sie sie einmal brauchen.

 **Wenn Sie weit weg stehen müssen, tun Sie Folgendes**

Wenn der Abstand zwischen Ihnen und Ihrem Model mehr als drei Meter beträgt, können Sie die Blitzreichweite verbessern, indem Sie den ISO-Wert an der Kamera erhöhen (dann wird diese lichtempfindlicher). Heben Sie also den ISO-Wert von 100 auf 200 an, verdoppeln Sie effektiv die Leistung (und Reichweite) des Blitzes.

Warum wir bei Outdoor-Blitzaufnahmen Farbfilterfolien einsetzen

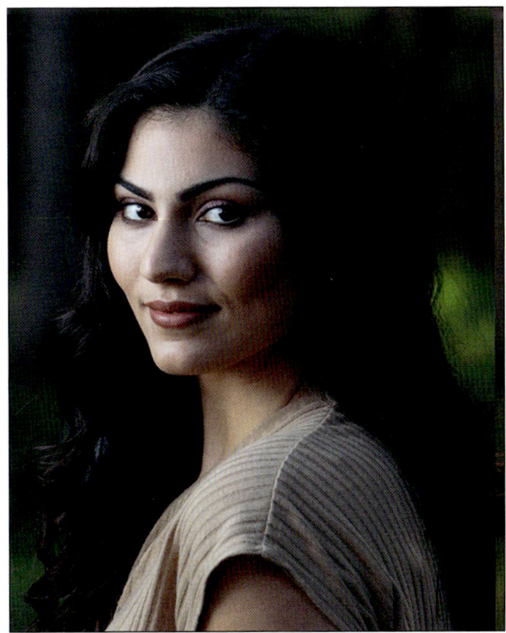

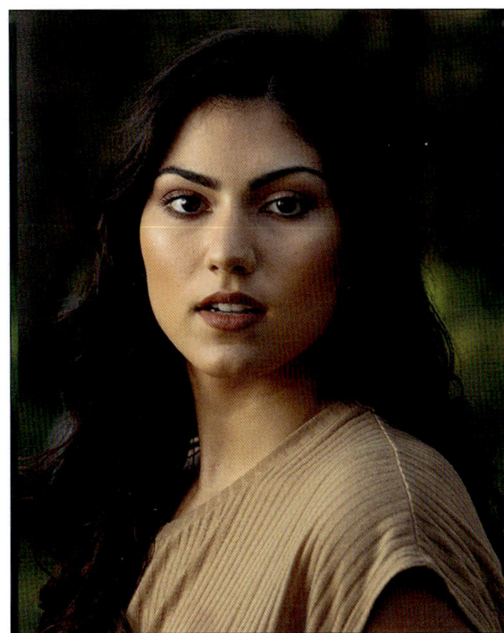

Ihr Blitzlicht hat immer die gleiche kaltweiße Farbe. Das geht in Ordnung, solange Sie in Innenräumen fotografieren. In Innenräumen kommt uns weißes Licht normal vor. Sobald Sie aber ins Freie gehen, sieht das irgendwie komisch aus, weil wir wissen, dass Sonnenlicht nicht weiß ist (es sei denn, Sie sind der Sonne wirklich sehr nahe, in einem Raumanzug, in einem Tesla Roadster sitzend). Wenn wir draußen fotografieren, legen wir deshalb eine dünne, orangefarbene Filterfolie über unseren Blitz. Sehen Sie sich die Bilder oben an. Auf dem linken Bild ist das normale weiße Licht meines Blitzes zu sehen, auf dem rechten Bild ist ein Stück orangene Farbfilterfolie über seine Vorderseite geklebt. Sie sehen, wie viel natürlicher das rechte Foto aussieht. Je später die Stunde, desto mehr Orangefilter legen wir auf. Wenn Sie keine orangefarbene Filterfolie haben, können Sie diese auch in großen Bögen für ein paar Euro kaufen. Ich verwende gerne den Cinegel Filter #3409 RoscoSun 1/4 CTO von Rosco. Diese Folie ist ziemlich dünn, also habe ich mir mehrere Stücke herausgeschnitten, die etwas breiter als mein Blitzkopf sind, und immer, wenn ich im Freien fotografiere, klebe ich eines davon mit Gaffaband an dessen Vorderseite. Wenn mir später am Tag auffällt, dass das Blitzlicht langsam zu weiß aussieht, klebe ich ein weiteres Stück Folie vor den Blitz, um zwei Lagen zu bekommen. Bis kurz vor oder nach Sonnenuntergang muss ich eventuell noch ein bis zwei weitere Folienstücke hinzufügen. Macht das wirklich einen so großen Unterschied? Ja. Das. Tut. Es. Übrigens: Einige Blitzgeräte werden mit einem Satz vorgestanzter Farbfilterfolien (einschließlich Orange) ausgeliefert, die Sie direkt auf den Blitz aufschieben können, um die Lichtfarbe zu ändern. Die anderen Filterfarben wie etwa Grün dienen dazu, um zum Beispiel in einem mit Leuchtstofflampen beleuchteten Büro zu fotografieren.

Wann Sie einen zweiten Blitz verwenden sollten (und warum)

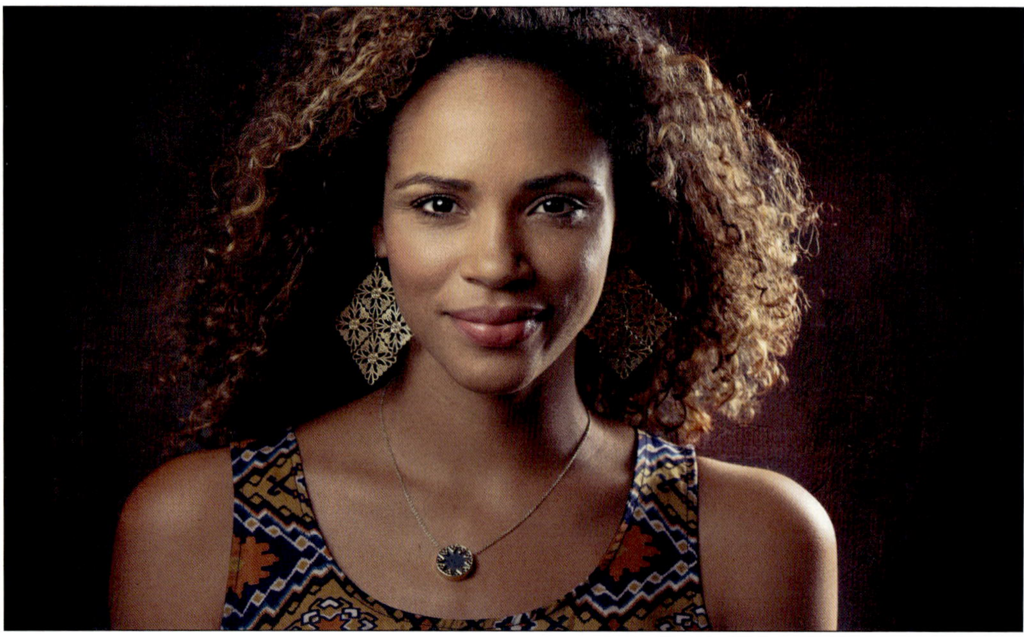

Es gibt zwei wichtige Gründe, um eventuell zusätzlich einen zweiten Blitz einzusetzen: (1) Wenn wir den Hintergrund aufhellen möchten, um eine gewisse visuelle Abgrenzung zwischen Motiv und Hintergrund zu erreichen oder um das Motiv selbst aufzuhellen, damit es sich besser vom dunkleren Hintergrund abhebt. Oder Sie möchten (2) die Haare Ihres Models von hinten oder von einer Seite beleuchten (ich mache das eigentlich immer, so auch im oberen Bild). Auch das bewirkt eine gewisse Abgrenzung zum Hintergrund, und die Beleuchtung wirkt einfach interessanter. Zum Glück ist es einfach, einen zweiten Blitz hinzuzunehmen: Sie schalten ihn einfach ein, und er wird zeitgleich mit dem anderen Blitz ausgelöst (jedenfalls solange es sich um die gleiche Blitzmarke handelt und beide Geräte auf denselben Kanal eingestellt sind). Achten Sie darauf, dass bei beiden etwa Kanal 1 gewält ist (das stellen Sie am Blitzgerät ein). Dann lösen beide Blitze aus, sobald Sie den Auslöser drücken. Wenn Sie ein neues Blitzgerät kaufen, ist es standarmäßig auf Kanal 1 eingestellt – das sollte also passen, aber im Zweifelsfall können Sie die Einstellung auch einfach selbst ändern. Wir haben uns auf Seite 111 bereits eingehender mit den Kanälen befasst.

Ihre Blitz-Rückversicherung bei bezahlten Aufträgen

Wenn Sie einen bezahlten Auftrag annehmen, sollten Sie verdammt sicher gehen, einen Backup-Blitz dabeizuhaben. Denn wenn, aus welchem Grund auch immer, Ihr erster Blitz ausfällt, können Sie zumindest auf das Zweitgerät ausweichen. Stellen Sie sicher, dass es sich um dasselbe Modell vom selben Hersteller wie Ihr Hauptblitz handelt. Wenn Sie also plötzlich mitten im Shooting die Blitzgeräte wechseln müssen, brauchen Sie nicht erst herauszufinden, wie es funktioniert, welche Einstellungen Sie verwenden sollten oder was es sonst noch für Überraschungen beim Einsatz eines für Sie ungewohnten Geräts geben könnte.

Hellen Sie den Hintergrund auf

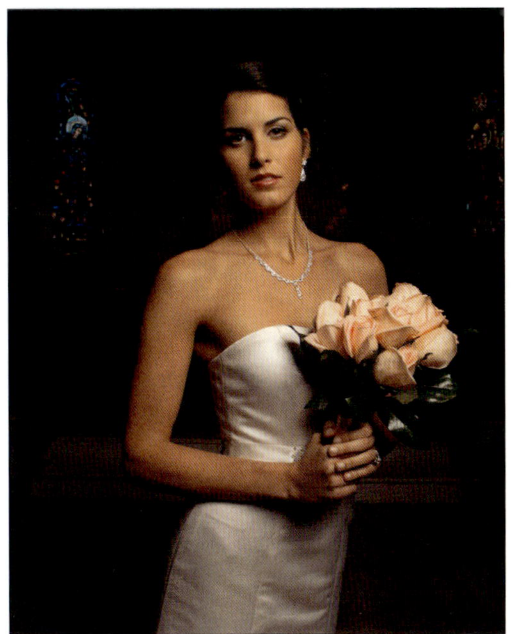

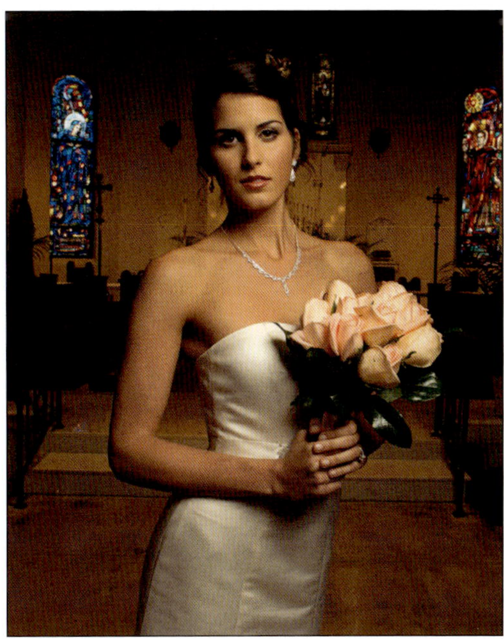

Wenn Sie in Innenräumen fotografieren und eine möglichst natürliche Lichtwirkung wünschen, ist es wichtig, das Blitzlicht mit dem bereits im Raum vorhandenen Licht in Einklang zu bringen. Auf diese Weise wird der Hintergrund hinter Ihrem Motiv auch nicht so »dunkel«, wie Sie es von vielen mit Blitzlicht aufgenommenen Handyfotos kennen. Wir beeinflussen die Lichtverhältnisse hinter dem Motiv, indem wir die Belichtungszeit verlängern, sodass mehr Umgebungslicht auf den Sensor unserer Kamera fällt. Das wirkt Wunder, wenn es darum geht, ein Gleichgewicht zwischen dem Umgebungslicht im Raum und dem Blitz herzustellen und so eine natürlichere Aufnahme zu bekommen. Wie ich bereits erwähnt habe, nutze ich für Blitzaufnahmen normalerweise eine Belichtungszeit von 1/125 Sekunde. Für mehr Umgebungslicht würde ich also versuchen, die Verschlusszeit auf 1/60, 1/30 oder sogar 1/15 Sekunde anzuheben, und prüfen, ob der Bereich hinter meinem Motiv dadurch ausreichend aufgehellt wird. Sie brauchen sich keine großen Gedanken darüber zu machen, dass sich die porträtierte Person bewegen und dadurch unscharf werden könnte, da die Blitzdauer so gering ist, dass sie Bewegungen weitestgehend einfriert. Denken Sie daran, dass es Ihr Ziel ist, das Blitzlicht mit dem Umgebungslicht in Einklang zu bringen, sodass Ihr Foto insgesamt natürlich wirkt.

Synchronisieren Sie den Blitz auf den zweiten Verschlussvorhang

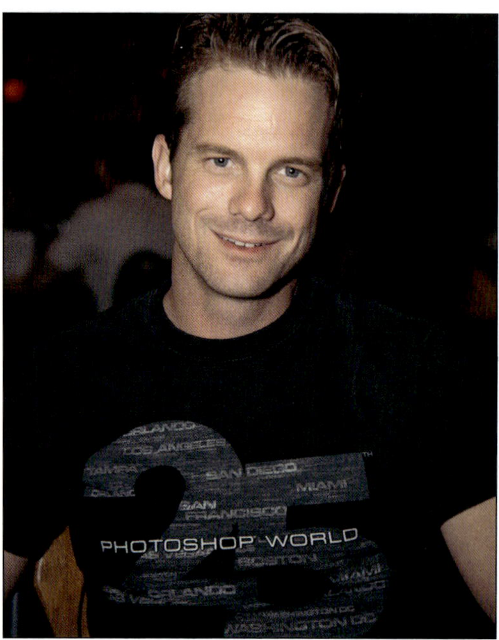

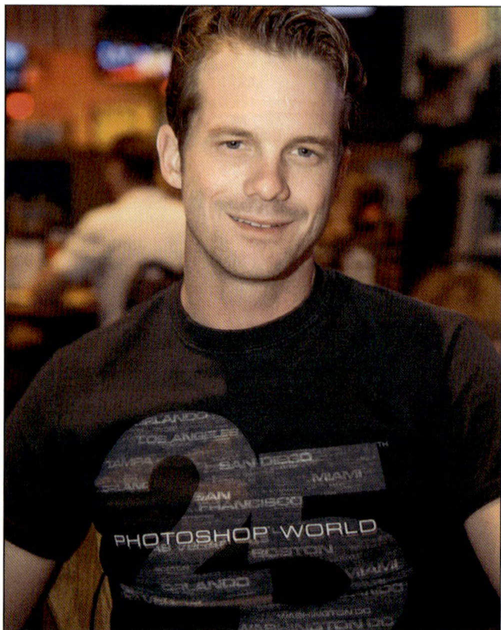

Es gibt eine Kameraeinstellung, mit der Sie nicht nur bessere Blitzaufnahmen bekommen können, nein, diese werden sogar so viel besser ausfallen, dass Sie sich fragen werden, warum diese Funktion nicht standardmäßig eingeschaltet ist (was sie tatsächlich nicht ist – Sie müssen sie selbst aktivieren). Ich spreche von der Synchronisierung auf den zweiten Verschlussvorhang. Im Grunde verändert sich dadurch der Auslösezeitpunkt des Blitzes. Normalerweise wird der Blitz in dem Moment ausgelöst, in dem Sie den Auslöser drücken, richtig? Er friert also jede Bewegung ein, färbt aber meist auch den kompletten Hintergrund schwarz (wie bei den meisten Schnappschüssen). Wenn Sie Ihren Blitz auf den hinteren Verschlussvorhang synchronisieren, wird der Blitz erst am Ende der Belichtung (statt am Anfang) ausgelöst. So kann die Kamera das Bild zuerst dem natürlichen Umgebungslicht entsprechend belichten, und dann kommt im allerletzten Augenblick der Blitz hinzu, der Ihr Motiv einfriert. Der Hintergrund ist jetzt nicht mehr schwarz – stattdessen zeigt er Farbe, Tiefe und Details (wie oben rechts zu sehen), und dadurch erhalten Sie einen insgesamt wesentlich professionelleren Look. Wenn Sie es selbst ausprobieren, werden Sie sehen, was ich meine. Wenn sich Ihr Motiv während der Aufnahme bewegt, können sich sowohl coole als auch irritierende Effekte ergeben.

Der Fokuspunkt beeinflusst die Belichtung Ihrer Blitzaufnahme

Die heutigen kleinen, externen Blitzgeräte passen ihre Leistung an die Belichtung der Aufnahme an. Je nachdem, auf welchen Bildbereich Sie fokussieren, versucht der Blitz, die Belichtung entsprechend anzupassen. Wenn Sie also auf Ihr Motiv fokussieren, versucht der Blitz, Ihnen die korrekte Belichtung für Ihr Motiv zu liefern. Wenn Sie auf etwas anderes fokussieren, versucht er stattdessen, diesen Bereich zu beleuchten. Aus diesem Grund müssen Sie bei der Verwendung eines kleinen externen Blitzgeräts darauf achten, dass Sie tatsächlich den Bereich scharfstellen, der im Bild am besten aussehen soll.

Die Vorteile von Blitz bei Tageslicht

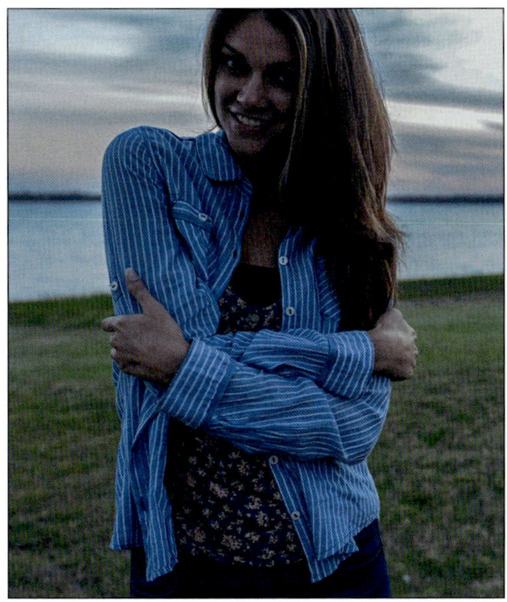

Ohne Blitz

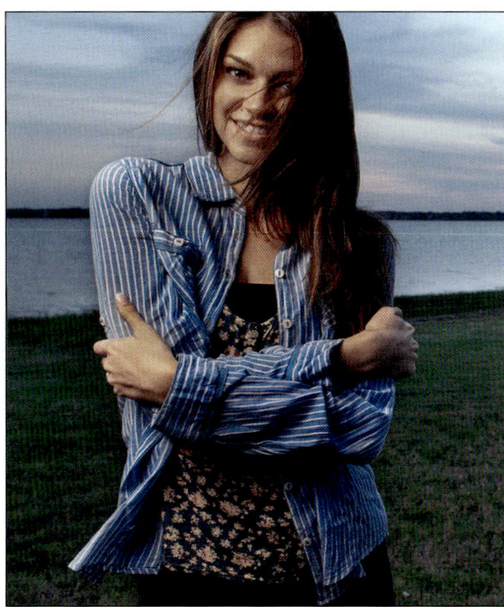

Mit Blitz

Viele Fotografen fragen: »Warum sollte ich tagsüber im Freien einen Blitz brauchen? Die einfache Antwort ist, dass es meistens besser aussieht. Wenn Sie im Freien einen Blitz verwenden, können Sie mit gerichtetem Licht arbeiten. Sie können eine Softbox nutzen und die porträtierte Person damit weich und ansprechend ausleuchten. Wenn die Sonne hinter der Person steht, können Sie die Softbox als zweite Lichtquelle nutzen – etwa, um das Haar von hinten zu beleuchten. Dieses Haarlicht trägt zu einer besseren Abgrenzung vom Hintergrund bei. Kurz gesagt, weiches, gerichtetes Licht sieht auch draußen einfach besser aus.

Dieser schwarze Hintergrund ist immer verfügbar

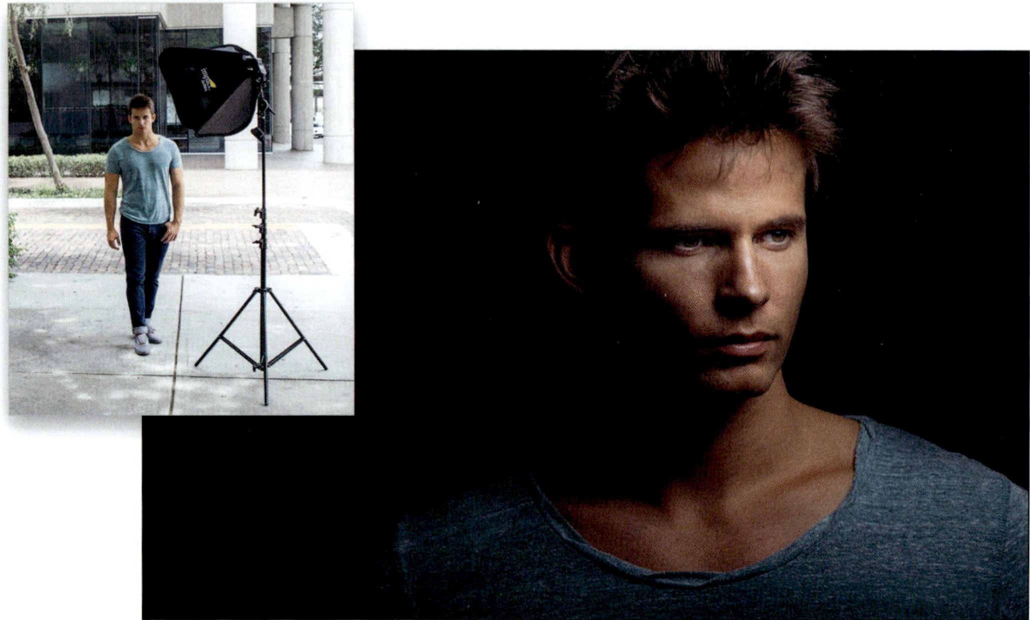

Wir sind mit Blitz und Softbox in der Innenstadt unterwegs. Die Einstellungen für dieses spezielle Outdoor-Shooting unterscheiden sich völlig vom Üblichen, weil wir etwas ganz anderes erreichen wollen: Ein normaler Hintergrund soll sich bei Tageslicht in ein tiefes Schwarz verwandeln. Ich verwende das 70–200-mm-f/2.8-Objektiv, habe aber Blende f/22 eingestellt. Als ISO-Einstellung verwende ich 100, und die Verschlusszeit beträgt 1/250 Sekunde. Der Name und die Idee für diese Technik stammen von meinem Kumpel, dem in Großbritannien lebenden Fotografen und Trainer Glyn Dewis. Es geht darum, die Kamera so einzurichten, dass beim Fotografieren so wenig Licht einfällt, dass Sie ein komplett schwarzes Bild erhalten. Wenn Sie dann den Blitz auf volle Leistung stellen, sehen Sie auf dem Bild nur das, was vom voll ausgesteuerten Blitzlicht angeleuchtet wird – Ihr Motiv wird ausschließlich von diesem beleuchtet. Wir können drei Maßnahmen treffen, um den Lichteinfall auf den Kamerasensor zu begrenzen: (1) Eine höhere Blendenzahl einstellen. Mein Objektiv reicht nur bis f/22, aber einige gehen auch bis f/32. Je höher die Zahl, desto dunkler wird Ihre Szene. (2) Den ISO-Wert auf die niedrigste Einstellung zurücknehmen. Je niedriger der Wert, desto weniger lichtempfindlich ist Ihre Kamera. (3) Die Verschlusszeit auf 1/250 Sekunde verkürzen (das ist die kürzeste normale Synchronisationszeit für die meisten Kompaktblitze, bei der auch die geringste Menge Umgebungslicht auf den Sensor trifft). Sie brauchen vielleicht nicht alle drei Punkte umzusetzen, um ein durchgehend schwarzes Bild zu erhalten. Es passt, wenn Sie bei einer Testaufnahme kein Bild, sondern nur durchgängiges Schwarz erhalten. Das ist Ihr Zeichen, den Blitz mit voller Leistung zuzuschalten. Vielen Dank an Glyn für diese geniale Technik. Ich habe das Bild nur mit den üblichen Porträt-Retuschetechniken (Hautunreinheiten entfernen, Augen aufhellen usw.) und dem **Unscharf-maskieren**-Filter von Photoshop (**Betrag: 120%**, **Radius: 1**, **Schwellenwert: 3**) optimiert.

Sonnenuntergangsporträts mit Blitzlicht fotografieren

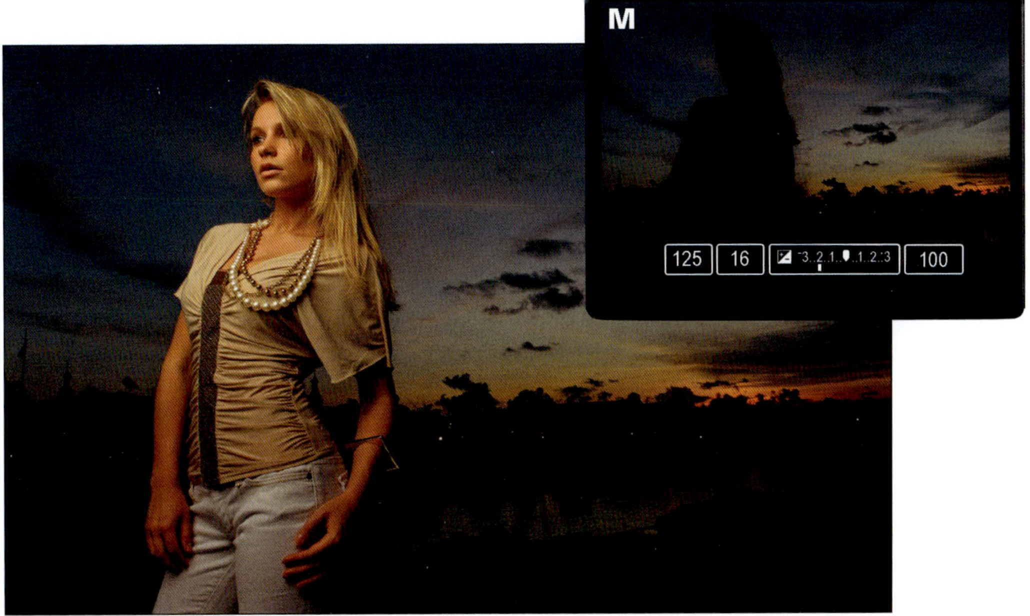

Schalten Sie zunächst den Blitz aus, und platzieren Sie die zu porträtierende Person dann so, dass die Sonne hinter ihr steht. So weit, so gut. Jetzt treffen wir als Ausgangspunkt einige Kameraeinstellungen. Stellen Sie den manuellen Modus ein, damit Sie folgende Einstellungen wählen können: Richten Sie die Belichtungszeit auf 1/125 Sekunde ein (auf Seite 112 steht der Grund dafür) und geben Sie als ISO-Wert 100 vor. Diese beiden Einstellungen bleiben ab jetzt unverändert. Nun stellen Sie die Blende auf f/5.6, aber nur als Ausgangspunkt. Blicken Sie durch den Kamerasucher. Dort sehen Sie die Belichtungsanzeige (ähnlich wie oben abgebildet – je nach Marke und Modell Ihrer Kamera befindet sie sich entweder unten oder rechts im Sucher). Verändern Sie nun den Blendenwert – keine andere Einstellung. Sobald sich die Belichtungsanzeige genau in der Mitte befindet, stimmt die Belichtung der Szene (noch ohne Blitz). Sagen wir zum Beispiel, Sie haben jetzt Blende f/8 eingestellt. Nun besteht Ihre Aufgabe darin, die Szene absichtlich zu dunkel zu machen. Sie dunkeln sie sogar so weit ab, bis die zu porträtierende Person nur noch als Silhouette mit dem Sonnenuntergang im Hintergrund zu erkennen ist. Sie müssen möglicherweise um zwei oder mehr Stufen abblenden. Wenn die korrekte Belichtung also bei f/8 liegt, erhöhen Sie den Blendenwert auf f/16 und prüfen, ob die Person schon wie eine Silhouette aussieht. Und das war bereits der schwierigste Teil. Jetzt schalten Sie einfach den Blitz ein, stellen die Leistung auf 1/4, achten darauf, dass Sie eine Farbfilterfolie davor haben (siehe Seite 121), und schon sind Sie bereit, dieses Shooting zu wuppen!

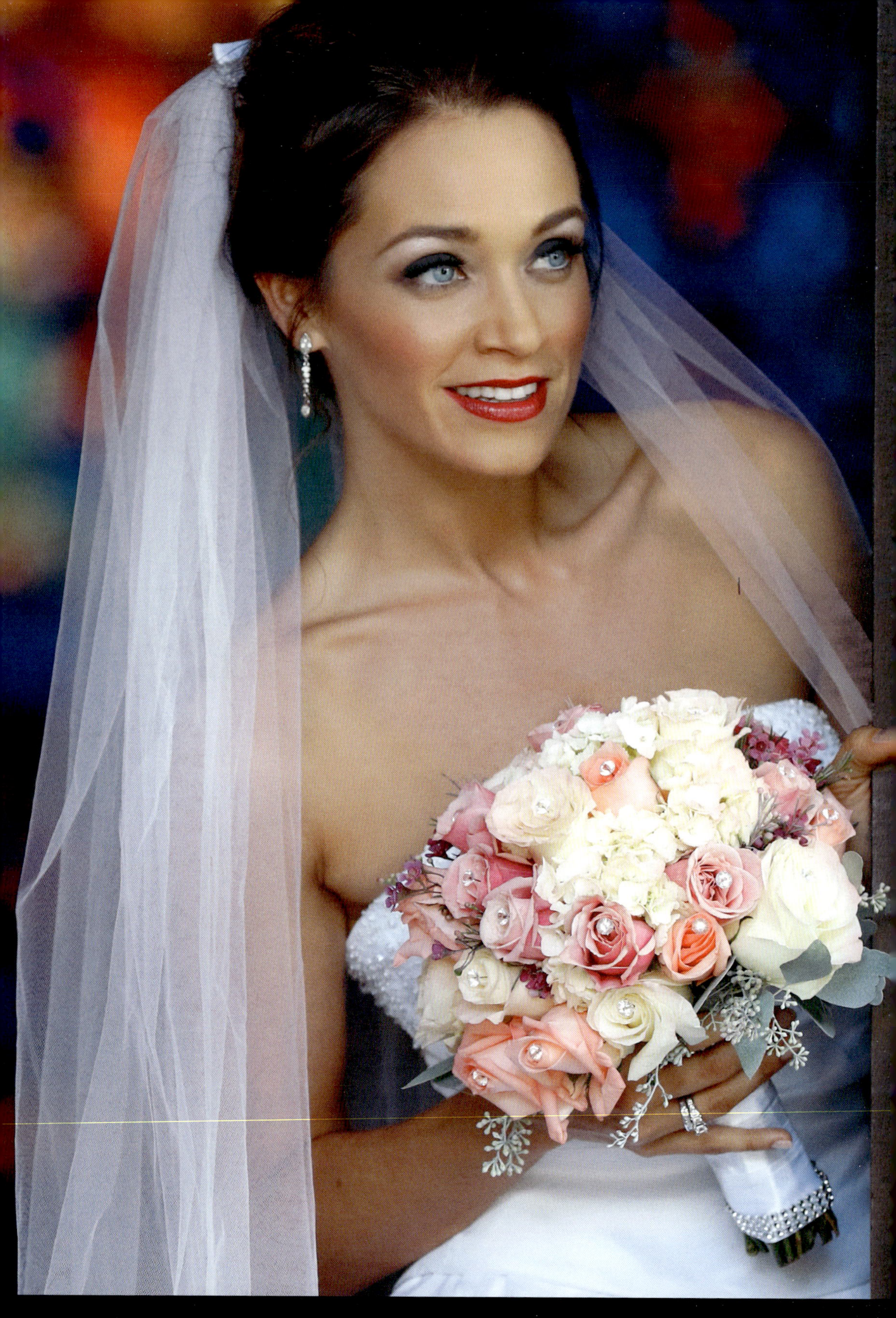

BELICHTUNGSZEIT: 1/320 S | BLENDE: F/2,8 | ISO: 800 | BRENNWEITE: 200MM

Kapitel 7

Hochzeiten fotografieren wie ein Profi

So bekommen Sie bei Ihrem nächsten Shooting professionelle Ergebnisse

Falls Sie als Hochzeitsfotograf arbeiten, werden Sie wahrscheinlich kein Kapitel über professionelle Hochzeitsfotos lesen. Vermutlich lesen Sie noch nicht einmal diese Kapiteleinleitung, weil Sie sich sagen: »Ich brauche das nicht zu lesen. Ich bin bereits Hochzeitsfotograf.« Da wir wissen, dass Leute wie Sie das hier nicht lesen werden, können wir nun gefahrlos hinter ihrem Rücken über Sie lästern. Denn eigentlich geht es in der Fotobranche nur darum, sich über andere lustig zu machen. Aber wir wollen es nicht beim Spott belassen, sondern uns einer Sache zuwenden, die wahrscheinlich der beste Ratschlag in Sachen Hochzeitsfotografie ist, den Sie je bekommen werden. Profifotografen wissen das bereits (sie haben es auf die harte Tour gelernt), aber ich werde Ihnen den Trick jetzt verraten, auch wenn Sie noch noch kein Lehrgeld dafür bezahlt haben. Einige Hochzeitsfotografen würden mich dafür verfluchen, weil sie finden, »Sie hätten es sich nicht verdient«. Ich aber glaube doch, nach allem, was wir zusammen durchgemacht haben, und dass Sie bei Ihren zukünftigen Hochzeitsshootings unglaublich davon profitieren werden (für die Sie nur angeheuert werden, weil Sie eine schöne Kamera haben und Ihre Freunde allesamt Geizkrägen sind). Er ist verblüffend einfach aber im Kern doch so überzeugend: Niemand interessiert sich für den Bräutigam, also konzentrieren Sie sich in erster Linie auf die Braut. Klar müssen Sie auch zwei oder drei Fotos vom Bräutigam alleine machen, aber das sollte dann auch reichen. Interessiert sich denn wirklich niemand für den Bräutigam? Nicht mal seine Mutter oder sein Vater? Sein Vater hat ihn sowieso nie geliebt, also bleibt die Mutter. Klar, ohne Bräutigam geht es auch nicht, aber letztlich ist er nur ein Requisit für die Braut. Sie werden kein Bräutigamsfoto bei einem Hochzeitsfotowettbewerb einreichen, und Sie werden keine Bestellung für ein einzelnes Foto des Bräutigams erhalten. Immer, wenn Sie ihn fotografieren, fotografieren Sie weder die Braut noch die Brautjungfern (Ihr zweitwichtigstes Fotomotiv), also halten Sie sich an die Braut. Wenn Sie einen echten Hochzeitsfotografen treffen, nicken Sie einfach und erwähnen beiläufig: »Die Braut ist das Wichtigste, oder?«, und schon sind Sie Mitglied im Club.

Eine Aufnahmenliste anlegen

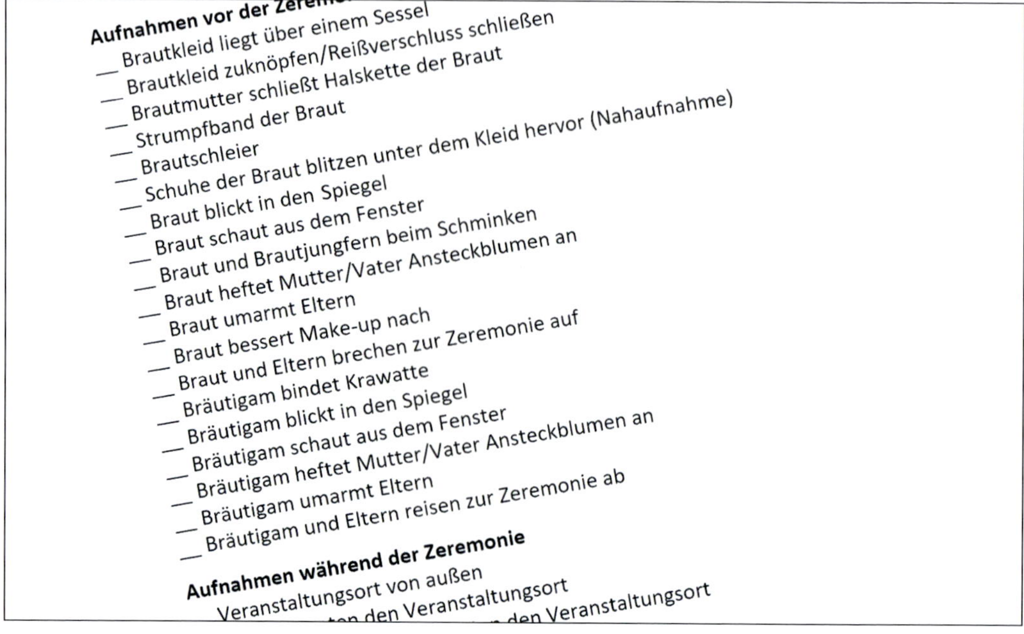

Aufnahmen vor der Zeremonie

__ Brautkleid liegt über einem Sessel
__ Brautkleid zuknöpfen/Reißverschluss schließen
__ Brautmutter schließt Halskette der Braut
__ Strumpfband der Braut
__ Brautschleier
__ Schuhe der Braut blitzen unter dem Kleid hervor (Nahaufnahme)
__ Braut blickt in den Spiegel
__ Braut schaut aus dem Fenster
__ Braut und Brautjungfern beim Schminken
__ Braut heftet Mutter/Vater Ansteckblumen an
__ Braut umarmt Eltern
__ Braut bessert Make-up nach
__ Braut und Eltern brechen zur Zeremonie auf
__ Bräutigam bindet Krawatte
__ Bräutigam blickt in den Spiegel
__ Bräutigam schaut aus dem Fenster
__ Bräutigam heftet Mutter/Vater Ansteckblumen an
__ Bräutigam umarmt Eltern
__ Bräutigam und Eltern reisen zur Zeremonie ab

Aufnahmen während der Zeremonie

Veranstaltungsort von außen

Bevor Sie sich überhaupt auf den Weg zur Hochzeit machen, sollten Sie eine Liste der Fotos zusammenstellen, die Sie für das Hochzeitsalbum, Fotoabzüge usw. benötigen. Bei Hochzeiten haben Sie keine zweite Chance, und deshalb sollten Sie alle erforderlichen Aufnahmen auflisten, von den Standardfotos von Braut und Bräutigam über Detailaufnahmen (Einladungen, Ringe, Brautstrauß, Schuhe der Braut usw.) bis hin zu Bildern vom Spalierstehen vor der Kirche, der Feier, dem Anschneiden der Torte und den Platzkärtchen. Ohne eine solche Liste kommen Sie ins Schwimmen und werden mit absoluter Sicherheit wenigstens ein kritisches Foto verpassen, das Ihre Kunden (das Brautpaar) in ihrem Album erwarten. Gehen Sie also kein Risiko ein. Dieser kleine Vorbereitungsschritt kann einen gewaltigen Unterschied machen. Glücklicherweise finden Sie im Internet kostenlose Checklisten für die Hochzeitsfotografie (suchen Sie einfach nach »Hochzeitsfotos Motivliste« oder »Hochzeitsfotos Checkliste«. Suchen Sie sich eine passende Liste heraus. Natürlich können Sie auch selbst kreativ werden und deutlich über die Vorschläge in der Liste hinausgehen, aber zumindest haben Sie dann die wichtigsten Aufnahmen abgedeckt. Sprechen Sie vor dem Erstellen der Liste auch unbedingt mit der Braut und dem Bräutigam, damit auch alle Aufnahmen, die sie sich wünschen, enthalten sind (vielleicht wollen sie Fotos mit alten Freunden aus Schule und Studium oder mit einem bestimmten Verwandten – so etwas finden Sie nur im Vorbereitungsgespräch mit dem Brautpaar heraus).

Seien Sie auf alles vorbereitet

Sichern Sie sich überall doppelt ab. Sie brauchen mindestens zwei Kameragehäuse, Ersatzakkus für Ihren Blitz, ein Extra-Blitzgerät als Reserve, zusätzliche Speicherkarten, ein Ersatzobjektiv und ausreichend Reserveakkus für beide Kameras.

Bei schwachem Licht fotografieren (zum Beispiel in einer Kirche)

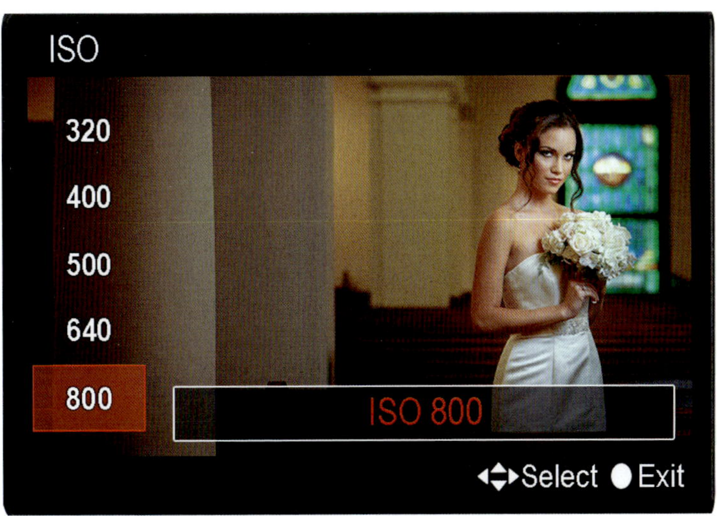

Nicht alle Hochzeiten finden heute in einer Kirche statt, und von der Scheune bis zum Strand könnten Sie sich als Hochzeitsfotograf überall wiederfinden. Weil aber immer noch so viele Trauungen in Kirchen vollzogen werden, müssen Sie lernen, sehr gut mit schlechten Lichtverhältnissen umzugehen. Sie können dem Brautpaar schließlich schlecht sagen: »Ich weiß nicht genau, woran es liegt, aber die meisten Fotos sind unscharf geworden«. Abgesehen davon, die Kamera beim Fotografieren schön ruhig zu halten (und Tricks wie das Anlehnen an eine Wand oder das Aufstützen auf eine Bank zur Stabilisierung der Kamera anzuwenden), empfehle ich den Einsatz der ISO-Automatik (siehe Seite 12). So stellen Sie sicher, dass die Verschlusszeit während der Zeremonie nicht zu lang wird, und Ihre Aufnahmen werden zumindest schon mal scharf. Sie brauchen keine Angst zu haben, dass die ISO-Automatik den Rauschanteil erhöht – nur Fotografen interessieren sich für Bildrauschen. Wenn Sie also nicht gerade die Hochzeit eines Fotografen fotografieren, ist leichtes Rauschen wohl ziemlich harmlos (außerdem würden Sie und das Brautpaar lieber etwas Bildrauschen als unscharfe Bilder in Kauf nehmen). Stellen Sie als nächstes die niedrigste verfügbare Blendenzahl ein, um mehr Licht in die Kamera zu lassen (mehr dazu auf der nächsten Seite). Wenn Sie ein Objektiv oder Kameragehäuse mit Bildstabilisator haben, können Sie die Aufnahme dadurch noch besser ruhig halten. Objektive mit Bildstabilisator sind heutzutage so ausgereift, dass sie wirklich einen entscheidenden Vorteil bringen können.

 **Schalten Sie die Piepgeräusche Ihrer Kamera stumm**

Das Letzte, was das Brautpaar (oder der Geistliche oder die Gäste) während der Zeremonie hören möchte, ist das störende Piepen des Autofokus Ihrer Kamera. Gehen Sie deshalb vor der Hochzeit ins Kameramenü und deaktivieren Sie den Signalton.

Noch eine große Hilfe beim Fotografieren bei schwachem Licht

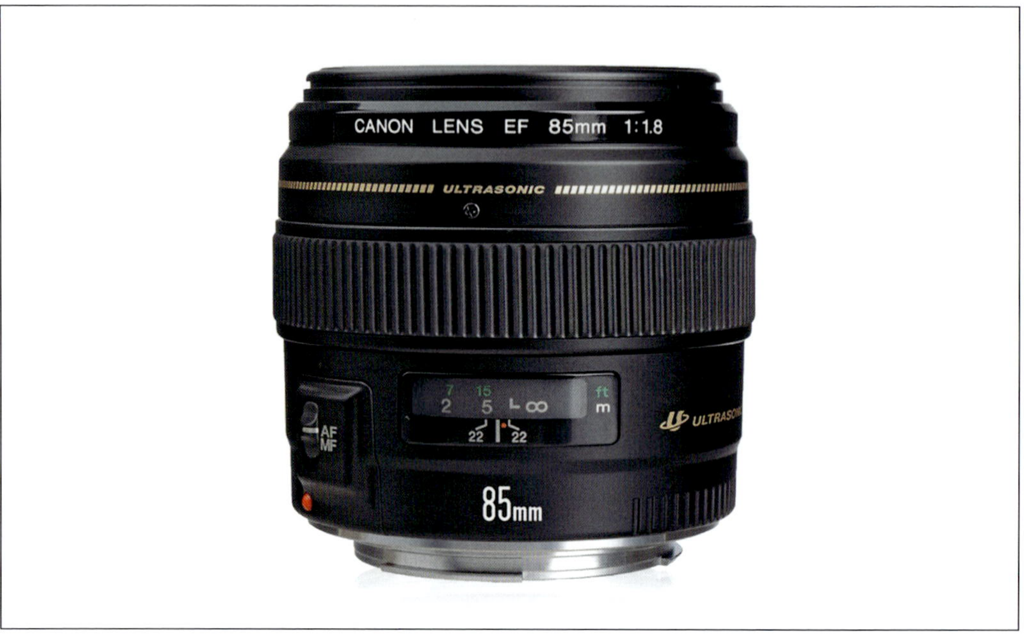

Da sich der Einsatz eines Blitzes während einer kirchlichen Trauung zumeist verbietet, verwenden Hochzeitsprofis bei schlechten Lichtverhältnissen als weiteren Trick gerne ein besonders lichtstarkes Objektiv (mit lichtstark meine ich Objektive, die mit Blendenwerten von f/2.8 oder f/1.8 oder sogar noch darunter fotografieren können). Solche lichtstarken Objektive leiten mehr Licht in die Kamera und eignen sich daher ideal für Aufnahmen bei schlechten Lichtverhältnissen, wie sie oft etwa in einer Kirche anzutreffen sind, da Sie den ISO-Wert nicht so stark erhöhen müssen (oder vielleicht auch gar nicht, je nachdem, wie hell es in der Kirche ist). Deshalb finden Sie in der Kameratasche eines professionellen Hochzeitsfotografen mindestens ein extrem lichtstarkes Objektiv, wahrscheinlich sogar mehrere.

Kundschaften Sie den Veranstaltungsort vor dem Hochzeitstag aus

Sie wollen Ihren Stresspegel deutlich senken? Machen Sie ein paar Tage vor der Hochzeit einen kurzen Abstecher zum Veranstaltungsort (möglichst zu der Tageszeit, an der die Hochzeitsfeier stattfinden wird), um sich ein Bild zu machen (und nein, Fotos auf einer Website anzuschauen, ist nicht »genauso gut«). So vermeiden Sie es, am Hochzeitstag vor Ort mit Überraschungen konfrontiert zu werden. Suchen Sie nach passenden Blickwinkeln, tollem Licht, Kamerapositionen und überlegen Sie, welche Zusatzausrüstung Sie vielleicht brauchen (und was zu Hause bleiben kann). Auf diese Weise erkennen Sie mögliche logistische Herausforderungen bereits im Vorfeld, wenn die Uhr noch nicht tickt.

Meine drei Objektive für Hochzeitsshootings

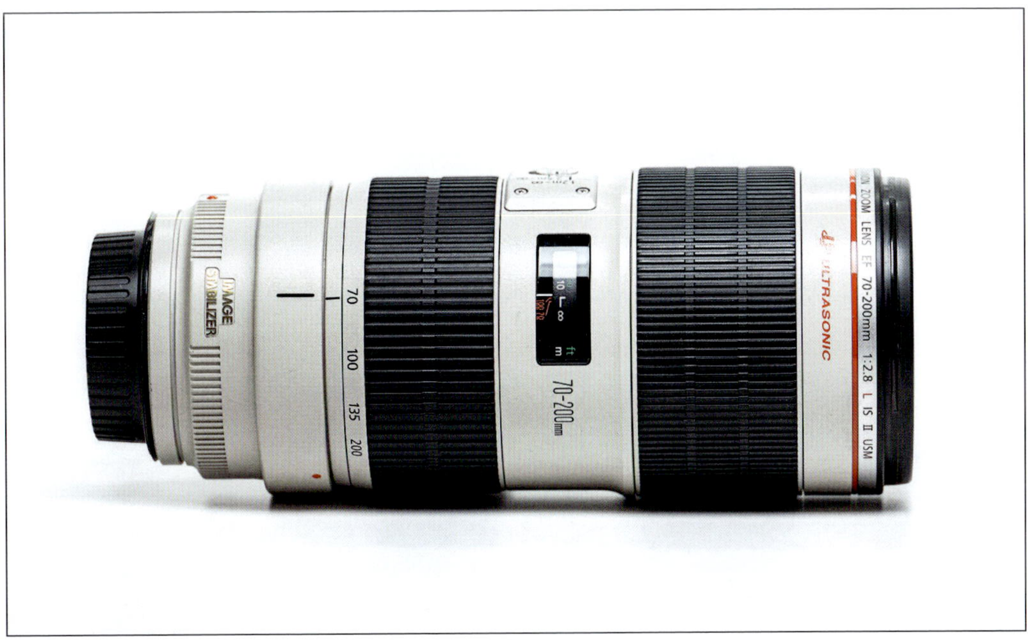

Ich weiß, dass ich keine Zeit zum Objektivwechsel haben werde – vor allem nach Beginn der Trauungszeremonie –, deshalb nehme ich auf Hochzeiten nur drei Objektive mit, von denen jedes eine bestimmte Aufgabe abdeckt. Ein 16–35-mm-Objektiv verwende ich für spektakuläre Weitwinkelaufnahmen von der Kirche oder dem Veranstaltungsort und manchmal sogar vom noch leeren Festsaal. Als Hauptobjektiv verwende ich ein 70–200 mm f/2.8, mit dem ich von den Standardfotos über die einzelnen Brautporträts bis hin zur Zeremonie selbst so ziemlich alles festhalte. Wenn ich mich auf ein einziges Objektiv beschränken müsste, dann wäre es dieses. Für detailreiche Nahaufnahmen (etwa vom Brautstrauß, der Einladung, den Tischkarten usw.) verwende ich ein 85-mm-f/1.8-Objektiv. Dieses nutze ich auch für Porträts unter freiem Himmel, weil ich damit den Hintergrund verschwimmen lassen kann (ich verwende sowohl draußen als auch drinnen die ganze Zeit die Blendeneinstellung f/1.8). Mein Hauptobjektiv ist zwar das 70–200-mm-Telezoom, aber ich kenne auch einige Hochzeitsfotografen, die das 85-mm-Objektiv als »Brot und Butter«-Objektiv für Hochzeiten wählen. Damit können Sie also auch nichts falsch machen. Aber ich stelle es mir manchmal recht schwierig vor, damit während der Trauung nahe genug heranzukommen.

Wechseln Sie nicht die Objektive, sondern die Kameras

Bei Hochzeiten geht alles sehr schnell. Wenn Sie also mit einem Teleobjektiv fotografieren und plötzlich ein Weitwinkelobjektiv brauchen, wechseln Sie nicht das Objektiv, sondern die Kamera. Hängen Sie sich zwei Kameragehäuse um den Hals (oder halten Sie eines davon in der Hand) und versehen Sie das eine mit einem Weitwinkel- und das andere mit einem Teleobjektiv. Auf diese Weise dauert der Wechsel zu einem anderen Objektiv nicht zwei Minuten, sondern zwei Sekunden.

Die Braut von hinten beleuchten

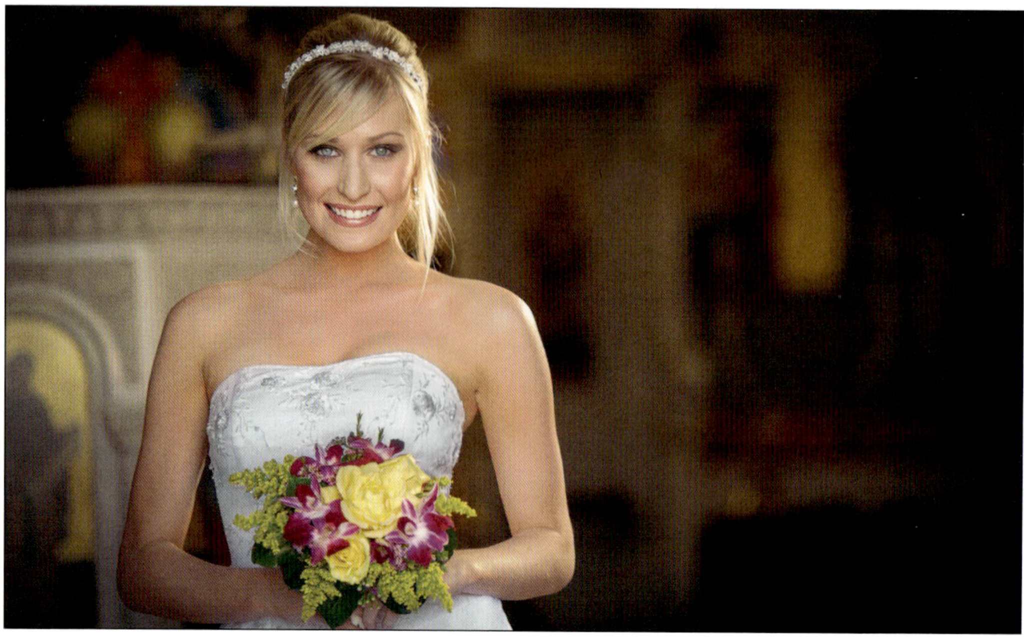

Hochzeitsfotografen beleuchten die Braut für die formelleren Porträts gerne von hinten. Ihre Umrisse werden dann von einem hellen Licht eingerahmt. Zusätzlich beleuchten sie die Braut mit nur wenig Blitzlicht von vorne, sodass sie nicht nur als Silhouette erscheint (siehe oben). Für diese Technik brauchen Sie zwei Blitzgeräte: eines vor der Braut. In diesem Fall habe ich einen Blitz auf einem separaten Lichtstativ verwendet, das im 45°-Winkel links neben der Kamera platziert war, und ein zweites Blitzgerät auf einem Lichtstativ hinter ihr (hier habe ich eine Position rechts hinter ihr gewählt, gerade außerhalb des Bildbereichs). Der Lichtblitz des vorderen Blitzgeräts löst den zweiten Blitz hinter der Braut aus. Wichtig ist, dass der Blitz hinter der Braut viel heller ist als der vordere Blitz (im oberen Foto habe ich die Leistung des vorderen Blitzes so weit wie möglich reduziert, so dass er gerade noch hell genug war, um den Blitz hinter der Braut auszulösen – ich brauchte dazu einige Testblitze, um herauszufinden, wie weit ich die Blitzleistung des vorderen Blitzes zurückfahren konnte). Ebenfalls einen sehr schönen (und auch dramatischen) Look bekommen Sie, wenn Sie die Braut mit einem Blitz von hinten beleuchten und dann den vorderen Blitz ausschalten, sodass sie tatsächlich hauptsächlich als Silhouette erscheint.

Nehmen Sie die Kirche mit in Ihre Bildkomposition auf

Diesen Trick habe ich vom Meister-Hochzeitsfotografen David Ziser gelernt: Komponieren Sie eine gehörige Anzahl der formellen Braut- und Bräutigamporträts so, dass das Kircheninnere mit auf dem Bild ist. Jeder Braut ist es wichtig, die Kirche zu sehen, in der die Trauung stattfand, und deshalb sollten Sie diesen Ort in die formalen Porträts mit einbeziehen.

Suchen Sie nach schönem Licht für die Braut

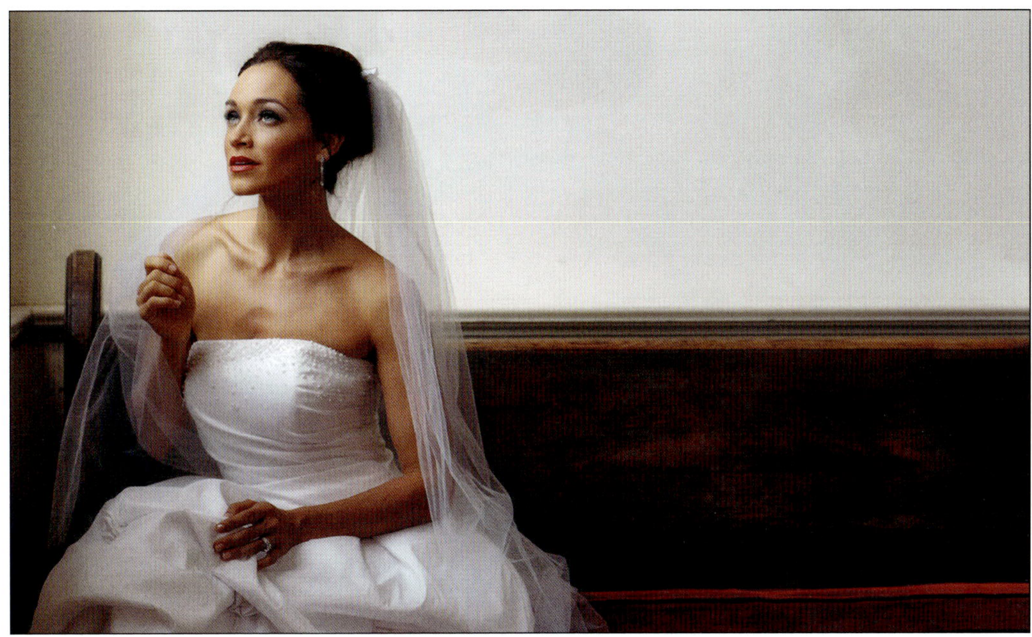

Sie sind mit ein bis zwei Blitzgeräten, einer Softbox und Ihrem ganzen Beleuchtungszubehör in der Kirche oder Hochzeitssaal angekommen (ja, das alles sollten Sie dabeihaben). Bevor Sie alles aufbauen, sehen Sie sich jetzt aber um, ob Sie irgendwo gutes Tageslicht vorfinden. In vielen Kirchen fällt durch die Bleiglasfenster wunderschönes, gestreutes Licht, und auch das Licht, das durch ein hohes Saalfenster fällt, kann sich hervorragend eignen. Es lohnt sich, danach Ausschau zu halten (sehen Sie sich im oberen Bild die wunderbaren weichen Schatten auf der dem Raum zugewandten Gesichtsseite der Braut an). Idealerweise sollten Sie natürlich ein Fenster ohne direktes Sonnenlicht suchen (Nordfenster bieten zu jeder Tageszeit weiches, diffuses Licht). Platzieren Sie die Braut neben der Lichtquelle (wie Sie es oben sehen. Das Fenster befindet sich links. Es ist ein Bleiglasfenster, durch das nicht viel Licht fällt, also ließ ich sie den Kopf in Richtung Fenster drehen und etwas nach oben schauen, um mehr Licht auf das Gesicht zu bekommen). Wenn Sie so einen Ort mit tollem natürlichem Licht finden, nutzen Sie ihn schon vor der Hochzeit für verschieden Porträts der Braut alleine oder gemeinsam mit ihrer Mutter und/oder ihrem Vater. Im Bild oben sitzt die Braut, also gehe ich zum Fotografieren auf die Knie, mit relativ viel Abstand und einem 70–200-mm-Objektiv.

Tipps für das Posing der Braut

Weitere Tipps von David Ziser: Lassen Sie die Braut mit ihren Füßen in einem versetzten V stehen und das Gewicht dann auf den hinteren Fuß verlagern und die von der Lichtquelle abgewandte Schulter senken. So ergibt sich eine schmeichelhafte diagonale Linie zwischen den Schultern und ein viel dynamischerer Look. Um die Details im Brautkleid zu erhalten, sollte Ihr Blitzlicht nicht frontal auf das Kleid treffen, sondern es nur streifen. Positionieren Sie die Braut einfach so, dass die Lichtquelle und die Schulter, die dieser zugewandt ist, im Winkel zueinander stehen.

Formelle Porträts: worauf Sie scharfstellen sollten

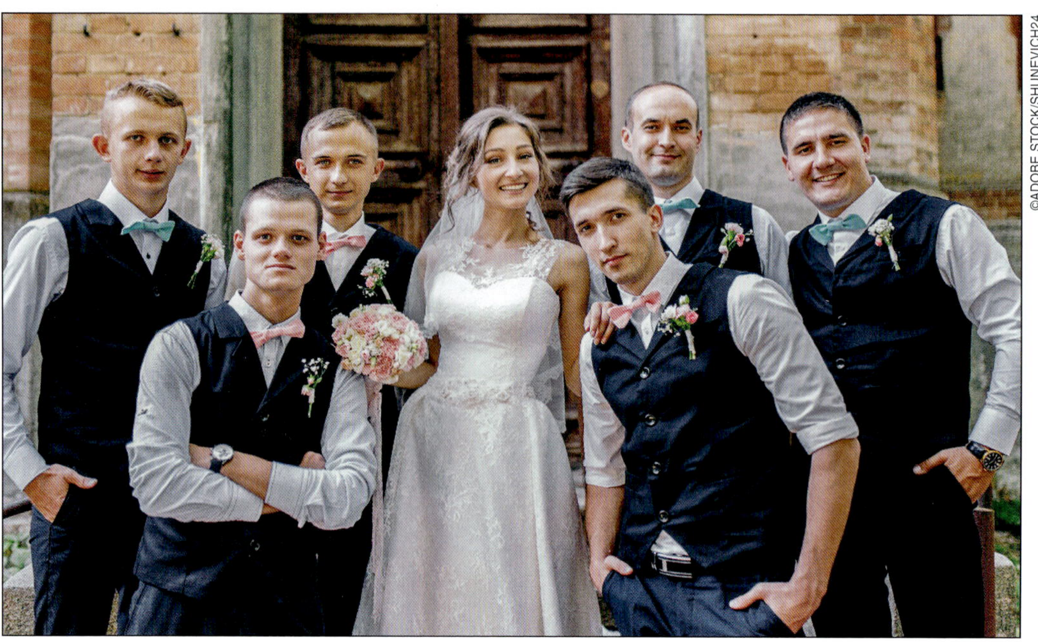

Bei Gruppenfotos mit vielen Personen sollten Sie meist eine Blendeneinstellung mit hoher Schärfentiefe verwenden, um alle scharf abzubilden. Probieren Sie es also bei Gruppenfotos mit f/11, um eine gute Tiefenschärfe zu erhalten. Aber worauf fokussieren Sie jetzt genau? Wenn mehrere Reihen von Menschen hintereinander oder die Leute versetzt zueinander stehen (so wie hier), lautet die alte Regel (die auch heute noch gilt), die Augen einer Person in der vordersten Reihe scharfzustellen. In diesem Fall würde ich die Augen eines der beiden Jungs vorne neben der Braut anvisieren. Nach hinten hin haben Sie mehr Schärfentiefenreserve als nach vorne, also stellen Sie auf diese Leute scharf, und der Rest sollte dann auch passen. Aber sobald die vordere Reihe leicht unscharf ist, ist die ganze Aufnahme ein Flop. Stellen Sie deshalb sicher, dass Sie die erste Reihe absolut scharf bekommen.

Vergeuden Sie nicht zu viel Zeit mit Standardporträts

Ein sehr bekannter Hochzeitsfotograf gab mir einmal einen tollen Ratschlag zu den gestellten Gruppenfotos. Er sagte, »Bringen Sie sie schnell hinter sich. Sie müssen diese Fotos machen, aber interessieren tun sie keinen.« Sie zeigen normalerweise keine besonderen oder berührenden Augenblicke und über diese Fotos spricht nach der Hochzeit in der Regel kaum noch jemand (außer natürlich, Sie vergessen, sie zu fotografieren). Trommeln Sie also alle zusammen, bringen Sie die Gruppenaufnahmen hinter sich und wenden Sie sich wieder Ihrer eigentlichen Aufgabe zu: die wirklich wichtigen Momente festzuhalten.

Formelle Porträts: keine Gelenke abschneiden

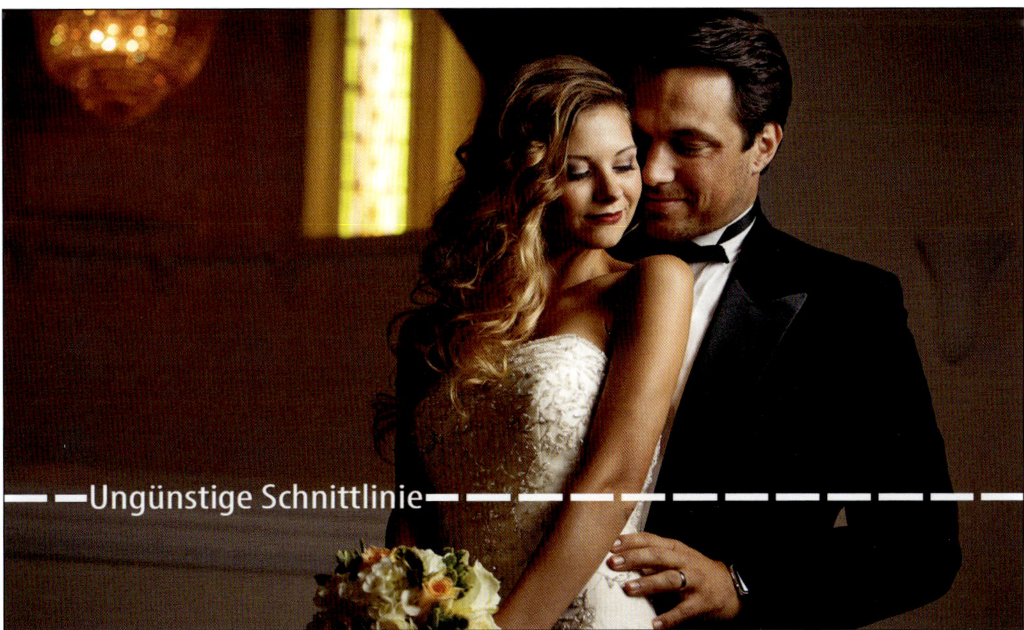

Wenn Sie den Bildausschnitt Ihrer Porträts im Sucher einrichten, achten Sie für ein professionelles Ergebnis darauf, keine Gliedmaßen an den Gelenken abzuschneiden. Dass heißt, dass an der unteren Bildkante keine Ellbogen oder Knie abgeschnitten werden sollten, ebensowenig wie Handgelenke oder Ellbogen am seitlichen Bildrand. Wenn Sie einen Arm oder ein Bein abschneiden müssen, tun Sie dies möglichst mittig und halten sich dabei, wie gesagt, von den Gelenken fern. Das muss reichen.

Einige Tipps für formelle Porträts

Bauen Sie die Aufnahme um das Brautpaar auf: Ein beliebtes Format ist, das Paar in die Mitte zu stellen. Es bewegt sich nicht. Lassen Sie stattdessen Gruppen von anderen Personen (Brautjungfern, Freunde des Bräutigams, Trauzeugen usw.) um sie herum auf- und abtreten. Noch ein Tipp: Ihre Hauptaufgabe ist es, die Braut in Szene zu setzen. Achten Sie darauf, dass Ihr Hauptaugenmerk vor der Hochzeit, während der Zeremonie, bei den Gruppenfotos und der Feier immer auf die Braut gerichtet ist. Stellen Sie sie in den Mittelpunkt, genau wie den Quarterback beim Fotografieren eines Footballspiels. Das gilt umso mehr, wenn Sie die Fotos verkaufen wollen, denn es wird die Braut sein (entweder direkt oder indirekt), die für die Umsätze sorgt. Stellen Sie also verdammt noch mal sicher, dass sie der unbestrittene Star der ganzen Veranstaltung ist.

Die richtige Kamerahöhe für formelle Porträts

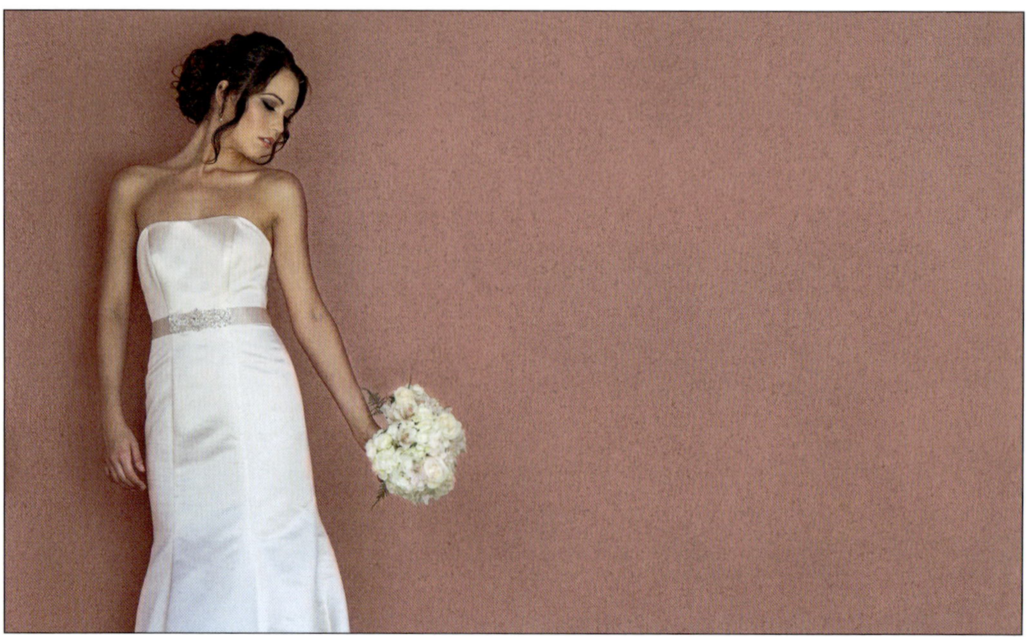

Bei den formellen Aufnahmen ist die Kamerahöhe ziemlich wichtig, denn wenn die Kamera nicht richtig positioniert ist, sieht der Körper der porträtierten Person möglicherweise verzerrt aus, oder einige Körperteile wirken größer als normal (das ist meistens nicht gut). Daher ist es wichtig, die richtige Kamerahöhe für Brautporträts zu finden. Hier sind ein paar Anhaltspunkte, mit denen Sie den Profi-Look besser hinbekommen:

Ganzkörperporträts im Stehen: Platzieren Sie die Kamera (auf einem Stativ) etwa auf Hüfthöhe der Braut (ja, Sie müssen sich hinhocken oder nach unten beugen, aber das Ergebnis wird die Mühe rechtfertigen). Halten Sie das Objektiv gerade (zielen Sie nicht nach oben auf das Gesicht der Braut).

3⁄4-Aufnahmen (von den Waden an aufwärts): Platzieren Sie Ihre Kamera (auf einem Stativ) auf Brusthöhe der Braut und fotografieren Sie aus dieser Höhe mit gerade gehaltenem Objektiv.

Kopf-und-Schulter-Porträts: Platzieren Sie Ihre Kamera (auf einem Stativ) auf Augenhöhe der Braut oder leicht darüber.

Hintergrundtipp

Fotografieren Sie die Standardporträts vor wechselndem Hintergrund. Das scheint zu diesem Zeitpunkt vielleicht unwichtig, aber wenn Sie im fertigen Hochzeitsalbum immer wieder denselben Hintergrund sehen, kann das echt langweilig wirken. Wenn Sie ein paar Fotoserien vor einem Hintergrund gemacht haben und sich ein weiterer schlichter Hintergrund in der Nähe befindet, probieren Sie auch diesen aus, um das Album interessanter zu machen.

Ändern Sie für interessante Aufnahmen den Blickwinkel

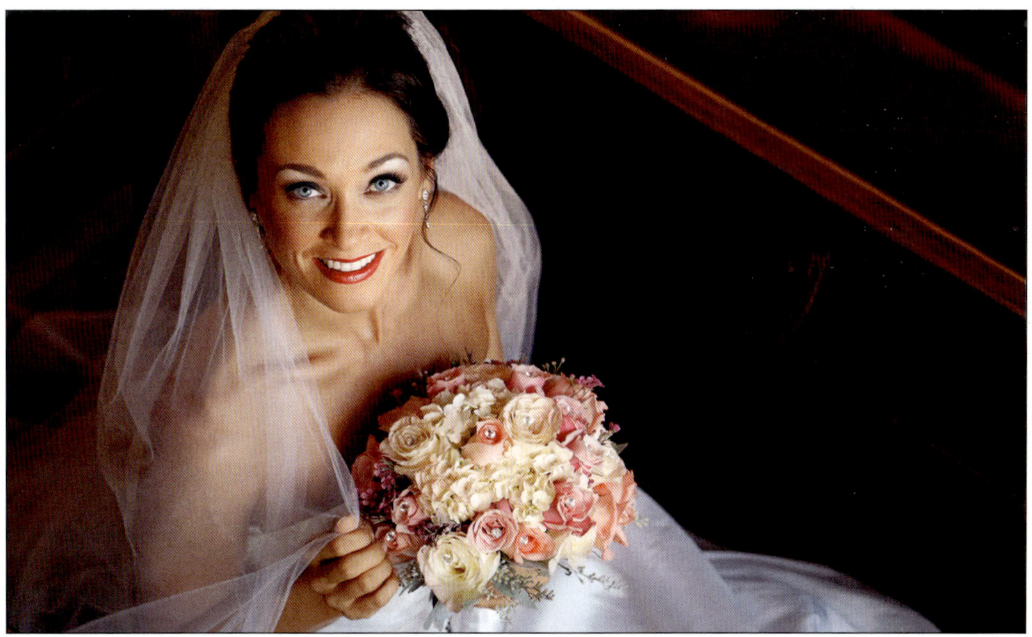

Wollen Sie ein für alle unvergessliches Bild fotografieren? Dann nehmen Sie es von einem hohen Standpunkt aus auf (suchen Sie sich ein Fenster, einen Balkon im zweiten Stock oder eine Brücke usw.). Wenn Sie keinen solchen Aussichtspunkt vorfinden, können Sie sich immer auch selbst einen schaffen, indem Sie eine Leiter mitbringen oder sich eine ausleihen, von der aus Sie fotografieren (es gibt Trittleitern, die sich auch als Sackkarre zum Transport Ihrer Ausrüstung eignen, wenn Sie nicht gerade darauf stehen – suchen Sie nach »Sackkarre« und »Leiter«, die Preise liegen zwischen 80 Euro und 300 Euro). Seien Sie aber vorsichtig, denn mit teurer Fotoausrüstung auf einer Leiter zu stehen, ist natürlich genau der Stoff, aus dem Hollywood-Tragikomödien gemacht sind. Der Trick mit dem hohen Blickwinkel ist ideal, um Brautjungfern, Trauzeugen, die Braut und den Bräutigam und sogar die Braut alleine zu fotografieren (so wie hier gezeigt, wo ich die Braut von einer Leiter aus fotografiert habe).

 **Stellen Sie den Kameraverschluss leise oder stumm**

Wenn Sie mit einer spiegellosen Kamera fotografieren, haben Sie den Vorteil, dass Sie das Auslösegeräusch Ihrer Kamera komplett abschalten können, was ich Ihnen unbedingt empfehle. Das Verschlussgeräusch zieht die Aufmerksamkeit auf sich und stört während der Trauung. Als zusätzlichen Vorteil können Sie diese Stille nutzen, um berührende persönliche Momente festzuhalten, denn das Auslösegeräusch signalisiert: »Da ist ein Fotograf, der uns fotografiert, wir müssen uns anders verhalten«. Einige DLSRs verfügen auch über einen leisen Modus – der ist zwar nicht völlig geräuschlos, aber viel diskreter als das übliche Auslösegeräusch.

Detailaufnahmen: welche Details Sie fotografieren sollten

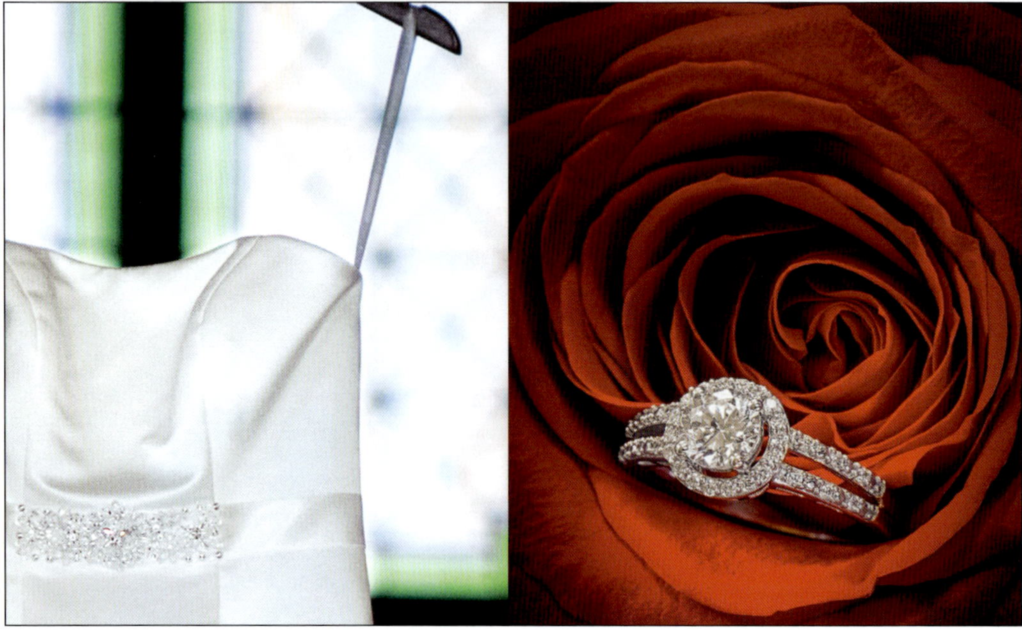

Der Fotoreportage-Stil ist in der Hochzeitsfotografie seit Jahren sehr populär. (Es geht dabei darum, die Geschichte der Hochzeit anhand von Bildern so zu erzählen, als würde man für eine Zeitung oder Zeitschrift darüber berichten.) Einer der Grundpfeiler dieser Technik besteht darin, die kleinen Details der Hochzeit festzuhalten, insbesondere auch hinter den Kulissen und bei den Vorbereitungen. Hier ist eine Liste von Elementen, die Sie vielleicht mit einbeziehen wollen und die im Hochzeitsalbum entweder für sich alleine stehen oder als Hintergründe für andere Fotos dienen können:

- die Schuhe der Braut
- das Brautkleid auf einem Kleiderbügel
- feine Details des Brautkleids
- Diadem, Halskette usw. der Braut
- die Hochzeitseinladung
- Notenblatt der Hochzeitsmusik
- das Gästebuch (mit einigen Einträgen)
- die Champagnergläser des Brautpaars
- Platzkärtchen auf den Tischen
- die Hochzeitsringe (vielleicht mit einigen locker verteilten Rosenblütenblättern auf der Einladung platziert)
- die Flugtickets für die Hochzeitsreise
- die Manschettenknöpfe des Bräutigams
- der Flakon des Brautparfüms
- der Brautstrauß

Probieren Sie es mit einer handyfreien Hochzeit

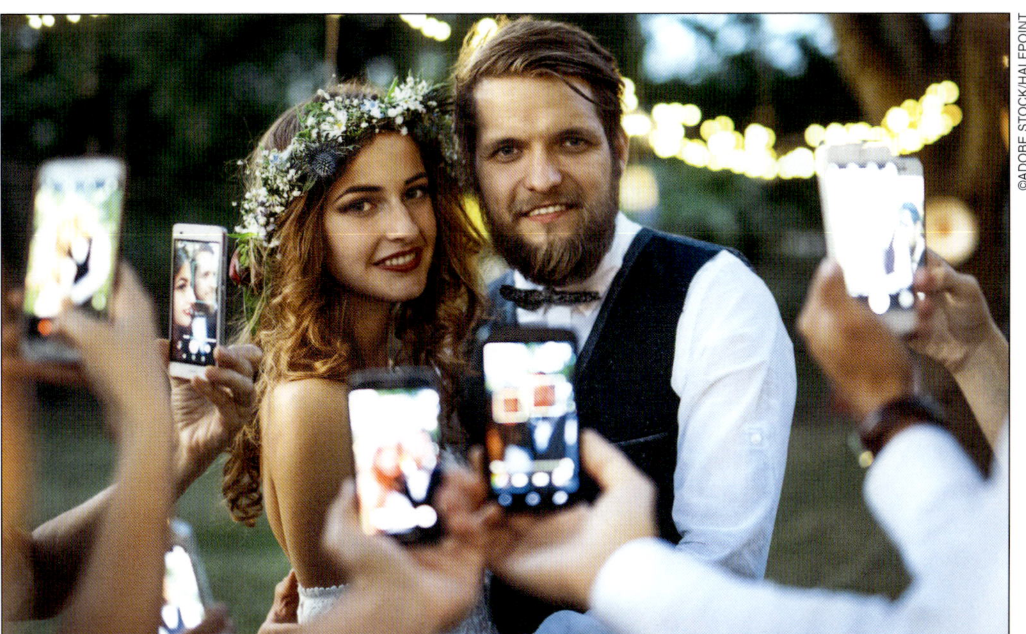

Ich bin immer wieder überrascht, wie dreist und penetrant Gäste heutzutage sein können; wenn sie Ihnen (dem Fotografen, der den Tag dokumentieren soll) direkt ins Blickfeld laufen, während des Einzugs der Braut in den Mittelgang treten und Sie einfach aus dem Weg räumen, weil sie jetzt unbedingt selbst ein Bild machen wollen – und wie oft sie eigentlich großartige Aufnahmen ruinieren. Fast, als wären sie keine Hochzeitsgäste, sondern Touristen. Deshalb versuche ich, das Brautpaar von der Möglichkeit einer handyfreien Hochzeit zu überzeugen, bei der außer dem damit beauftragten Fototeam während der Zeremonie selbst niemand fotografiert. Ich gebe ihnen einen E-Mail-Text, den sie an ihre Gäste verschicken können und der darüber informiert, dass sie ein professionelles Team mit der umfassenden Dokumentation der Hochzeit aus allen Blickwinkeln beauftragt haben, dass es auch ein Videoteam gibt und dass sie darum bitten, die Hochzeit nicht am Handybildschirm zu verfolgen, sondern einfach nur den Augenblick und den besonderen Tag des Brautpaares zu genießen. Bei der späteren Feier dürfen dann alle nach Herzenslust fotografieren, aber während der Zeremonie sollten die Gäste ihre Smartphones bitte beiseite legen. Sicherlich werden sich nicht alle Brautpaare darauf einlassen, aber bisher habe ich damit gute Erfahrungen erzielt (mir fehlt noch jemand, der sagt: »Nein, wir brauchen möglichst viele schlechte Handyfotos«). Wenn Sie einmal eine handyfreie Hochzeit fotografiert haben, werden Sie daran unheimlich Gefallen finden, und Sie (und das Brautpaar) werden das an Ihren tollen Bildergebnissen auch ablesen können. Sie sollten diese Vorgehensweise zumindest vorschlagen – mehr als eine Absage können Sie nicht bekommen. Aber ich denke, die Chancen stehen 65:35 für Sie, dass sich die Brautleute darauf einlassen werden.

Dieses Mini-Makroobjektiv ist perfekt für Detailaufnahmen

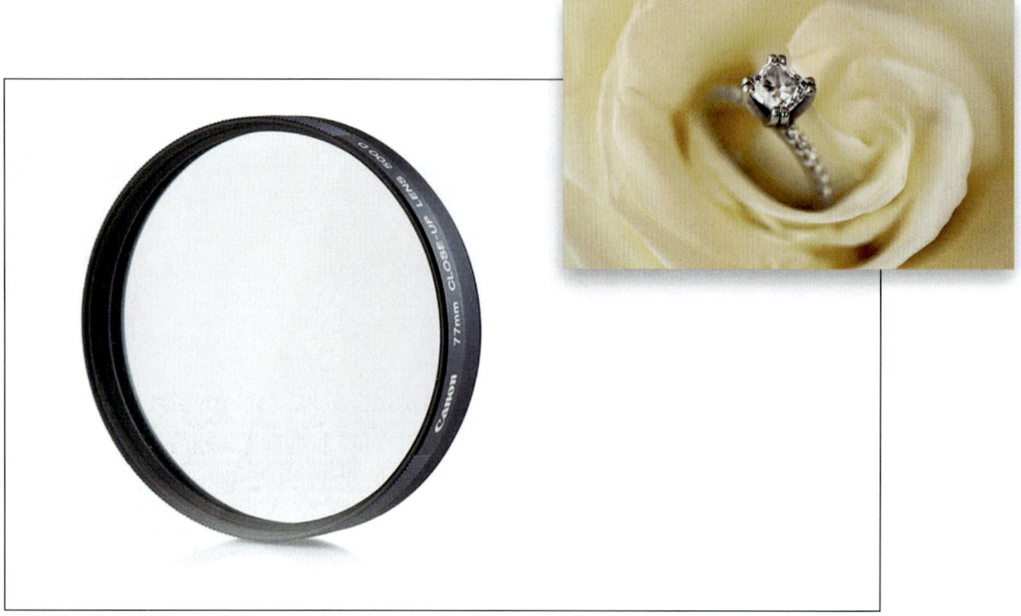

Ich bin nur bei einem einzigen Canon-Produkt sicher, dass es auch für Sony-, Nikon-, Olympus- und Fuji-Fotografen geeignet ist: eine aufschraubbare Nahlinse (also kein echtes Objektiv), die wie ein Filter auf das eigentliche Objektiv geschraubt wird und mit der Sie tolle Makro-Nahaufnahmen machen können, aber ohne den Platzbedarf, das Gewicht und die Anschaffungskosten eines speziellen Makroobjektivs. Nahlinsen müssen im Durchmesser zu Ihrem Objektiv passen. Sie sind kaum zwei Zentimeter dick, ziemlich leicht, und das beste daran ist, dass auch der Preis stimmt. Los geht es bei rund 40 Euro für die 52-mm-Version, die größeren Nahlinsen werden dann etwas teurer (die für mein mit 77 mm relativ großes 70–200-mm-Objektiv kostet 150 Euro, aber auch das ist im Vergleich zum teuren, sperrigen Makroobjektiv noch ein Schnäppchen). Ich benutze dieses Teil für Nahaufnahmen der Ringe, der Einladung, der Rückseite der Brautschuhe, der Manschettenknöpfe des Bräutigams – all die Dinge, die mit einer besonders geringen Schärfentiefe toll aussehen. Denken Sie daran: Wenn Sie eine Nahlinse verwenden, brauchen Sie unbedingt ein Stativ (auch bei Tageslicht), und Sie müssen eine Blende mit möglichst hoher Schärfentiefe verwenden, also entweder f/16 oder sogar f/22 (eine beliebte Blende für Makroaufnahmen). Werfen Sie die Nahlinse jetzt einfach in Ihre Tasche, dann haben Sie sie bei Bedarf jederzeit griffbereit.

Sichern Sie Ihre Fotos vor Ort

Eine Hochzeit findet nur einmal statt. Sie kriegen keine zweite Chance. Machen Sie deshalb die Sicherung Ihrer Fotos vor Ort zum festen Bestandteil Ihres Arbeitsablaufs. Wenn Sie eine Speicherkarte gefüllt haben und eine neue Karte einlegen, sollten Sie als Nächstes eine Sicherungskopie der vollen Karte auf einer portablen Festplatte erstellen.

Blitzlicht bei der Feier einsetzen

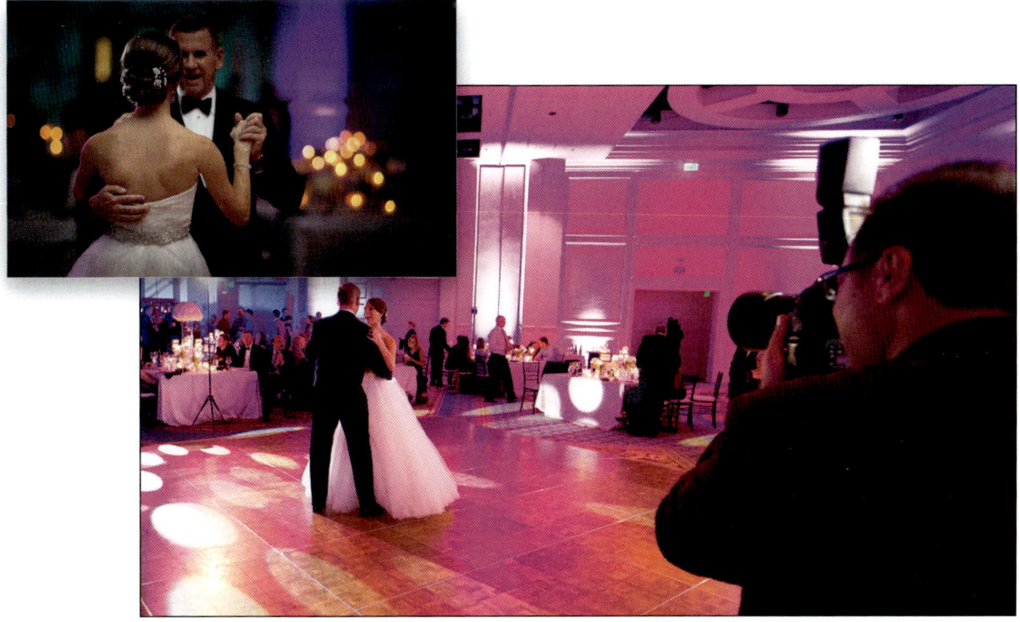

Die Party ist einer der wenigen Zeitpunkte (vielleicht sogar der einzige), zu dem ich den Blitz zum Fotografieren direkt auf die Kamera setze. Es wird Sie sicher freuen zu erfahren, dass ich ihn dabei nicht direkt auf mein Motiv richte. Ich neige ihn schräg nach oben, sodass das Blitzlicht von der Decke zurückgeworfen wird (wenn die Decke niedrig genug und weiß oder hell gefärbt ist) und es dadurch großflächiger und weicher auf die fotografierten Menschen fällt. Das funktioniert viel besser, als man denken könnte, und die Leute werden gerade gut genug beleuchtet, ohne dass es zu sehr nach Blitz aussieht. In der kleinen Aufnahme oben fällt ein Teil des Blitzlichts nach vorne, um die Braut und ihren Vater zu beleuchten, aber es ergänzt das Umgebungslicht nur, ohne es zu überstrahlen. Achten Sie darauf, dass auf dem Brautkleid, am Arm der Braut und am Kopf ihres Vaters trotzdem magentafarbenes Licht zu sehen ist. Da ich den Blitz direkt nach oben und nicht auf die Tanzenden gerichtet habe, habe ich ein lichtstarkes 85-mm-Objektiv verwendet, sodass ich mit einer besonders großen Blendenöffnung fotografieren konnte, und bin weit genug zurückgetreten, um einen Teil des Raumes mit einzubeziehen. Mit einer so niedrigen Blendenzahl wird auch der Hintergrund etwas unscharf, wodurch sich das Motiv besser von ihm abhebt. Eine weitere beliebte Technik ist es, einen oder idealerweise zwei Blitze auf ein Lichtstativ zu stellen und sie in einander entgegengesetzten Raumecken zu platzieren. Fahren Sie das Lichtstativ so weit aus, dass der Blitz sich dicht unter der Decke befindet und sich von dort aus über den Raum verteilt, und stellen Sie dann beide Blitzgeräte auf volle Leistung. Wenn Sie jetzt fotografieren, werden die beide Blitze in den Ecken von Ihrem Fernauslöser (siehe Seite 109) ausgelöst und bringen von oben etwas Licht in den Raum, ohne dass es zu sehr nach Blitz aussieht und die eigentliche Festbeleuchtung überstrahlt. Das wirkt Wunder!

Nutzen Sie ein Ultraweitwinkelobjektiv für einen monumentalen Look

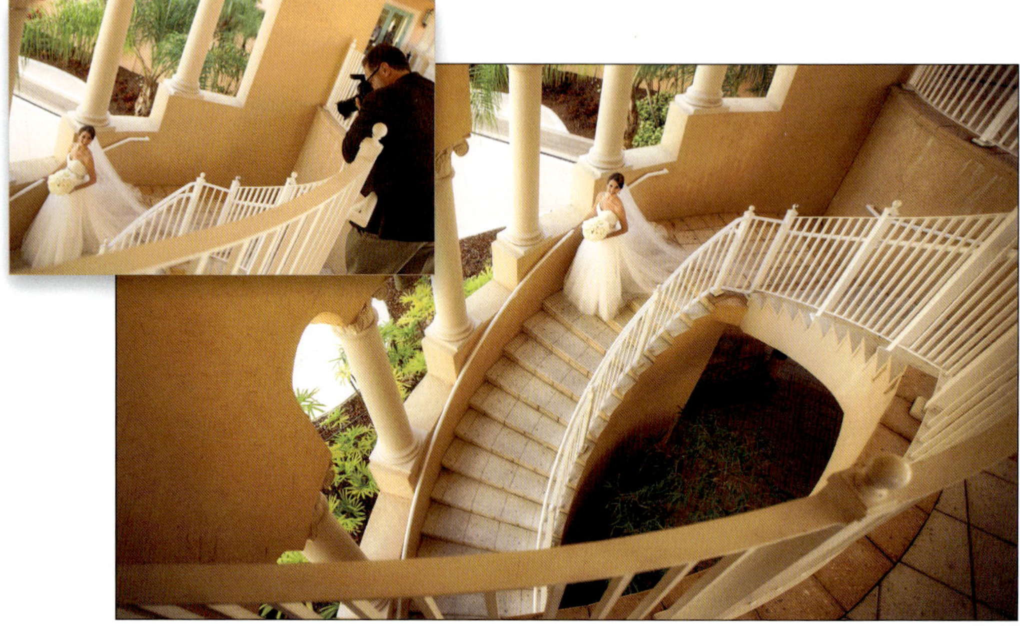

Für den »Hero-Shot« verwende ich ein Ultraweitwinkelobjektiv (wie etwa ein 16-mm-Objektiv für Vollformat-Kameras oder ein 10-mm- oder 12-mm-Objektiv für Crop-Sensor-Kameras) und fotografiere entweder von weit oben (wie hier) oder von weit unten (vielleicht mit einem Platypod – siehe Seite 79). Die Kombination des Weitwinkels mit einer hohen oder niedrigen Perspektive verleiht der Aufnahme einen monumentalen Look, da Ultraweitwinkelobjektive die Szene optisch weit in die Ferne rücken. Eine kleine Kirche kann wie eine Kathedrale wirken, und eine kleine Wendeltreppe sieht aus, als habe man sie im Schloss von Versailles fotografiert. Hier stehe ich ganz oben und fotografiere nach unten, sodass ich die Braut und die eleganten Säulen ins Visier nehme. Wenn Sie ein solches Objektiv auf diese Art einsetzen möchten, sollten Sie unbedingt darauf achten, dass sich die Personen im Bild nicht zu nahe an den Bildrändern befinden, da diese in der Regel besonders verzerrt und gestreckt dargestellt werden. Für einen besonders epischen Look stieg ich noch zwei Stufen höher auf meiner Sackkarren-Leiter (siehe Seite 139), sodass ich auch das Geländer auf der rechten Seite mit ins Bild nehmen und einen stärkeren Tiefeneindruck erzielen konnte. Wenn alles groß und monumental wirken soll, ist ein Ultraweitwinkelobjektiv in Kombination mit einer hohen oder niedrigen Perspektive genau das Richtige.

Wenn Sie sich kein besonders lichtstarkes Objektiv leisten können, holen Sie sich dieses!

Wenn Sie ein scharfes, sehr lichtstarkes, preisgünstiges Objektiv benötigen, probieren Sie es mit einem 50-mm-f/1.8-Objektiv. Dieses kostet rund 180 Euro und eignet sich hervorragend für schlechte Lichtverhältnisse. Aber einen Vorbehalt gibt es: Verwenden Sie es nicht für Nahporträts. Die Verzeichnung eines 50-mm-Objektivs im Nahbereich ist nicht schmeichelhaft für die Braut (oder sonst irgend jemanden). Nutzen Sie es für Ganzkörperporträts, für den Einzug der Braut oder für Fotos von der Trauungszeremonie, bei denen Sie mehr Abstand zum Motiv haben.

Arbeiten Sie mit einem zweiten Fotografen

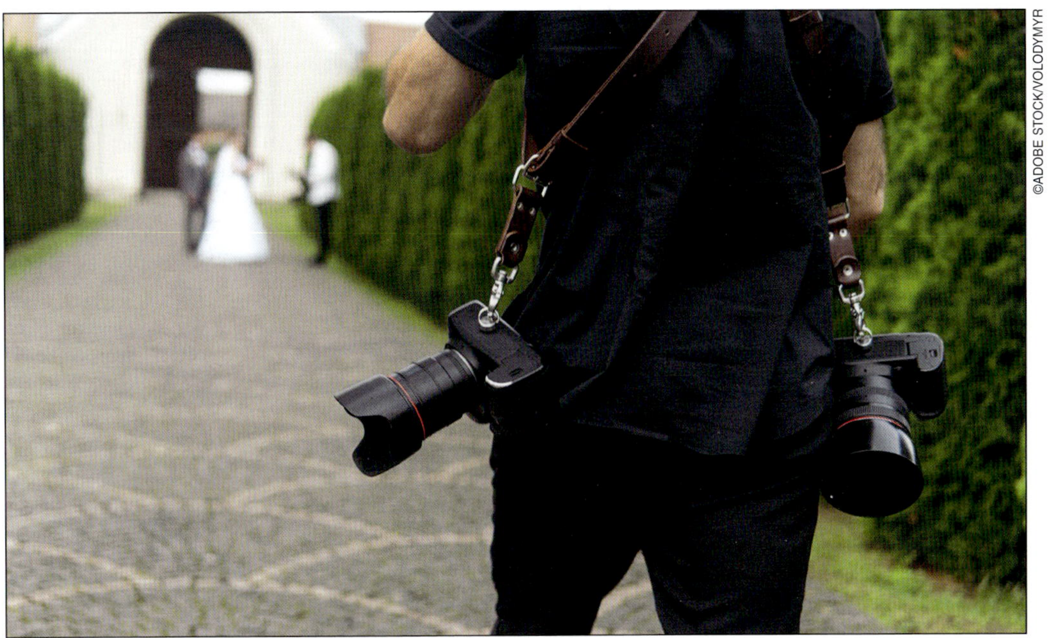

©ADOBE STOCK/VOLODYMYR

Professionelle Hochzeitsfotografen haben immer einen zweiten Fotografen dabei, der als Teil des Teams während der gesamten Veranstaltung Aufnahmen macht. Betrachten Sie den zweiten Fotografen als Rückversicherung dafür, dass alle wichtigen Aufnahmen abgedeckt sind. Je größer die Hochzeit, desto eher brauchen Sie einen oder sogar zwei zusätzliche Fotografen (ich habe schon mit bis zu dreien gearbeitet). Sie können nicht überall gleichzeitig sein, und wenn etwas schief geht, kann ein anderer Fotograf weitermachen, während Sie pausieren müssen, um sich um etwas anderes zu kümmern, oder umgekehrt. Der zweite Fotograf bringt außerdem auch einen eigenen Stil, eine eigene Sichtweise und eigene Bildideen mit. Und wenn Sie eine wichtige Aufnahme verpasst haben, stehen die Chancen gut, dass er sie im Kasten hat (oder umgekehrt). Zweitfotografen (die normalerweise einen pauschalen Tagessatz erhalten) sind Gold wert. Wenn Sie erst einmal mit einem zusammenarbeiten, erkennen Sie, wie viel einfacher und effizienter alles wird.

Am Hochzeitstag brauchen Sie einen festen Ansprechpartner

Um keine grauen Haare zu bekommen und/oder nicht in unangenehme Situationen zu geraten, vereinbaren Sie mit dem Brautpaar einen Ansprechpartner. So vermeiden Sie, dass die Schwiegermutter Sie für ein Bild davonzerrt, während Tante Hilde Sie anweist, ihren Enkel zu fotografieren, weil er gerade etwas ganz Niedliches tut. Manchmal werden sie von einem halben Dutzend Familienmitglieder belagert, und deshalb brauchen Sie einen offiziellen Ansprechpartner, den Sie bei Bedarf um Hilfe bitten können (auch um die Familenmitglieder für Gruppenfotos zusammenzutrommeln), um Anweisungen zu erhalten und Unstimmigkeiten beizulegen – sonst geraten Sie schnell zwischen die Fronten.

Dramatisches Brautporträt #1

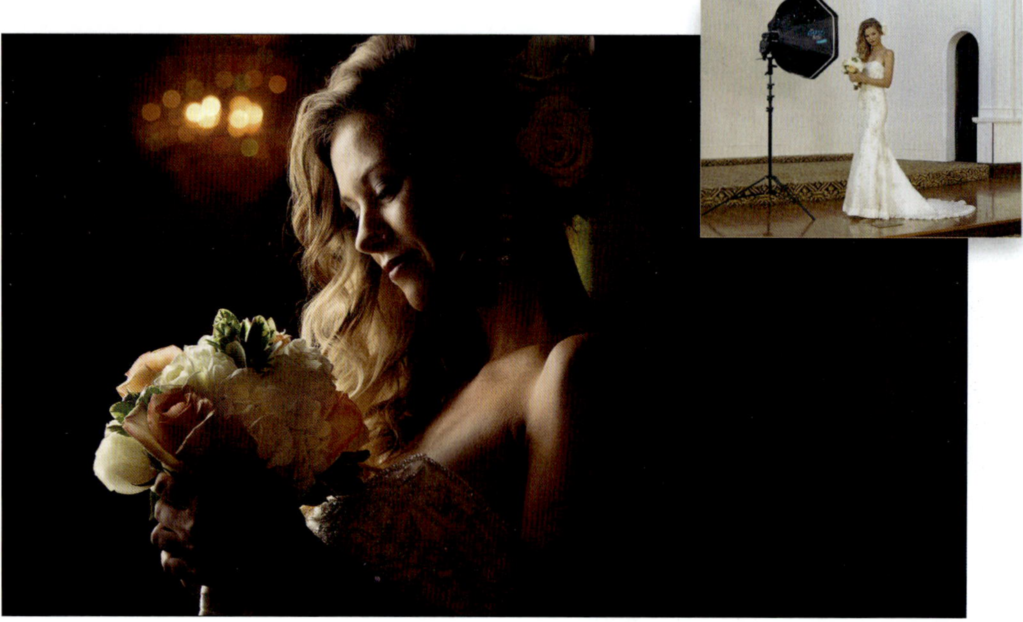

Diese Aufnahme ist sehr einfach umzusetzen, und die Familie der Braut wird total begeistert sein. Sie brauchen lediglich ein Blitzgerät und eine Softbox (auf Seite 116 stelle ich die von mir verwendete Softbox vor), und idealerweise sollte das Foto drinnen aufgenommen werden. Und so funktioniert es: (1) Bitten Sie die Braut, sich zur Seite zu drehen, als wollten Sie ihr Profil fotografieren (und genau das werden Sie machen, ein Profilfoto). (2) Jetzt bauen Sie die Softbox direkt vor ihr auf, so dass sie in die Mitte der Softbox schaut. (3) Gehen Sie hinüber und verschieben Sie die Softbox um rund 70 cm nach links. Wenn Sie jetzt denken: »Moment, jetzt steht sie ja gar nicht mehr vor der Softbox«, dann haben Sie voll ins Schwarze getroffen. Nur noch der Rand des Lichtkegels aus der Softbox sollte sie streifen, und die zur Kamera gewandte Gesichtshälfte sollte fast völlig schwarz werden. Wenn Sie sich aber den Blick hinter die Kulissen auf dem kleinen Bild oben ansehen, erkennen Sie, dass es im Raum ziemlich hell ist. Nun, den Raum werden Sie mit Hilfe Ihrer Kameraeinstellungen entsprechend dunkel wirken lassen (schalten Sie übrigens den Blitz aus, bis Sie die Kameraeinstellungen getroffen haben). (4) Stellen Sie die Verschlusszeit auf 1/125 Sekunde, den ISO-Wert auf 100 und die Blende zunächst auf f/8 und machen Sie ein Testfoto. Wenn das Umgebungslicht jetzt noch nicht besonders dunkel wirkt, erhöhen Sie den Blendenwert probeweise auf f/10 und machen ein weiteres Testfoto. Noch nicht dunkel genug? Probieren Sie es mit f/11 oder f/16. Sobald das Bild recht dunkel ist, schalten Sie den Blitz zunächst mit 1/4 Leistung ein (eventuell müssen Sie ihn auf 1/8 abdimmen). Wie oben gezeigt, sollte nur ein wenig Licht auf die Braut fallen. Achtung: Möglicherweise müssen Sie die Softbox einige Zentimeter zurück hin zur früheren Position bewegen, wo sie direkt vor der Braut stand, oder aber noch weiter weg, sodass gerade ein klein wenig Licht auf die zur Kamera gewandte Wange trifft.

Dramatisches Brautporträt #2

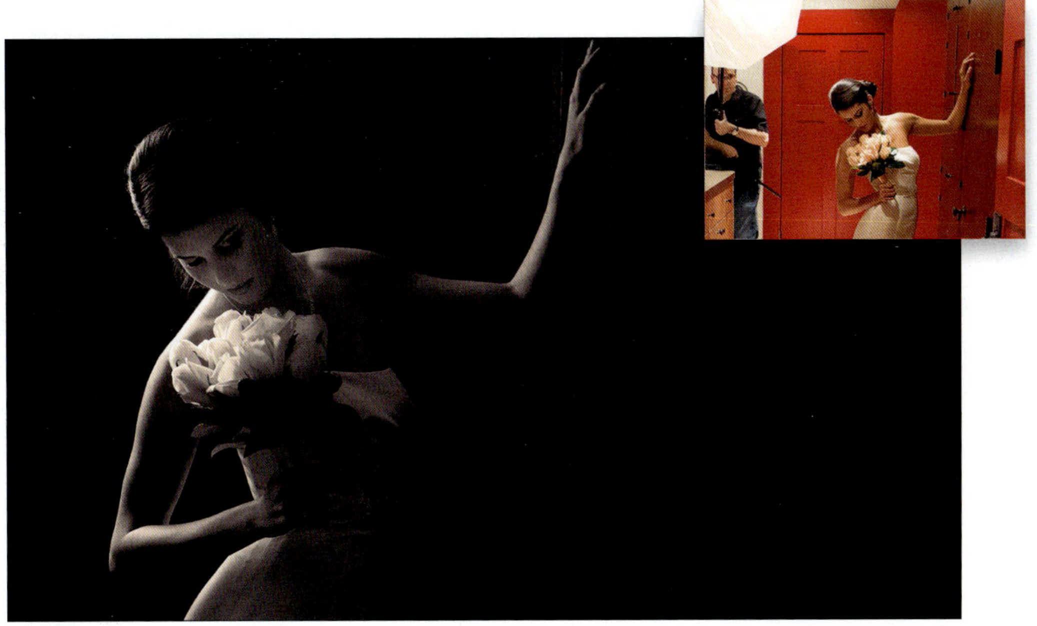

Diese Technik funktioniert genauso einfach, und Sie nutzen dieselben Kameraeinstellungen, denselben Blitz und dieselbe Softbox wie auf der vorigen Seite. Ich würde dieses Motiv daher auch sofort im Anschluss an diese Aufnahme fotografieren, da Sie schon alles dafür vorbereitet haben. Der einzige echte Unterschied ist die Position der Softbox. In diesem Fall stellen wir sie links hinter die Braut (wie im kleinen Bild oben zu sehen ist). So kommt praktisch überhaupt kein direktes Licht mehr von vorne – das bisschen Licht, das Sie im oberen Gesichtsbereich sehen, wird vom Strauß in ihrer Hand reflektiert, und das war nur Zufall. Das ist ein echter Haarlicht-Look – die Umrisse werden von hinten beleuchtet, und sie können ihn super einfach umsetzen. Der Blick hinter die Kulissen im kleinen Bild zeigt meinen Assistenten, der hinter der Braut die Softbox hochhält, etwas über Kopfhöhe und leicht nach unten geneigt, weshalb wir das Licht oben auf ihrem Haar sehen. Beachten Sie auch, dass der Raum vor dem Zuschalten des Blitzes mithilfe der auf der vorigen Seite vorgestellten Kameraeinstellungen viel dunkler und dramatischer wirkt, als er ist. Das ist alles: eine Softbox oben links hinter der Braut, leicht nach unten geneigt und mit 1/4 Blitzleistung.

Gruppenfotos beleuchten

Wenn Sie Gruppenfotos mit 10 oder 12 Personen aufnehmen, könnten Sie zuerst auf den Gedanken kommen, mehr Lichtquellen hinzuzufügen, um die Gruppe möglichst gleichmäßig zu beleuchten. Tun Sie das nicht, denn daraus ergibt sich eine ganze Reihe von Problemen mit Schatten und Weißabgleich, mit denen Sie sich am Hochzeitstag nicht auseinandersetzen wollen. Verwenden Sie stattdessen nur eine einzige Lichtquelle in gebührendem Abstand, um eine gleichmäßige Ausleuchtung aller Personen zu erreichen. Der einzige Nachteil dabei ist, dass Sie die Blitzleistung) erhöhen müssen – halten Sie genügend Ersatzakkus bereit.

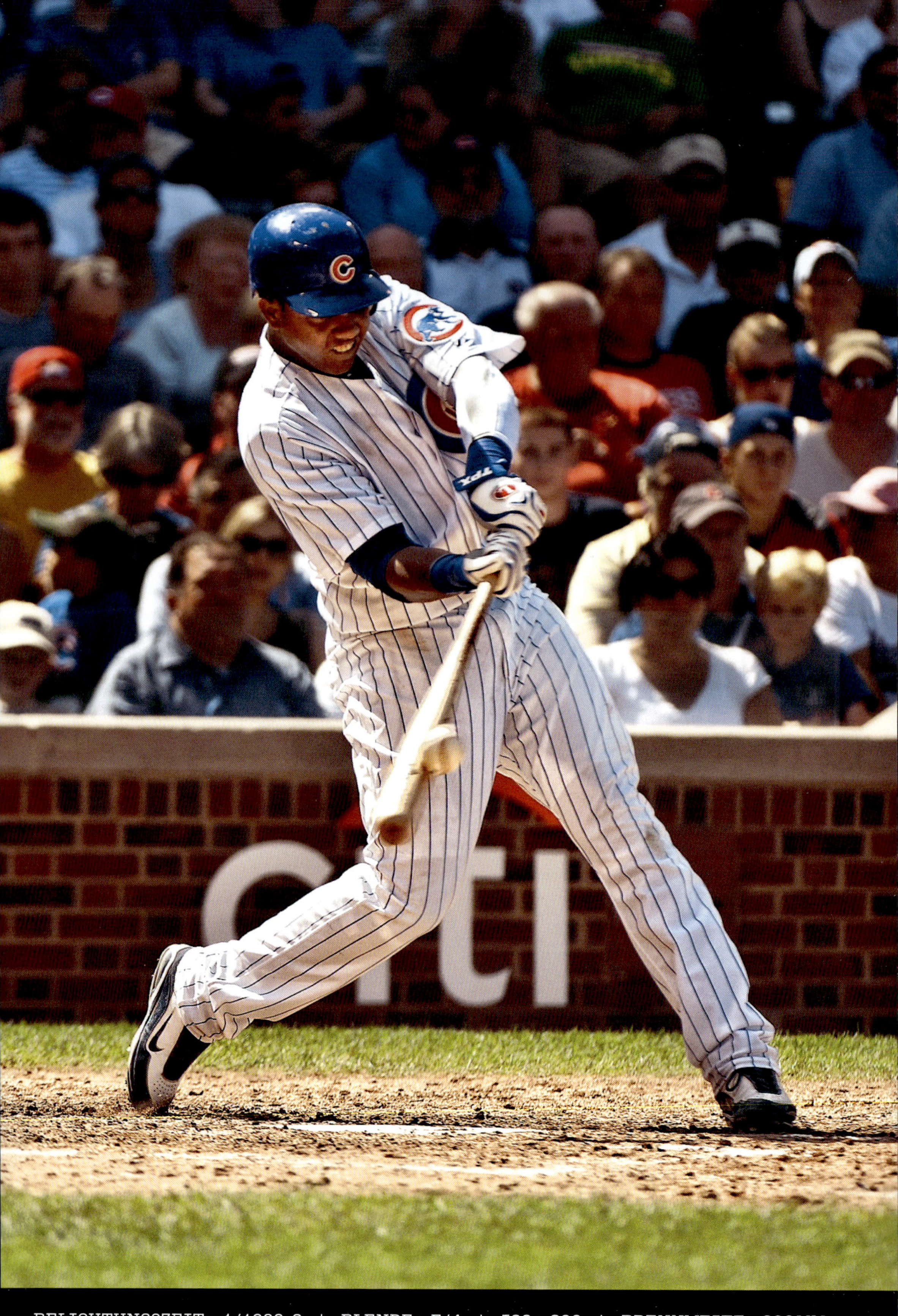

BELICHTUNGSZEIT: 1/1000 S | BLENDE: F/4 | ISO: 200 | BRENNWEITE: 300MM

Kapitel 8

Sportfotos machen wie ein Profi

Wie Sie actiongeladene Bilder bekommen

Ich werde nie mein erstes Shooting bei einem NFL-Spiel vergessen. Es fand im Soldier-Field-Stadion in Chicago statt, eine der beeindruckendsten Freiluftarenen in den USA. Als ich an diesem Abend aus dem Tunnel trat, um das Spiel der Bears gegen die Browns zu fotografieren, war das einer der aufregendsten Momente meiner Fotokarriere. Ich machte von diesem Spiel über 1000 Fotos, aber leider waren die meisten davon entweder leicht oder mächtig unscharf. Bisher hatte ich nur College Football bei Tageslicht fotografiert, sodass ich nicht die richtigen Einstellungen parat hatte, um ein Abendspiel der Profiliga zu fotografieren. Es schien mir, als wüssten alle am Spielfeldrand besser Bescheid als ich und als seien sie die besseren, sorgfältiger vorbereiteten Fotografen. Und das stimmte auch. Ich war dort eigentlich fehl am Platz, aber ich wusste etwas, was sie nicht wussten. Ein Ass hatte ich im Ärmel, das mich ganz nach vorne bringen würde. Sehen Sie, wenn die Spieler einmal an die 20-Yard-Linie kommen, sind sie für den Fotografen am Spielfeldrand eigentlich schon zu nah, um ein scharfes Bild zu bekommen, oder sogar so nahe an der Kamera, dass die Aufnahme, selbst wenn sie scharf wäre, eigentlich nicht mehr zu gebrauchen ist. Die Fotografen am Spielfeldrand drehen daher das Objektiv in der Einbeinstativhalterung um 180°, sodass beim Ablegen der Kameraboden auf dem Rasen liegt, anstatt der Oberseite mit den Bedienknöpfen. Oft lehnen sie die Kamera auf dem Einbeinstativ auch hinter sich in der Endzone an die Wand. Jetzt können sie ihre zweite Kamera (normalerweise mit einem 24–105-mm- oder 70–200-mm-Objektiv bestückt) nehmen, um das Geschehen im Nahbereich einzufangen. Na ja, an diesem Abend sah ich dort den legendären Fotografen Peter Read Miller, und als er seine Kamera zum Wechseln ablegte, schlenderte ich vorbei, nahm die Speicherkarte aus seiner am Boden liegenden Kamera und steckte stattdessen meine Karte mit den unscharfen Fotos hinein. Der Rest ist, wie man sagt, Geschichte. Das war das letzte Mal, dass ich je etwas von Peter gehört habe. Traurig.

Welche Objektive Sie verwenden sollten

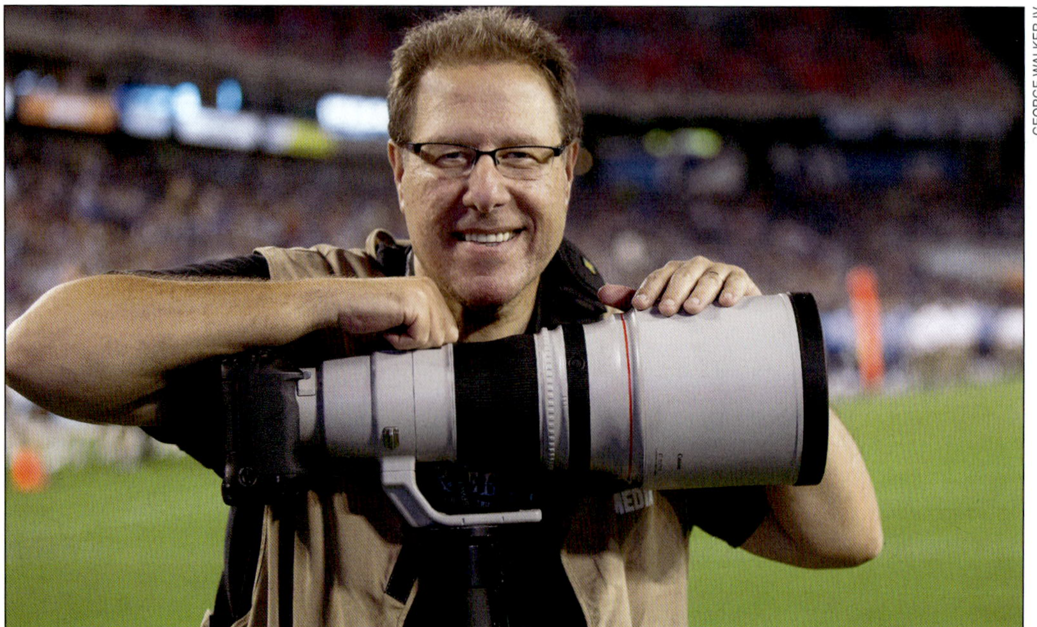
GEORGE WALKER IV

Wenn Sie beim Fotografieren von Sportveranstaltungen viele Objektive und eine große Kameratasche mit sich führen, belastet dies nur Ihren Rücken und steigert Ihre Frustration. Beschränken Sie sich stattdessen auf zwei Objektive:

(1) **Ein Weitwinkel-Zoomobjektiv** (es sollte auf mindestens 24-mm-Brennweite herunterreichen). Sie brauchen diese weitwinkligen Perspektiven, um Aufnahmen vom ganzen Stadion oder Spielfeld zu machen, sowie für Nahaufnahmen von Gruppen usw.

(2) **Ein 300-mm- oder 400-mm-Teleobjektiv** (oder ein 200–400-mm-Zoomobjektiv). Sie brauchen allermindestens ein 200-mm-Objektiv, aber dann sollten Sie auch für sich selbst einige Laufwege einplanen, denn wenn die Spieler nicht direkt vor Ihnen stehen, sind sie zu weit weg für Aufnahmen in Profiqualität.

Während der Sportveranstaltung werden Sie keine Zeit zum Objektivwechsel finden, also nehmen Sie zwei Kameragehäuse mit – eins für jedes Objektiv.

Planen Sie keine Objektivwechsel ein

Wenn Sie sich in der Sportfotografie mit den Großen messen wollen, sollten Sie auf Objektivwechsel verzichten. Planen Sie stattdessen einen Kamerawechsel ein. Wenn Sie das Objektiv wechseln müssen, verpassen Sie das entscheidende Foto. Deshalb haben Profis mehrere Kameragehäuse um den Hals hängen – so können sie im Handumdrehen von einem 400-mm-Teleobjektiv zu einem Weitwinkelobjektiv wechseln.

Mit einem Telekonverter besonders nahe herangehen

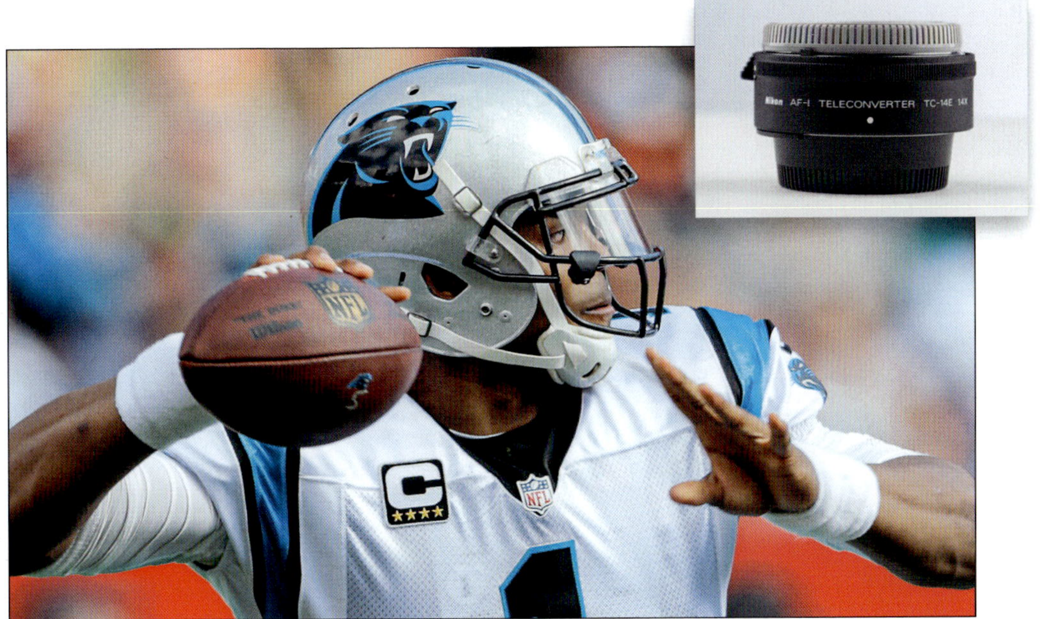

Heute gibt es wirklich viele tolle Sportfotos, die uns teilweise richtig nahe ans Geschehen heranbringen. Sie vermitteln Emotionen und Action in einem viel höheren Maße, als es die Bilder im Fernsehen, der Blick von der Zuschauertribüne oder sogar die riesigen Stadionbildschirmen vermögen. Bei den meisten Spotarten fotografiere ich in der Regel zwar schon mit einem 400-mm-Objektiv, aber mir wurde klar, dass ich noch näher herangehen muss – insbesondere nachdem ich mein Portfolio von der Sportfotolegende Dave Black durchsehen ließ. Er empfahl mir, einen 1,4-fach-Telekonverter hinter mein 400-mm-Objektiv zu setzen (wodurch es eine Brennweite von 560 mm erreicht). Damit kam ich noch näher ran, und das hat sich definitiv gelohnt. Egal, mit welcher Brennweite Sie fotografieren, ein Telekonverter ist immer eine relativ kostengünstige Möglichkeit, um noch näher am Geschehen teilzuhaben und das Niveau Ihrer Sportaufnahmen zu verbessern. *Hinweis:* Dies funktioniert am besten bei Tageslichtaufnahmen oder in wirklich sehr gut beleuchteten Situationen, denn mit einem 1,4-fach-Telekonverter büßen Sie eine volle Belichtungsstufe ein, sodass beispielsweise aus Ihrem f/2.8- ein f/4-Objektiv wird. Mit einem 2-fach-Telekonverter verlieren Sie auf einen Schlag zwei Belichtungsstufen und zudem auch etwas Schärfe. Das halte ich für keinen guten Kompromiss. Dave hatte übrigens einen tollen Spruch auf Lager, als es ums Heranzoomen ging: »Go big or go home!«, sagte er.

Sie haben kein Teleobjektiv? Dann mieten Sie es sich wochenweise!

Wenn ein besonderes Spiel oder ein besonderer Auftrag näher rückt, Sie aber nicht die passenden Teleobjektive haben, um das Ereignis wie gewünscht zu dokumentieren, können Sie sich auch eins mieten. Objektivvermietungen gibt es hierzulande inzwischen viele, gerade online – aber wenn Ihr Fotohändler vor Ort so einen Service anbietet, ist das vermutlich die beste Lösung.

Sportaufnahmen scharfstellen wie ein Profi

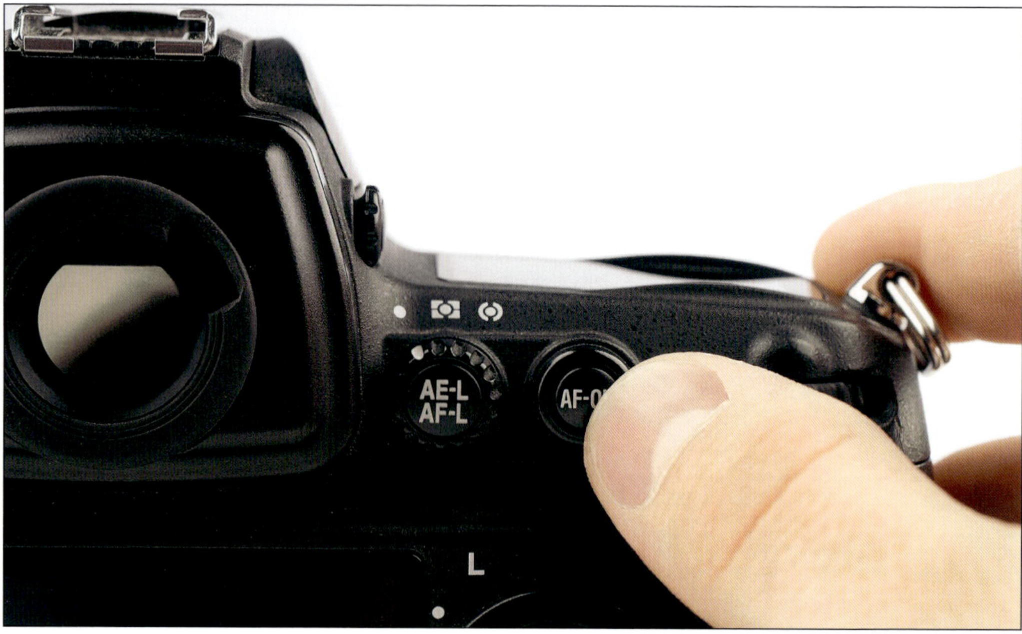

Für eine größere Ausbeute an scharfen Fotos sollten Sie per »Back Button« scharfstellen. Sie fokussieren dann nicht durch Drücken des Auslösers, sondern indem Sie auf der Kamerarückseite mit dem Daumen einen Knopf drücken. Der Unterschied ist größer als vielleicht gedacht – denn wenn Sie die Scharfstellung vom Auslöser trennen, muss die Kamera vor der Aufnahme nicht mehr fokussieren. Sie haben das Motiv bereits vorab mit der Taste auf der Rückseite scharfgestellt, also machen Sie mit dem Auslöser jetzt einfach nur noch die Aufnahme. Diese Methode verhindert, dass der Autofokus das Motiv verliert, wenn jemand durchs Bild läuft (was bei Mannschaftssportarten ein ständiger Kampf ist). Wenn jemand im Bild auftaucht (etwa ein Schiedsrichter), nehmen Sie einfach den Daumen von der Taste, bis er wieder aus dem Bild heraus ist (Sie fotografieren derweil aber weiter). Sobald er das Bild verlassen hat, drücken Sie die Taste erneut. Ich lasse den Daumen meist über dieser Taste, visiere das Motiv an und brauche mich dann nicht mehr um die Scharfstellung zu kümmern. Stattdessen konzentriere ich mich ganz auf das Timing. Drücken Sie bei Canon-Kameras die Menütaste auf der Kamerarückseite, gehen Sie ins Menü **C.Fn IV-1** und wählen **AE-Speicherung/AF**. Bei den meisten Nikon-Kameras gehen Sie ins Menü **Individualfunktionen**, wählen dann im Abschnitt **a Autofokus** die Option **AF-Aktivierung** und stellen sie auf **Nur AF-ON-Taste**. Bei Sony-Alpha-Kameras gehen Sie auf **Kamera1** und dort auf **AF1** bzw. **AF2**.

Ändern Sie den Fokusmodus für Sportfotos

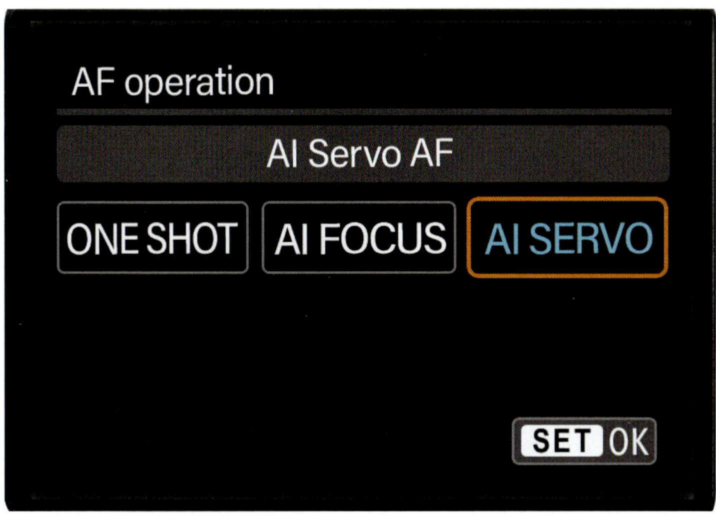

Ich weiß, dass ich es schon in einem früheren Kapitel (auf Seite 17) angesprochen habe, aber es lohnt sich, mich hier zu wiederholen, denn wenn Sie den Fokusmodus nicht umschalten, werden viele Ihrer Bilder unscharf. Das liegt daran, dass die Kamera standardmäßig auf die Fokussierung unbewegter Objekte eingestellt ist. Das passt, wenn Sie Stilleben fotografieren, aber für bewegte Objekte ist das nichts. Dafür müssen Sie die Kamera in den sogenannten »kontinuierlichen« Autofokus-Modus umschalten. Wenn Sie also mit dem Läufer (oder Rennwagen) mitschwenken, versucht der kontinuierliche Autofokus, die weitere Bewegung des Motivs zu berechnen, um rechtzeitig scharfstellen zu können. Diese Technologie funktioniert bei den heutigen Kameras in den meisten Fällen wirklich verblüffend gut. (Obwohl der Fokus manchmal auf die ins Bild laufenden Spieler oder Schiedsrichter überspringt, sodass Sie am Ende eine gestochen scharfe Aufnahme des Schiedsrichters haben und der entscheidende Spieler völlig unscharf ist, was genau der Grund ist, der uns zum Trinken verleitet. Wohlgemerkt nicht während des Spiels. Aber danach, wenn wir unsere Bilder am Computer betrachten und das scharfe Schiedsrichterfoto sehen. *Hinweis:* Das passiert nur bei besonders wichtigen Spielen, wenn wir den Höhepunkt des Geschehens hätten einfangen können und vielleicht sogar ein Titelfoto, einen Preis oder ein VIP-Date ergattert hätten. Dann trinken wir).

Stabilität für Sportfotos

Sportfotografen verwenden meist Einbeinstative anstelle von Dreibeinstativen, da diese leicht zu bewegen sind. In vielen Profisportarten sind Dreibeinstative zudem verboten, Einbeinstative hingegen erlaubt. Einbeinstative aus Kohlefaser sind besonders beliebt. Sie können viel Gewicht tragen, sind dabei aber selbst überraschend leicht.

Welche Blende sollten Sie für Sportfotos verwenden?

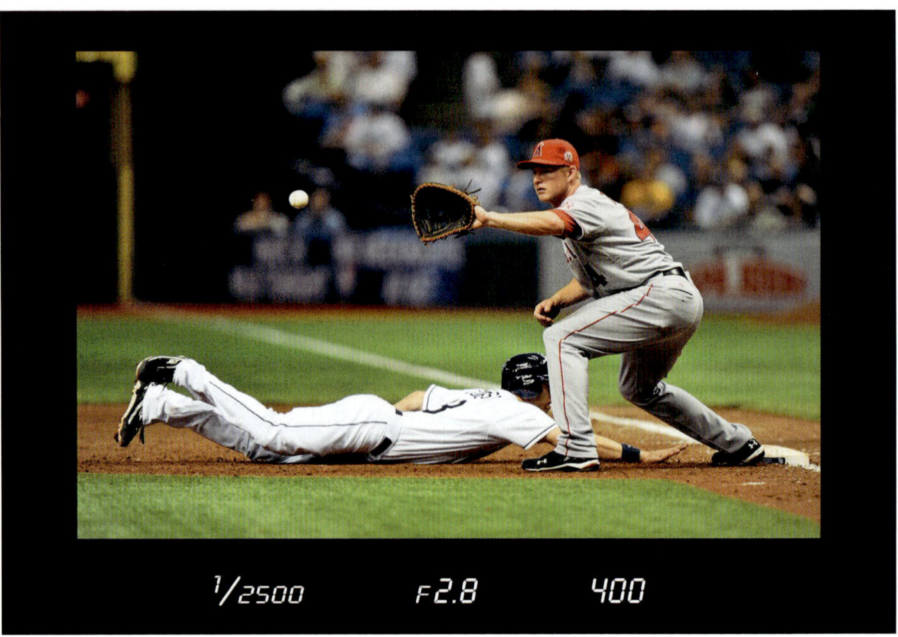

Diese Frage lässt sich recht einfach beantworten, weil wir für fast alle Sportarten die gleiche Blende verwenden: Den niedrigsten Blendenwert, den unser Objektiv erlaubt (bei Profi-Sportobjektiven meist f/2.8). Eine so große Blendenöffnung hat zwei Vorteile:

(1) Der Hintergrund wird unscharf, wodurch sich der Athlet besser von diesem abhebt, und das ist entscheidend. Das lässt Ihr Sportlerfoto dramatischer, dynamischer und zugleich aufgeräumter wirken. Ablenkende, unruhige Hintergründe sind bei Sportaufnahmen sehr problematisch. Wenn Sie mit einem Teleobjektiv mit großer Brennweite und weit geöffneter Blende (wie z. B. f/2.8 oder f/4) fotografieren, erhalten Sie eine sehr geringe Schärfentiefe, sodass der Sportler im Vordergrund scharf abgebildet wird, der Hintergrund hingegen unscharf. (Zumindest, solange der Athlet nicht zu nah am Hintergrund steht. Natürlich brauchen Sie einen gewissen Abstand zwischen Sportler und Hintergrund, um den Hintergrund unscharf zu bekommen.)

(2) Sie können kürzere Verschlusszeiten verwenden, wodurch Sie die Bewegungen der Athleten besser einfrieren können (siehe dazu die folgende Seite). Wenn Sie mit so niedrigen Blendenzahlen wie hier fotografieren, fällt mehr Licht durch das Objektiv, sodass Sie tagsüber super kurze Verschlusszeiten erhalten (1/4000 Sekunde oder weniger sind hier keine Seltenheit). Wenn Sie in Innenräumen oder bei Flutlicht fotografieren, hilft Ihnen die große Blendenöffnung auch, das Geschehen einzufrieren, ohne den ISO-Wert zu stark erhöhen zu müssen.

Die richtige Verschlusszeit für Sportfotos

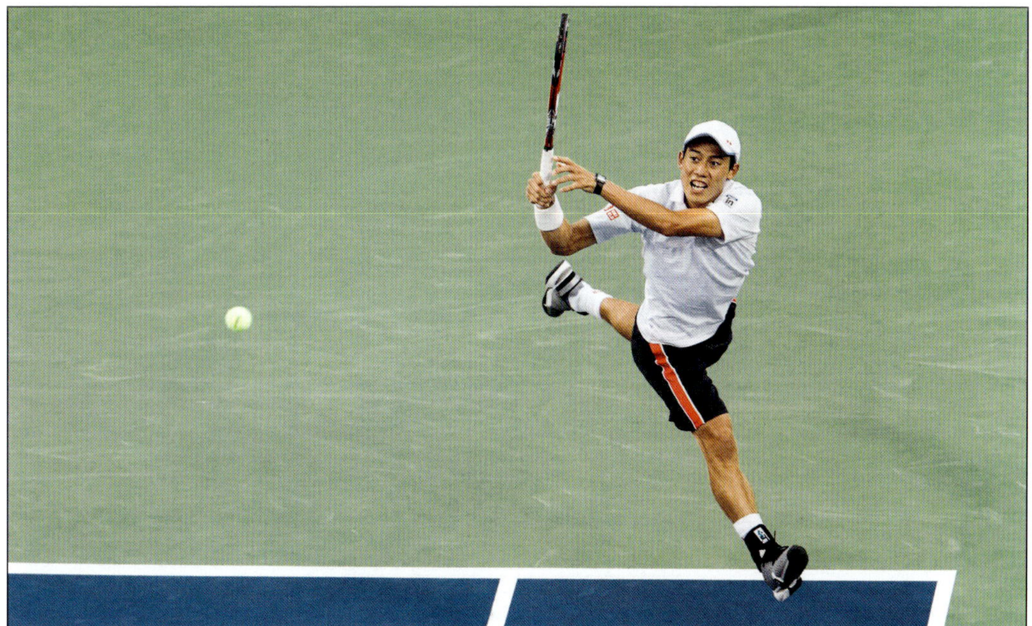

Es gibt eine maximale Verschlusszeit, die Sie nicht überschreiten sollten, um die Bewegung eines Athleten (oder Rennwagens, Pferds oder Motorrads) gestochen scharf und detailliert einfrieren zu können. Diese maximale Verschlusszeit liegt bei 1/1000 Sekunde. Idealerweise sollte sie noch etwas kürzer sein (1/1250 Sekunde), aber 1/1000 Sekunde kommen hin. Wenn die Verschlusszeit auch nur auf 1/800 Sekunde ansteigt, erhalten Sie bereits leicht unscharfe Bilder. Sie sind dann nicht mehr ganz so scharf und knackig wie die Fotos, die Sie online oder in Zeitschriften sehen. Vielleicht haben Sie hin und wieder Glück und bekommen mit einer Belichtungszeit über 1/1000 Sekunde eine anständig scharfe Aufnahme, aber warum sollten Sie das Risiko eingehen? Wenn Sie an einem schönen sonnigen Tag fotografieren (mit der richtigen Blende – siehe vorige Seite), stellt dies kein Problem dar. Wahrscheinlich liegen Sie dann sogar bei 1/8000 Sekunde. Bei bewölktem Himmel gibt es natürlich weniger Licht, und Sie kommen schnell auf 1/2000 Sekunde oder mehr. An richtig trüben Tagen steigt die Verschlusszeit auf über 1/1000 Sekunde an, und Sie haben ein Problem. Wie können Sie die Verschlusszeit bei bewölktem Himmel (oder in Innenräumen) verkürzen? Sie müssen die ISO-Empfindlichkeit Ihrer Kamera erhöhen. Ich empfehle, für Sportfotos die ISO-Automatik zu aktivieren (siehe nächste Seite), weil Sie einfach nicht riskieren können, dass die Verschlusszeit über 1/1000 Sekunde ansteigt. Ohne diese Funktion kommen Sie leicht in Schwierigkeiten, weil Spielfelder und Rennstrecken meist ungleichmäßig ausgeleuchtet sind, und wenn sich das Geschehen in einen anderen Bereich verlagert, wo die Beleuchtung nicht so gut ist, dann bekommen Sie ... ein unscharfes Foto! Auf die eine oder andere Weise müssen Sie sicherstellen, dass die Verschlusszeit für die meisten Sportarten unter 1/1000 Sekunde liegt.

Mit der ISO-Automatik können Sie Bewegungen immer einfrieren

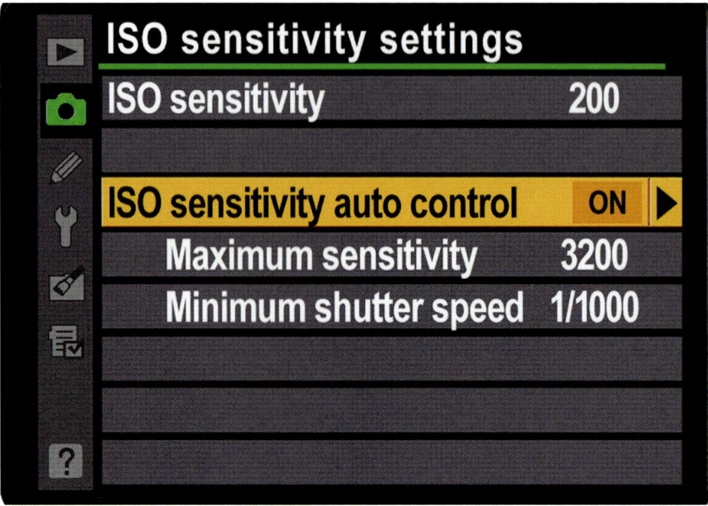

Wenn Sie Bewegungen einfrieren möchten, brauchen Sie eine dafür geeignete Verschlusszeit von maximal etwa 1/1000 Sekunde. Das ist bei Aufnahmen am helllichten Tag und mit weit geöffneter Blende wie f/2.8 oder f/4 leicht zu bewerkstelligen, aber sobald Wolken aufziehen oder sich das Licht ändert, laufen Sie Gefahr, dass die Verschlusszeit auf über 1/1000 Sekunde ansteigt und Sie mit einer Speicherkarte voll unscharfer Sportfotos nach Hause kommen. Deshalb werden Sie die ISO-Automatik der Kamera lieben. Diese Funktion stellt sicher, dass Sie eine vorgegebene Verschlusszeit niemals überschreiten, weil stattdessen die ISO-Empfindlichkeit automatisch erhöht wird. Das Raffinierte ist, dass sie nicht einfach von ISO 200 auf ISO 400 springt, sondern nur genau so weit gegensteuert wie nötig, also etwa von ISO 200 auf ISO 273 (eine Einstellung, die Sie von Hand nicht einmal vornehmen könnten, selbst wenn Sie es wollten, nicht wahr?). Sowohl die Kameras von Canon als auch die von Nikon und Sony besitzen diese Funktion. Lesen Sie also einfach im Handbuch nach, wie Sie sie einschalten können.

Der Vorteil schneller Speicherkarten

Schnelle Speicherkarten wurden für Sportfotografen entwickelt, die ja meist im Serienaufnahme-Modus (Burst) fotografieren. Schnellere Karten können die Daten schneller speichern, sodass die Bilder den Pufferspeicher der Kamera schneller verlassen (und Sie sofort weitere Serienaufnahmen machen können).

Fotografieren Sie nachts oder drinnen? Erhöhen Sie den ISO-Wert!

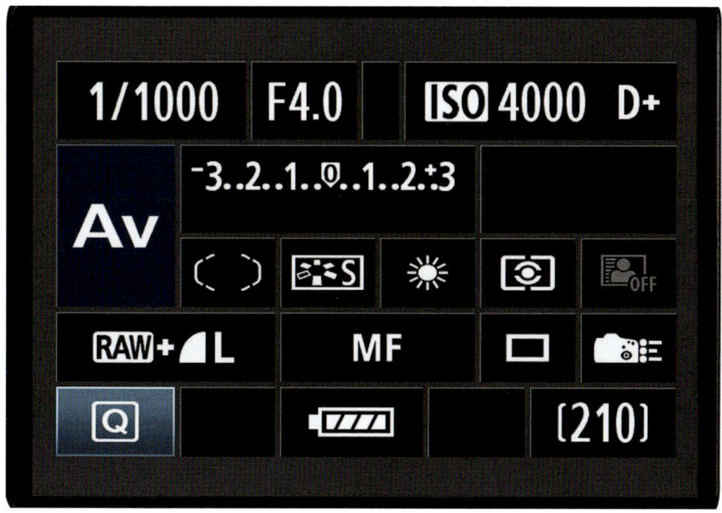

Die größte Herausforderung stellen Sportfotos bei Nacht oder in geschlossenen Räumen dar. Das liegt daran, dass ohne helles Sonnenlicht die Verschlusszeit stark ansteigt. Da gibt es nur einen Ausweg: Sie müssen die ISO-Empfindlichkeit weit hochschrauben, um die Verschlusszeit bis auf 1/1000 Sekunde zu verkürzen. Nur so können Sie die Action beim Sport einfrieren. Und warum machen wir uns so viele Gedanken, wenn es darum geht, den ISO-Wert anzuheben? Nun, je höher Sie die Empfindlichkeit einstellen, desto mehr Rauschen werden Sie auf Ihren Fotos erkennen. Die heutigen High-End-Sportkameras haben ein sehr geringes Bildrauschen, selbst bei sehr hohen ISO-Werten, aber manchmal ist es trotzdem sichtbar. Dagegen können wir echt nichts machen. Deshalb sind »lichtstarke Objektive« (z.B. f/2.8 oder f/4) so hilfreich: Je lichtstärker das Objektiv, desto wenig stark müssen Sie den ISO-Wert anheben (und desto weniger Bildrauschen bekommen Sie). Aber wie groß ist der Einfluss eines lichtstarken Objektivs wirklich? Nun, wenn ich nachts in einem NFL-Fußballstadion mit sehr heller Stadionbeleuchtung fotografiere und die Blende auf f/4 stelle, muss ich den ISO-Wert auf etwa 4000 setzen, um die Verschlusszeit auf 1/1000 Sekunde zu drücken. Mit einem f/2.8-Objektiv genügt dagegen meist ISO 1600 (viel weniger Rauschen). Diese eine Blendestufe macht also schon einen recht großen Unterschied (sie kostet aber auch gleich eine gute Stange Geld mehr). Sie werden also etwas Bildrauschen bekommen, aber das ist in jedem Fall besser als ein unscharfes Foto.

Im Serienaufnahme-Modus fotografieren

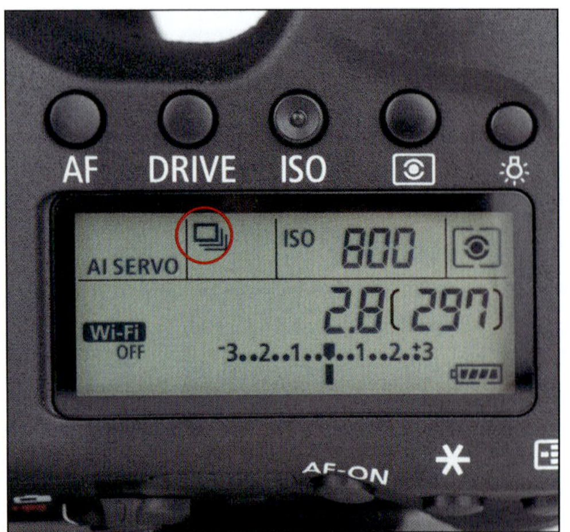

Canon

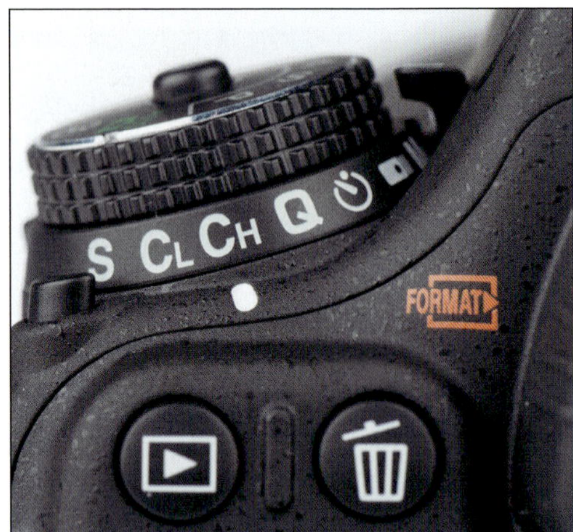

Nikon

Oft werden Sie in der Sportfotografie Bilderserien aufnehmen (mehrere Fotos pro Sekunde), damit Sie beispielsweise auf jeden Fall das richtige Bild von einem Zweikampf bekommen. Daher müssen Sie die Kamera so einstellen, dass sie immer weiterfotografiert, solange Sie den Auslöser gedrückt halten (bei einigen Digitalkameras wird dies als »Burst-Modus« bezeichnet, zu Deutsch »Serienaufnahme-Modus« oder »Serienbildaufnahme-Modus«). Standardmäßig nehmen die meisten Kameras nacheinander Einzelbilder auf, sodass Sie den Serienaufnahme-Modus erst einschalten müssen. Hier ein paar Beispiele, wie sie ihn aktivieren können, aber das hängt natürlich davon ab, welche Marke und welches Modell Sie besitzen (sehen Sie einfach im Kamerahandbuch nach):

Canon: Drücken Sie die **Drive**- oder **AF-Drive**-Taste und drehen Sie dann das Schnellwahlrad, bis auf dem oberen Display ein Symbol erscheint, das wie ein Stapel von Fotos aussieht.

Nikon: Halten Sie die Entriegelungstaste des Bertriebsartenwählers auf der Kamerarückseite gedrückt und drehen Sie das Wahlrad auf **CH** (für *Continuous High Speed*).

Sony: Wählen Sie mit dem Einstellrad auf der Kamerarückseite die Einstellung **Serienaufnahme: Hi+**.

Jetzt können Sie einfach den Auslöser gedrückt halten, um mehrere Aufnahmen zu machen.

Eine ferngesteuerte Zweitkamera einsetzen

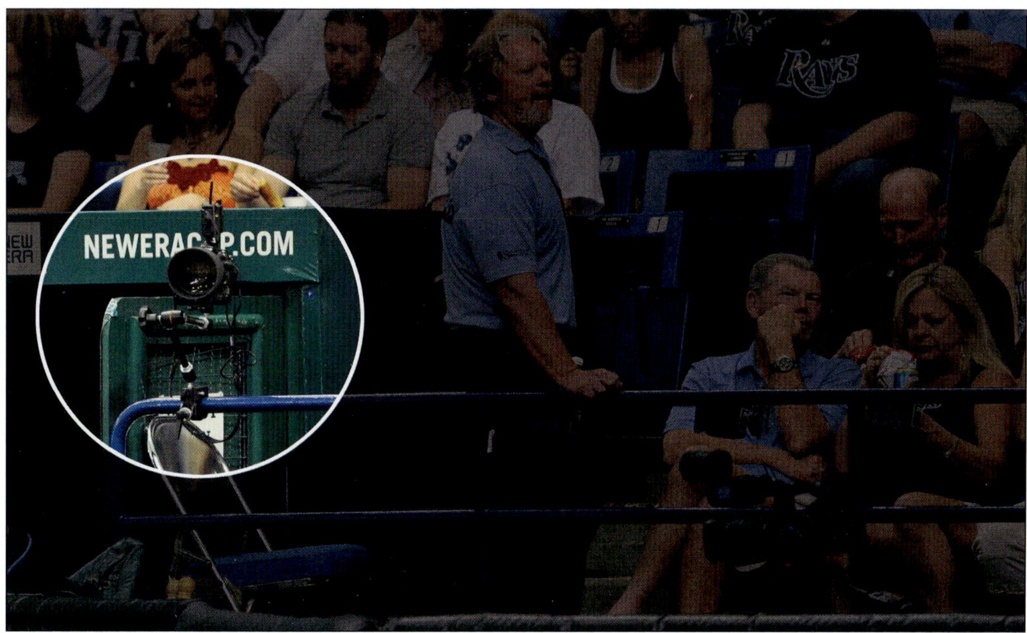

Eine zweite, auf einen anderen Teil des Spielfelds (der Rennbahn, der Arena usw.) gerichtete Kamera bietet Ihnen den großen Vorteil, zwei verschiedene Bereiche gleichzeitig abdecken zu können. Wenn ich zum Beispiel vom Dugout aus ein Baseballspiel fotografiere und den Schlagmann mit meiner Hauptkamera abdecke, habe ich eine zweite Kamera auf die zweite Base gerichtet, und wenn ich sehe, dass dort ein Spielzug stattfindet, kann ich auf der Fernbedienung die Auslösetaste für die zweite Kamera drücken. Ein solches System lässt sich eigentlich recht einfach einrichten. Zuerst brauchen Sie zwei drahtlose Sender (ich benutze und empfehle das Modell Plus IIIs von PocketWizard). Einer der beiden wird mit Ihrer Remote-Kamera verbunden (PocketWizard verkauft auch das kleine Verbindungskabel), und den anderen halten Sie in der Hand. Wenn Sie sehen, dass sich das Spielgeschehen ins Sichtfeld der Zweitkamera verlagert, drücken und halten Sie die Taste auf der Fernbedienung, und sie beginnt zu fotografieren. Ich stelle meine Remote-Kamera immer so ein, dass sie so lange im Serienaufnahme-Modus weiterfotografiert, wie ich die Fernbedienungstaste gedrückt halte. Ich stelle die gewünschte Stelle auch vorab scharf – zum Beispiel auf die zweite Base selbst – und schalte den Fokus dann auf Manuell, damit er sich nicht mehr verändert, wenn ich die Fernbedienungstaste drücke. Außerdem würde ich mir besorgen: (1) eine Manfrotto Super Clamp mit einem Manfrotto Magic Arm mit Kameraschiene. Damit können Sie die Kamera ganz einfach an allen möglichen Oberflächen (wie etwa Geländern) festklemmen und dann so ausrichten, dass Sie das Geschehen festhalten können. Und (2) zwei Drahtseile zur Sicherung Ihrer Ausrüstung, damit sie, falls sich etwas löst, nicht auf den Boden fällt oder – noch schlimmer – jemanden trifft.

Unser Ziel: den Höhepunkt des Geschehens einfangen

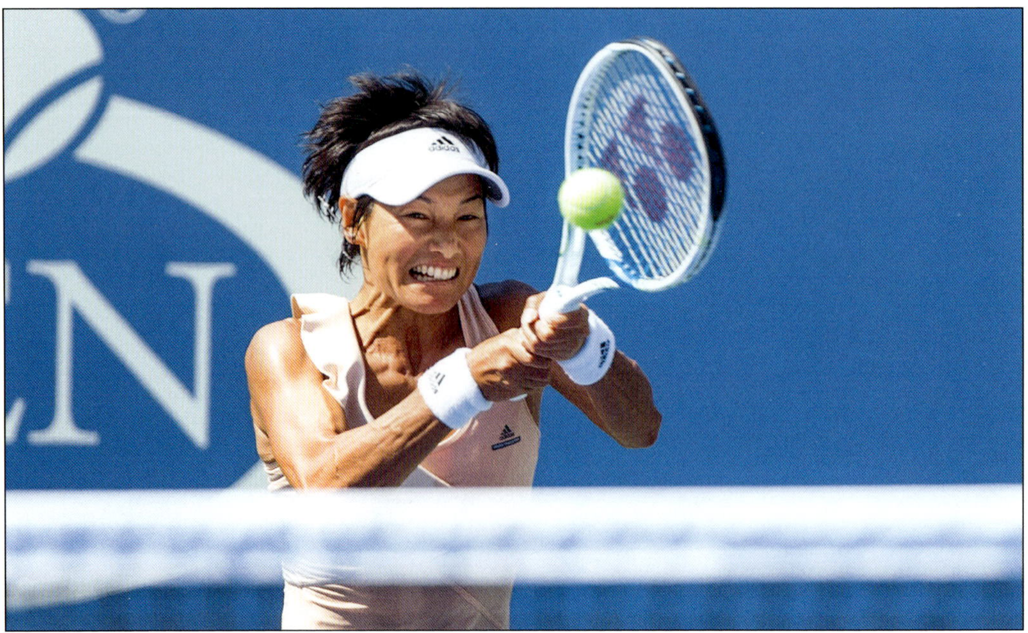

Ich habe für KelbyOne einen Online-Kurs zum Thema »Was ein tolles Sportfoto ausmacht« erstellt, in dem ich Ihnen eine lebende Legende der Sportfotografie vorstelle – den großen Peter Read Miller. Auch wenn Sie seinen Namen nicht kennen, haben Sie seine großartigen Sportfotos auf den Titelseiten der größten Sportzeitschriften und -websites gesehen. Im Kurs habe ich Peter dazu gedrängt, genau zu erklären, was ein großartiges Sportfoto ausmacht, und er hat es genau auf den Punkt gebracht: Ein großartiges Sportfoto fängt den »Höhepunkt des Geschehens« ein. Das ist nicht einfach nur ein Spieler, der mit einem Ball herumrennt. Es ist der Moment, in dem es zum Zweikampf kommt und er den Ball verliert und man in seinem Gesicht wie auch im Gesicht des Spielers, der ihm den Ball abgenommen hat, ablesen kann, was gerade passiert ist. Es ist der Kerl, der über das Basketballfeld dribbelt, der Spieler, den Sie weit oben in der Luft festgehalten haben, der durch die Mitte geht, um einen Dunking zu versenken, und dazu die Gesichtsausdrücke, wenn sowohl er als auch die Gegner erkennen, dass das Mittelfeld untergepflügt wurde. Das ist ein Höhepunkt. Das ist die Art von Foto, mit der wir nach Hause gehen wollen. Dazu brauchten Sie das richtige Timing, Geschicklichkeit und ein bisschen Glück. Aber das sind die Aufnahmen, die dem Betrachter ein »Wow!« entlocken, und genau wegen dieses Wow-Effekts machen wir das Ganze.

Bewegungslose Spieler sind langweilig

Fotografieren Sie keine Feldspieler, die nur herumstehen, keinen Torwart, der am Pfosten lehnt und keine Ersatzspieler, die auf der Bank sitzen. Fotografieren Sie die Höhepunkte, denn wenn Sie die Fotos später ansehen, werden Sie die anderen Bilder ohnehin löschen.

Die beiden beliebtesten Sportfotos

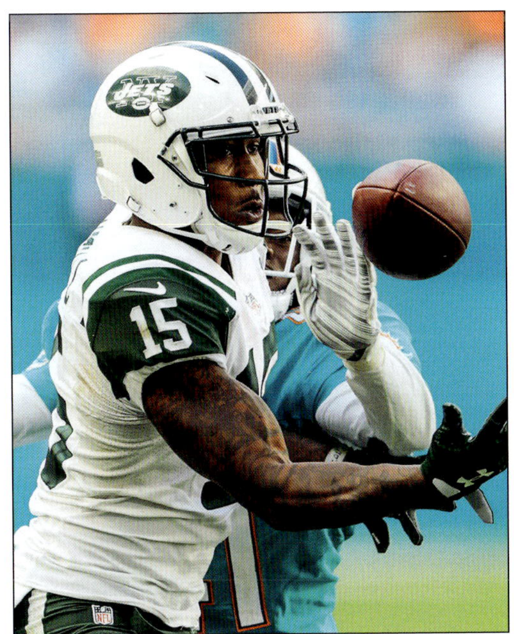

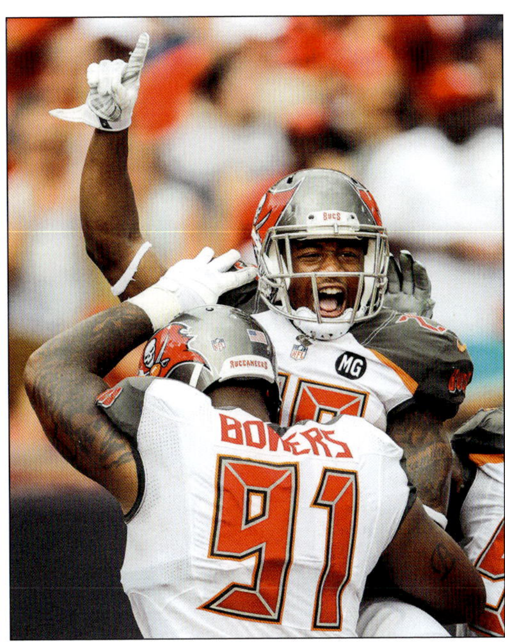

Meinen Recherchen zufolge mögen Zeitschriften und Sportwebsites vor allem zwei Arten von Bildern: (1) Actionfotos, bei denen der Ball (falls es bei der von Ihnen fotografierten Sportart einen gibt) mit dem Spieler oder idealerweise zwei oder mehr Athleten im Bild ist. (2) Jubel – ein oder mehrere Sportler, die nach einem großartigen Spielzug, einem Treffer oder einem Sieg feiern, manchmal aber auch die Aufnahme eines Sportlers, der eine vernichtende Niederlage erlitten hat. Solche Bilder erzählen die Geschichte eines Spielabschnitts oder des Siegs bzw. der Niederlage selbst. Außerdem sind die Athleten in den Bildern oft sehr nah eingezoomt, sodass man ihren Gesichtsausdruck und die Emotionen erkennen kann. Diese zwei Bildarten sollten Sie beim Fotografieren der nächsten Begegnung unbedingt festhalten.

Konzentrieren Sie sich nicht nur auf den Sieger

In der Sportfotografie ist es ganz natürlich, den Sieger zu fotografieren. Aber wenn Sie nur Bilder vom Sieger machen, entgehen Ihnen vielleicht einige besonders dramatische Aufnahmen mit der stärksten Erzählperspektive, nämlich der Gesichtsausdruck und die Reaktion des Verlierers. Dies ist besonders wichtig, wenn Sie gerade einen Spielzug verpasst haben – schalten Sie schnell auf die Reaktion des Athleten um, der den Pass verzogen, den Schuss nicht abgeblockt oder die Torchance vergeben hat. Manchmal sind seine Reaktionen faszinierender als die des Torschützen.

Profis kennen die Sportart und fotografieren die Details

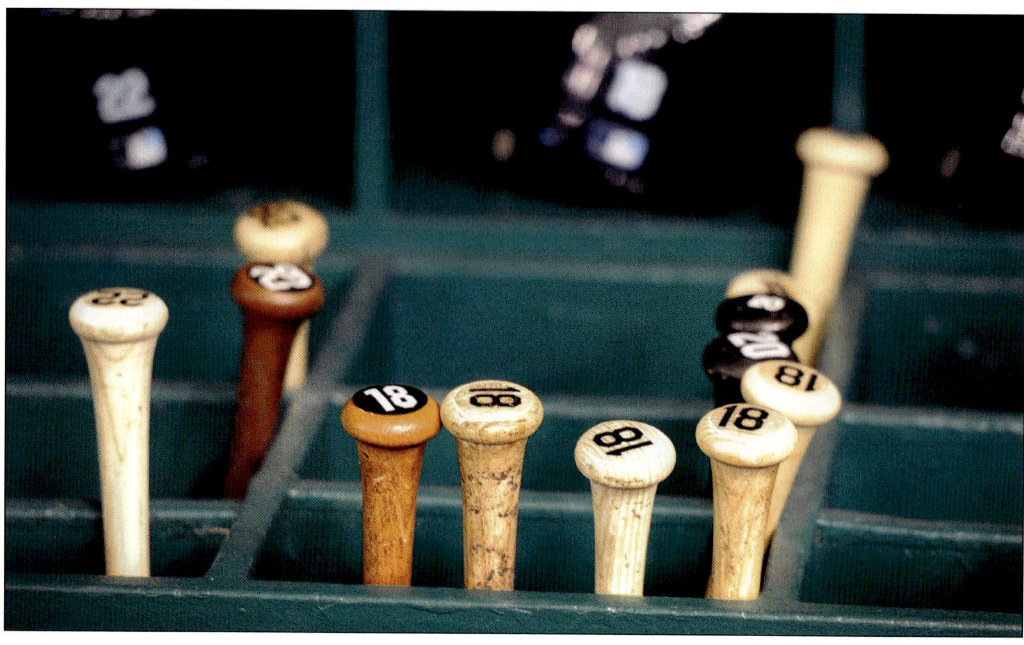

Wenn Sie sich mit der von Ihnen fotografierten Sportart auskennen, erhalten Sie bessere Aufnahmen, weil Sie wissen, wann und wo wahrscheinlich der nächste Spielzug stattfinden wird. Die Fähigkeit, vorauszusehen, wann und wo es zum großen Moment kommt, kann absolut entscheidend sein. Dazu müssen Sie das Spiel beim Fotografieren verfolgen. Bedenken Sie außerdem, dass ein Sportereignis viel mehr ist als nur seine Spieler. Heute geht es um die Arena selbst, um die Fans, um all die optischen Eindrücke und Geräusche, die das Ereignis begleiten und seine Geschichte erzählen: Diese Bilder wollen Sportredaktionen. Bei Football-Reportagen mache ich z. B. immer eine schöne Nahaufnahme von beiden Mannschaftshelmen (meist ist mindestens einer deutlich sichtbar auf einem Ausrüstungskoffer im Bereich der Bank platziert) oder dem einsamen Football, direkt nachdem ihn der Oberschiedsrichter für das nächste Down auf dem Feld platziert hat. Beim Baseball fotografiere ich einen einzeln auf der Bank liegenden Handschuh, ein paar Schläger, die im Dugout an der Wand lehnen, oder ich mache sogar eine Nahaufnahme der Home Plate. Denken Sie daran, zwischen den Halbzeiten, Sätzen, Durchläufen usw. diese Aufnahmen zu machen. Wenn sie also Sportaufnahmen machen sollen und mit der betreffenden Sportart nicht vertraut sind, sehen Sie sich ein paar Videos an, kaufen Sie sich ein paar Zeitschriften und achten Sie darauf, wie die Profireporter sie fotografieren.

Bildkomposition für Sportfotos

Beim Fotografieren von Sportlern ist es grundsätzlich am wichtigsten, das Gesicht einzufangen. Der Gesichtsausdruck spricht Bände. Im nächsten Schritt versuchen Sie, auch den Ball mit einzubeziehen. Geben Sie dem Athleten in Ihrer Komposition auch ein wenig Raum, in dem er sich bewegen kann. Wählen Sie den Bildausschnitt nicht so, dass er aus dem Rahmen herausläuft und eingezwängt wirkt.

Nutzen Sie Schwenks, um Bewegung zu zeigen

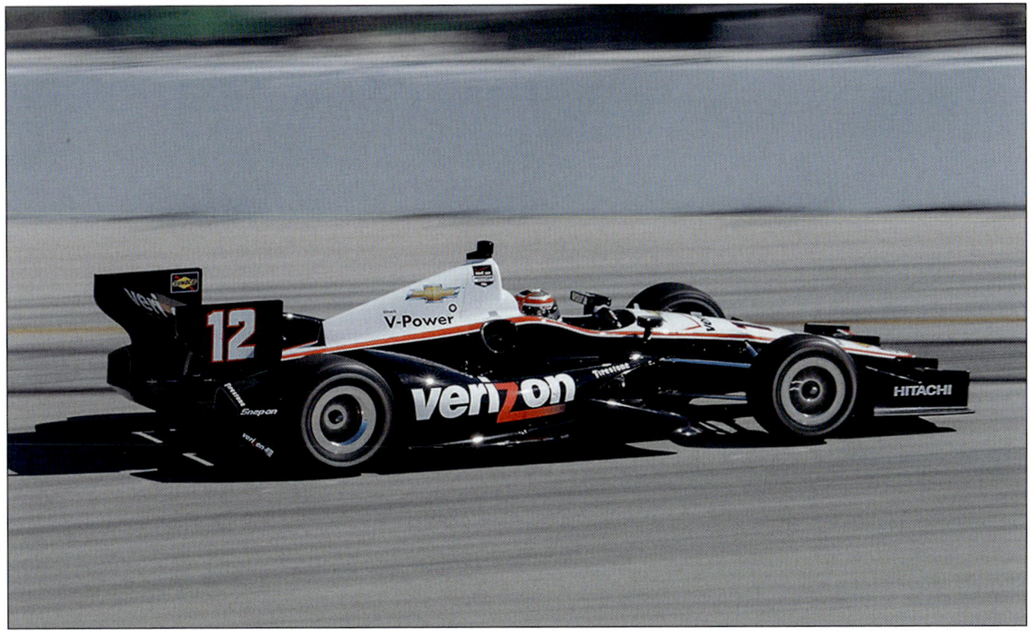

Sie haben schon gelernt, Bewegungen durch super kurze Verschlusszeiten einzufrieren. Manchmal wirkt es aber dramatischer, die Bewegung sogar zu noch betonen und Teile des Fotos absichtlich mit Bewegungsunschärfe zu versehen. Die Technik erfordert drei wesentliche Elemente:

(1) **Wählen Sie eine lange Verschlusszeit –** bei Objektiven mit größerer Brennweite idealerweise entweder 1/30 Sekunde oder 1/60 Sekunde, mit einem Weitwinkelobjektiv 1/4 Sekunde und mehr. Wechseln Sie also in den Zeitvorwahlmodus und stellen Sie die Verschlusszeit entsprechend ein.

(2) **Schwenken Sie mit Ihrem Motiv mit,** d.h. folgen Sie ihm mit der Kamera. Es ist die Bewegung der Kamera, die für den unscharfen Hintergrund sorgt, weil Sie mit dem Athleten mitschwenken, sodass dieser scharf bleibt, während alles um ihn herum verschwimmt.

(3) **Nutzen Sie den Serienaufnahme-Modus (Burst),** um die Chancen auf ein scharfes Bild zu erhöhen – mehrere Aufnahmen pro Sekunde machen sich hier wirklich bezahlt.

Eine wichtige Sache dürfen Sie nicht vergessen: Hören Sie nicht auf zu schwenken, wenn der Sportler den Bildausschnitt verlässt. Setzen Sie den Schwenk danach noch kurze Zeit fort, um einen sanften Ausklang zu erhalten.

Mit diesem Trick frieren Sie Bewegung im Motorsport ein

Sie können Autorennen mit sehr kurzer Belichtungszeit aufnehmen, solange die Autos fast direkt auf Sie zufahren. Wenn man die Räder nicht wirklich sieht, kann man auch nicht sagen, ob sie sich drehen. Schalten Sie die Kamera in den Blendenvorwahlmodus und fotografieren Sie dann mit der niedrigsten Blendenzahl, die das Objektiv zulässt, also mit weit geöffneter Blende, und fokussieren Sie auf den Fahrerhelm.

Der Zuschnitt ist entscheidend!

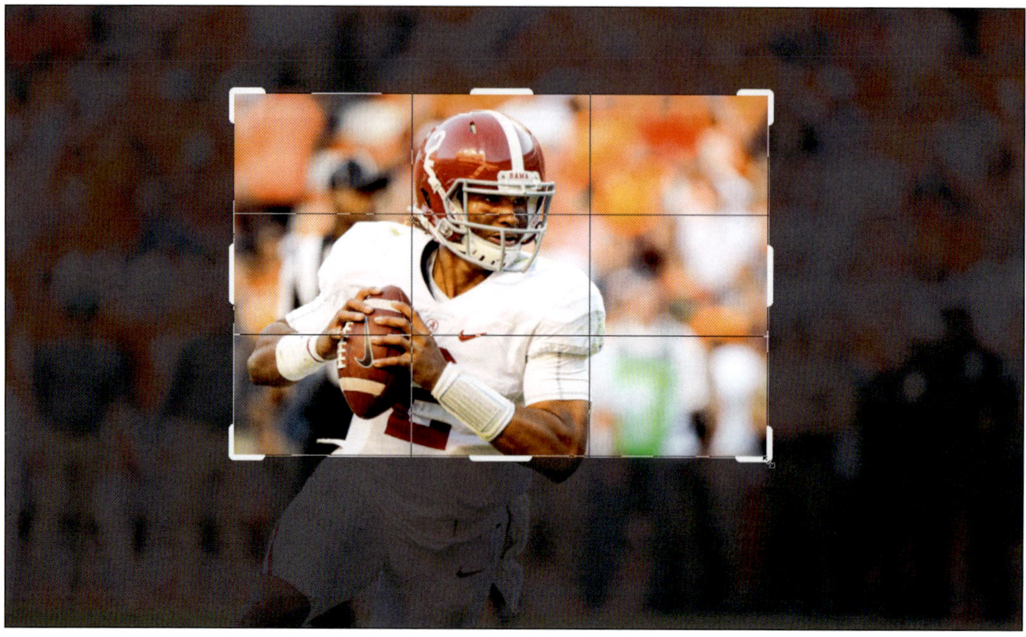

Ich hasse Freistellen. Wenn ich ein Foto nach der Aufnahme zuschneiden muss, habe ich das Gefühl, als Fotograf versagt zu haben bei der Entscheidung, was ich mit in den Bildausschnitt einbeziehe. Deshalb mache ich das nur selten – außer bei Sportfotos, wo ich die ganze Zeit am Freistellen bin und dabei keinerlei Reue empfinde. Ich muss es tun. Alle Sportfotografen (vor allem die Profis) tun es, weil sich das Geschehen bei den meisten Sportarten oft innerhalb von Sekundenbruchteilen von ihnen entfernt. Sogar mit einem 400-mm-Objektiv wirken Outfielder und Running Backs im Sucher noch winzig, oder man kann nicht mal erkennen, wer die Fußballer hinten auf dem Spielfeld sind. Deshalb müssen Sie in der Nachbearbeitung eng freistellen (etwa mit Photoshop oder Lightroom), um dynamische Bilder zu bekommen. Das gehört zur Sportfotografie, und je enger, desto besser! Je kürzer die Objektivbrennweite, desto häufiger werden Sie zudem freistellen. Deshalb profitieren Sportfotografen besonders von Kameras mit einer höheren Megapixel-Auflösung: Sie können das Bild eng zuschneiden und behalten dennoch eine ausreichend hohe Auflösung für Druck oder Internet. Zudem werden die meisten Sportbilder im Web betrachtet, was einen weiterer Grund für einen straffen Bildausschnitt darstellt. Dort werden sie in kleiner Größe angezeigt, sodass das Bild aus dem Bildschirm herausspringen und die Aufmerksamkeit des Betrachters auf sich ziehen muss. Noch etwas: Wenn Sie sich beim Freistellen denken: »Mann, das ist echt knapp zugeschnitten«, dann ist das genau das Stichwort, das Bild noch knapper zuzuschneiden!

Warum Sie die Aufwärmphase fotografieren müssen

Erscheinen Sie früh und experimentieren Sie mit Ihren Kameraeinstellungen, während sich die Spieler aufwärmen. Sie selbst müssen auch warm werden. Wenn seit Ihren letzten Sportaufnahme eine Woche oder mehr vergangen ist, brauchen Sie etwas Zeit, um wieder in die Gänge zu kommen.

Zwei Augen und ein Ball

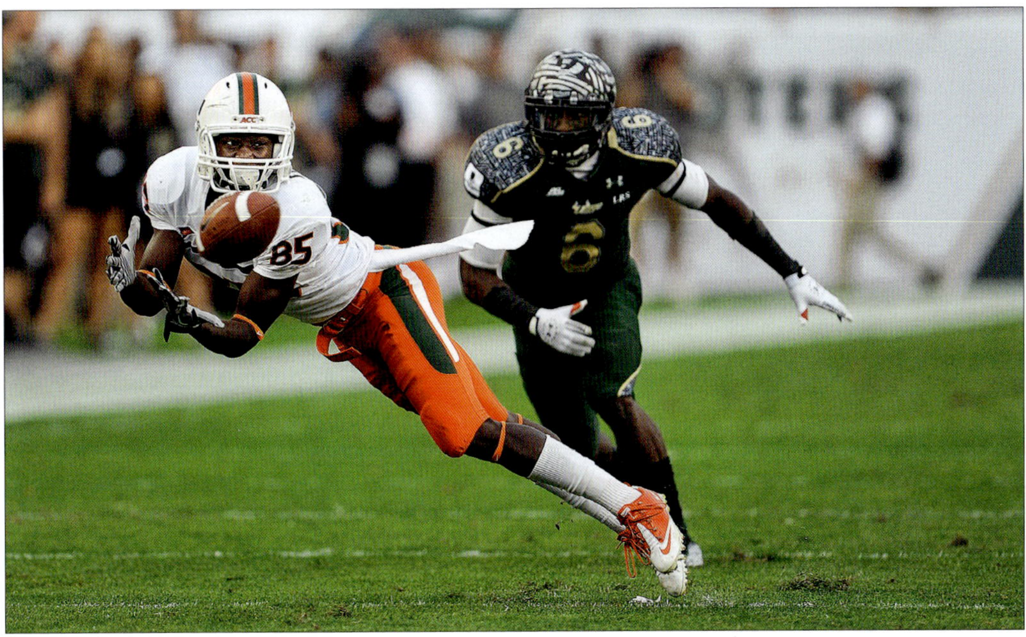

Wenn Sportfotografen ausdrücken wollen, was eine gutes, solides Sportfoto ausmacht, sagen Sie oft: »Zwei Augen und ein Ball«. Natürlich gilt das nur für Ballsportarten wie Fußball, Tennis, Basketball, Rugby, Baseball, Beachvolleyball, Softball, Wasserball und so weiter. (Bei Hockeyfotos heißt es »zwei Augen und ein Puck« – Sie verstehen schon, was ich meine.) Sie müssen beim Fotografieren also die Augen des Sportlers sehen, und Sie müssen in Ihrem Bildausschnitt erkennen, wie er den Ball hält, mit ihm rennt, ihn schlägt oder irgendwas anderes damit tut. Das alleine macht zwar noch kein herausragendes Sportfoto aus, aber es ist sozusagen ein Anfang – die Grundlage einer großartigen Aufnahme. Allerdings werden Sie von Zeit zu Zeit auf der Titelseite einer bekannten Sportzeitschrift ein Foto sehen, auf dem Sie weder die Augen noch den Ball erkennen. Das kommt vor, aber es ist dann immer ein ziemlich fantastisches Bild, was darüber hinweghilft, dass es weder zwei Augen noch einen Ball aufweist. Aber wenn Sie anfangen, Sportfotos für eine Nachrichtenagentur oder eine Mannschaft zu machen, dann wundern Sie sich nicht, wenn einige Ihrer Bilder abgelehnt werden, weil sie keine zwei Augen und keinen Ball zeigen.

Fotografieren Sie aus einer niedrigen Perspektive

Professionelle Sportfotografen stützen häufig ein Knie auf den Boden, um eine niedrigere und bessere Perspektive für ihre Aufnahmen zu erhalten. Sie vermittelt das Gefühl, direkt dabei zu sein, und lässt die Sportler (oder ihre Sportgeräte) »überlebensgroß« wirken. Versuchen Sie es beim nächsten Mal, aber kaufen Sie vorher unbedingt ein Paar gepolsterte Knieschoner (zum Beispiel im Baumarkt).

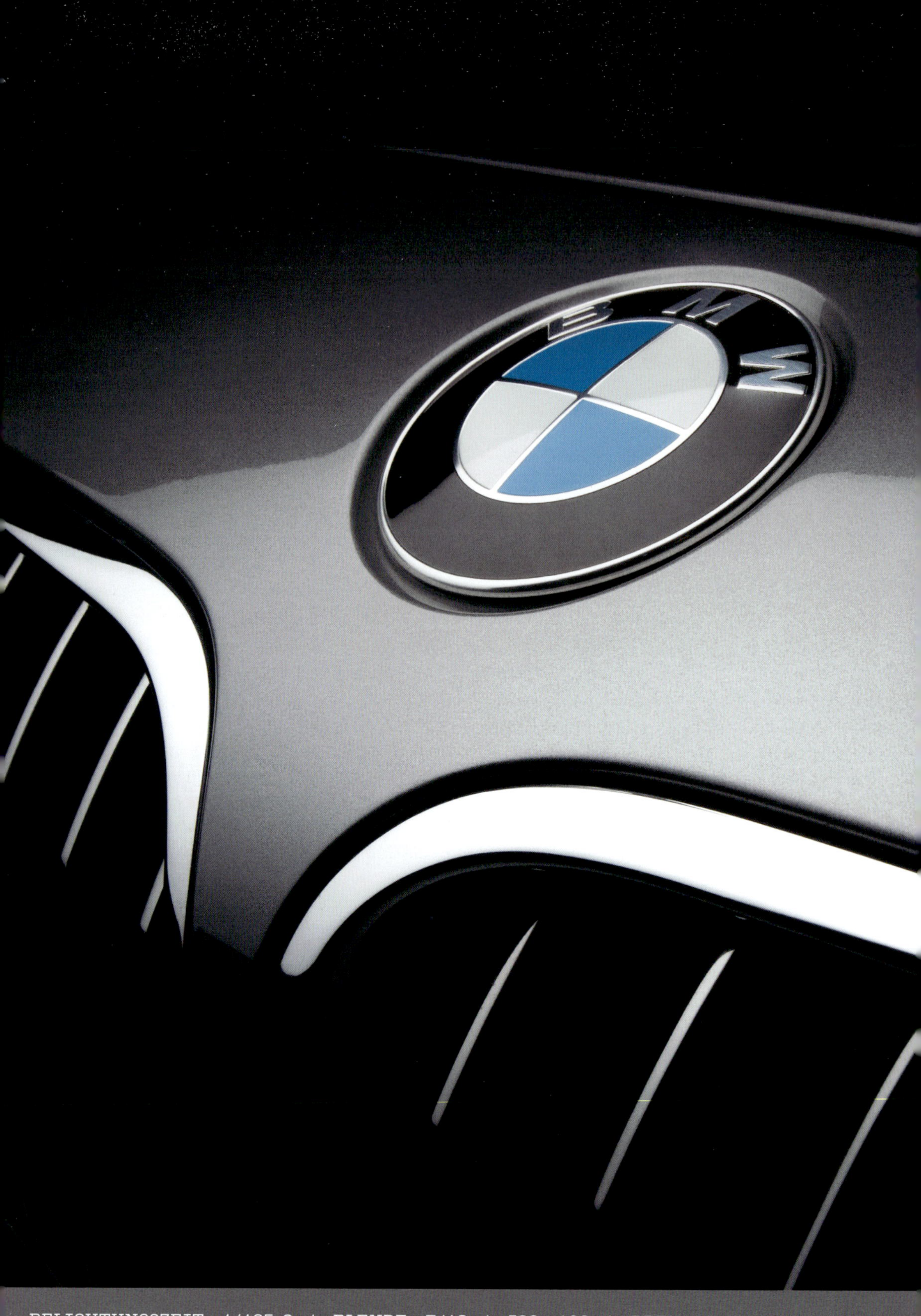

BELICHTUNGSZEIT: 1/125 S | BLENDE: F/18 | ISO: 100 | BRENNWEITE: 24MM

Kapitel 9

Andere Dinge wie ein Profi fotografieren

Schöne Bilder vom Rest der Welt

Immer wieder fotografieren wir auch Genres, die keine offizielle Bezeichnung haben. In Fotografenkreisen sagt man dazu »Kram«. Aber auch Kram will ordentlich fotografiert werden. Wir wollen unsere Sache gut machen. Wir wollen professionell fotografieren. Aber wir können uns damit auch gut über andere Fotografen lustig machen. Wenn zum Beispiel ein Freund von Ihnen ein Heißluftballonrennen fotografiert und Sie gefragt werden, wo er gerade sei, könnten Sie antworten: »Der fotografiert gerade irgendwelchen Kram«, und alle würden grinsen und wüssten, was gemeint ist. Warum tun wir so etwas? Warum machen wir uns über andere Fotografen lustig? Na ja, damit wir unsere Rolle als »die da oben« ausfüllen und die »Kram«-Fotografen jemanden haben, den sie verantwortlich machen können, wenn der Erfolg ausbleibt. Sie dachten, mit »die da oben« meint man die Regierung oder die Großkonzerne? Ein weit verbreiteter Irrglaube. »Die da oben« sind die Leute, deren Aufgabe es ist, dafür zu sorgen, dass Fotografen während ihrer gesamten Laufbahn am Hungertuch nagen. Genau wie »die da oben« in Plattenfirmen dafür sorgen, dass Musiker ihr Image als hungernde Künstler weiter pflegen können und »die da oben« im Bibliothekswesen sicherstellen, dass Bibliotheksassistentinnen sonntags nie frei bekommen, während Bibliothekarinnen grundsätzlich frei bekommen, um auf die Buchmesse oder eine Lesung zu gehen. Aber ich schweife ab. Wenn Sie als Fotograf etwas wirklich gut fotografieren, das »nicht in den Lehrbüchern« steht, also anders als »Porträt« oder »Reise« nicht zu den Standardgenres der Fotografie gehört, dann erreichen Sie das heimliche Ziel eines jeden echten fotografischen Arbeitstiers, wie Sie und ich es sind, nämlich »es denen da oben mal richtig zu zeigen«. Indem Sie Ihr Können perfektionieren und diesen »Kram« fotografieren, der nicht einmal einen richtigen Namen hat (z. B. ein Ballonfestival), zeigen Sie sich rebellisch. Sie mischen die Szene auf (Discoglitter!). Sie durchbrechen den Status quo (Funkenregen!). Und das bedeutet für diejenigen da draußen, die etwa Wassertropfen oder anderen Kram ohne richtigen Genrenamen oder Verwendungszweck fotografieren, mehr, als Sie sich jemals vorstellen könnten. Also werfen Sie sich in Montur, gehen Sie raus und besorgen Sie sich ein paar seltsame Filter und etwas Klebeband, vielleicht auch ein wenig Speiseöl, und lassen Sie es richtig krachen, und denken Sie die ganze Zeit daran: Jetzt haben Sie es »denen da oben« mal so richtig gezeigt!

Fotografieren Sie Blumen nicht von oben

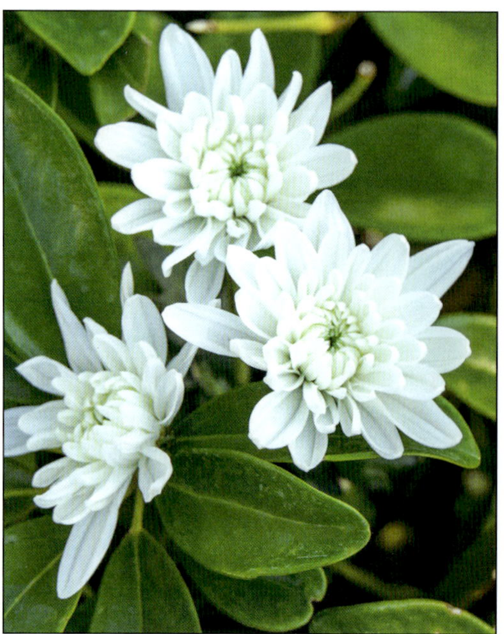

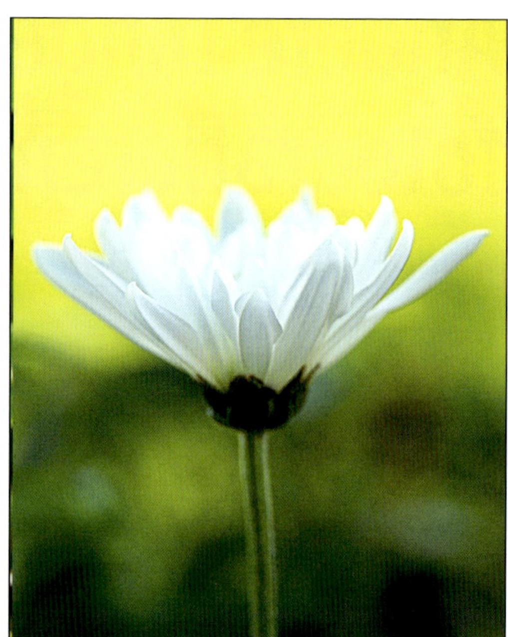

Wenn Sie auf einem Feld oder Gartenpfad ein paar Wildblumen sehen und für ein kurzes Foto stehenbleiben, ist das Ergebnis eine eher durchschnittliche Aufnahme. Warum ist das so? Weil Sie aus der gleichen Perspektive fotografiert haben, aus der normalerweise jeder die Blumen sieht – von oben. Wirklich interessante Blumenbilder müssen Sie aus einem weniger alltäglichen Blickwinkel aufnehmen. Das bedeutet in der Regel, nicht auf die Blumen hinabzufotografieren, sondern sich stattdessen selbst nach unten zu begeben und sie sozusagen »auf Augenhöhe« zu fotografieren. Das gehört auch wieder zu den Dingen, die Profis automatisch tun und die die meisten Amateure versäumen. Die oben gezeigten Aufnahmen verdeutlichen den Unterschied: links das typische Blumenfoto von oben, rechts dieselbe Blume in demselben Licht, mit demselben Objektiv und derselben Brennweite, 30 Sekunden später aufgenommen, allerdings von der Seite (auf ein Knie gestützt) statt von oben herab. Wie Sie sehen, macht der untypische Blickwinkel hier den Unterschied. Übrigens, wenn Sie schon da unten sind, versuchen Sie, ganz tief runterzugehen (unter die Blumen) und sie von dort aus zu fotografieren, aus einem faszinierenden Blickwinkel, den Sie kaum je zu Gesicht bekommen!

Tipps zum Fotografieren von Blumen

Wo kriegen Sie tolle Blumen her? In einem Blumenladen in Ihrer Nähe, aber (Bonustipp) sagen Sie der Floristin auch gleich, dass Sie die Blumen zum Fotografieren kaufen. Ich habe die Erfahrung gemacht, dass sie außergewöhnliche Anstrengungen unternehmen wird, um Ihnen ein perfektes Exemplar zum Fotografieren zur Verfügung zu stellen (das liebe ich an Floristinnen). Oft darf ich sogar mit in den Kühlraum, um dort nach genau dem richtigen Exemplar zu suchen. Sie werden mit einer perfekten, frischen, traumhaft schönen Blume herauskommen. (Anmerkung: Sie machen der Floristin eine Riesenfreude, wenn Sie ihr eines Ihrer Lieblingsblumenfotos per E-Mail schicken.)

Warten Sie nicht auf den Regen – imitieren Sie ihn!

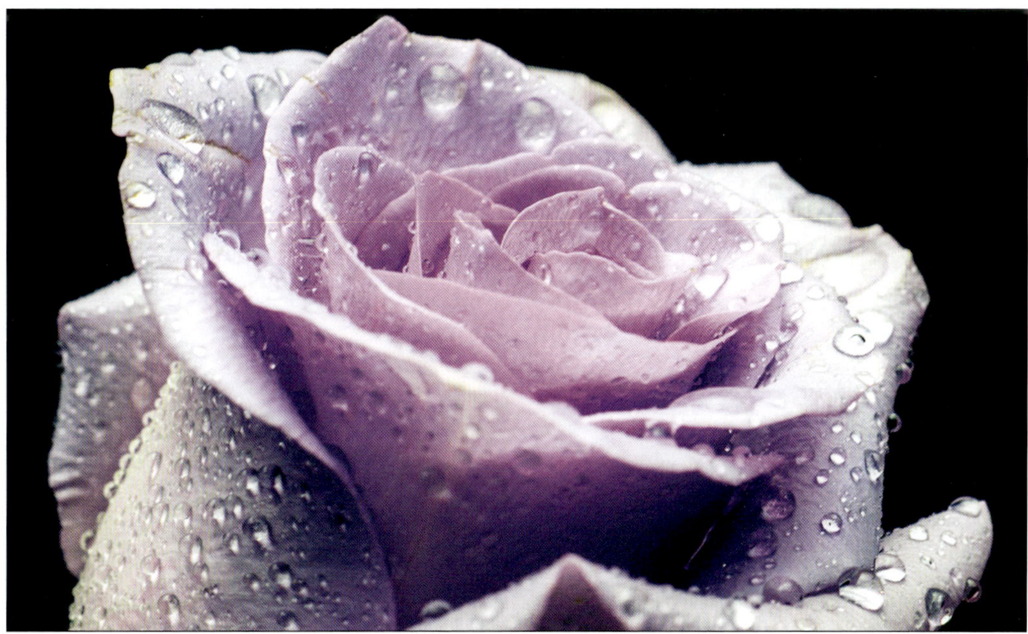

Dieser Trick klingt vielleicht zunächst ein bisschen billig, aber Sie werden erstaunt sein, wie gut er funktioniert. Statt zum Fotografieren auf Regen zu warten, nehmen Sie eine kleine, mit Wasser gefüllte Sprühflasche mit und benetzen die Blumen selbst. Ich habe für wenige Dollar in der Kosmetikabteilung von Walgreens (ich weiß, was Sie denken: »Walgreens hat eine Kosmetikabteilung?«) eine nette kleine Sprühflasche gefunden, die wahre Wunder wirkt. Nach ein paar schnellen Sprühstößen haben Sie die schönsten Wassertropfen auf Ihren Blütenblättern, und niemand wird je erfahren, dass Sie nicht geduldig auf die Kooperation von Mutter Natur gewartet haben. Wenn die Flasche klein genug ist, passt Sie mit in die Kameratasche. Ich habe diese Sprühflaschentechnik verwendet, um mit einem Makroobjektiv gelbe Rosen zu fotografieren, und man könnte schwören, dass ich nach einem Frühlingsschauer im Queen Mary's Garden fotografiert habe. Probieren Sie es einmal aus – Sie werden schon bald überzeugt sein.

Blumen vor schwarzem Hintergrund

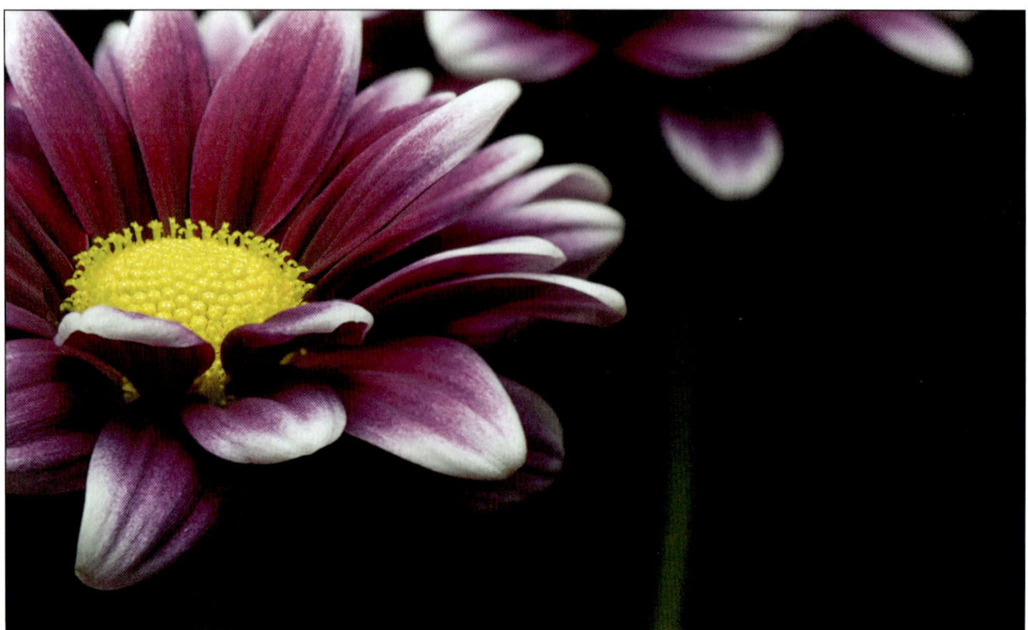

Zu den dramatischsten Kompositionstechniken für Blumenfotos gehört es, eine einzelne Blume vor einen schwarzen Hintergrund zu setzen. Sie können schwarze Hintergründe auch nachträglich in Photoshop einfügen, aber meistens macht das einfach zu viel Arbeit. Verfahren Sie stattdessen wie die Experten: Legen Sie schon beim Fotografieren einen schwarzen Hintergrund hinter die Blume. Der Fotograf Vincent Versace hat mir schon vor Jahren diesen Trick verraten: Er trägt eine schwarze Jacke, wenn er Blumen fotografiert, und wenn er eine Blume sieht, die er vor schwarzem Hintergrund zeigen möchte, lässt er seinen Assistenten (oder einen Freund, seine Frau, eine Passantin usw.) seine Jacke hinter die Blume halten. Ich weiß, das klingt verrückt – bis Sie es selbst einmal ausprobiert haben. Wenn Sie Blumen in Innenräumen fotografieren, kaufen Sie entweder einen Meter schwarzen Samt- oder Veloursstoff (Samt kostet etwa 10–15 Euro pro Meter, Velours etwa 5–10 Euro) und legen Sie ihn hinter die Blumen. Sie können ihn auf so gut wie allem drapieren (ich gebe es nur ungern zu, aber ich habe meinen Velourshintergrund sogar schon über eine Packung Cookie-Crisp-Frühstückscerealien gelegt). Lassen Sie zwischen den Blumen und dem schwarzen Hintergrund mindestens einen guten halben Meter Platz (damit das Licht abfallen kann und das Schwarz auch wirklich schwarz aussieht) und beginnen Sie, zu fotografieren. Was das Licht für Blumenfotos betrifft – hier bevorzuge ich nach Möglichkeit natürliches Licht. Richten Sie das Blumenshooting also ein paar Meter von einem Fenster entfernt ein (falls vorhanden, nehmen Sie ein nach Norden gerichtetes Fenster, damit kein hartes, direktes Licht auf die Blume trifft).

Verwenden Sie ein Makroobjektiv, um ganz nah heranzugehen

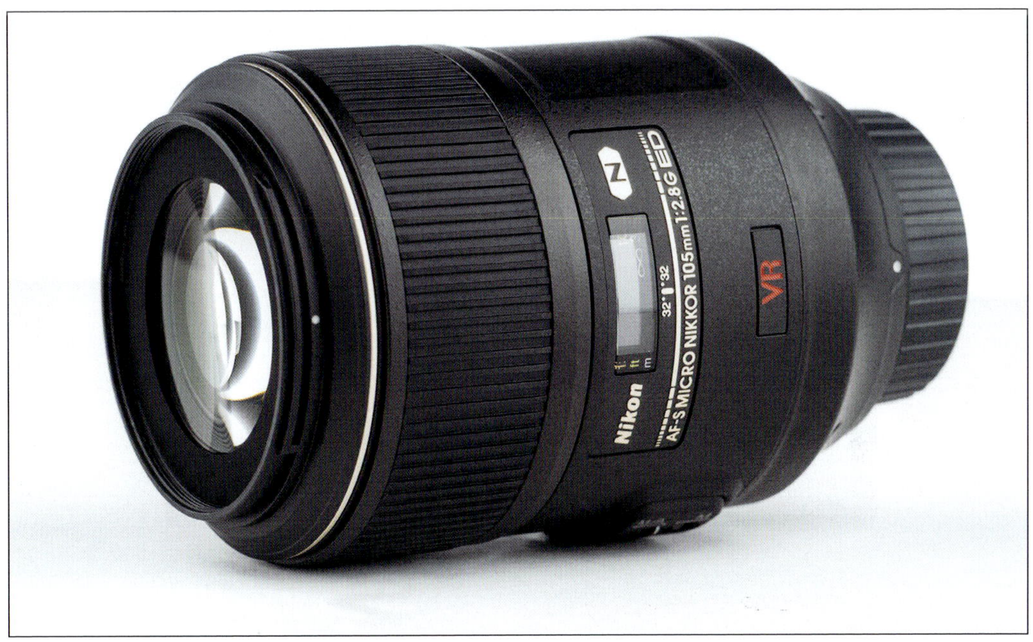

Makroobjektive sind meine erste Wahl für Blumenfotos. Sie liefern eine 1:1-Nahaufnahme des Motivs und zeigen die Blumen in einer unglaublich nahe herangezoomten Ansicht, wie sie normalerweise nur Bienen bei der Bestäubung vorbehalten ist. Ein weiterer Vorteil von Makroobjektiven ist ihre äußerst geringe Schärfentiefe – der Effekt ist so extrem, dass beim Fotografieren einer Rose die vorderen Blütenblätter scharf und die hinteren unscharf sein können. Wenn Sie kein Makroobjektiv haben, versuchen Sie es mit einer Nahlinse, die Ihr Teleobjektiv für ein Viertel des Geldes in ein Makroobjektiv verwandelt (siehe Seite 142). Und schließlich können Sie auch mit normalen Zoomobjektiven tolle Blumenfotos aufnehmen (auf Seite 174 lesen Sie mehr dazu). Übrigens *müssen* Sie (sehen Sie, dass ich das extra in Kursivschrift hervorgehoben habe?) Makrobilder unbedingt mit Stativ fotografieren (siehe Tipp unten auf der nächsten Seite). Wenn Sie extrem dicht an eine Blume herangehen, ruiniert Ihnen jede kleinste Bewegung das Foto. Wenden Sie also alle in Kapitel 1 beschriebenen Techniken für scharfe Fotos an, um diese erstaunliche neue Welt der Blütenmakros einzufangen. Eine weitere beliebte Profitechnik ist das Fokus-Stacking, bei dem Sie mehrere Aufnahmen der Blume machen, bei jeder Aufnahme einen anderen Teil der Blüte scharfstellen und dann später in Photoshop automatisch die scharfen Bereiche aller Fotos zu einem einzigen Bild mit einer größeren Schärfentiefe kombinieren, als es mit nur einer Makroaufnahme möglich gewesen wäre (wegen der extrem geringen Schärfentiefe der Makroobjektive). Mehr über Fokus-Stacking erfahren Sie auf Seite 186.

Schützen Sie die Knie, wenn Sie draußen Blumen fotografieren

Wenn Sie viele Blumenaufnahmen machen möchten, gibt es ein preiswertes Zubehörteil, das nicht aus dem Fotoladen kommt: Knieschoner mit Gelkissen. Sie werden zu Ihren besten Freunden werden. Sie finden sie im Baumarkt oder in jedem gut sortierten Gartengeschäft.

Welche Blende am besten für Makroaufnahmen funktioniert

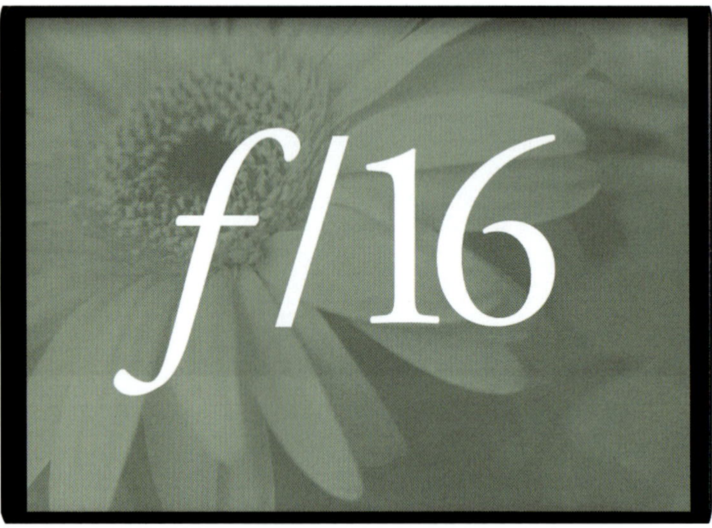

Gibt es eine ideale Blendeneinstellung für Makroaufnahmen? Aber ja doch: f/16. Weil die Schärfentiefe von Makroobjektiven so gering ist (der vordere Bereich der fotografierten Blüte kann also perfekt scharf sein, und das nur zwei Zentimeter dahinter liegende Blütenblatt ist bereits völlig unscharf) müssen Sie eine möglichst große Schärfentiefe anstreben, und die bekommen Sie mit einer Blendeneinstellung wie f/16. Im Prinzip wird das Foto mit steigender Blendenzahl immer schärfer, sodass Sie vielleicht in Versuchung geraten, einen noch höheren Wert wie f/22 einzustellen (oder sogar f/32, falls Ihr Objektiv es zulässt). Tun Sie das nicht. Das würde zwar technisch gesehen mehr Schärfentiefe erlauben, aber im Gegenzug büßen Sie ab Blende 22 auch wieder etwas an Schärfe und Detailzeichnung ein. Deshalb empfehle ich (wie auch viele der heutigen Makro-Experten), eher eine Blendeneinstellung wie f/16 zu wählen, weil sie eine höhere Schärfentiefe bietet und dabei zudem noch ziemlich scharf abbildet. Das ist meine Langversion von: »Hey, verwenden Sie für Makrofotos einfach f/16!«

Ein Stativ ist Pflicht

Es gibt zwar auch Makroobjektive mit Bildstabilisator (IS) oder Vibrationsreduzierung (VR), aber wenn Sie die Makrofotografie ernst nehmen, dann werden Sie auch im Hinblick auf die Bildschärfe keinen Spaß verstehen, und deshalb brauchen Sie ein Stativ. Es ist vielleicht das wichtigste Puzzleteil auf dem Weg zu großartigen Makroaufnahmen. Auch wenn in anderen Bereichen Kompromisse möglich sind, ein Stativ sollten Sie immer verwenden. Der Bildstabilisator, der eine Kamera so stabil hält wie selbst das billigste Stativ, muss noch erfunden werden.

Schalten Sie für Makrofotos den Autofokus ab

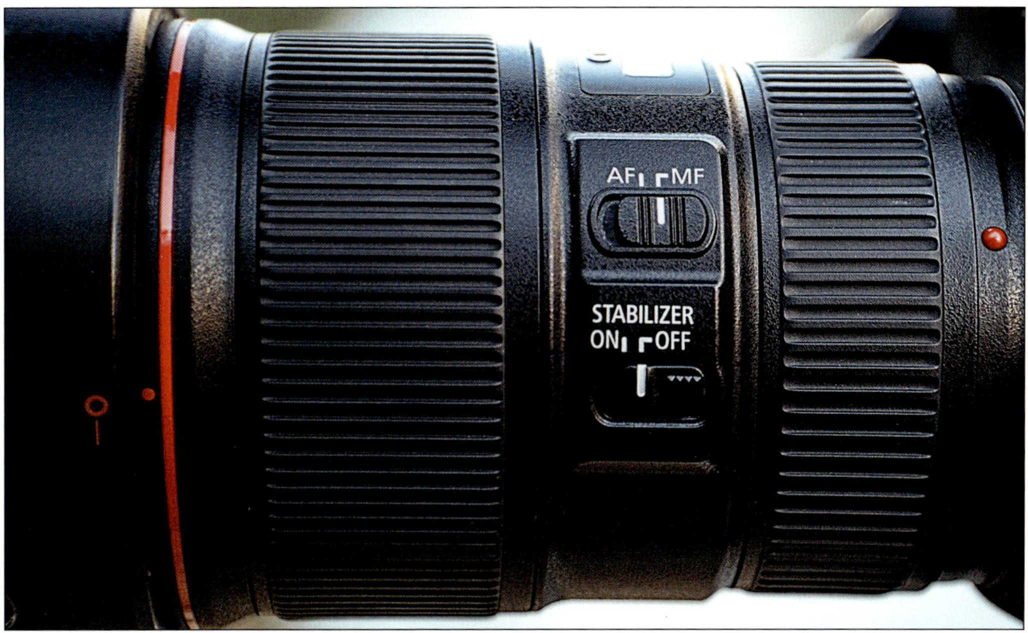

Zu den großen Herausforderungen der Makrofotografie gehört es, Objekte scharf und richtig fokussiert zu fotografieren, und Sie werden bald merken, dass die Autofokus-Funktion besonders nervtötend sein kann, wenn Sie sich so nah am Motiv befinden wie eben bei Makroaufnahmen. Um Ihr Frustrationslevel massiv zu senken, gebe ich Ihnen den Tipp, den Autofokus am Kameraobjektiv abzuschalten und stattdessen von Hand scharfzustellen. Ich weiß, dass Sie den Autofokus nur äußerst ungern aufgeben, denn wenn wir ehrlich sind, funktioniert er bei den heutigen Kameras wirklich erstaunlich präzise. Zumindest bis Sie damit Makroaufnahmen machen wollen. Sie werden das Surren des Objektivs hören, während die Kamera verzweifelt versucht, auf irgendetwas scharfzustellen, und dabei wird auch in Ihnen allmählich die Verzweiflung hochsteigen. Schalten Sie einfach in den manuellen Modus um, und Ihnen ist geholfen. Wenn Ihr Objektiv einen eingebauten Bildstabilisator hat, schalten Sie ihn ebenfalls aus, da Sie ohnehin ein Stativ verwenden (Seite 14 enthält weitere Informationen über IS/VR).

Fassen Sie den Auslöser nicht an!

Wenn Sie sich die Mühe machen, die Kamera auf ein Stativ zu setzen (und das sollten Sie auf jeden Fall), können die beim Drücken des Auslösers entstehenden Vibrationen trotzdem verhindern, dass das Foto knackscharf wird. Deshalb sollten Sie für Makroaufnahmen entweder einen Fernauslöser verwenden (eine kabelgebundene oder drahtlose Fernbedienung, mit der Sie eine Aufnahme machen können, ohne den Auslöser an der Kamera selbst zu berühren) oder den Selbstauslöser der Kamera nutzen, der die Aufnahme etwa 10 Sekunden nach dem Drücken des Auslösers für Sie ausführt, wenn alle durch das Betätigen des Auslösers übertragenen Schwingungen längst abgeklungen sind.

Blumen mit dem Teleobjektiv fotografieren

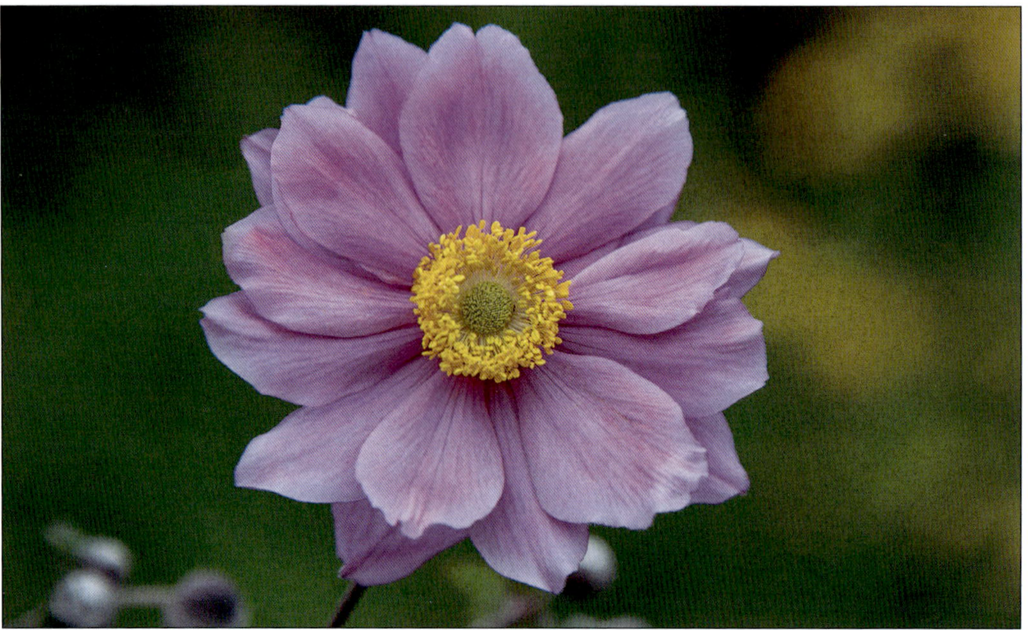

Sie brauchen nicht unbedingt ein Makroobjektiv, um tolle Blumenfotos zu machen. Langbrennweitige Teleobjektive (ab 150 mm aufwärts) eignen sich aus zwei Gründen hervorragend für Blumenaufnahmen: (1) Meist können Sie damit so nah heranzoomen, dass die Blume fast den gesamten Bildbereich ausfüllt – Sie müssen nur ein bis zwei Schritte zurücktreten und dann ganz nah heranzoomen. Und (2) wird dank der langen Brennweite der Hintergrund problemlos unscharf, wodurch Sie die so wichtige Trennung vom Hauptmotiv erreichen – nur die Blüte steht scharf abgebildet im Fokus der Aufnahme. Fotografieren Sie im Blendenvorwahlmodus und stellen Sie die niedrigste Blendenzahl ein, die das Objektiv erlaubt. Versuchen Sie, eine Blume oder eine kleine, dicht stehende Blumengruppe zu isolieren, und stellen Sie dann genau diese Blume scharf (und natürlich hilft Ihnen der Trick von Seite 168, »auf Augenhöhe« zu fotografieren, um eine interessantere und dynamischere Perspektive zu bekommen).

Wann Sie Belichtungsreihen aufnehmen sollten

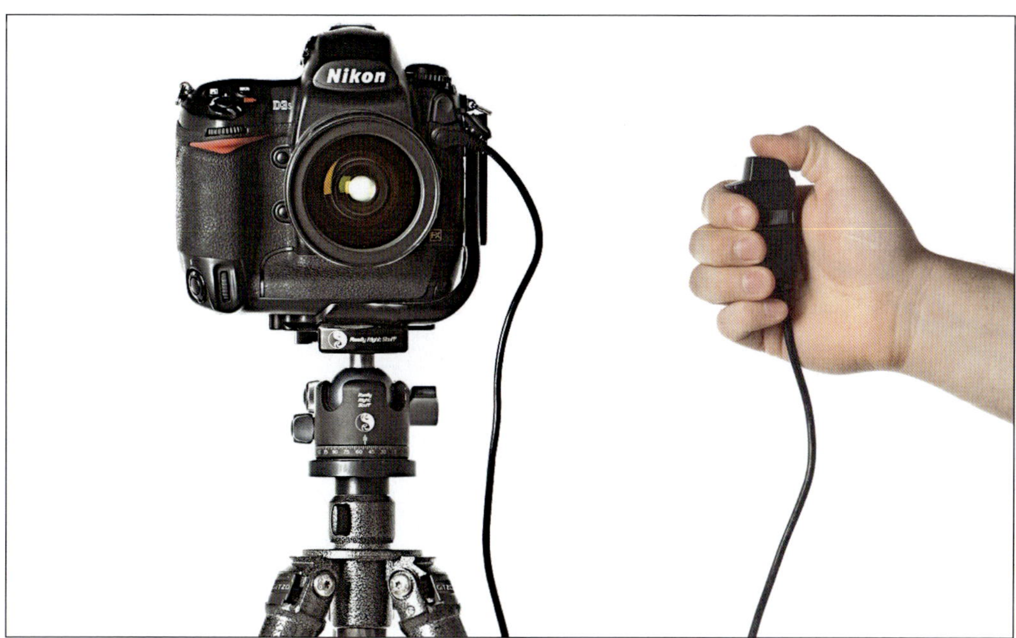

Angenommen, Sie sind in einer Kathedrale, durch deren wundervolle Bleiglasfenster das Licht hereinströmt. Sie stehen da und genießen den großartigen Anblick. Dass wir diesen überhaupt so wahrnehmen können, verdanken wir nur der Leistungsfähigkeit unseres Sehapparats. Dieser kann sich perfekt an die gewaltigen Helligkeitsunterschiede zwischen den Fenstern hoch oben und dem schwach beleuchteten Kircheninneren anpassen. Der Sensor der Kamera ist nicht annähernd so leistungsfähig. Nicht annähernd. Sie bekommen also entweder ein Foto, auf dem die Belichtung der bunten Fenster stimmt, oder eines, auf dem zwar das Kircheninnere richtig belichtet ist, die Fenster aber völlig überstrahlen. In solchen Fällen sollten Sie Belichtungsreihen aufnehmen (bestehend aus einer normalen Aufnahme und jeweils einem um 2 Belichtungsstufen unter- bzw. überbelichteten Foto). Diese drei Bilder können Sie später wieder zu einem einzigen Bild mit einem größeren Dynamikumfang (HDR) kombinieren. Wenn das Kürzel »HDR« bei Ihnen nur die alten, unrealistischen, künstlich wirkenden, seltsamen HDR-Bilder aus der Zeit um 2007 heraufbeschwört, dann wollen wir dankbar sein, dass wir diese Phase größtenteils hinter uns gelassen haben. Wenn Sie heute ein HDR-Bild erstellen, sieht es dem Original ziemlich ähnlich, besitzt aber einen größeren Tonwertumfang, sodass zum Beispiel die Fenster nicht überstrahlen und der Innenraum nicht zu dunkel ist. Sie erhalten mehr Detailzeichnung und viel weniger Rauschen (die Geheimwaffe von Lightroom und Photoshop) ohne all die verrückten Looks. Sie müssen in der Kamera nur die Belichtungsreihe einschalten (auch »Bracketing« genannt). Auf der nächsten Seite beschreibe ich, wie das geht.

So fotografieren Sie eine Belichtungsreihe für ein HDR-Bild

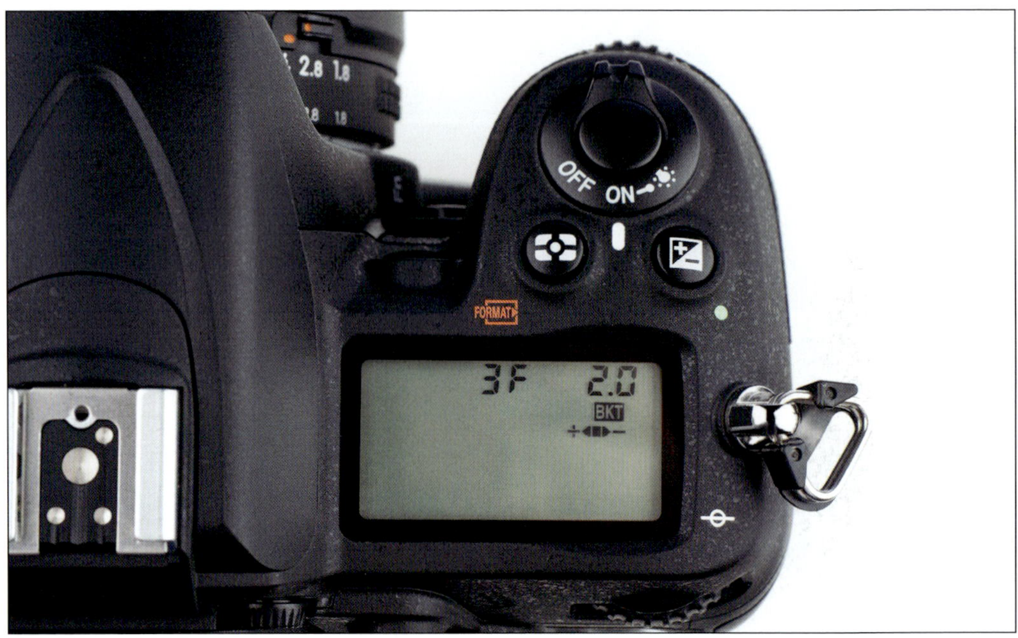

Grundlage eines jeden HDR-Fotos ist eine Belichtungsreihe. Sie richten die Kamera so ein, dass Sie mehrere Aufnahmen desselben Motivs macht, ohne dabei ihre Position zu verändern. Sie brauchen im Prinzip eine normal belichtet Aufnahme, eine um zwei Belichtungsstufen unterbelichtete (dunklere) Aufnahme und eine um zwei Belichtungsstufen überbelichtete (hellere) Aufnahme – insgesamt drei Bilder von genau derselben Szene. Je nach Kamera können Sie bei dieser Funktion (meist als »Bracketing« bezeichnet) direkt eine Belichtungsreihe mit zwei Belichtungsstufen Abstand durchführen (um zwei Stufen über- und um zwei Stufen unterbelichtet). Bei manchen Kameras können Sie nur eine Belichtungsstufe Abstand wählen, kommen also statt bei drei bei fünf Einzelaufnahmen raus. Die gute Nachricht: Egal, ob drei oder fünf Bilder, Lightroom bzw. Photoshop brauchen davon eigentlich nur zwei, um ein HDR-Bild zu erstellen – die um zwei Belichtungsstufen unterbelichtete und die um zwei Belichtungsstufen überbelichtete (den Rest können Sie löschen). Ich habe ein Video für Sie gemacht, wie man die Bilder miteinander verrechnet (siehe Seite 3). Noch ein paar Tipps: Idealerweise sollten Sie ein Stativ verwenden, da Sie mehrere Aufnahmen miteinander kombinieren wollen. Wenn es hell genug ist, können Sie dank der Funktion zum automatischen Ausrichten von Ebenen in Photoshop Ihre Belichtungsreihen auch aus der Hand fotografieren. Sie sollten eine Blende verwenden, die alles scharf abbildet (ich fotografiere alle Belichtungsreihen mit f/11 – bei zu niedrigem Blendenwert funktioniert das Bracketing nicht richtig). Ich nutze außerdem auch die Selbstauslöserfunktion der Kamera. Diese löst – sofern das Bracketing aktiviert ist – automatisch alle drei (bzw. fünf) Fotos für mich aus, kurz nachdem ich den Auslöser betätigt habe. Andernfalls müssen Sie den Auslöser drei (oder fünf) Mal drücken. Es ist besser, das der Kamera zu überlassen, damit Sie beim Mitzählen nicht durcheinanderkommen.

Den Mond mit Detailzeichnung fotografieren

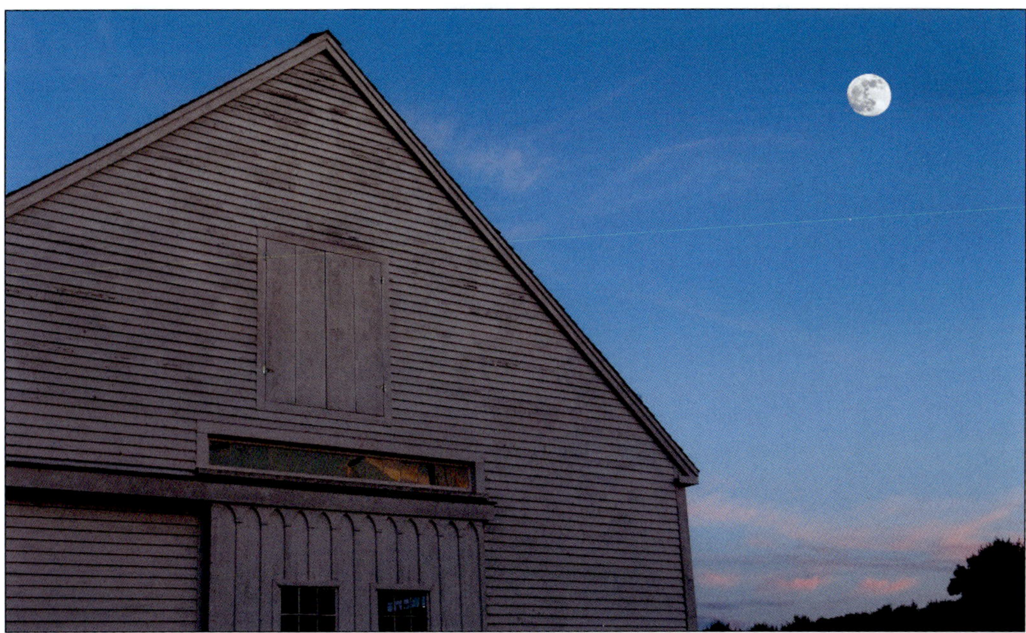

Es klingt so simpel – eine Nachtszene mit einem deutlich erkennbaren, detaillierten Mond im Hintergrund, aber auf dem Bild erhalten Sie einen völlig überbelichteten, grellweißen Kreis und nicht das schöne Mondfoto, die Sie sich erhofft haben. Es ist eben nahezu unmöglich, sowohl die Nachtszene (die eine lange Belichtung erfordert) als auch eine detailreiche Mondansicht (die eine sehr kurze Belichtung erfordert, weil der Mond doch ziemlich hell ist) auf ein und dasselbe Bild zu bekommen. Schon seit Anbeginn der Fotografie fertigen Fotografen daher Mehrfachbelichtungen an, bei der zwei unterschiedliche Belichtungen in einem Bild vereint werden. Es gibt zwar Digitalkameras, die Doppelbelichtungen durchführen können, aber ebenso einfach ist es, zwei separate Fotos aufzunehmen – eines von der Nachtszene (in diesem Fall einer Scheune) und eines vom Mond – und diese in Photoshop zu kombinieren (dazu gleich mehr). Verwenden Sie für die Nachtszene ein Weitwinkelobjektiv und ein Stativ (Letzteres ist ein absolutes Muss), aktivieren Sie den Blendenvorwahlmodus, wählen Sie Blende f/11 und lassen Sie die Kamera die richtige Verschlusszeit für Sie berechnen (je nach Lichtverhältnissen bis zu mehreren Minuten). Dann machen Sie die Nachtaufnahme. Wechseln Sie nun zu Ihrem längsten Teleobjektiv (idealerweise mit 200 mm Brennweite oder mehr) und stellen Sie den manuellen Modus der Kamera ein, denn für das Mondfoto müssen Sie diese beiden Einstellungen vorgeben: Blende f/11 und eine Belichtungszeit von 1/250 Sekunde. Zoomen Sie so stark wie möglich an den Mond heran, sodass im Bildausschnitt nichts zu sehen ist als schwarzer Himmel und der Mond (keine Wolken, Gebäude usw.). Dann machen Sie Ihr Mondfoto. Jetzt haben Sie beide Aufnahmen, und der Rest ist ganz einfacher Photoshop-Kram (auch hierzu habe ich ein Video für Sie aufgenommen – auf Seite 3 lesen Sie, wo Sie es finden).

Der Trick für nächtliche Stadtansichten

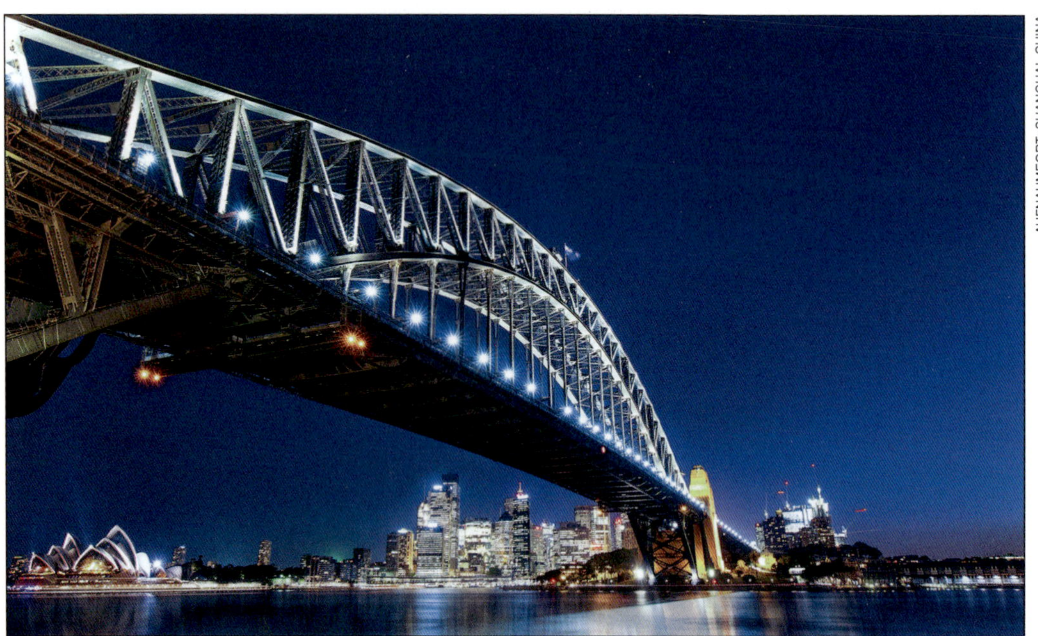

AUFNAHMEORT: SHANGHAI, CHINA

Wenn Sie nachts eine solche Stadtlandschaft fotografieren, können Sie mit recht gutem Ergebnis den Blendenvorwahlmodus (**Av** oder **A**) weiterbenutzen. Ich sage »recht gut«, weil der Himmel wahrscheinlich nicht allzu überwältigend aussehen wird. Er wird wahrscheinlich überbelichtet (zu hell) wirken, weil der Blendenvorwahlmodus immer versucht, eine seiner Auffassung nach korrekte Belichtung zu erreichen. Da es aber Nacht ist (und die Kamera das nicht weiß), wird der Himmel oft überbelichtet, oder er bekommt eine seltsame Farbe (oder beides). Wie können wir das vermeiden? Wir fotografieren im manuellen Modus (keine Sorge – das ist total einfach). Noch zwei Kleinigkeiten, ehe wir zu den Einstellungen kommen: (1) Sie machen eine Langzeitbelichtung, also brauchen Sie natürlich ein Stativ. (2) Warten Sie mit den Aufnahmen nicht zu lange – idealerweise sollten Sie zwischen 15 bis 20 Minuten und vielleicht eine Stunde nach Sonnenuntergang beginnen, wenn die Lichter der Stadt bereits angegangen sind, der Himmel aber noch nicht ganz schwarz ist. Wählen Sie dann im manuellen Kameramodus eine Blende mit großer Schärfentiefe (wie z. B. f/11), stellen Sie die ISO-Empfindlichkeit auf 100 (oder 50, wenn das bei Ihrer Kamera geht), um ein möglichst rauscharmes Bild zu bekommen, und wählen Sie als Startwert eine Verschlusszeit von 3 Sekunden. Richten Sie nun Ihren Fokuspunkt auf ein bereits gut beleuchtetes Objekt (z. B. Gebäude oder Schilder in der Stadt) und machen Sie ein Testfoto. Wenn das Bild zu dunkel ist, probieren Sie es mit einer längeren Verschlusszeit (4 oder 5 Sekunden oder sogar noch mehr). Wird das Bild zu hell, verkürzen Sie die Belichtungszeit (auf 2 Sekunden). Möglicherweise brauchen Sie drei oder vier Testaufnahmen, bevor Sie die Belichtung endgültig so festlegen können, dass die Stadtbeleuchtung nicht zu hell ist und der Nachthimmel gut aussieht und etwas Detailzeichnung aufweist. Aber nach einigen Versuchen mit unterschiedlichen Belichtungszeiten werden Sie es auf den Punkt genau hinbekommen.

Einen Produktfotografie-Tisch selbst bauen

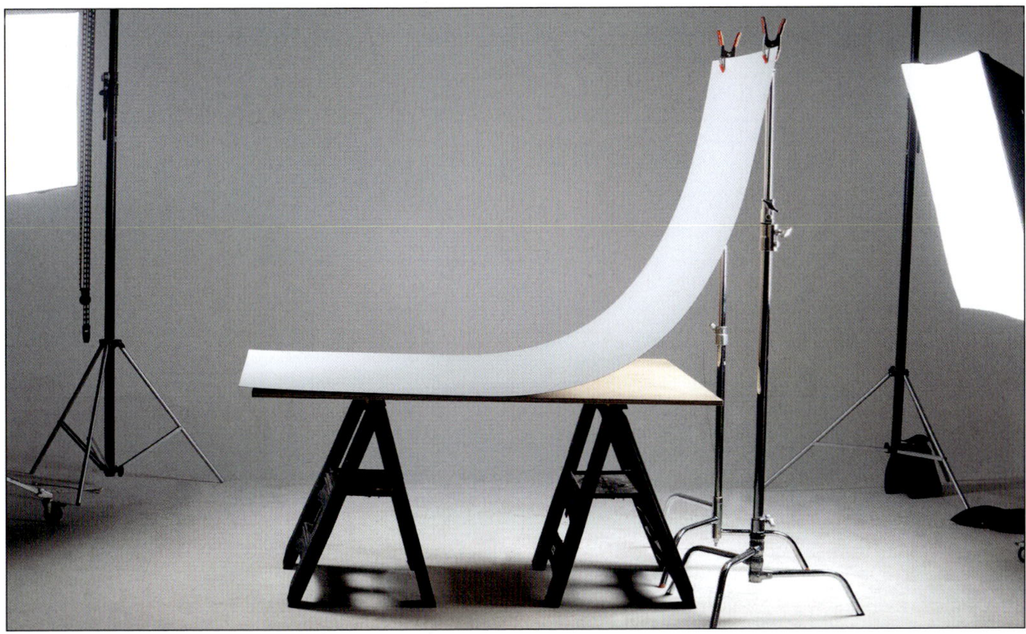

Um eine geeignete Oberfläche für Ihre Produktaufnahmen zu bekommen, besorgen Sie sich im Baumarkt einfach einen breiten Streifen weißes PVC (er muss biegbar sein). Dieses Material eignet sich aus mehreren Gründen hervorragend: (1) Wenn Sie ein Produkt daruf platzieren, dessen Oberfläche bereits ein wenig reflektiert, erhält es automatisch eine recht natürliche Reflexion (keine harte Spiegelung wie auf Acryl, sondern eine leichte, satinartige Reflexion). (2) Das Material lässt sich sehr gut reinigen – Sie können es einfach mit einem feuchten Tuch abwischen und müssen es daher nicht so oft ersetzen wie weißes Endlospapier. (3) Weil es sich leicht biegen lässt, können Sie ein Ende flach auf einen Tisch legen und das andere Ende mit einigen Federklemmen an preiswerten Lichtstativen befestigen. So bekommen Sie eine glatte, nahtlose Hohlkehle hinter Ihrem Objekt, die sich ideal für die Produktfotografie eignet. Alternativ können Sie auch nach »PVC Hohlkehle« googlen. Preislich liegen Sie dann, je nach gewählter Breite, bei bis zu 40 Euro, brauchen dafür aber auch keine Lichtstative.

Dauerlicht einsetzen

Bei der Produktfotografie arbeite ich in der Regel mit Dauerlicht, nutze also keine Blitzgeräte, sondern Leuchten, die ständig eingeschaltet bleiben und ein helles, tageslichtähnliches Licht abgeben. Da es sich dabei um Leuchtstoff- oder LED-Lampen handelt, werden sie nicht heiß, sodass Sie damit sogar Lebensmittel beleuchten können. Der Vorteil ist, dass Sie genau sehen, was Sie bekommen: Sie müssen nicht erst mehrere Aufnahmen machen, dann die Beleuchtung optimieren und erneut fotografieren. Für Dauerlicht gibt es das gleiche Zubehör wie für Blitze: Softboxen und Wabenvorsätze etc. Sehen Sie sich die Lampen von FJ Westcott an – hier finden Sie auch Leuchtstoff- und LED-Versionen.

Der Vorteil von Striplights

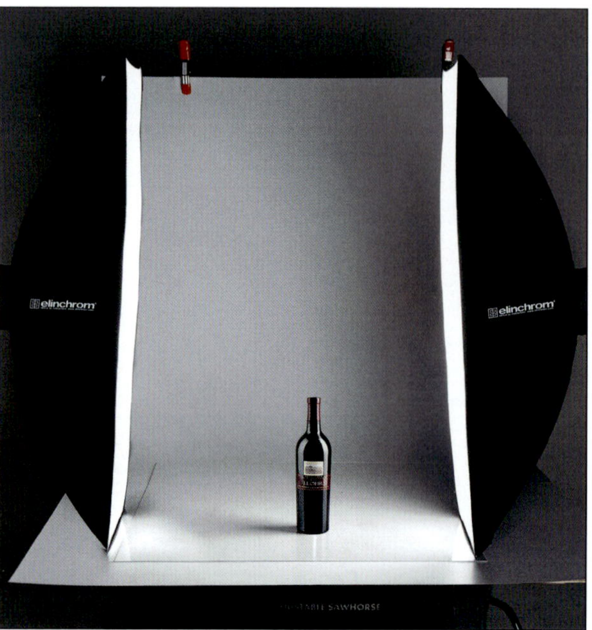

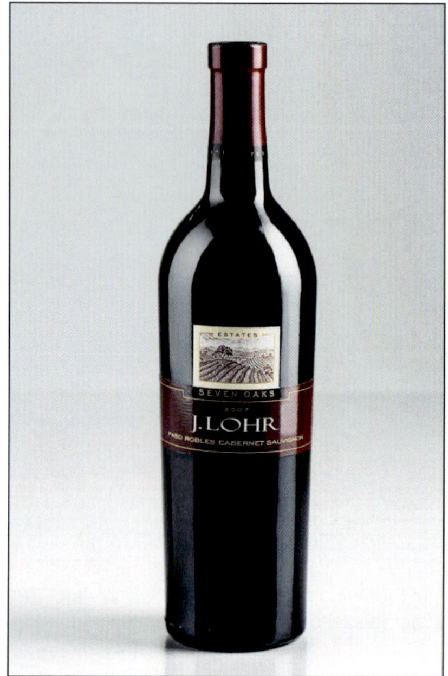

Haben Sie schon mal ein Produktfoto von Weinflaschen oder elektronischen Geräten gesehen, auf denen eine hohe, schmale, weiche, rechteckige Reflexion zu sehen ist? Vielleicht sogar zwei dieser Lichtstreifen? Diese wundervollen Glanzlichter sind sehr wahrscheinlich Striplights (oder auch Strip Banks) zu verdanken – einer der tragenden Säulen der Arbeit vieler professioneller Produktfotografen. Striplights sind eigentlich nur hohe, dünne, rechteckige Softboxen (stellen Sie sich eine Softbox vor, die dreimal höher als breit ist) und in der Produktfotografie wegen ihrer wundervollen schlanken Lichtreflexe sehr beliebt. Striplights gibt es für Blitzgeräte oder sogar für die Westcott Spiderlite TD6, die ich für die Produktfotografie einsetze, und Sie können sie sowohl hochkant als auch quer verwenden (um ein besonders weites, einhüllendes Licht zu erzielen).

Einige Tipps für die Produktfotografie

Verwenden Sie ein Stativ. Produktfotos funktionieren nur, wenn sie absolut gestochen scharf sind. Deshalb nutzen Profis hier immer ein Stativ. Achten Sie darauf, dass kein ablenkender Kram im Bild zu sehen ist. Wenn Sie die Arbeiten professioneller Produktfotografen studieren, werden Sie feststellen, dass diese sehr bemüht sind, alles wegzulassen, was von der Produktpräsentation ablenken könnte, selbst wenn es sich dabei um einen Teil des Produkts selbst handelt. Bestes Beispiel: Kopfhörer. Manche haben ein Kabel, aber in Werbeaufnahmen sehen Sie dieses nur selten – es werden nur die Kopfhörer gezeigt. Und bevor Sie irgend etwas fotografieren, reinigen Sie es erst mal. Wenn Sie das nicht machen, dauert die Korrektur in Photoshop zehnmal länger als die 15 Sekunden, die Sie im Studio dafür gebraucht hätten.

Spiegelungen mit Leichtschaumplatten erzeugen

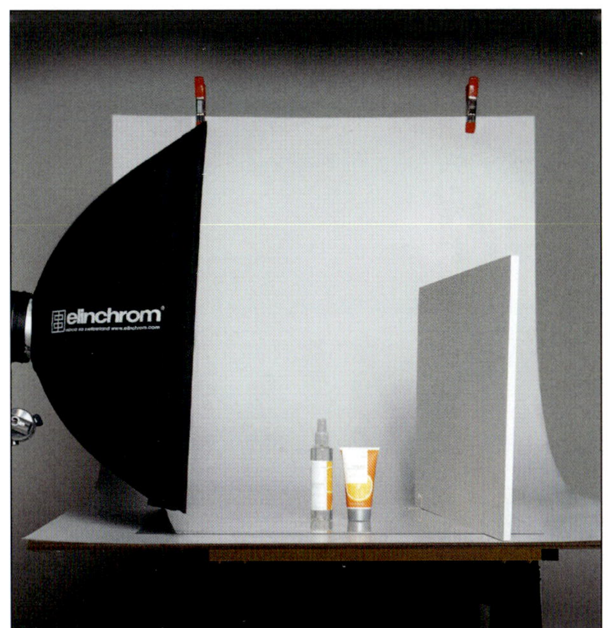

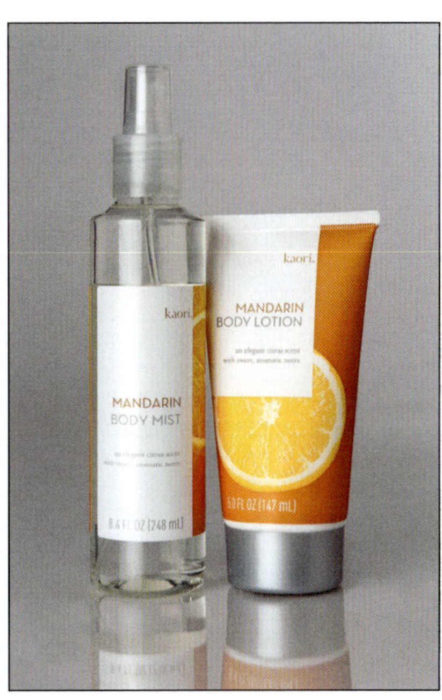

Während Porträtfotografen im Studio häufig weiße Reflektoren einsetzen (meist um das Licht der Hauptlichtquelle auf die im Dunklen liegende Gesichtshälfte zu werfen), verwenden Produktfotografie-Profis meist eher eine große, weiße Leichtschaumplatte. Leichtschaumplatten glänzen tendenziell etwas stärker als die meisten anderen Reflektoren und reflektieren mehr Licht. Und da Sie die in den meisten Baumärkten und Künstlerbedarfsgeschäften erhältlichen Platten beliebig zuschneiden können, können Sie die Größe Ihres Reflektors auch so klein wählen, dass er direkt auf Ihrem Produkttisch Platz findet und ganz nah an das Produkt gerückt werden kann (natürlich ohne ins Bild zu ragen). Was die Erzeugung von Spiegelungen angeht: Unter dem Produkt ist häufig eine Reflexion zu sehen. Die können Sie zwar auch nachträglich in Photoshop hinzufügen, aber es ist meist einfacher, stattdessen eine echte Reflexion zu fotografieren. Am einfachsten erhalten Sie diese, indem Sie eine rechteckige Plexiglasplatte (entweder durchsichtig oder milchig weiß, ein 30 x 40 cm großes Stück kostet im Baumarkt unter 7 Euro), direkt auf Ihren Untergrund legen und das Produkt darauf platzieren. Die Plexiglasplatte erledigt den Rest. Wenn Sie einen dramatischen Look für Ihre Produktfotos anstreben, versuchen Sie Folgendes: Kaufen Sie – ebenfalls im Baumarkt oder Baustoffhandel – für rund 5 Euro eine einzelne Fliese aus poliertem schwarzem Granit. Die spiegelt unheimlich stark, und sobald Sie das Produkt draufstellen, schreit es förmlich: »Fotografiere mich!«.

Stadtansichten in der Abenddämmerung fotografieren

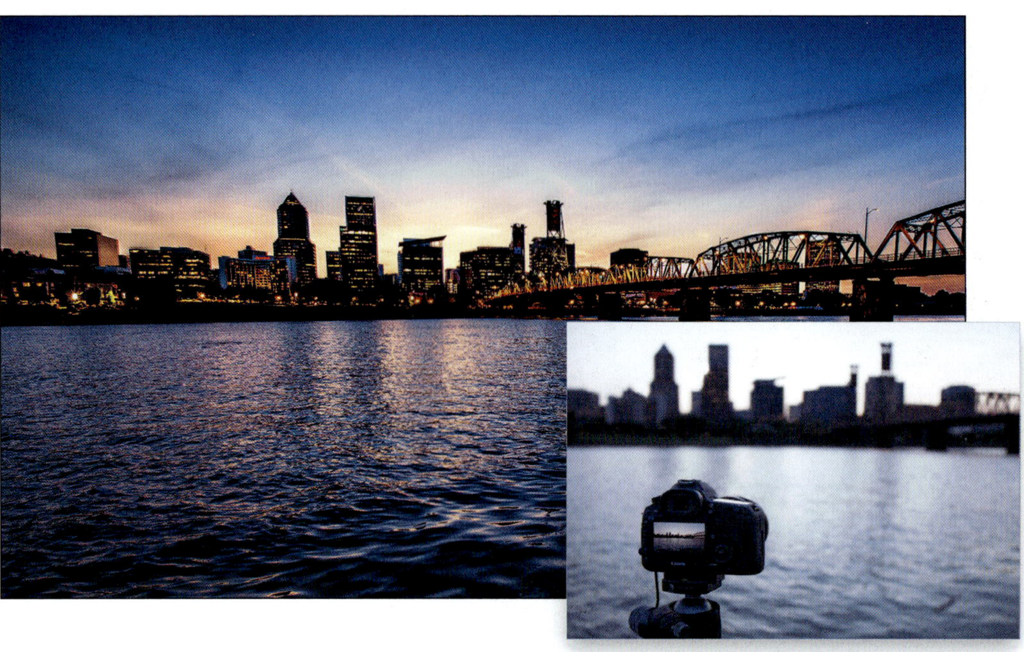

Ich wurde schon zigmal nach den geeigneten Einstellungen zum Fotografieren von Stadtansichten in der Dämmerung gefragt, wenn der Himmel bei Sonnenuntergang wunderschön aussieht und die Lichter der Stadt eingeschaltet sind. Da habe ich eine gute und eine schlechte Nachricht. Die schlechte Nachricht ist: Es gibt nicht die eine Einstellung. Um sowohl den Himmel bei Sonnenuntergang als auch die Stadtlichter zu zeigen, müssen Sie zwei Einzelfotos machen. Mit dem Stativ nehmen Sie um den Sonnenuntergang herum zunächst das erste Bild auf, um das tolle Farbenspiel des Himmels festzuhalten. Ohne die Kamera auch nur einen Zentimeter zu bewegen (berühren Sie sie nicht, fummeln Sie nicht daran herum, lassen Sie sie einfach unverändert auf dem Stativ), warten Sie etwa 45 Minuten oder eine Stunde, bis die Sonne vollständig untergegangen und der Himmel schwarz ist und alle Lichter in der Stadt angegangen sind. Dann (und erst dann), nehmen Sie das zweite Bild auf. Sie haben jetzt zwei Fotos: eins mit dem großartigen Himmel und eins mit der Stadtbeleuchtung. Diese beiden Aufnahmen in Photoshop zusammenzuführen, ist denkbar einfach. Selbst wenn Sie vorher noch nie mit Photoshop gearbeitet haben, bekommen Sie das hin, zumal ich Ihnen ein Schritt-für-Schritt-Video dazu aufgezeichnet habe (auf Seite 3 lesen Sie, wo Sie es sich ansehen können).

Wie hoch das Stativ für Produktfotos eingestellt sein sollte

Es gibt Ausnahmen von der Regel, aber meistens bauen wir unser Stativ so auf, dass sich die Kamera auf gleicher Höhe wie das Produkt befindet. Normalerweise vermeiden wir es, auf ein Produkt herabzufotografieren, es sei denn, wir wollen unbedingt seine Oberseite zeigen. In diesem Fall sollte der Blickwinkel etwas höher sein als das Produkt, aber nicht allzusehr. Deshalb nutze ich für Produkfotos einen hohen Tisch. Dann muss ich mich nicht die ganze Zeit bücken, aber wenn Sie hinten an der Kamera ein schwenkbares Display haben, funktioniert das auch.

Lichtspuren aufnehmen

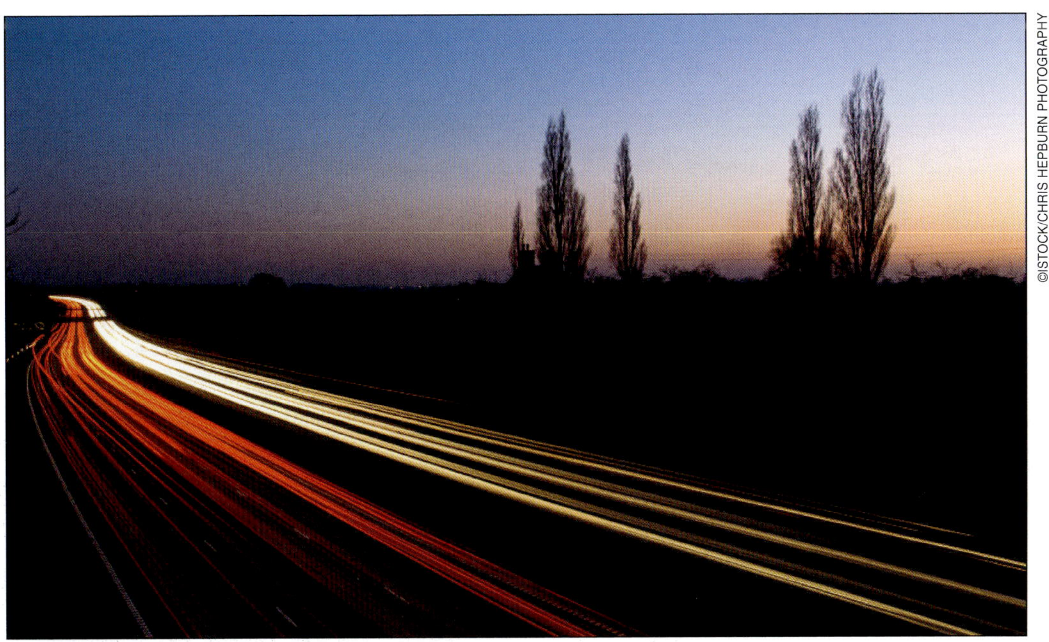

©ISTOCK/CHRIS HEPBURN PHOTOGRAPHY

Wenn ich an Fotos von Lichtspuren denke, kommen mir immer die Lichtspuren von fahrenden Autos bei Nacht in den Sinn. Die sind leichter zu fotografieren, als Sie vielleicht denken. Der Kameraverschluss muss für einige Sekunden geöffnet bleiben, während die Autos vorbeifahren, also brauchen Sie auf jeden Fall ein Stativ. Wählen Sie den manuellen Modus, eine Blende, die alles scharf abbildet (wie z. B. f/11), und beginnen Sie mit einer Verschlusszeit von 15 Sekunden (wenn die Aufnahme zu dunkel wirkt, müssen Sie eventuell auf 20 Sekunden oder mehr gehen, aber 15 Sekunden sind ein guter Ausgangswert). Wählen Sie an Ihrer Kamera die rauschärmste ISO-Einstellung (wahrscheinlich ISO 100). Sobald ein Auto in Ihr Blickfeld gerät, drücken Sie einfach den Auslöser. Er bleibt dann 15 Sekunden geöffnet. Anschließend werfen Sie einen Blick auf das Bild auf dem Kameradisplay und entscheiden, ob Sie die Verschlusszeit verlängern möchten (denken Sie daran, dass längere Verschlusszeiten auch längere Lichtspuren ergeben, es ist also einen Versuch wert). Besonders beliebt und interessant zum Fotografieren sind erhöhte Standorte – zum Beispiel auf einer Straßenüberführung, einer Brücke oder irgendwo anders, wo Autos unter Ihnen hinwegfahren.

Suchen Sie einen hohen Aussichtspunkt

Der Durchschnittsmensch sieht eine Stadt von der Straße aus (oder aus einem Bus für Stadtrundfahrten). Interessanter wirkt es, wenn Sie sich einen Aussichtspunkt oberhalb der Stadt suchen. Sie können auch um ein Hotelzimmer auf der höchsten verfügbaren Etage bitten. Wenn es dort keinen Balkon gibt oder sich das Fenster nicht öffnen lässt, können Sie durch das Fenster hindurch fotografieren, wenn Sie: (1) das Licht im Zimmer ausschalten – dieses würde Spiegelungen erzeugen – und (2) das Objektiv oder die Gegenlichtblende so nah wie möglich an die Fensterscheibe halten. Ein Polarisationsfilter kann Reflexionen unterdrücken, Sie müssen aber möglicherweise mit Stativ fotografieren.

Feuerwerk fotografieren

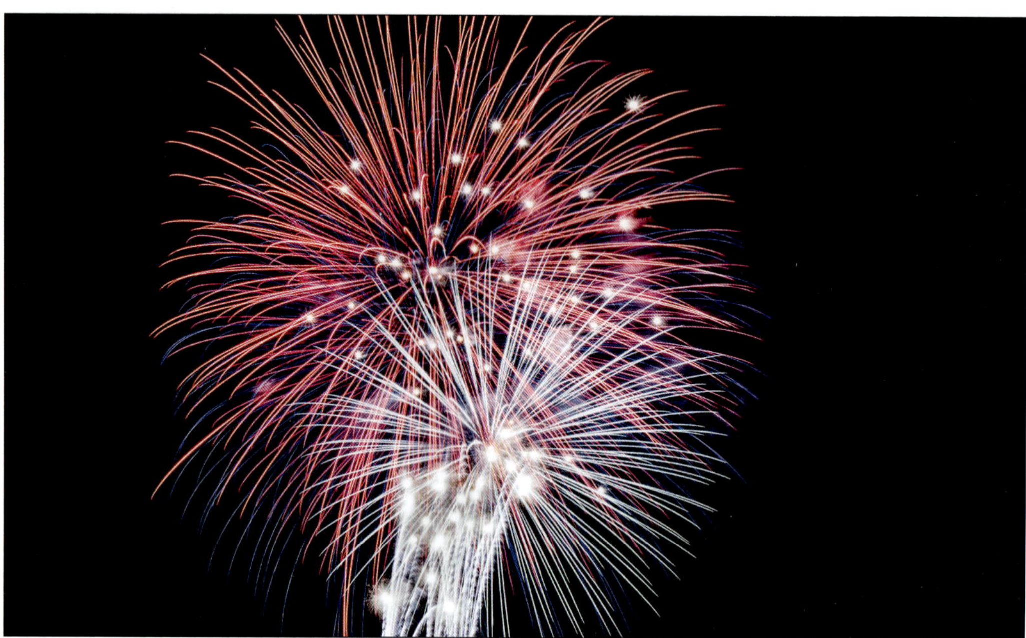

Dies ist eine weitere Sache, mit der viele Leute Probleme haben (einer meiner besten Freunde hat am 4. Juli kein einziges knackiges Feuerwerksfoto zustande gebracht, und ich habe diesen Tipp nur für ihn und die vielen tausend weiteren Digitalfotografen, die seinen Schmerz teilen, in dieses Buch aufgenommen). Zunächst einmal müssen Sie das Feuerwerk mit Stativ fotografieren, weil die Belichtung so lang sein muss, dass die herabfallenden Lichtspuren eingefangen werden – denn genau das wollen Sie fotografieren. Auch zahlt sich der Einsatz eines Fernauslösers absolut aus, denn Sie müssen die Flugbahn der Rakete beobachten, um zu wissen, wann Sie den Auslöser drücken sollten – wenn Sie stattdessen durch den Sucher schauen, wird das Ganze eher zum Glücksspiel. Verwenden Sie weiterhin ein Zoomobjektiv (am besten mit 200 mm Brennweite oder mehr), sodass Sie nah heranzoomen und nur das Feuerwerk selbst einfangen können. Wenn Sie ein Feuerwerk mit Hintergrund (zum Beispiel beim Feuerwerk über Cinderella's Castle in Disney World) fotografieren möchten, wählen Sie ein weitwinkligeres Objektiv. Ich empfehle Ihnen, komplett im manuellen Modus zu fotografieren. Dann brauchen Sie nur zwei Einstellungen zu treffen, und schon kann es losgehen: (1) Wählen Sie eine Verschlusszeit von 4 Sekunden, und (2) wählen Sie Blende f/11. Machen Sie ein Testfoto und sehen Sie auf dem Kameradisplay nach, ob Sie mit dem Ergebnis zufrieden sind. Wenn es überbelichtet ist, verkürzen Sie die Verschlusszeit auf 3 Sekunden und überprüfen Sie das Ergebnis erneut. Tipp: Wenn Ihre Kamera den Bulb-Modus unterstützt (wie die meisten Kameras von Nikon und Canon), bei dem der Verschluss so lange offen bleibt, wie Sie den Auslöser gedrückt halten, dann funktioniert auch dies sehr gut. Halten Sie den Auslöser gedrückt, wenn die Rakete explodiert, und lassen Sie ihn los, wenn die Lichtspuren zu verblassen beginnen. Jetzt kommt es nur noch auf das richtige Timing an – Belichtung und Schärfe haben Sie bereits korrekt eingestellt.

Tiere im Zoo fotografieren

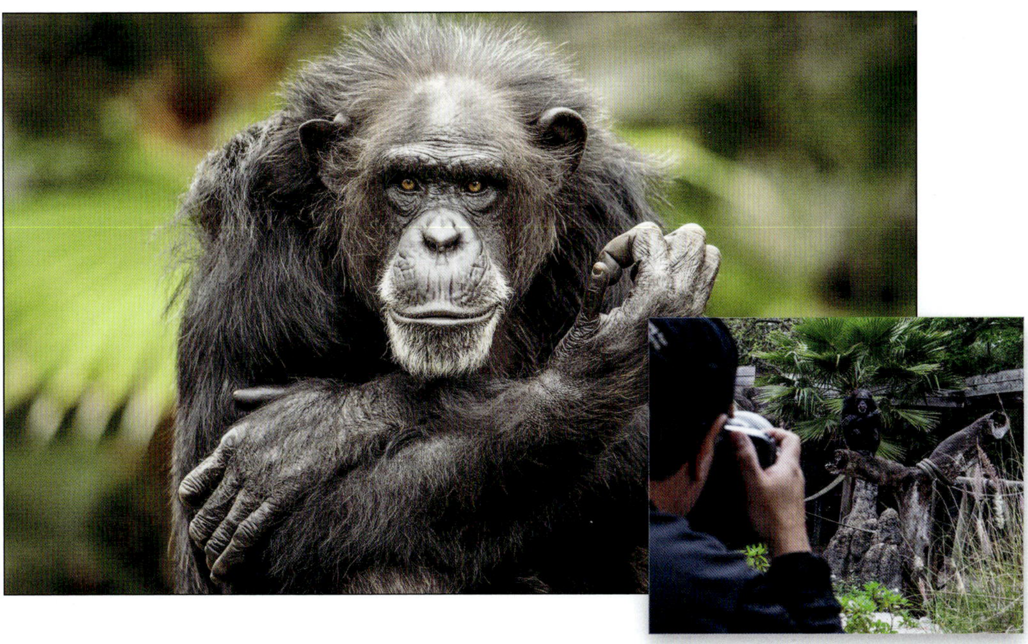

Afrikareisen sind unvergessliche Abenteuer, aber am Anfang stehen meist ein sehr langer Flug und ziemlich hohe Kosten für Unterkünfte, Safari-Guides und Impfungen (Impfungen mit Nadeln und Spritzen, wohlgemerkt). Es ist also gut nachvollziehbar, warum so viele Leute exotische Tiere lieber im Zoo fotografieren. Ich sehe solche Bilder ziemlich oft, wenn wir auf meinem wöchentlichen Podcast *The Grid* »Foto-Blindkritiken« machen. Oft gehen wir den Einsendern auf den Leim und glauben, die Fotos seien auf einer Safari in Afrika aufgenommen worden, und dann teilt uns der Fotograf mit, »Nein, das ist aus dem Wuppertaler Zoo.« Beim Fotografieren im Zoo gibt es einige Tricks, wenn Sie Bilder möchten, die wie von einer Safari aussehen. Der wichtigste: Wählen Sie den Bildausschnitt so, dass im Hintergrund nichts mehr den Zoo verrät. Das ist manchmal gar nicht so einfach. Oft haben Sie zwar einen ungehinderten Blick auf das Tier, aber dann befindet sich im Hintergrund entweder ein hässlicher Zaun oder ein offensichtlich von Menschenhand angelegtes Gehege, oder es sieht einfach alles komplett anders aus als im natürliche Lebensraum. Das kann richtig frustrierend sein, denn das Tier wird sich natürlich auch nicht ständig an einem Ort aufhalten, wo Sie es vor einem anständigen Hintergrund fotografieren können. Das Ganze erfordert viel Geduld, und möglicherweise müssen Sie am Ende ohne ein gutes Bild wieder abziehen, weil das Tier sich nicht vom Fleck rührt oder die ganze Zeit in einem Bereich mit einem hässlichen Hintergrund verweilt. Geduld ist hier wirklich entscheidend. Für die oben gezeigte Aufnahme aus dem ZooTampa im Lowry Park habe ich den Hintergrund mit einem langbrennweitigen Objektiv (200–400 mm f/4) unscharf abgebildet. Ich habe nahe herangezoomt, damit keine Geländer, Zäune oder irgendetwas anderes im Blickfeld verraten konnten, dass es sich um eine Zooaufnahme handelt.

Fokus-Stacking für mehr Schärfentiefe

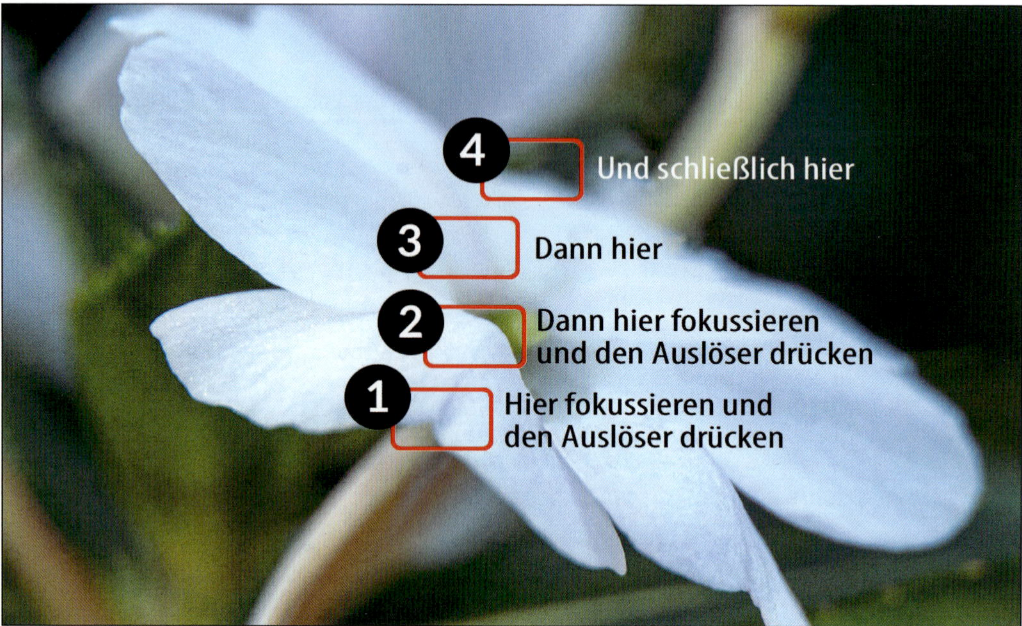

Mit dieser Technik erhalten Sie mehr Schärfentiefe, wenn sie technisch nicht mit einer einzelnen Aufnahme möglich ist. Wir nutzen sie vor allem für zwei Fotogenres: Für Makro- und für Landschaftsaufnahmen. Beginnen wir mit den Makrofotos, denn hier ist sie wohl besonders oft notwendig, weil die Schärfentiefe bei Makroobjektiven so gering ist, dass Sie beim Fotografieren einer Blume vorne ein scharfes und hinten bereits ein völlig unscharfes Blütenblatt erhalten können (so wie im Bild oben). Aus künstlerischer Sicht sieht das manchmal cool aus, aber wenn wir einen größeren Schärfebereich wünschen, setzen wir dafür auf Fokus-Stacking. Wir machen also vier bis fünf Aufnahmen und fokussieren dabei auf verschiedene Teile unseres Motivs. Wenn Sie zum Beispiel eine Blume fotografieren (natürlich mit Stativ), könnten Sie die erste Aufnahme auf das der Kamera am nächsten gelegene Blütenblatt scharfstellen, dann bewegen Sie den Fokuspunkt (mit den Steuerungselementen auf der Kamerarückseite) etwas weiter ins Foto hinein und fokussieren erneut, sodass auf der zweiten Aufnahme die Staubblätter scharfgestellt sind usw. Sie haben am Ende also mehrere unterschiedlich fokussierte Fotos (bei Landschaften funktioniert es ganz ähnlich: Stellen Sie ein Objekt im Vordergrund scharf und gehen Sie dann weiter ins Bild hinein, dann folgen die Berge im Hintergrund und schließlich die dahinterliegenden Wolken). Photoshop kann automatisch die scharfen Bereiche aus diesen Aufnahmen zu einem einzigen Foto verrechnen, das eine größere Schärfentiefe besitzt, als das Objektiv erfassen könnte. Öffnen Sie alle vier Bilder in Photoshop und kopieren Sie jedes auf eine eigene Ebene (im selben Dokument). Dann wählen Sie im **Ebenen-Bedienfeld** alle vier Bilder aus und wählen **Bearbeiten > Ebenen automatisch überblenden**. Im folgenden Dialogfeld wählen Sie **Bilder stapeln** und lehnen sich zurück. Ich habe ein Video gemacht, in dem ich Ihnen das Schritt für Schritt zeige. Besuchen Sie also unbedingt auch die Webseite mit dem Bonus-Content (siehe Seite 3).

Ein Tipp zum Fotografieren am Hang

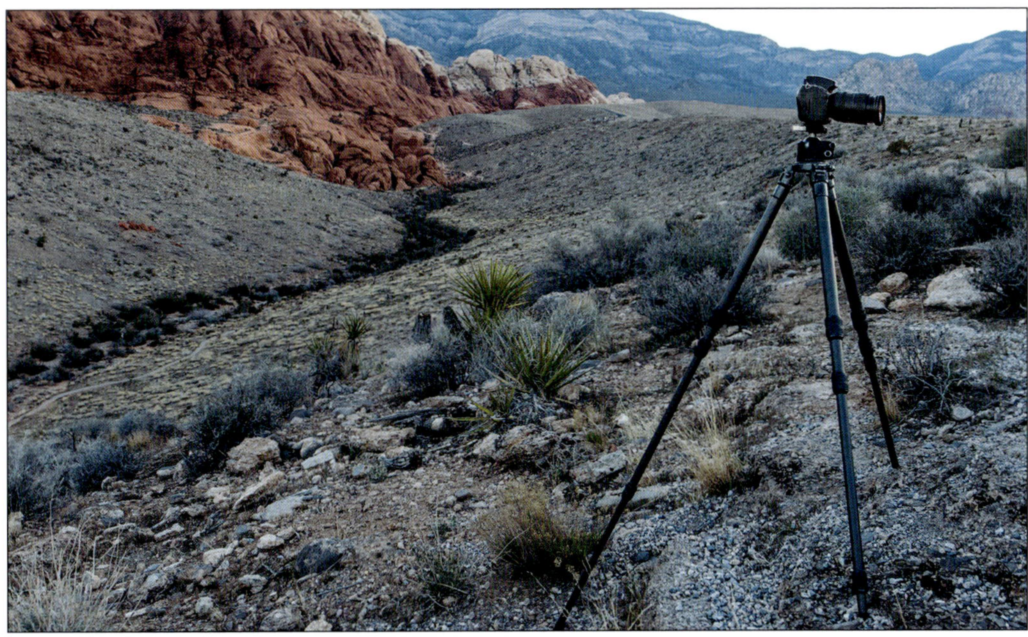

Wenn Sie mit dem Stativ an einem Hang oder einer schrägen Böschung fotografieren, hier ein Tipp, der Ihre Kamera vor der sofortigen Vernichtung bewahren kann. Nehmen wir an, Sie stehen auf einem Felsen oder an einem Hang. Das Stativ hat drei Beine – nur eines geht zur Gefälleseite (siehe Bild). Wenn der Aufbau mit Kamera und Objektiv aus dem Gleichgewicht gerät (etwa durch Wind), wirkt das einzelne Bein wie ein Anker und verhindert, dass alles umkippt. Wäre die Seite mit den zwei Beinen zur Gefälleseite gedreht und würde das einzelne Bein gegen den Hang stehen, könnte das Stativ viel schneller kippen. Achten Sie also darauf, dass sich das einzelne Bein auf der Gefälleseite und die beiden anderen Beine auf der Hangseite befinden. Bei der Gelegenheit noch ein Tipp: Vergessen Sie nicht, Ihren Fotorucksack zuzumachen, wenn Sie ihn in steilem Gelände ablegen (denn sollte er den Hang runterrollen, würde sich sonst Ihre ganze Ausrüstung über das Gelände verteilen).

Tipp für einen stabileren Stand mit dem Stativ

Wenn Sie mit Stativ fotografieren, ziehen Sie je nach Gelände nicht immer alle Beine komplett bis zum Anschlag aus – manchmal genügt es, nur ein Segment auszuziehen. In diesem Fall ziehen Profis zuerst die oberen Segmente aus, weil sie dicker sind und einen festeren, stabileren Stand bieten als die dünneren unteren Beinsegmente.

Für Gruppenfotos besser als ein Selbstauslöser

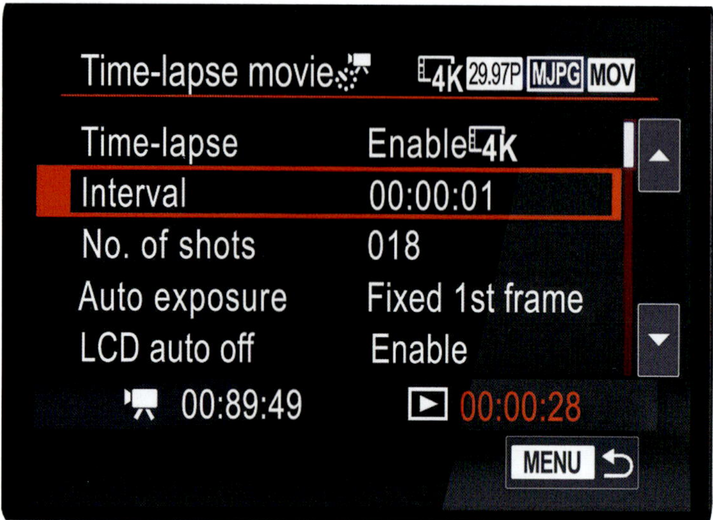

Wenn Sie ein Gruppenfoto machen, auf das Sie selbst mit drauf wollen, nutzen Sie wahrscheinlich den Selbstauslöser. Sie drücken also den Auslöser und haben dann 10 Sekunden Zeit, um zur Gruppe zurück zu hasten und Ihre Pose einzunehmen. Natürlich wiederholen Sie das Ganze mindestens fünfmal, weil jedes Mal jemand anderes die Augen schließt, nicht lächelt oder gerade nach rechts schaut. Halten Sie also das nächste Mal kurz inne, während Sie zur Kamera zurückgehen, und schauen Sie zurück zur Gruppe. Was sehen Sie dort? Elend. Oh, ja. Und was für eins! Während es für die meisten Leute noch einigermaßen »okay« ist, kurz bei einem Gruppenfoto mitzumachen, spüren Sie es auf dem Weg zur Kamera regelrecht im Rücken, wie es den Beteiligten nach und nach kleine Teile der Seele herausreißt. Die meisten Menschen hassen Gruppenfotos einfach (das unterscheidet uns von den Tieren). Während Sie also für die zweite oder dritte Aufnahme zur Kamera zurückgehen, denken sie bereits über Möglichkeiten nach, Sie umzubringen und es wie einen Unfall aussehen zu lassen. Deshalb verwenden Sie ab jetzt auch nicht mehr die »Tod durch Selbstauslöser«-Gruppenfototechnik, sondern stattdessen die Zeitraffer-Funktion der Kamera. Die meisten Kameras haben heutzutage eine. (Verdammt noch mal, wahrscheinlich kann das sogar Ihr Handy!) Stellen Sie einfach ein, dass die Kamera jede Sekunde ein Foto machen soll, bis Sie sie wieder anhalten. Dann drücken Sie den Auslöser, um den Zeitraffer zu starten, gehen rüber und posieren mit den anderen. Nach etwa 10 Sekunden verkünden Sie dann: »Wir sind fertig. Danke euch allen«, denn Sie haben bereits mindestens 10 Aufnahmen (oder wie viele Sie auch immer voreingestellt haben). An diesem Punkt sind alle verblüfft und begeistert, dass es so schnell ging, und jedes Mal beginnt eine Person aus der Gruppe vorsichtig zu klatschen, und allmählich stimmen immer mehr mit ein, sie werden immer lauter, und es kommt zu Standing Ovations, denn jetzt sind Sie ihr absoluter Lieblingsfotograf.

Nehmen Sie Zusatzakkus mit, wenn es kalt ist

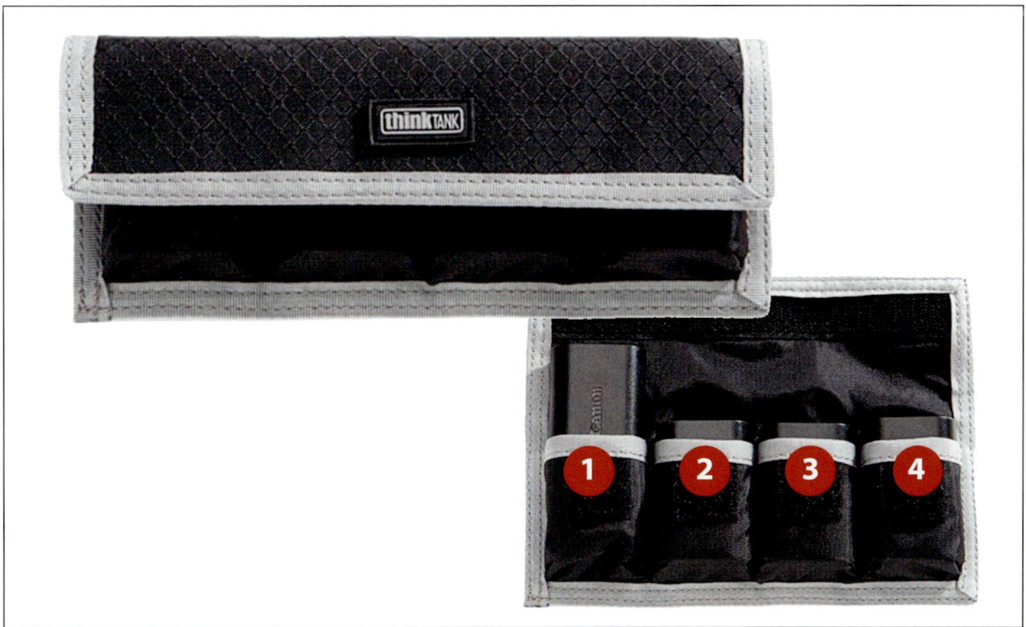

Profis wissen, dass Kameraakkus bei Kälte nicht annähernd so lange halten wie üblich. Wenn Sie also im Schnee oder an einem sehr kalten Tag fotografieren gehen, sollten Sie mindestens ein bis zwei Ersatzakkus für Ihre Kamera einpacken, da Ihr Shooting ansonsten ziemlich kurz werden könnte. Ich verfolge da einen ziemlich aggressiven Ansatz und habe deshalb meistens den Photo DSLR Battery Holder 4 von Think Tank dabei, der vier Ersatzakkus in kleinen Taschen fasst. Der Akkuhalter kostet rund 19 Euro und, ja, Sie können wahrscheinlich auch einen billigeren finden (auf jeden Fall sogar), aber diese Think-Tank-Tasche wird 10 Jahre halten (oder zumindest bis Ihr Kamerahersteller entscheidet, bei seinem neuen Modell die Akkubauform zu wechseln, und dann ... na ja ... dann sind Sie eben angeschmiert). Bis dahin werden Sie mit fünf Akkus unterwegs sein (einem in der Kamera und vier im Halter). Wenn Sie also anfangen, die in der Kälte leerzusaugen, haben Sie immer genügend Reserve. Übrigens verwende ich für den Akkuhalter denselben Trick wie für den Speicherkartenhalter (siehe Seite 206). Das funktioniert ganz hervorragend.

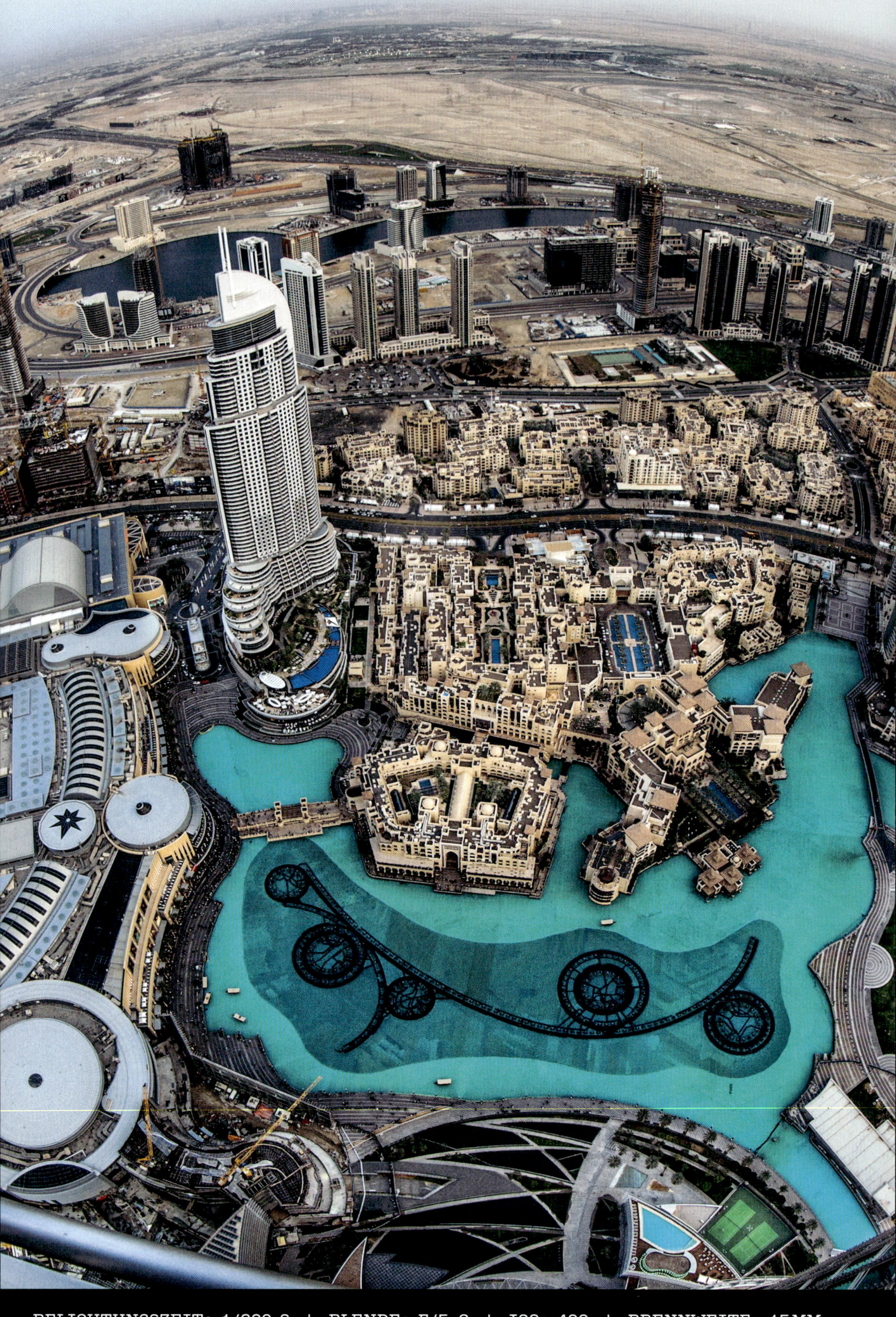

BELICHTUNGSZEIT: 1/200 S | BLENDE: F/5.6 | ISO: 400 | BRENNWEITE: 15MM

Kapitel 10

Profitipps für bessere Fotos

Wie Sie bessere Entscheidungen treffen

Als ich dieses Buch schrieb, wollte ich einige Techniken mit aufnehmen, die aber in keines der anderen Kapitel so richtig hineinpassten – keine Techniken für die Hochzeits-, Landschafts- oder Sportfotografie, sondern Techniken, die auch bei Hochzeiten, bei Landschaftsaufnahmen und Sportveranstaltungen nützlich sein könnten. Wenn Sie jetzt den Eindruck bekommen, als würde ich mit meiner üblichen Regel brechen, völlig sinnlose Kapiteleinleitungen zu schreiben, dann machen Sie sich bitte klar, dass wir gerade erst in Zeile acht dieser Einleitung sind, und ich könnte sehr schnell von dieser halbwegs informativen Kapiteleröffnung abschweifen und ... sagen wir ... wie in Kapitel 5 einen Rap einflechten. Ohhhh, yeah. Zeit für einen Rap! [*Rappt zum Track »Rapper's Delight« der Sugar Hill Gang. Wenn Sie noch zu jung sind, um »Rapper's Delight« zu kennen, rappen Sie stattdessen zu »Straight Outta Compton« von N.W.A – hey, das könnte klappen.*] Okay, los geht's: *»Now, what you shoot is not just stuff, I'm even talkin' about weddings. And me, the groom, and the bride are gonna try to keep you from sweating. See, I am Wonder Scott, and I'd like to say hello. To the product and the floral and the automotive photographers, shooting cars in purple and yellow.«* Na gut, lassen wir das mit dem Rap – das ist dann doch etwas anspruchsvoller, als ich dachte, denn die nächste Textzeile von »Rapper's Delight« lautet: *»But first, I gotta bang bang, the boogie to the boogie, say up jump the boogie to the bang bang boogie,«* und da fällt es mir doch recht schwer, irgendwelche Fotobegriffe einzuflechten, also werfe ich an dieser Stelle das Handtuch und wünschte, ich hätte wirklich eine Idee für »Straight Outta Compton,« weil sich »Compton« auf »coffin« reimt, und dieses Wort ist natürlich wie gemacht für Raplyrics, genau wie »Hampton«, etwa wie in: »We're spending the weekend in the Hamptons.« Vielleicht ist das mit dem Rappen aber auch einfach nichts für mich. Wie wäre es, wenn ich eine Textzeile aus »American Pie« mit Fotobegriffen umschreibe? Nein? Hallo? Ist da jemand?

Sollten Sie lieber über- oder unterbelichten?

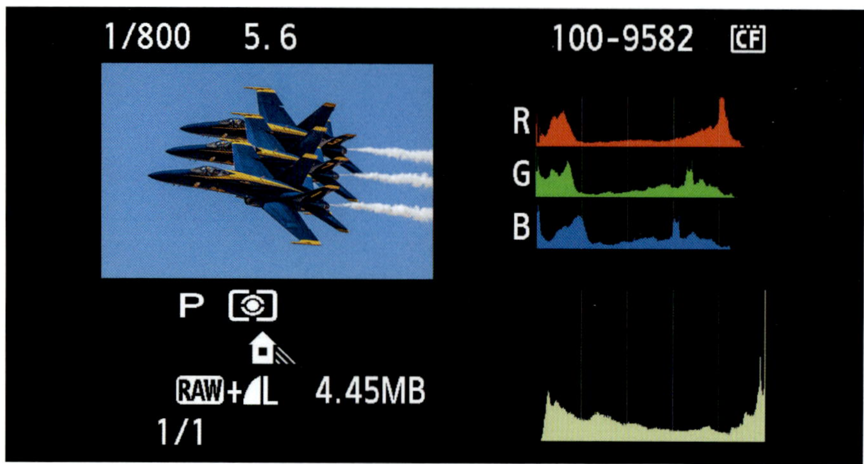

Durch manche Internet-Fotoforen geistern Theorien, nach denen man in der Digitalfotografie um eine Belichtungsstufe unterbelichten sollte. Lassen Sie mich eines vorab sagen: Ihr Ziel (mein Ziel, unser gemeinsames Ziel) ist es, korrekt zu belichten. Das ist unser Ziel. Immer. Aber wenn das nicht möglich ist, wenn Sie die Wahl haben zwischen Überbelichtung (einem etwas zu hellen Foto) und Unterbelichtung (einem etwas zu dunklen Foto), dann wählen Sie die Überbelichtung – damit bekommen Sie weniger Rauschen. Das liegt daran, dass Rauschen meist in den Tiefen auftritt, und wenn Sie ein unterbelichtetes Foto in Photoshop oder Lightroom aufhellen müssen, dann hellen Sie auch das Bildrauschen auf (und verstärken es damit). Deshalb ist es besser, zu hell zu fotografieren (überzubelichten), denn beim Abdunkeln eines Fotos verstärkt sich das Rauschen nicht wie beim Aufhellen. Im Zweifelsfall ist eine Überbelichtung also besser. Aber nochmals – unser Ziel ist weder das eine noch das andere. Deshalb haben wir uns diese schicken Kameras mit ihren hochentwickelten Messsystemen gekauft.

Wofür sollten Sie Photoshop verwenden?

Wenn Sie im RAW-Format fotografieren, verarbeiten Sie Ihre Bilddateien mit Lightroom oder mit Photoshops Camera Raw-Modul. Sobald Sie jedoch Lightroom oder Camera Raw verlassen und sich im eigentlichen Programmteil von Photoshop befinden, geht es darum, die Fotos mit Photoshop fertigzustellen – und nicht darum, sie zu korrigieren. Verbringen Sie die Zeit in Photoshop kreativ, statt dort nur Dinge zu korrigieren, die Sie schon in der Kamera hätten richtig machen sollen.

Sie wollen ernst genommen werden? Sortieren Sie aus

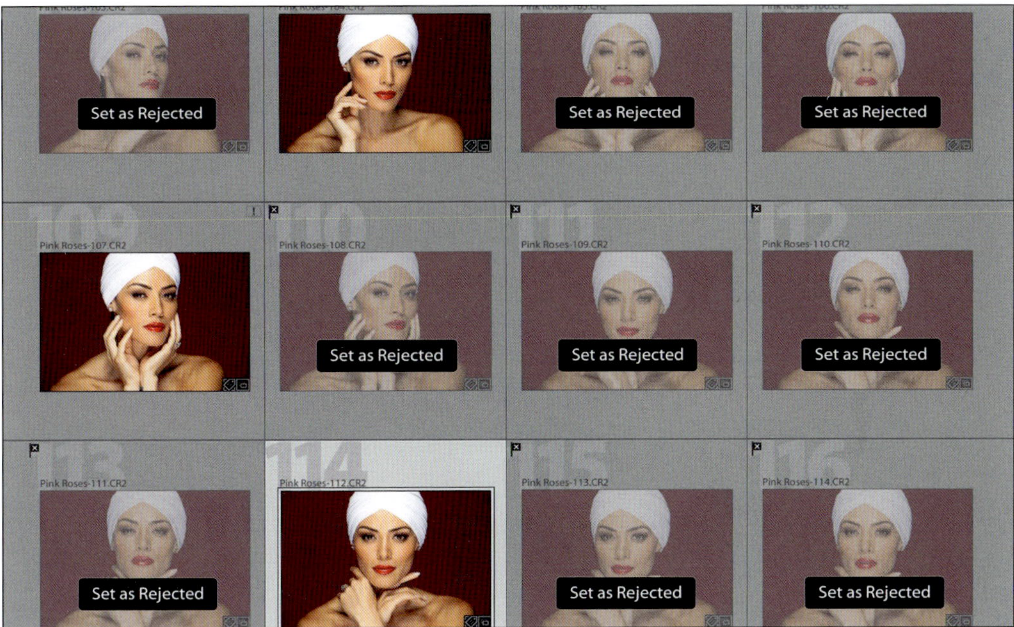

Wenn Sie als Fotograf ernst genommen werden wollen und möchten, dass man die Qualität Ihrer Arbeit schätzt, dann beherzigen Sie diesen Profitipp: Zeigen Sie nur Ihre allerbeste Arbeit. Punkt. Berufsfotografen sind immer auch hervorragende Fotoredakteure – sie sind sehr gut darin, ihre allerbesten Sachen auszuwählen und nur diese zu zeigen. Nicht dagegen ihre mittelprächtigen Bilder oder die Aufnahmen, die toll gewesen wären, wenn da nur nicht ... Und sie werden Ihnen auch keine sieben bis acht ähnlichen Aufnahmen desselben Motivs präsentieren. Kurz: zeigen Sie nur Ihre erlesensten Bilder. Das heißt, wenn Sie auf einer Reise 970 Fotos aufgenommen haben, dann zeigen Sie zu Hause keine Diashow mit 226 Bildern. Wenn Sie für gut gehalten werden wollen, zeigen Sie Ihre besten 30. Wenn die Leute denken sollen, Sie seien großartig, zeigen Sie nur Ihre 10 besten Bilder. Denken Sie mal darüber nach: Von Ihren 970 Aufnahmen sind vielleicht 400 ganz anständig. Von diesen anständigen Aufnahmen sind vielleicht 80 ziemlich gut. Von diesen 80 sind vielleicht 30 richtig gut. Und von diesen 30 sind vielleicht 10 hervorragend. Zeigen Sie einfach diese 10 und hauen Sie die Betrachter vom Hocker. (Fragen Sie sich einfach selbst, was Sie lieber sehen würden – 80 ziemlich gute oder 10 hervorragende Fotos.)

So werden Sie zu Ihrem eigenen, erstklassigen Fotoredakteur

Ihre Fotos müssen für sich allein stehen, ohne dass Sie dazu lange Geschichten erzählen. Wenn Sie erklären müssen, warum Sie ein Bild ausgewählt haben oder es für etwas Besonderes halten, hat es keinen Platz in Ihrem Portfolio.

Eine Methode, um sich schnell zu verbessern

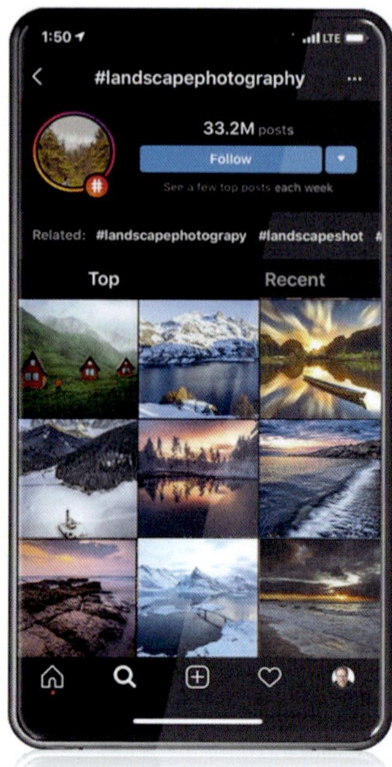

Wenn mich ein Freund fragen würde, was er gleich heute machen könnte, um seine Fotografie maximal zu verbessern, würde ich ihm eine Instagram-Suche nach dem Fotografen empfehlen, der er selbst gerne sein würde. Suchen Sie nach Fotografen, die die Art von Fotos machen, die Sie fotografieren möchten, und folgen Sie diesen Fotografen, damit sie jeden Tag ihre Bilder sehen können. Wir alle müssen die Art von Bildern, die wir anstreben, immer wieder vor Augen haben. Auch wenn wir jetzt vielleicht noch nicht in der Lage sind, solche Fotos zu machen, geben sie uns eine Richtung, ein Ziel. Wenn wir die Art von Bildern kennen, die wir machen wollen, und diesen Weg einschlagen, dann ist das zugleich unser einziger Weg dorthin. Wenn mein Freund also ein großartiger Landschaftsfotograf werden wollte, würde ich ihm sagen, er solle in das Instagram-Suchfeld einfach«#landscapephotography« eingeben, und schon wird er von den Top-Landschaftsfotografen, die dort ihre Arbeit vorstellen, begeistert sein. Beginnen Sie, ihnen zu folgen und sich jeden Tag ihre Bilder anzuschauen (hier sind einige, denen ich folge: *@danielkordan, @maxrivephotography, @kilianschoenberger, @albertdrosphotography* und *@bernabephoto*). Wenn Sie sich für Porträts interessieren, suchen Sie auch danach und folgen Sie Ihren Favoriten (ich folge *@juliakuzmenko, @emilysoto, @danidiamondphotography, @danwintersphoto* und *@bollinger.photo*). Ganz egal, für welches Fotogenre Sie sich interessieren, die Top-Fotografen teilen ihre Bilder auf Instagram und wollen Ihren Stream mit Bildern fluten, die Sie inspirieren. Aber sehen Sie sich die Bilder nicht nur an, sondern studieren Sie sie. In welchem Licht sind sie fotografiert? Welche Objektive wurden verwendet? Weitwinkel? Starker Zoom? Ultraweitwinkel? Welche Farben sehen Sie in den Bildern? Leuchtende, kräftige Farben? Entsättigte? Warme Töne? Kalte Töne? Versuchen Sie herauszufinden, wie die Aufnahmen gemacht wurden. Je öfter Sie das machen, desto näher kommen Sie selbst solchen Fotos.

WÜMID ist Ihr Lebensretter

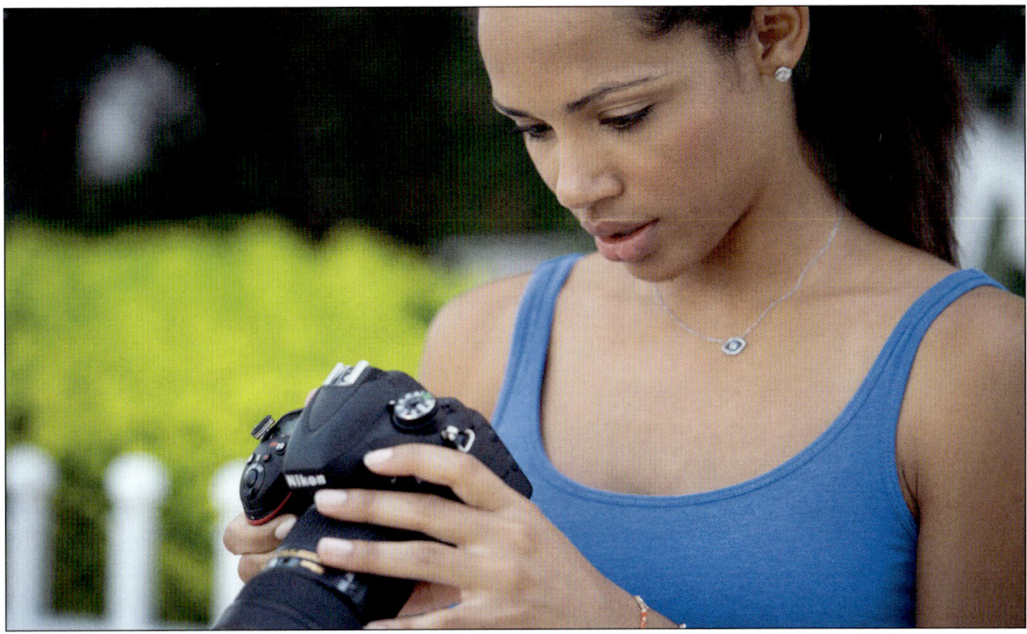

Denken Sie vor einem Fotoshooting daran, kurz durchzuatmen und schnell die Kameraeinstellungen zu überprüfen, bevor Sie loslegen? Hin und wieder vergesse ich das. Zum Beispiel als ich einen wunderschönen Sonnenaufgang im Monument Valley vom Stativ aus fotografierte – und zwar mit ISO 1600 (statt 100) , weil ich in der Nacht zuvor eine Band aus der Gegend fotografiert und am frühen Morgen meine Einstellungen nicht überprüft hatte. Au weia! Ich habe mir also ein Akronym ausgedacht, das mir helfen soll, an die fünf wichtigsten Dinge zu denken: WÜMID.

W: Weißabgleich kontrollieren (Achten Sie darauf, dass er zu den vorherrschenden Lichtverhältnissen passt.)

Ü: Überbelichtungswarnung einschalten, damit die Lichter nicht unbemerkt ausfressen.

M: Modus kontrollieren (Achten Sie darauf, dass Sie sich im richtigen Kameramodus befinden. Ich nutze meist den Blendenvorwahlmodus oder bei Blitzaufnahmen den manuellen Modus.)

I: ISO kontrollieren (machen Sie es besser als ich).

D: Dateigröße prüfen (Kontrollieren Sie, ob das richtige Dateiformat eingestellt ist – RAW oder JPEG – und achten Sie bei JPEG auf eine ausreichende Bildgröße und -qualität.)

Bevor Sie Ihr erstes Bild machen, nehmen Sie sich 30 Sekunden Zeit, um diese fünf Punkte durchzugehen, damit Sie nicht ein wichtiges Shooting verpatzen, weil die Kamera wie bei mir damals in Taos, New Mexico, einen ganzen Tag lang auf ein kleines JPEG-Bildformat eingestellt war.

In welchem Format sollten Sie fotografieren – JPEG oder RAW?

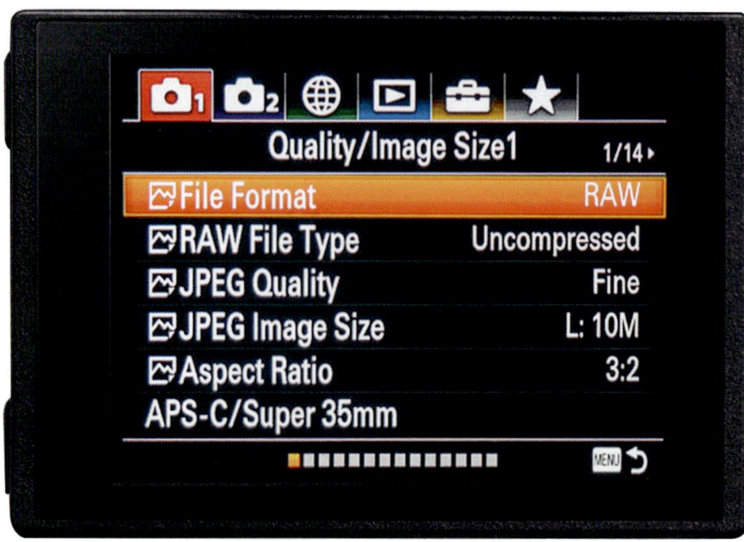

Die meisten Kameras speichern Bilddaten im JPEG- und RAW-Format. JPEG-Bilder sehen direkt aus der Kamera besser aus, weil die Kamera die Bildverarbeitung für Sie übernimmt. Sie kümmert sich also um Schärfe, Kontrast, Rauschunterdrückung, Sättigung und wendet alle mögliche sonstigen Bearbeitungstricks an, damit Ihre Bilder von Anfang an gut wirken. Ein weiterer Vorteil ist die JPEG-eigene Kompression und die dadurch wesentlich geringere Dateigröße. So passen natürlich mehr Bilder auf die Speicherkarte, und auch auf Ihrem Computer nehmen sie weniger Platz ein. Wenn Sie im RAW-Format fotografieren, geben Sie Ihrer Kamera folgende Anweisungen: »Schalte die Scharfzeichnung, Kontrastanpassung, Rauschunterdrückung und alles weitere aus und gib mir einfach direkt das Rohbild vom Sensor.« Diese Bilder wirken zunächst sehr flau (schließlich verzichtet die Kamera auf jegliche Bildbearbeitung), also müssen Sie sich im Nachgang selbst darum kümmern. Warum wählen Profis also das RAW-Format? Dafür gibt es viele Gründe, aber der wichtigste ist ihr viel größerer Tonwertumfang. Sie erhalten ein qualitativ höherwertiges Bild mit feineren Übergängen zwischen den einzelnen Tonwerten. RAW-Bilder verzeihen auch viel eher Fehlbelichtungen oder einen unpassenden Weißabgleich, und falls gravierende Anpassungen notwendig werden, haben Sie im Vergleich zur JPEG-Datei viel geringere Qualitätseinbußen. Statt die Kamera entscheiden zu lassen, wie viel Schärfe, Sättigung usw. hinzukommen sollen, fangen Sie bei Null an und können das Foto so besser nach Ihren eigenen Vorstellungen entwickeln. Beide Formate haben Vor- und Nachteile – welches sollten Sie nun also verwenden? Wenn Sie keine Lust auf Bildbearbeitung haben oder die Zeit dafür zu knapp ist: JPEG. Wenn Sie die eine maximale Bildqualität wollen und sich ganz gut mit Bildbearbeitung auskennen: RAW (so wie ich selbst). Beides hat seine Berechtigung, also wählen Sie das für Sie Passende (lassen Sie sich nicht vom Internet dazu drängen, ein Dateiformat zu verwenden, das Ihnen nicht entspricht).

Praktische Anwendungen des Kameradisplays

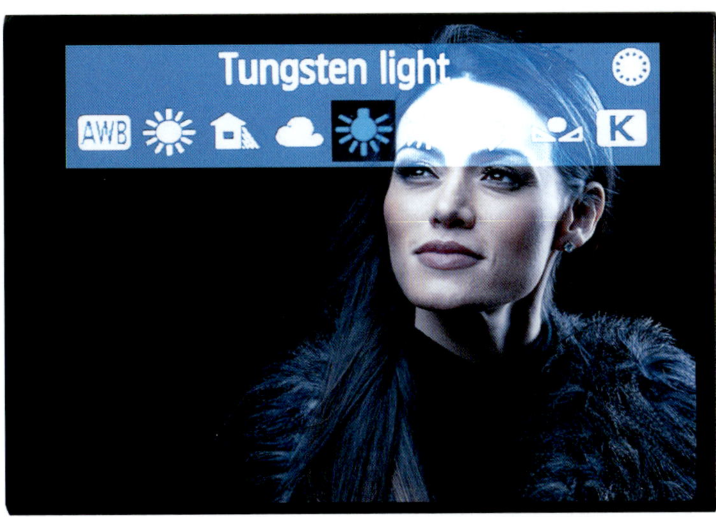

Einigen DSLRs haben eine coole Funktion, meist »Live-View« genannt: Sie können das Kameradisplay als Sucher verwenden, um damit Ihr Bild zu komponieren und zu fotografieren (genau wie mit einer Kompaktkamera). Das klingt jetzt vielleicht nicht besonders verlockend, aber lesen Sie bitte weiter: Bei einigen Kameras können Sie beim Betrachten der Szene auf dem Display sogar die Weißabgleichseinstellungen durchprobieren. So sehen Sie sofort, wie sie sich auswirken. Die Auswahl eines perfekten Weißabgleichs wird so zum Kinderspiel – scrollen Sie einfach durch die Liste, und wenn Ihnen eine Einstellung gefällt, wenden Sie sie an. Wenn Sie das einmal probiert haben, werden Sie die Funktion immer wieder verwenden (besonders einfach geht es mit Stativ). Außerdem können Sie auf dem Display auch nachsehen, ob Sie »das Foto im Kasten« haben. Damit meine ich, dass Sie feststellen können, ob die Lichterwarnung angesprochen hat, der Blitz auch tatsächlich ausgelöst hat und so weiter. Aber es gibt auch einen potenziellen »Fallstrick«, der vielen Fotografen Probleme bereitet: Weil das Display so klein ist, kann es Sie auch in die Irre leiten. Auf einem winzigen 3-Zoll-Display wirkt alles scharf (sogar Ihr Handydisplay ist größer!) Sobald Sie die Bilder am Computer öffnen, stellen Sie vielleicht fest, dass Ihr wichtigstes Foto unscharf ist (oder dass die Kamera auf das falsche Objekt fokussiert hat, sodass der Hintergrund scharf, der Motiv aber unscharf ist). Das kommt recht häufig vor, weil (jetzt alle zusammen): auf einem kleinen Display alles scharf aussieht. Sie müssen also unbedingt während des Fotografierens regelmäßig reinzoomen und die Bildschärfe überprüfen. Andernfalls können Sie sich später auf eine Überraschungen gefasst machen. Auch das sofortige kreative Feedback über das Display können Sie für sich nutzen. Wenn Sie von den fertigen Aufnahme auf dem Kameradisplay enttäuscht sind, dann lassen Sie sich eben etwas Besseres einfallen! Das motiviert Sie, weiter an dem Foto zu arbeiten, neue Kamerawinkel auszuprobieren, noch kreativer zu werden und weiter zu experimentieren, bis Sie auf dem Display endlich das sehen, was Sie eigentlich fotografieren wollten.

Wann Sie die Spotmessung einschalten sollten

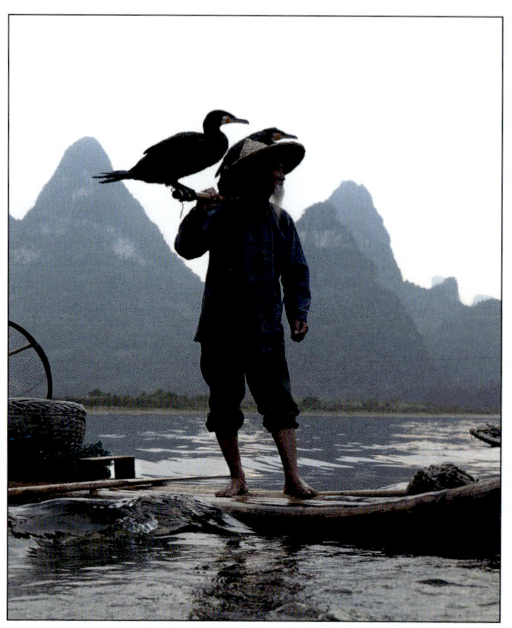

Vorher

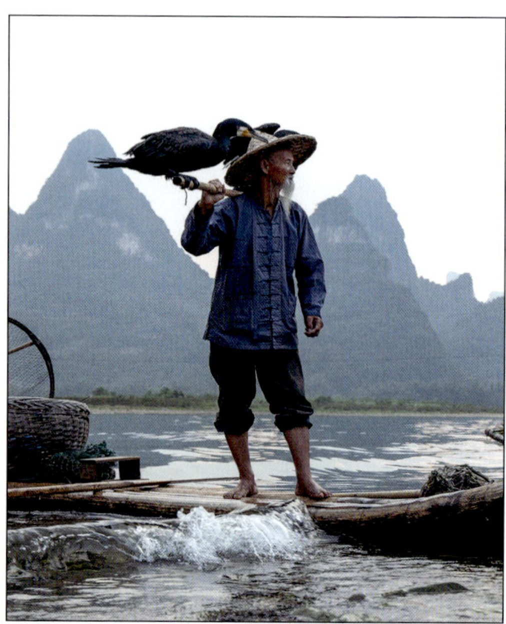

Nachher

Die meisten Leute belassen den Belichtungsmessmodus ihrer Kamera auf der Standardeinstellung. Bei Canon-Kameras ist das die evaluative Messung, bei Nikon die Matrixmessung, bei Sony »Multi«. Das bedeutet einfach, dass die Kamera die ganze Szene auswertet und versucht, eine Belichtung zu finden, die für das gesamte Bild funktioniert. Das klappt bei aktuellen Kameras erstaunlich gut – meistens. Denn bei kniffeligen Beleuchtungssituationen kann der ermittelte Durchschnittswert manchmal auch danebenliegen. Befindet sich Motiv beispielsweise vor einem sehr hellen Hintergrund, probiert die Kamera, die Szene insgesamt abzudunkeln, sodass das Motiv zu dunkel wird (so wie oben links, wo es fast einer Silhouette vor einem hellen Himmel am späten Nachmittag gleicht). Wenn Sie auf Spotmessung umschalten, wertet die Kamera nicht mehr die Lichtverhältnisse im gesamten Bild aus, sondern nur noch die am Messfeld (meist in der Mitte – in unserem Beispiel läge es auf dem Fischer mit dem Kormoran). Wenn Sie den Messpunkt (übrigens identisch mit dem Fokusmesspunkt) also direkt auf das Motiv setzen, wird die Belichtung jetzt nur noch für das Motiv gemessen und nicht mehr für das restliche Foto. So bekommen Sie ein besseres Ergebnis (siehe oben rechts). Das funktioniert ebenso mit einer Person vor einem sehr dunklen Hintergrund, wenn sonst die Kamera zu einer Überbelichtung neigen würde, weil ihr das Gesamtbild zu dunkel erscheint. Wenn Sie vergessen, beim Fotografieren auf Spotmessung umzuschalten, können Sie diese Probleme meist auch noch in Lightroom oder Photoshop beheben, aber leider steigt beim Aufhellen unterbelichteter Bilder auch der Rauschpegel in den dunkleren Bildbereichen an. Hätten Sie das Problem bereits durch den Kameraeinstellungen behoben, gäbe es überhaupt kein verstärktes Rauschen. Und noch etwas: Sie sollten die Spotmessung nur in kniffeligen Beleuchtungssituationen wie dieser verwenden. Schalten Sie anschließend sofort wieder auf die normale Belichtungsmessung um.

Wem gehören Ihre Bilder?

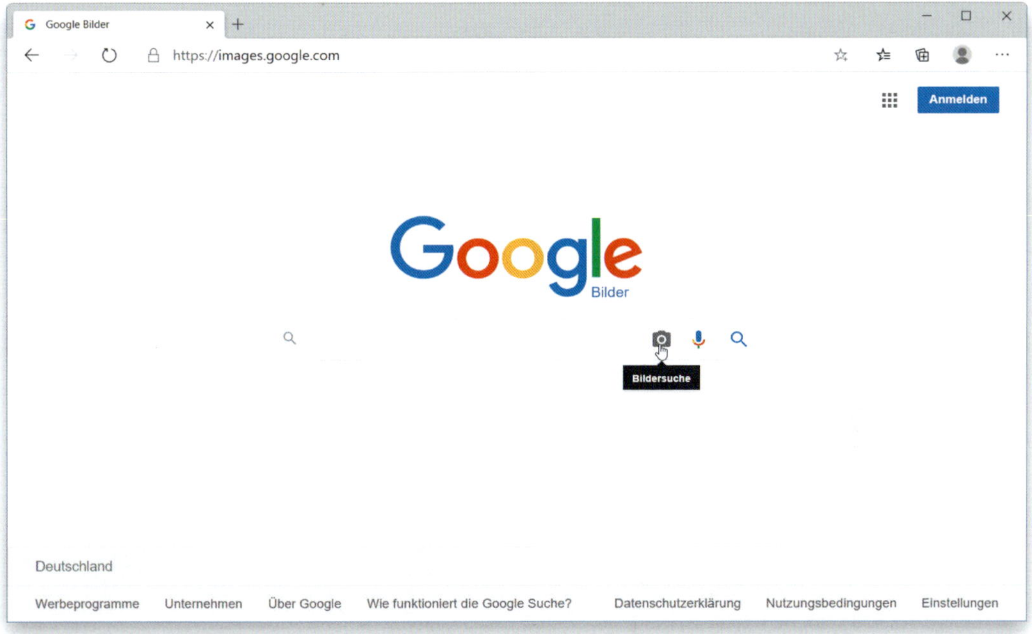

Nach europäischem Recht gehören Inhalte dem, der sie erzeugt. Ihre Fotos dürfen also nur Sie verwenden – hochladen, drucken, veröffentlichen usw. Dazu tragen Sie sich als Urheber in den entsprechenden Menüs Ihrer Kamera ein (suchen Sie nach »Copyright«). Diese Angaben werden dann mit jedem Bild gespeichert. Urheberrecht ist nicht übertragbar. Stattdessen können Sie Dritten ein Nutzungsrecht einräumen – etwa damit diese Ihre Bilder drucken und veröffentlichen (in einem Buch oder einer Zeitschrift). Nutzungsrechte räumen Sie aber auch Plattformen ein, auf die Sie Ihre Bilder hochladen - beispielsweise Facebook und Instagram oder Stockfotoagenturen wie Adobe Stock oder Getty Pictures (Adobe und Getty behalten sich allerding die Annahme Ihrer Bilder vor – hier wählt eine Redaktion aus, was veröffentlicht wird). Diese Nutzungsrechte können umfassender sein, als Sie denken – im Falle von Facebook und Instagram schließen sie etwa auch eine kommerzielle Verwendung durch die Plattformen ein, von der Sie gar nichts haben. Daher gilt das Teilen von Bildern über soziale Medien als kommerzielle Nutzung. Das hat wiederum bildrechtliche Folgen: Nicht alles, was sie fotografieren, darf für eine solche Nutzung ins Netz gestellt werden. Sie müssen sich also vorab informieren. In Europa hat etwa jeder Mensch das Recht am eigenen Bild – und kann von Ihnen verlangen, ein Porträt oder Streetfoto wieder offline zu nehmen. Ein anderes Problem ist Bilderklau. Sobald Sie ein Bild online stellen, kann es jeder kopieren und als die eigene Arbeit ausgeben. Je höher die Auflösung (etwa auf Fotosharing-Plattformen wie 500px.com oder flickr.com), desto besser. Wenn Sie sich darüber den Kopf zerbrechen wollen, überlegen Sie, ob Sie Wasserzeichen oder »geschmackvolle« Signaturen in Ihre Bilder einbauen (Letztere sind bei Landschaftsfotografen sehr beliebt). Wenn Sie Raubkopien Ihrer Bilder suchen, laden Sie ein gesuchtes Foto über die inverse Google-Bildersuche unter *https://images.google.com/* hoch (klicken Sie dazu – wie in der Abbildung oben gezeigt – auf das Kamerasymbol rechts im Suchfeld).

Machen Sie bei schlechten Lichtverhältnissen mehrere Aufnahmen

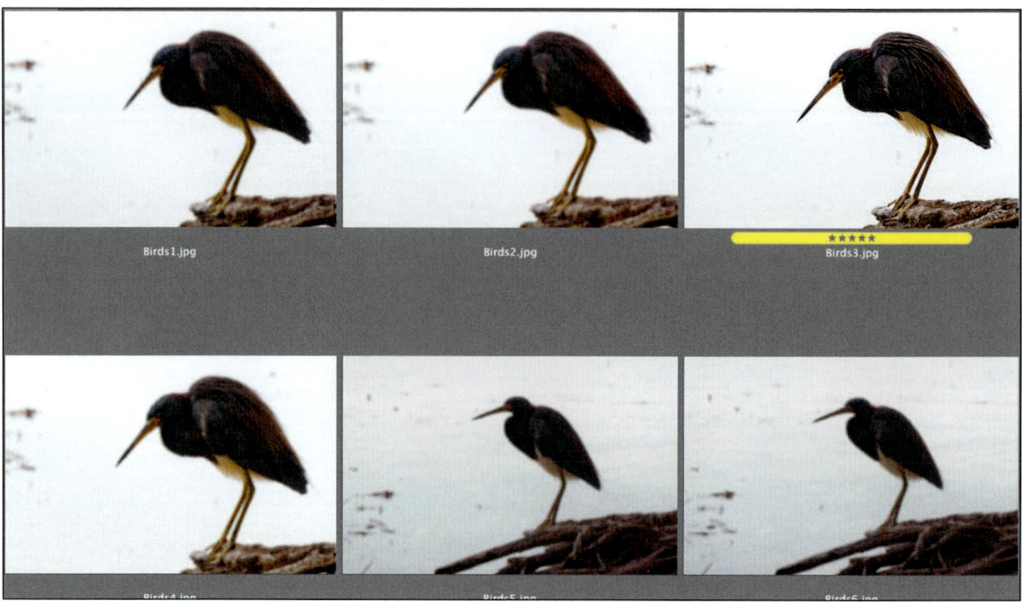

Wenn Sie bei schlechten Lichtverhältnissen ohne Stativ und aus der Hand fotografieren müssen, bekommen Sie mit ziemlicher Wahrscheinlichkeit mehr oder weniger stark verwackelte Fotos. Aber hier kommt ein Trick, den Sie dagegen anwenden können und der sich für mich schon mehrfach ausgezahlt hat: Stellen Sie die Kamera in den Serienaufnahme-Modus (siehe Seite 158), und halten Sie dann einfach den Auslöser gedrückt, um eine lange Fotoserie (mindestens 20 oder 30 Bilder) aufzunehmen. Wenn Sie diese Aufnahmen später am Computer öffnen, sehen Sie eine verwackelte und noch eine verwackelte und noch eine verwackelte und noch eine verwackelte und noch eine verwackelte – aber dann, plötzlich, immitten all der verwackelten Fotos gibt es ein schönes, scharfes Bild (so wie oben das gelb markierte mit den fünf Sternen), und der Rest ist dann wieder komplett unscharf. Ich weiß nicht genau, wie das zustande kommt (Wahrscheinlichkeitstheorie? Glück? Auch ein blindes Huhn findet mal ein Korn?), aber es scheint immer zu klappen (bei mir ist es noch nie schiefgegangen). Versuchen Sie es also das nächste Mal, wenn Sie eine Situation mit schlechten Lichtverhältnissen vorfinden und den ISO-Wert nicht in astronomische Höhen schrauben wollen. Heben Sie ihn stattdessen nur geringfügig an, wählen Sie eine große Blendenöffnung (niedrige Blendenzahl), gehen Sie in den Serienaufnahmemodus und fotografieren Sie drauflos!

Was sieht in Schwarzweiß gut aus?

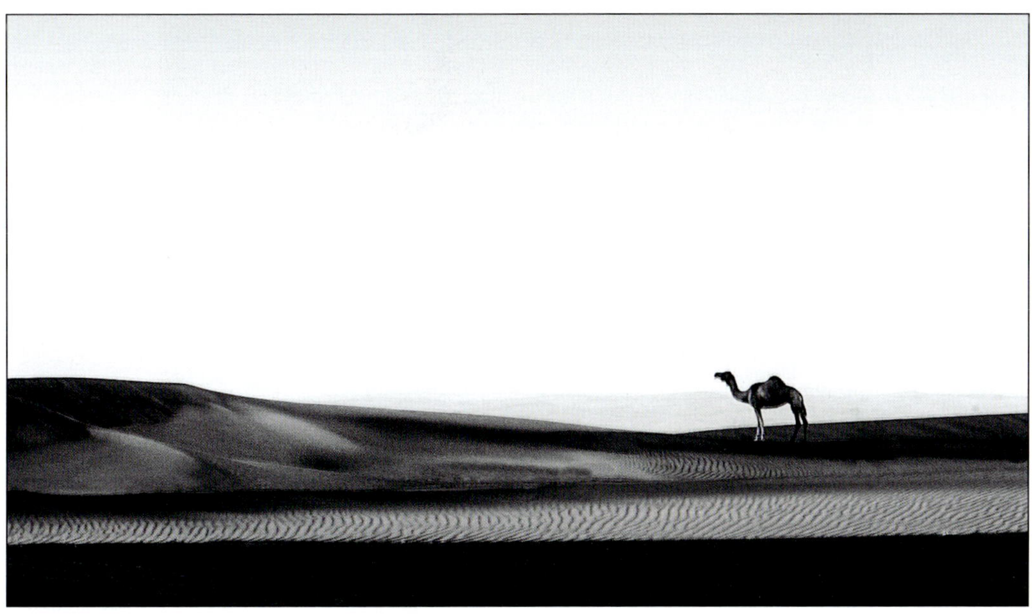

Manche Motive sehen nach einer Umwandlung von Farbe in Schwarzweiß einfach toll aus. Achten Sie beim Fotografieren auf alle strukturierten Oberflächen wie abblätternde Farbe an der Fassade eines alten Gebäudes, rostige alte Maschinen sowie alles, was eine interessante Form oder viel Kontrast aufweist, auf Objekte mit viel Metall, alte Scheunen, Autos, verlassene Fabriken. Und auch ein wolkenreicher, dunkler, bedrohlicher Himmel bietet oft ein perfektes Schwarzweißmotiv. Landschaften und Stadtansichten sehen in Schwarzweiß ebenfalls erstklassig aus. Als Lightroom-Anwender können Sie schnell feststellen, ob ein Foto in Schwarzweiß gut aussehen würde. Drücken Sie dazu einfach die Taste **V** auf Ihrer Tastatur. Damit wird das Bild sofort in Schwarzweiß umgewandelt. Wenn Sie erneut **V** drücken, wird das Bild wieder in Farbe angezeigt.

Holen Sie sich die Genehmigung zum Fotografieren mit Stativ

In vielen Indoor-Locations (Museen, öffentliche Gebäude usw.) ist es nicht gestattet, ein Stativ zu verwenden. Manchmal können Sie aber eine kostenlose Genehmigung dafür beantragen. Fragen Sie einfach im Voraus nach.

Landschaften mit Weißabgleich »Bewölkt« fotografieren

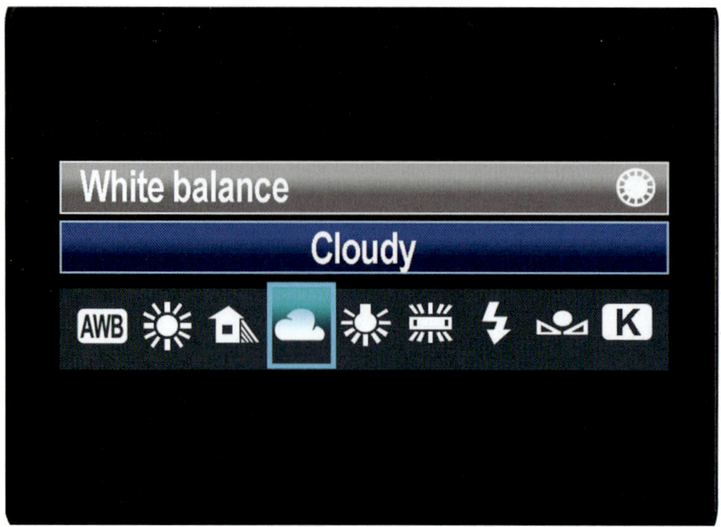

Diesen Landschaftsfototrick habe ich schon vor vielen Jahren gelernt: Ich stelle den Weißabgleich der Kamera auf **Bewölkt**, egal in welcher Beleuchtungssituation ich tatsächlich gerade fotografiere. So erhalten die Bilder direkt aus der Kamera heraus einen wärmeren und insgesamt angenehmeren Look. Wenn ich also ein Landschaftsbild aufnehme, dann grundsätzlich mit der Weißabgleichseinstellung **Bewölkt**. Probieren Sie es aus – die Ergebnisse werden Ihnen sicher viel besser gefallen als mit dem automatischen Weißabgleich.

Nahe heranzoomen? Hier ist eine kürzere Verschlusszeit sinnvoll

Verwenden Sie ein langbrennweitiges Zoomobjektiv, etwa eines mit 200 mm? Für scharfe Bilder sollten Sie bedenken, dass sich jede Objektivbewegung umso mehr verstärkt, je näher Sie heranzoomen. An einem sonnigen Tag wird die kurze Verschlusszeit die Bewegung neutralisieren. Aber im Schatten kommen Sie schnell über 1/250 Sekunde, sodass Sie ein Stativ brauchen oder die ISO-Einstellung erhöhen müssen, um die Verschlusszeit auf 1/250 Sekunde oder weniger zu drücken.

Hochformatige Bilder automatisch drehen

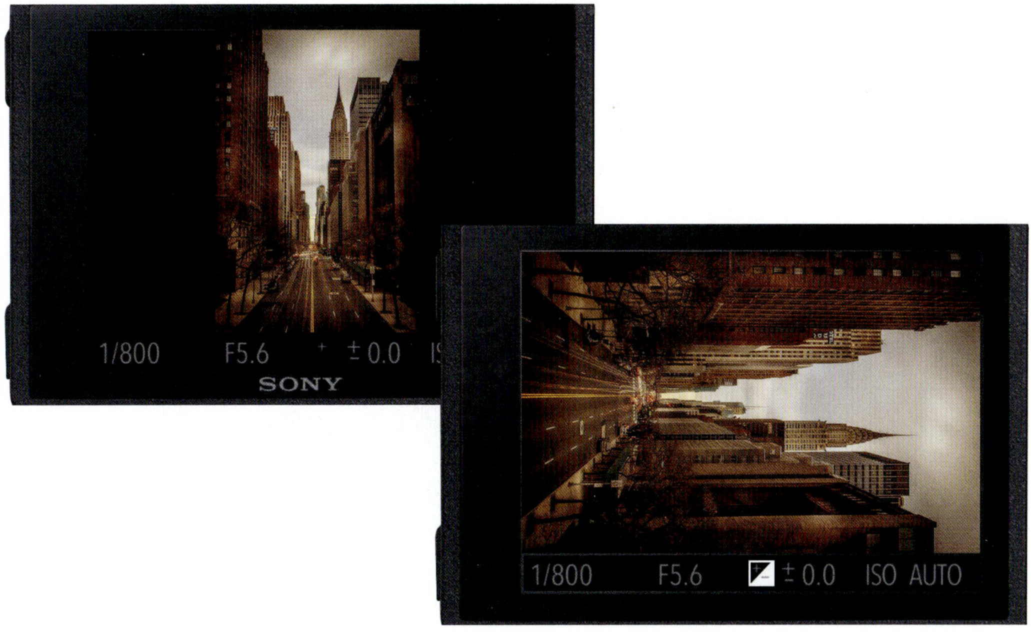

Bei den Bildrotationseinstellungen Ihrer Kamera gibt zwei verschiedene Funktionen mit völlig unterschiedlichen Auswirkungen. Wenn Sie wissen, was was ist, sparen Sie sich womöglich eine Menge Ärger. **Anzeige im Hochformat** (bei Nikon-Kameras im Menü **Wiedergabe**) bedeutet, dass die Kamera ein im Hochformat fotografiertes Bild beim Betrachten automatisch dreht (sodass Sie die Kamera nicht auf die Seite kippen müssen – allerdings wird das Bild dann auch kleiner dargestellt). Die andere Rotationseinstellung befindet sich ebenfalls im Menü **Wiedergabe** und heißt **Automatische Bildausrichtung**. Sie sorgt dafür, dass die Bildausrichtung direkt in die Bilddatei eingebettet wird. Wenn Sie diese also etwa in Lightroom, Bridge oder Photo Mechanic importieren, werden die Miniaturansichten hochformatiger Bilder automatisch gedreht, sodass Sie das nicht von Hand erledigen müssen. Bei Canon-Kameras gehen Sie ins Einstellungsmenü **1** und wählen **Autom. drehen**. Wählen Sie den Menüpunkt **EinzD** mit einem Kamera- und Computermonitorsymbol daneben, werden sowohl das Foto auf dem Kameradisplay als auch die auf den Computer importierten Thumbnails gedreht. Wählen Sie **EinD**, nur mit dem Computermonitorsymbol, dann wird das Bild nur am Rechner gedreht (die Kamera zeigt es weiterhin liegend an). Wählen Sie **Aus**, findet überhaupt keine Drehung statt – das Bild bleibt sowohl auf dem Kameradisplay als auch am Computer auf die Seite gekippt.

Vermeiden Sie Schilder, weil sie den Blick auf sich ziehen

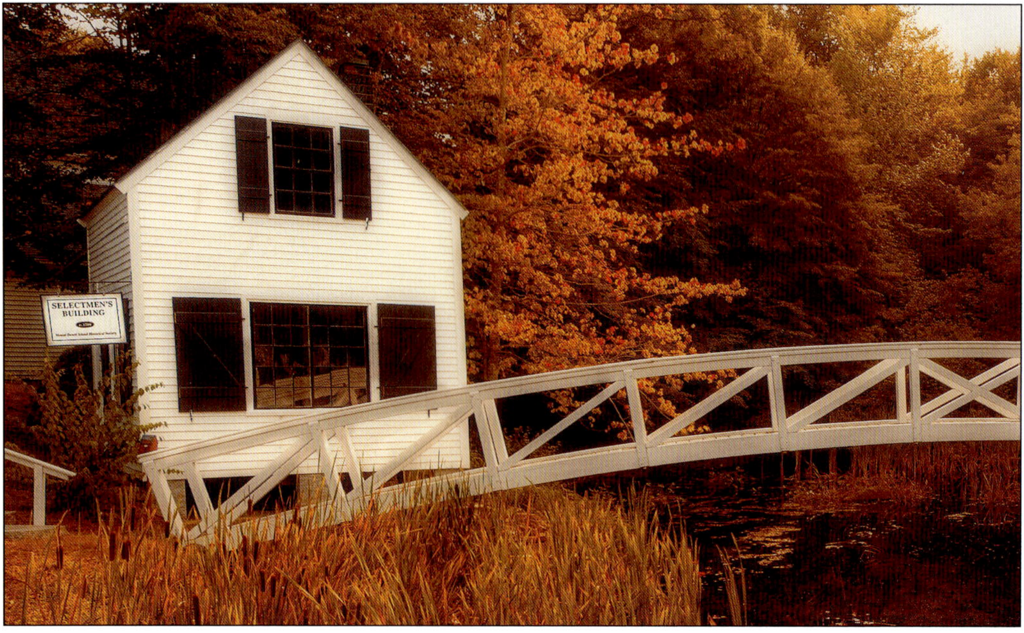

Wenn es Ihnen wie mir geht und Sie sich Gedanken darüber machen, ob bestimmte Elemente den Betrachter von dem Motiv oder der Geschichte ablenken könnten, die Sie mit dem Foto erzählen wollen, dann achten Sie besonders genau auf Text bzw. beschriftete Schilder. Wir alle sind darauf konditioniert, Schilder zu lesen, und wenn das Schild nicht Ihr Bildmotiv ist, werden die Leute trotzdem automatisch anfangen, das Schild zu lesen, statt das Motiv zu betrachten. Ich habe diesen Tipp vor Jahren von Jay Maisel bekommen, und es hat sich immer wieder bestätigt, sobald ich irgendwo ein Bild mit einem Schild darin gezeigt habe. Kurz gesagt, versuchen Sie, Ihr Bild so zu komponieren, dass erst gar keine Schilder oder Texte darin enthalten sind, es sei denn, Sie möchten gerade, dass der Betrachter diese als erstes sieht (und liest!).

Wohin die Betrachter in Ihren Fotos zuerst schauen

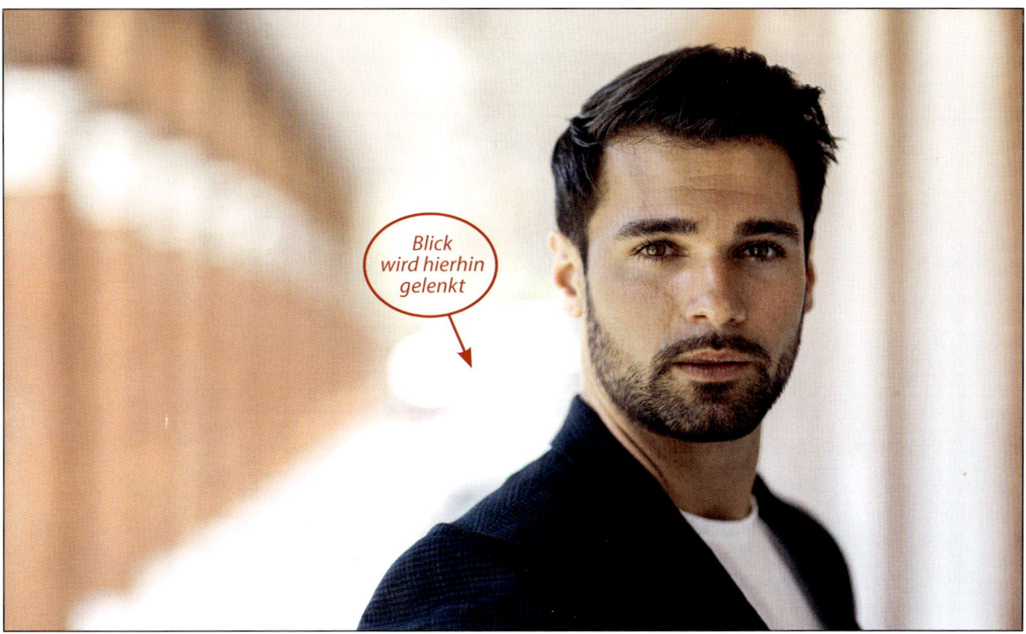

Es kann sehr hilfreich sein, wenn Sie wissen, was ein Betrachter auf Ihrem Foto als Erstes wahrnehmen wird. Prinzipiell wird das menschliche Auge vom hellsten Bildelement angezogen. Wenn das Motiv also im Vordergrund liegt, sich dahinter aber ein Fenster mit hellem Sonnenlicht befindet, wird der Blick zuerst dorthin wandern (meist nicht das, was Sie wollen). Mit diesem Wissen können Sie das Bild also so komponieren, dass der hellste Punkt genau dort liegt, wo die Betrachter hinschauen sollen. Nach dem hellsten Bereich suchen wir uns als Nächstes das am schärfsten abgebildete Objekt. Wenn also die Schärfentiefe sehr gering ist, konzentrierten wir uns sofort auf die scharfen Bildbereiche (die hoffentlich auch das Motiv enthalten). Diese beiden Erkenntnisse (wo ein Betrachter zuerst hinsieht und wohin er dann als Nächstes schauen wird) können sehr nützlich bei Bildkomposition sein, wenn Sie den Blick des Betrachters in einer bestimmten Abfolge durch das Bild führen möchten.

Achten Sie darauf, Speicherkarten nicht versehentlich zu löschen

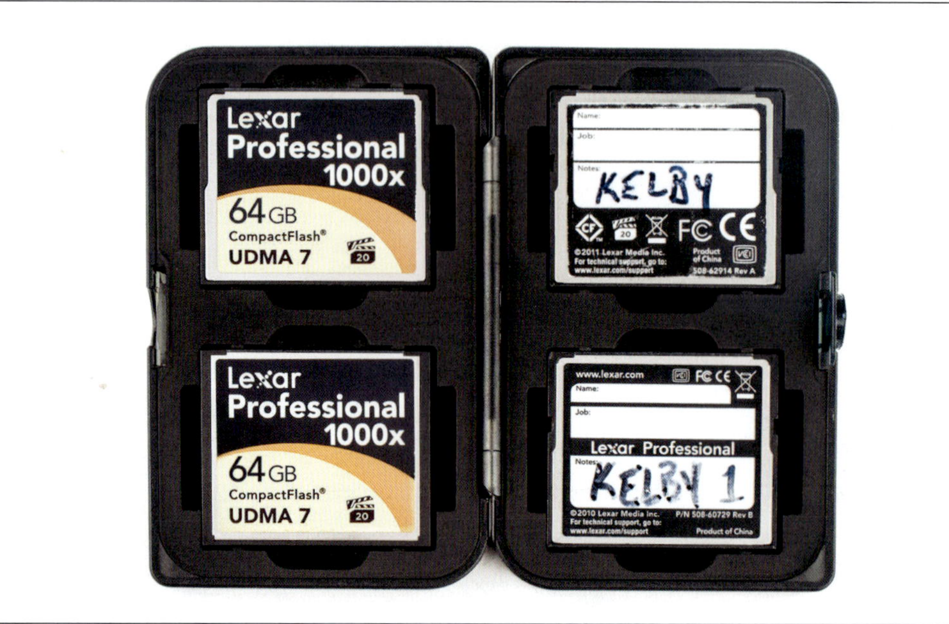

Dies ist zwar nur ein kleiner Tipp, aber er kann Ihnen unterwegs beim Fotografieren die Haut retten. Wenn Sie Ihre Ersatzkarten in einem Kartenhalter aufbewahren (und um Ihrer Karten willen hoffe ich das), gibt es eine einfache, professionelle Vorgehensweise, um den Überblick über volle und leere und damit zum sofortigen Einsatz verfügbare Karten zu behalten: Legen Sie die vollen Karten umgedreht ins Etui (mit dem Etikett nach hinten), sodass sie sofort erkennen können, welche Karten sie noch verwenden können (die mit den sichtbaren Etiketten), und welche bereits voll sind. Wenn Sie das nächste Mal in einem hektischen Umfeld fotografieren (z. B. bei einer Hochzeit oder Sportveranstaltung), werden Sie froh sein, dieses System übernommen zu haben. Nutzt Ihre Kamera SD-Speicherkarten, können Sie außerdem auch den kleinen Schreibschutzschalter an der Karte selbst aktivieren, um zu verhindern, dass sie gelöscht oder neu formatiert oder sonstwie überschrieben wird. Dass Sie bei kritischen Aufträgen Ihre Bilder zwischendurch auf einer portablen Festplatte sichern sollten, habe ich Ihnen ja schon empfohlen.

Wie Sie Bilder von einer beschädigten Speicherkarte retten können

Speicherkarten können kaputtgehen. Das kommt vor. Wenn also das Undenkbare passiert (die Speicherkarte, die Sie gerade in den Kartenleser gesteckt haben, scheint leer zu sein, obwohl Sie wissen, dass sie nicht leer ist), gibt es verschiedene Wiederherstellungsprogramme zum Download (teilweise kostenlos), die erstaunliche Arbeit leisten. Meist ist dann doch nicht alles verloren. Beenden Sie sofort alles, was Sie gerade tun, und beginnen Sie unverzüglich mit der Datenrettung. So haben Sie die besten Chancen, Ihre Bilder wiederzubekommen. Stecken Sie die Karte nicht zurück in die Kamera, um weiterzufotografieren. Formatieren Sie die Karte nicht. Machen Sie gar nichts – starten Sie einfach sofort die Datenrettungssoftware. Beliebte Programme zur Wiederherstellung von Speicherkarten sind etwa PhotoRescue (von DataRescue) und CardRescue (von WinRecovery Software), das es auch als Gratis-Testversionen gibt.

Den Fokuspunkt verschieben

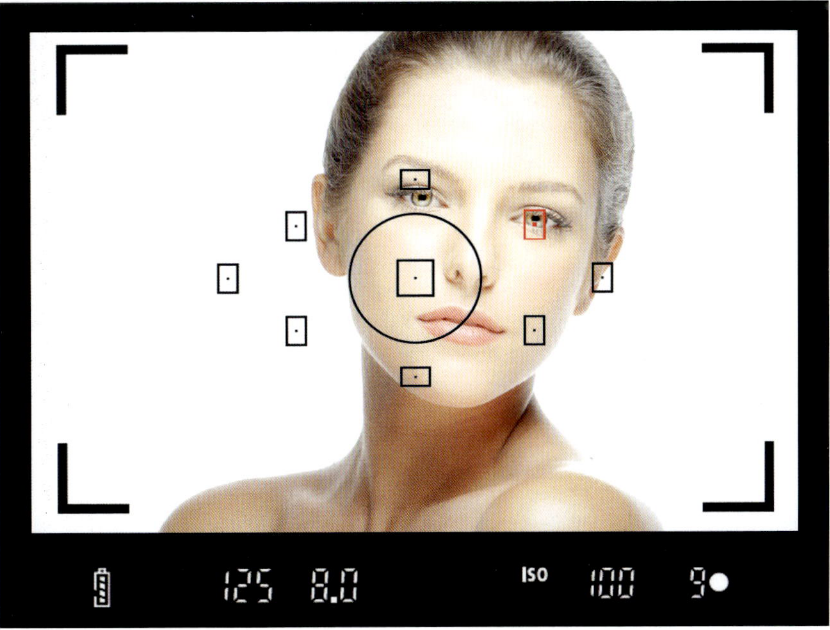

Sehen Sie beim Blick durch den Sucher den roten Kreis oder das rote Rechteck in der Mitte? Das ist der Autofokuspunkt (AF-Punkt) Ihrer Kamera, und das Motiv unter diesem Punkt wird scharfgestellt. Viele Leute wissen nicht, dass die meisten Kameras die Möglichkeit bieten, den Fokuspunkt nach oben, unten, links und rechts zu verschieben. Wenn Sie also ein Bild komponiert haben, in dem sich das Hauptmotiv links im Bildausschnitt befindet, können Sie das AF-Messfeld direkt über das Motiv legen, sodass es perfekt scharfgestellt wird. Bei Canon-Kameras bewegen Sie den Autofokuspunkt mit Hilfe des winzigen Multi-Controller-Joysticks am Einstellrad auf der Kamerarückseite. Bei Nikon-Kameras verwenden Sie dafür den Multifunktionswähler auf der Kamerarückseite. Bei Sony-Modellen drücken Sie das Einstellrad nach unten, um die Verschiebung freizuschalten, und platzieren den Punkt dann mit Hilfe des Rads an der gewünschte Stelle.

Wann Sie die Speicherkarte löschen dürfen

Es gibt eine Regel, an die sich viele Fotografen (paranoide Fotografen wie ich sowieso) halten: Wir löschen unsere Speicherkarten erst dann, wenn wir absolut sicher sind, dass wir zwei Kopien der Fotos an anderer Stelle gesichert haben. Wenn Sie zum Beispiel die Fotos auf Ihren Computer herunterladen, ist das erst eine Kopie, und Sie sollten die Speicherkarte mit nur dieser einen Kopie noch nicht formatieren (denn wenn die Festplatte eines Tages abschmiert – und das wird sie –, sind all Ihre Fotos für immer verschwunden). Erst wenn Sie die Fotos von Ihrem Computer auch noch auf einem zweiten Laufwerk (einer Backup-Festplatte) gesichert haben, haben Sie zwei Kopien – eine auf dem Computer und eine auf dem Sicherungslaufwerk –, und dann können Sie die Speicherkarte formatieren (löschen) und mit dieser Karte weiterfotografieren.

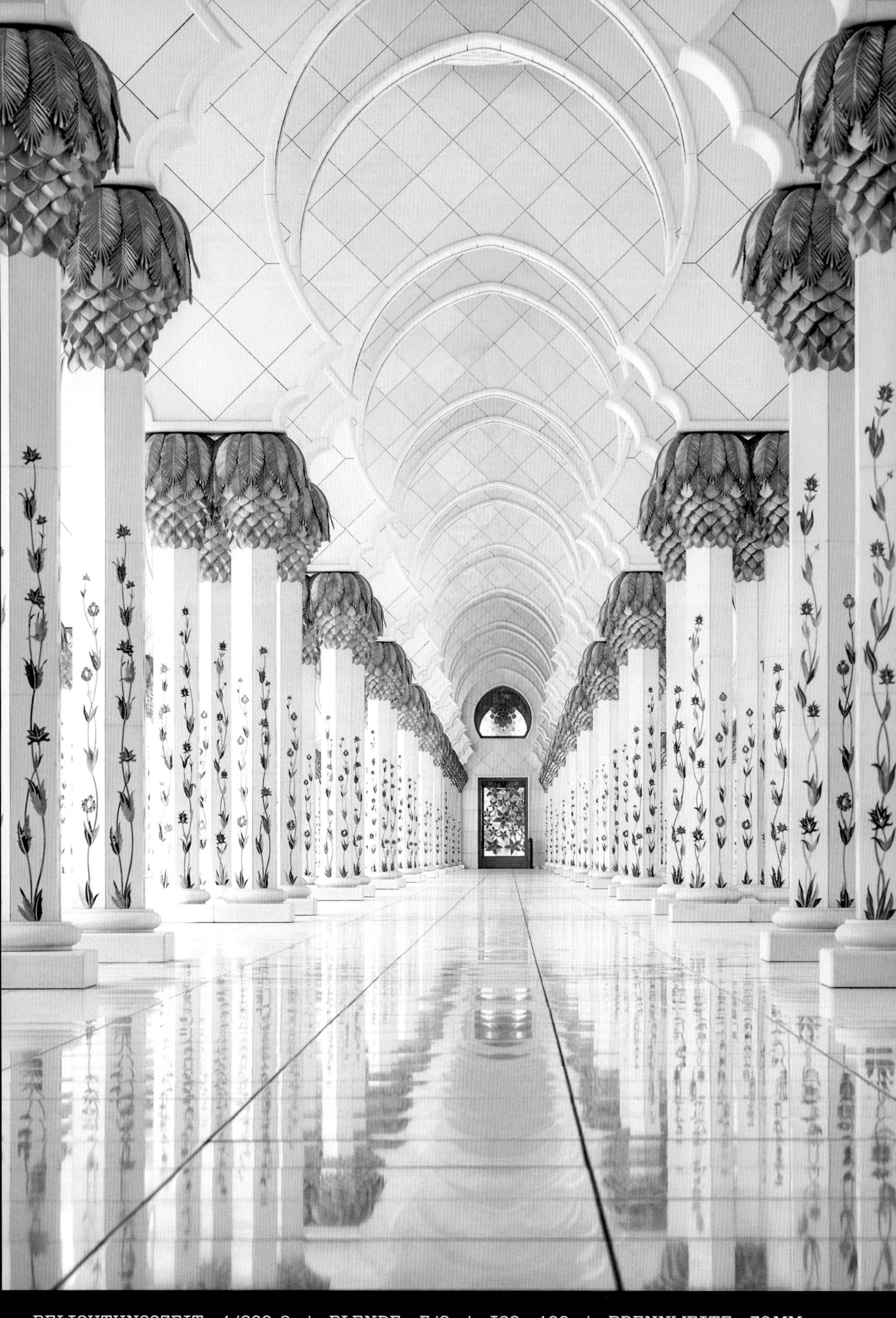

BELICHTUNGSZEIT: 1/200 S | BLENDE: F/8 | ISO: 100 | BRENNWEITE: 70MM

Kapitel 11

Drucken wie ein Profi

Wichtig ist, was hinten rauskommt

Wenn Sie beobachten, wie eines Ihrer Bilder aus dem Drucker kommt, passiert etwas Magisches. Nicht bei einem DIN-A4-Druck, wohlgemerkt – dabei vollzieht sich keine Magie, es sei denn, Sie sind Schauspieler oder Schauspielerin, aber dann sitzen Sie in L.A. fest, arbeiten bei Applebee's® am Imperial Highway, hetzen zwischen Vorsprechen und Abendkursen im Speiser/Sturges Acting Studio herum, und dann bekommen Sie vielleicht eine Statistenrolle in einer Sitcom, aber keine Sprechrolle, und ein paar Stunden später fragen Sie wieder: »Möchten Sie mit unserem Spinat-Artischocken-Dip beginnen?« Warum stecken Sie in diesem Trott fest? Liegt es an Ihren schauspielerischen Fähigkeiten? Wahrscheinlich. Also, nicht ganz. Wahrscheinlich liegt es eher daran, dass das Bild Ihrer Digitalkamera nicht auf einen DIN-A4-Ausdruck passt, wenn Sie es nicht zuschneiden. Und wenn Sie es nicht zuschneiden, entstehen weiße Ränder an der Oberkante oder den seitlichen Kanten (je nachdem, ob Sie im Hoch- oder im Querformat drucken). Was Sie also wirklich bräuchten, ist ein Druck im Überformat A4+ mit dem Seitenverhältnis 2:3, damit das Bild weder beschnitten wird noch weiße Ränder bekommt. Aber so etwas haben Sie nicht – Sie haben einen A4-Drucker und Hochglanzpapier, weil Sie Schauspieler/Kellner sind, und das ist halt ein Teufelskreis. Wie kommen Sie aus dieser Tretmühle raus? Drucken Sie in einer sinnvollen Größe. Erstellen Sie einen schönen, großen Druck, zum Beispiel in A3+ oder vielleicht sogar A2+ – und ich verspreche Ihnen, Ihre Welt wird sich für immer verändern. Sie werden diese Spinat- und Artischocken-Diphäppchen-Sache völlig vergessen, und ehe Sie sich versehen, ist alles anders. Sie schauen aus dem Fenster und sehen Tom Hanks und Rita Wilson, Mark Harmon und J. Lo und Johnny Depp, und Ihnen wird klar, dass Sie sich nun in einer völlig anderen Sphäre befinden. Sie sind im Begriff, die entscheidende Ansage zu machen, die jemanden sehr glücklich stimmen wird. Sie sehen auf die Karte hinunter, die Ihnen ausgehändigt wurde, und verkünden: »Hanks. Tisch für fünf. Ihr Tisch ist bereit«, und dann führt Cindy, die stellvertretende Geschäftsführerin, die illustren Gäste zu ihrem Tisch. Sehen Sie, große Ausdrucke lassen Hollywood-Träume wirklich wahr werden.

Machen Sie sich das Leben leichter, und drucken Sie aus Lightroom

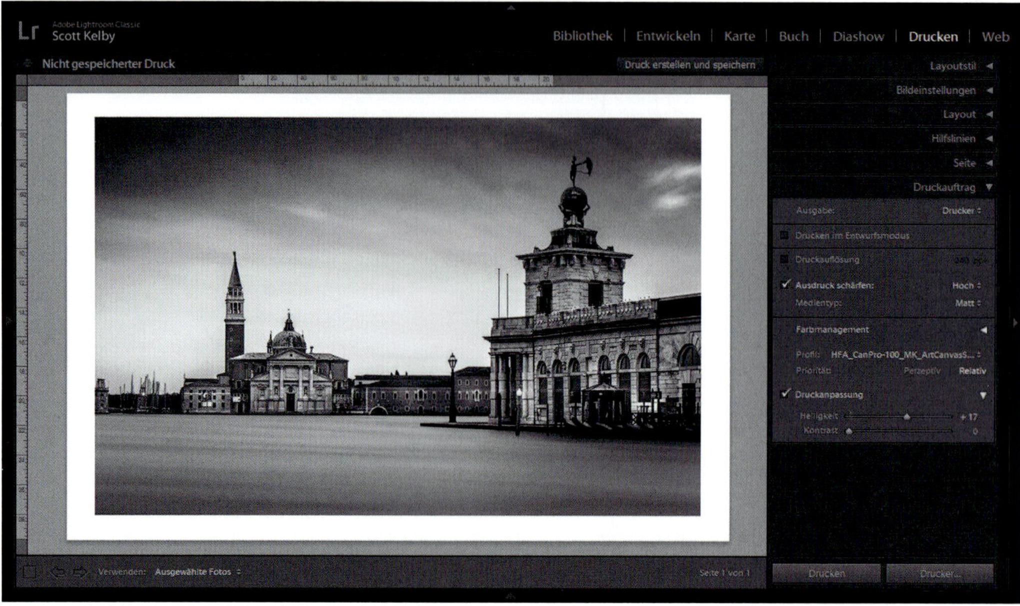

Eigentlich verliebte ich mich wegen der Druckfunktion in Lightroom. Davor druckte ich über Photoshop, und das ist einfach viel zu kompliziert. In Lightroom Classic geht alles schneller und einfacher. Wenn mir ein Freund erklären würde, dass er von nun an seine eigenen Drucke erstellen möchte, würde ich ihm also gleich sagen: »Nimm Lightroom Classic zum Drucken.« (Hinweis: Sie müssen dazu mit Lightroom Classic arbeiten, weil Lightroom CC derzeit überhaupt keine Möglichkeit zum Drucken bietet.) Ich gehe also nun davon aus, dass wir Freunde sind (nun, Sie haben mein Buch gekauft, deshalb mag ich Sie und finde, dass Sie über ein gesundes Urteilsvermögen und einen tadellosen Geschmack verfügen), und ich gehe auch davon aus, dass Sie meinen Rat befolgen und aus Lightroom drucken werden. Deshalb weiß ich, dass Sie mit Ihren Drucken zufrieden sein werden, und ich mag glückliche Menschen, sodass unsere neue Freundschaft wirklich einen tollen Auftakt hat. Wir sind noch nicht so weit, dass Sie ein paar Wochen auf meiner Couch pennen oder sich Geld von mir leihen können, aber wir haben offensichtlich viele Gemeinsamkeiten (wir drucken beide aus Lightroom), und das ist für den Aufbau längerfristiger Freundschaften grundsätzlich vielversprechend.

Wenn Ihre Drucke zu dunkel herauskommen

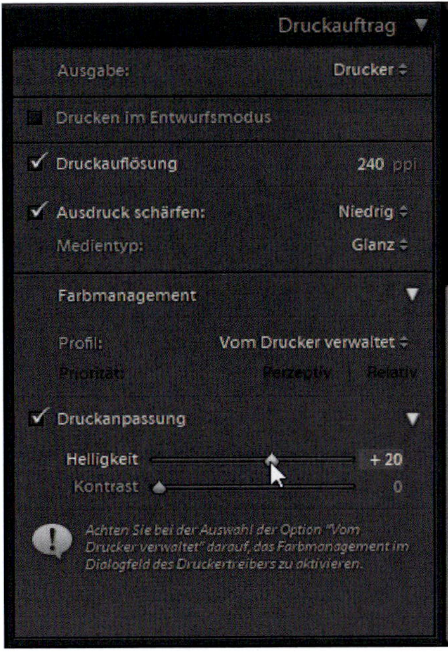

Das Schlimmste, was Ihnen beim Drucken passieren wird, ist wohl ein zu dunkles Ergebnis. Das ist quasi schon vorprogrammiert. Warum das so ist? Wenn wir unsere Bilder am Computer bearbeiten, sehen wir sie auf einem sehr hellen Display, sie sind also sozusagen von hinten beleuchtet. Die hellen Laptop- und Computerbildschirme sind fantastisch, aber viel heller als das Druckpapier (dieses verfügt weder über eine Hintergrundbeleuchtung, noch besteht es aus glänzendem Glas), und deshalb wirken die gedruckten Bilder viel dunkler als auf dem hellen Bildschirm. Wie können wir das in den Griff bekommen? Glücklicherweise besitzt Lightroom eine Funktion, die genau dieses Problem behebt und ziemlich genial ist. Aktivieren Sie im rechten unteren Bereich des **Drucken**-Moduls von Lightroom Classic das Kontrollfeld **Druckanpassung**. Direkt darunter sehen Sie einen Regler für die **Helligkeit**. Das Tolle an diesem Schieberegler ist, dass er nur den Ausdruck aufhellt – die eigentliche Bilddatei bleibt unverändert. Clever, oder?! Bleibt nur die Frage: »Wie viel heller soll das Bild werden? Wie weit ziehe ich den Helligkeitsregler nach rechts? Ich würde so vorgehen: Setzen Sie den Regler auf **+20** und fertigen Sie einen Probedruck an. Halten Sie ihn neben das gleiche Bild auf Ihrem Computermonitor und prüfen Sie, ob die Helligkeit passt. Wenn der Ausdruck immer noch zu dunkel wirkt, ziehen Sie den Helligkeitsregler auf **+30** und machen Sie einen weiteren Probedruck (Sie müssen übrigens dafür keine großen Bögen verwenden – verwenden Sie für die Tests ein kleineres Papierformat, um Ihr gutes Fotopapier nicht zu verschwenden). Sicherlich werden ein paar Probedrucke notwendig sein, aber sobald Sie den erforderlichen Helligkeitswert kennen, können Sie diesen von nun an verwenden, um auf diesem bestimmten Papier und diesem bestimmten Drucker zu drucken. Weitere Testdrucke sind nicht mehr erforderlich.

In welcher Auflösung Sie drucken sollten

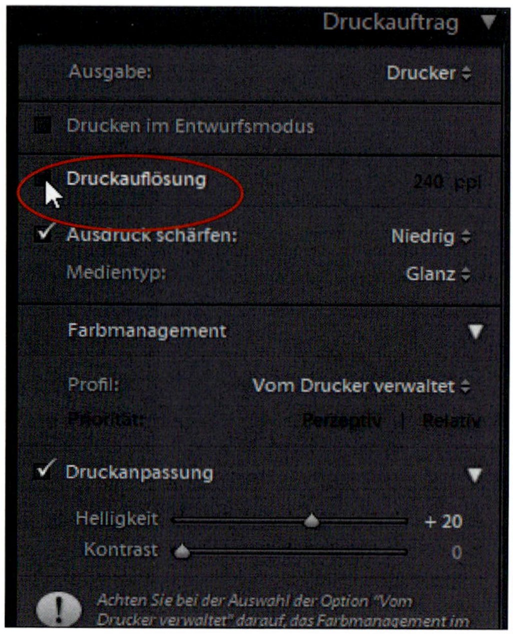

Und noch etwas liebe ich am Drucken in Lightroom: Die Sache mit der Auflösung ist ein Kinderspiel. Das ist gut so, denn über solche Dinge streiten Fotografen gerne und endlos in Online-Fotoforen, und ich muss sagen, dass ich noch keine zwei Fotografen auf der Welt gefunden habe, die sich über die richtige Auflösung für den Druck einigen konnten. Deshalb halte ich mich an die Empfehlung von Adobe: Ich überlasse Lightroom die Entscheidung. Es übernimmt dann hinter den Kulissen die ganze Rechnerei mit der Auflösung. Gehen Sie dazu folgendermaßen vor: Rufen Sie im **Drucken**-Modul von Lightroom Classic den Bereich **Druckauftrag** auf. Deaktivieren Sie dort das Kontrollfeld für die **Druckauflösung**. Das war's schon. Nun wählt Lightroom die richtige Auflösung auf der Grundlage der Pixelabmessungen des Bildes und der Größe, in der Sie das Bild drucken möchten. Schalten Sie das Kontrollkästchen einfach aus und entfernen Sie sich langsam vom Computer. Nun, ich weiß – und Sie wissen –, dass in Ihrem Kopf eine kleine Stimme zu hören ist, die Ihnen sagt, dass es nicht so einfach sein kann und Sie vielleicht doch das Kontrollkästchen aktivieren und eine große Zahl in das Auflösungsfeld eingeben sollten. (Übrigens hören Frauen aus irgendeinem Grund diese Stimme nicht, die einen dazu veranlasst, vom rechten Weg abzukommen und Dinge zu tun, die zum Beispiel Ausdrucke vermasseln. Männer hören diese Stimme, und zwar erstaunlich gut.) Wie auch immer, tun Sie es nicht. Deaktivieren Sie einfach das Kontrollfeld und freuen Sie sich darüber, dass Sie sich nun nicht mehr um die Berechnung der richtigen Auflösung kümmern müssen. Übrigens – egal, welchen Wert Sie als Auflösung eingäben, Sie würden online immer einen Fotografen finden, der nur darauf wartet, Ihnen zu sagen, dass dieser Wert falsch ist.

Drucke im Fotolabor beauftragen

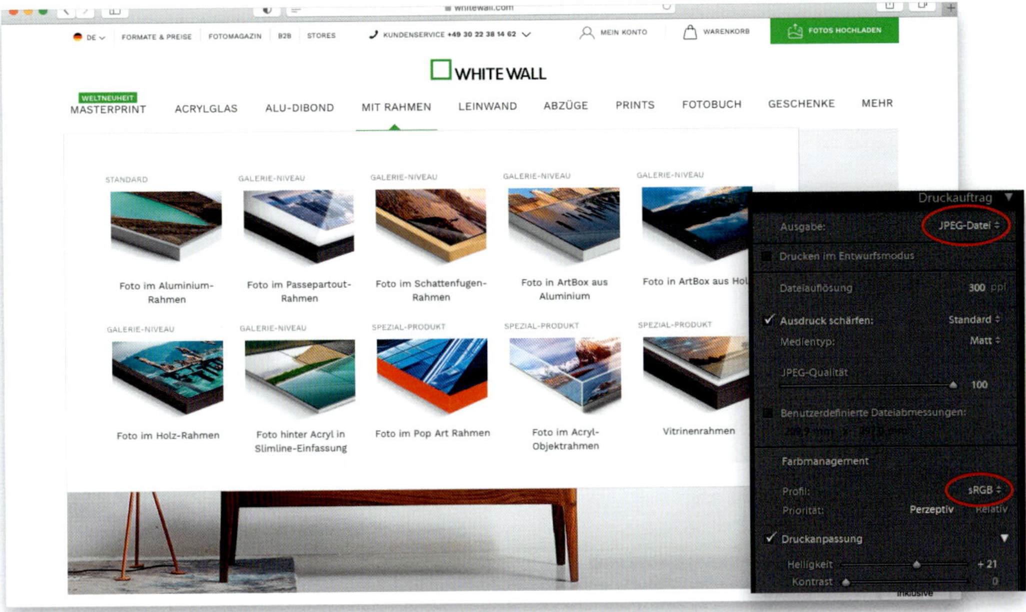

Wenn Sie sich nicht mit dem Kauf eines Druckers, seiner Installation, der Einrichtung der Tintenpatronen und all dem Kram beschäftigen wollen, können Sie auch die Dienste eines Online-Fotolabors in Anspruch nehmen. Das wird alles für Sie erledigen. Auch wenn ich gleich mehrere Drucker besitze, arbeite ich nach wie vor mit zwei Online-Fotolaboren (manchmal habe ich keine Zeit zum Drucken, manchmal muss ich auf einem speziellen Material wie Leinwand oder Metall drucken, und manchmal brauche ich ein Druckformat, das meine eigenen Drucker nicht beherrschen). Sie laden einfach Ihr Bild über die Website des Online-Fotolabors hoch und wählen die gewünschte Druckgröße und die gewünschte Papiersorte (seidenmatt, satiniert, metallic usw.). Der Druck wird für Sie angefertigt und an Sie versandt. Das geht meistens verdammt schnell. Natürlich können Sie Ihre Bilder trotzdem nach Ihren Wünschen in Lightroom Classic vorbereiten (zum Beispiel können Sie mit den Druckvorlagen des **Drucken**-Moduls schöne Mehrfoto-Layouts erstellen). Nachdem Sie die Seite nach Ihren Wünschen eingerichtet haben, wählen Sie im Menü **Drucker** oben im **Druckauftrag**-Bedienfeld die Option **JPEG-Datei** (wie oben eingekreist dargestellt). Dies bewirkt zweierlei: (1) Wenn Sie auf die Schaltfläche **In Datei ausgeben** am unteren Fensterrand klicken, wird Ihr Bild nicht gedruckt, sondern es wird ein JPEG mit genau dem im **Drucken**-Modul eingerichteten Layout erstellt, und (2) Ihr Farbprofil wird in sRGB geändert. Dieses Farbprofil bevorzugen die meisten Online-Fotolabore. Das war es schon. Jetzt laden Sie Ihre JPEG-Datei über die Website Ihres bevorzugten Anbieters hoch, und ehe Sie sich versehen, sind Ihre Drucke auf dem Weg zu Ihnen.

Wie viele Megapixel brauchen Sie?

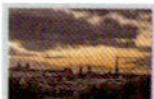

24 Megapixel = 40,5×71 cm

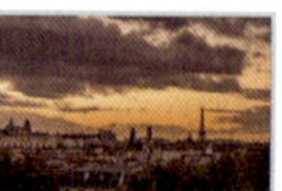

36 Megapixel = 50,8×76,2 cm

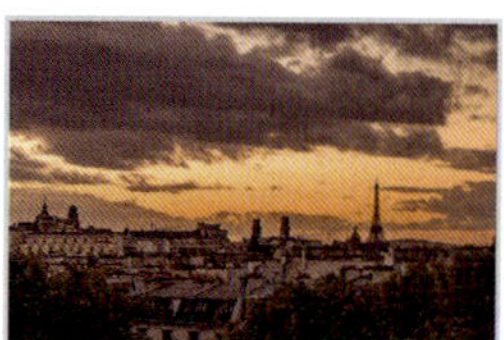

45 Megapixel = 61×91,5 cm

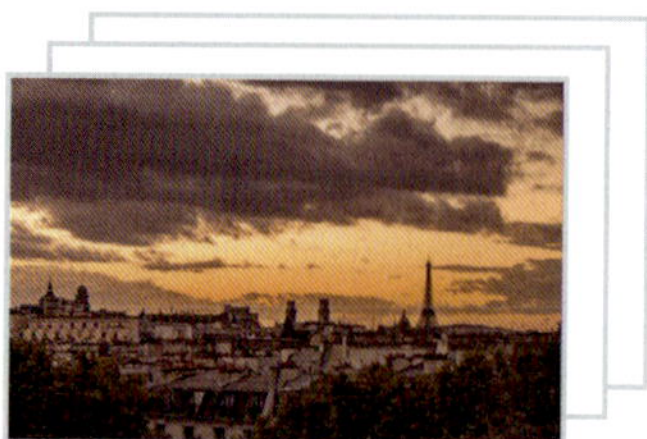

61 Megapixel = 76,2×101,6 cm und mehr

Es gibt eine Menge Verwirrung (auch »Marketing-Hype« genannt) um Megapixel, und viele Menschen glauben, dass Megapixel mit der Bildqualität zu tun haben – je höher die Anzahl der Megapixel, desto besser die Qualität, nicht wahr? Leider stimmt das nicht. Wenn Sie das also als Ausrede für den Kauf einer neuen Kamera benutzt haben, zieht das bei mir nicht (auch wenn Ihr Partner es Ihnen vielleicht abkauft). In Wirklichkeit geht es bei den Megapixeln lediglich darum, wie groß Sie Ihr Bild drucken können. Um mehr nicht. Wenn Sie höchstens im A4-Format drucken möchten, reicht Ihnen eine 6-Megapixel-Kamera. (Sofern es Kameras mit einer solch niedrigen Auflösung überhaupt noch gibt. Und als es sie gab, haben die Leuten von diesen Bildern trotzdem größere Abzüge gemacht.) Für wen sind die heutigen Kameras mit 36 Megapixel und mehr dann gedacht? Für Trottel. (Okay, nicht wirklich, aber Sie wussten, dass ich das sagen würde.) Eigentlich sind die Kameras mit dieser hohen Megapixel-Anzahl für Profis gedacht, die ihre Bilder in riesigen Formaten drucken müssen (etwa 75 x 100 cm und mehr) oder Bilder mit superhoher Auflösung brauchen, damit sie einen kleinen Ausschnitt daraus verwenden können und immer noch eine ausreichende Auflösung für schöne Abzüge erhalten (zum Beispiel bei der Wildlife-Fotografie, wenn das Motiv weit entfernt ist oder vielleicht am Himmel fliegt). Haben Sie Ihre Kamera also in den letzten drei oder vier Jahren gekauft, ist die Auflösung bereits mehr als hoch genug für große Druckformate. Sie brauchen Ihr Konto also nicht zu plündern. Hey, geben Sie nicht mir die Schuld. Ich versuche Ihnen hier Geld zu sparen, damit Sie sich ein paar anständige Objektive und ein schickes Stativ kaufen können. *Hinweis:* Die obigen Beispiele beziehen sich auf gängige Druckausgabeformate. Sie können die Beispiele auch auf wesentlich größere Formate hochrechnen.

Kaufen Sie keinen A4-Fotodrucker

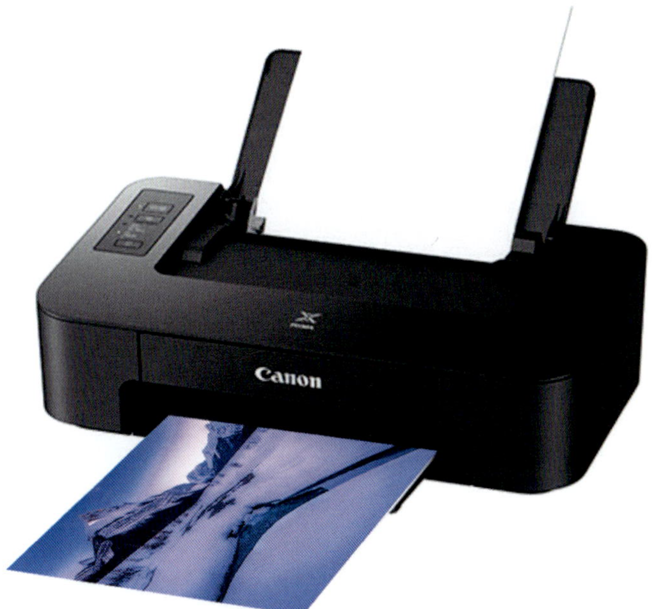

Wenn der Kauf eines neuen Druckers ansteht, haben Sie eigentlich nur zwei Marken zur Auswahl: entweder Canon oder Epson. Ich arbeite mit Canon-Druckern (sie sind großartig), aber Epson stellt ebenfalls hervorragende Drucker her. Sie können also mit keiner der beiden Marken etwas falsch machen. Sie sind zum Standard für professionelle Drucke in Fotolaborqualität geworden. Für wichtiger als die Marke (vor allem, weil niemand in der Lage sein wird zu sagen, ob Sie Ihren Druck auf einem Canon- oder einem Epson-Drucker gemacht haben) halte ich, dass Sie sich kein Gerät kaufen, mit dem Sie maximal A4-Drucke anfertigen können. Das DIN-A4-Format ist einfach nicht groß genug, um sich hoffnungslos und unwiderbringlich in die Anfertigung von Fotodrucken zu verlieben. Es ist in Ordnung und sicherlich besser als A5, aber es ist nicht großartig. Deshalb würde ich empfehlen, einen Drucker zu kaufen, der mindestens das Format A3+ (32,9 x 48,3 cm) beherrscht. Das ist eine von Fotografen auf der ganzen Welt bevorzugte Größe, und wenn Sie einen A4- und einen A3+-Druck Ihres Bilds nebeneinander auf den Tisch legen, erkennen Sie auf einen Blick: »Ich werde nie wieder in A4 drucken, außer, um einen Schaden an meinem Auto oder Haus für die Versicherung zu dokumentieren«. Wie bereits erwähnt: A3 ist ein bei ernsthaften Fotografen sehr beliebtes Format, aber wenn das Drucken »Ihr Ding« werden soll und Sie etwas tiefer in die Tasche greifen können, sollten Sie sich für einen Drucker entscheiden, der in A2+-Größe (43,2 x 63,8 cm) drucken kann. Das ist das übliche Galerieformat, und Sie werden sich schnell selbst an so große Abzüge gewöhnen. Natürlich kostet so ein Großformatdrucker nicht nur mehr in der Anschaffung. A2+-Papier ist ebenfalls teurer, und Sie verbrauchen mehr Tinte. Es ist also sicher von Vorteil, wenn Sie ein Hedge-Fonds-Manager, Anästhesist oder Jeff Bezos sind, aber wenn Sie einmal Drucke in dieser Größe sehen ... nun, dann gibt es einfach kein Zurück mehr. Es ist einfach der Druckerhimmel auf Erden!

A3+-Bilder in Fotolaborqualität drucken

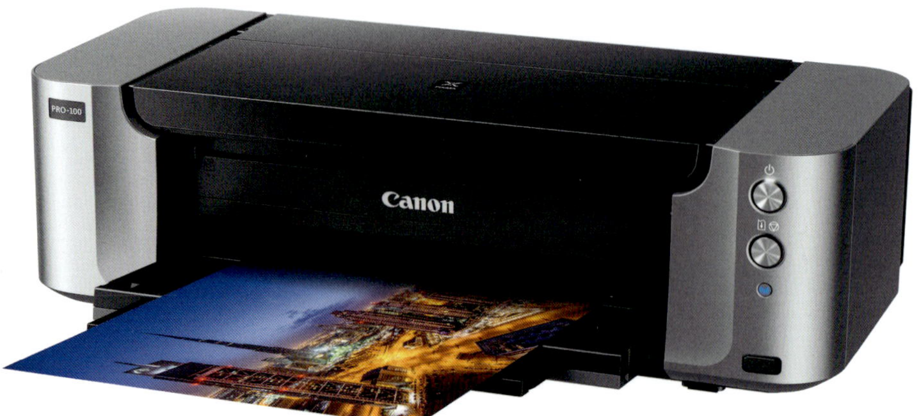

Hier ist ein Hammerdrucker für das beliebte A3+-Format, der PIXMA PRO-100 von Canon. Seine Farbwiedergabe ist atemberaubend, und wenn Sie Schwarzweißaufnahmen lieben, werden Sie beim Anblick der Schwarzweißdrucke durchdrehen! Neben A3+ beherrscht dieser Drucker natürlich auch alle kleineren Formate, und Sie können sogar Rollenpapier bedrucken (für den Übernachtdruck einer ganzen Druckauflage – ideal für kleine Studios). Der Preis liegt bei etwa 450 Euro, was in Anbetracht der Druckqualität ein echtes Schnäppchen ist.

A2+ – das Format der Profis

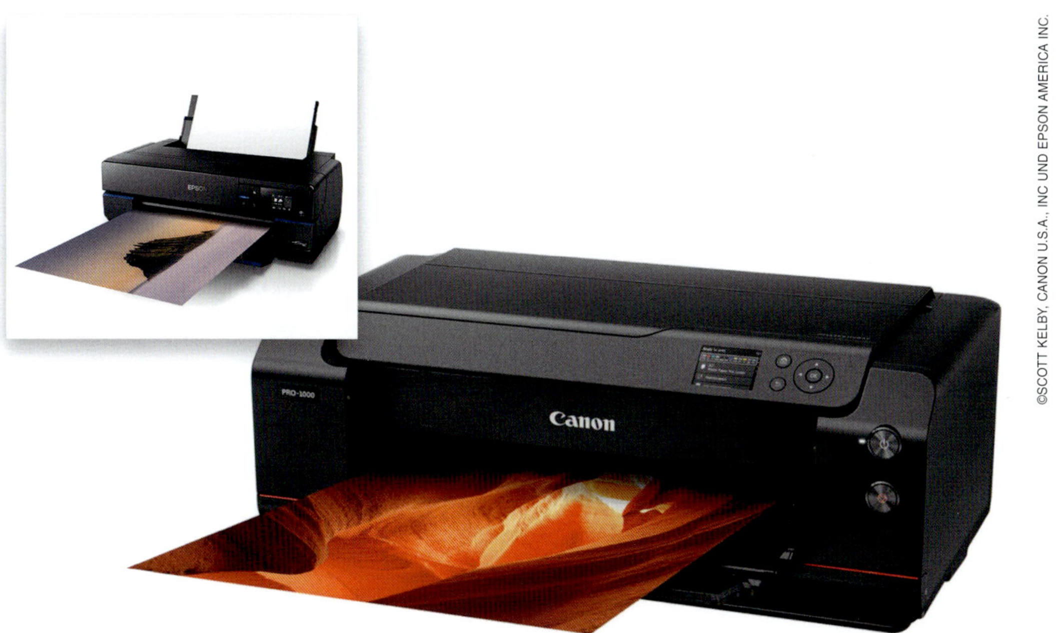

Profis, die ihre Drucke verkaufen möchten, wissen: Je größer das Format, desto dicker der Geldbeutel, und vielleicht entscheiden sich deshalb so viele für den Großformatdrucker Canon imagePROGRAF PRO-1000, der auf Einzelbögen Ausdrucke bis zum A2+-Format erzeugt und auf Rollenpapier Bildbreiten von 43,18 cm in beliebiger Länge. Diesen Farbdrucker bevorzugen anspruchsvolle Fotografen auf der ganzen Welt. Wenn Sie sich stattdessen für Epson entscheiden, empfehle ich den SureColor P800 für das A2+-Format (beide Drucker bekommen Sie um 1.000 €, was für Drucker dieser Qualität und dieses Formats unglaublich günstig ist). Wenn Sie es mit Ihrer Fotografie ernst meinen, besorgen Sie sich einen dieser großartigen Drucker – damit können Sie nichts falsch machen.

Auf welchem Papier sollten Sie drucken?

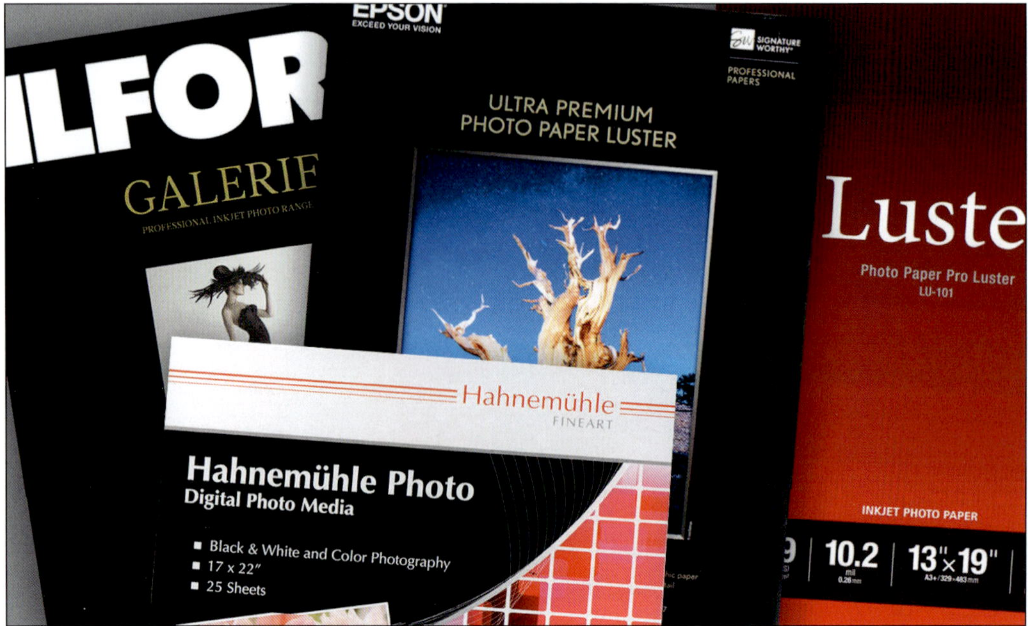

Die Wahl der Papiermarke und des Papierstils ist definitiv Geschmackssache, sodass ich Ihnen nur sagen kann, was mir persönlich am besten gefällt. Als erstes würde ich einem Freund oder einer Freundin raten, nicht auf Hochglanzpapier zu drucken. Dieses ist bei Verbrauchern sehr beliebt für Schnappschüsse, die sie im Drogeriemarkt drucken lassen, aber bei Fotografen (Ihnen, mir, uns) nicht. Wir bevorzugen im Normalfall eher ein satiniertes oder seidenmattes Papier. Bestimmte Bilder möchten wir sogar auf Fine-Art-, Aquarell- oder sogar mattem Papier drucken, aber glänzend? Nein, eher nicht. Wenn ich also ein einziges Papier wählen müsste, auf dem so ziemlich jeder Bildtyp auf ganzer Linie gut wirkt, würde ich Ihnen zu seidenmattem Papier raten. Damit kann man wirklich nichts falsch machen. Es glänzt nicht, ist aber auch nicht matt, sondern liegt irgendwie genau in der Mitte und ist bei Fotografen sehr beliebt. Egal, ob Sie einen Epson- oder Canon-Drucker haben, es gibt für beide wirklich schöne seidenmatte Papiere. Epsons eigenes Glanzpapier heißt »Epson Ultra Premium Photo Paper Luster«. Ja, das ist der denkbar umständlichste Papiername überhaupt, aber es ist ein wirklich schönes Papier. Die entsprechende Canon-Papiermarke heißt »Canon Photo Paper Pro Luster«. Auch dies ein wirklich schönes Papier. Natürlich gibt es auch andere Hersteller für seidenmatte Papiere, wie zum Beispiel Ilford mit seinem Galerie Lustre Photo Duo (sehr schön) oder Hahnemühle mit dem Photo Luster 290. Ich bin ohnehin ein Fan von Hahnemühle-Papieren - sie haben einfach das gewisse Etwas. Viele Profis verwenden dieses Papier, also sind Sie in guter Gesellschaft. Aber ehrlich gesagt sind das alles erstklassige seidenmatte Papiere, Sie können also nichts falsch machen, egal für welches Sie sich entscheiden. Machen Sie Ihre ersten Drucke auf einem seidenmatten Papier, und dann können Sie zu einem exotischeren Papier übergehen (siehe nächste Seite).

Wovon hängt die Wahl der Papiersorte ab?

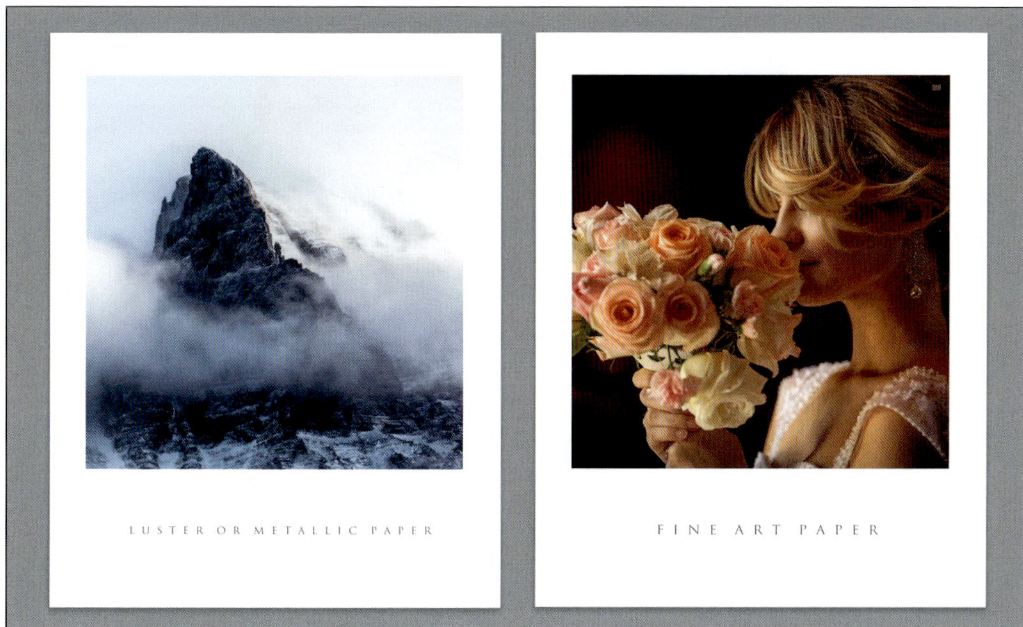

Sie haben nun auf seidenmattem Papier gedruckt und möchten jetzt ein paar Spezialpapiere ausprobieren – aber woher wissen Sie, welche Papiersorte Sie verwenden sollen? Ob Sie es glauben oder nicht, es gibt einen einfachen Weg, das herauszufinden: Das Druckpapier sollte dem Fotogenre entsprechen. Für eher zarte Motive – Blumen, Vögel, Braut- und Babyporträts – bzw. alle Bilder mit weicher, künstlerischer Anmutung eignen sich Fine-Art-Papiere. Dies sind entweder glatte oder faserstrukturierte Papiere (beide fallen unter den Begriff »Fine-Art-Papier«) mit einer wirklich edlen, künstlerischen Ausstrahlung und Haptik. Strukturierte oder sogar Aquarell-Fine-Art-Papiere sind etwas gutmütiger, wenn Ihr Bild nicht gestochen scharf ist. Fine-Art-Papier eignet sich auch, um Ihren Schwarzweißfotos mehr Textur und Tiefe zu verleihen. Für die ernsthafte Porträt-, Stadt-, Reise- oder Landschaftsfotografie bietet sich satiniertes Papier an (eine sehr gute Wahl ist hier UltraPro Satin von Red River Paper). Satiniertes Papier ähnelt dem seidenmatten Papier. Es wirkt wie Fotolaborpapier, und wie auf seidenmattem Papier sieht darauf alles gut aus. Wenn Ihr Motiv viele Details aufweist (Architektur, Flugzeuge, Automobile oder besonders detaillierte Landschaften), probieren Sie einen Druck auf Metallicpapier, oder noch besser, gehen Sie noch einen Schritt weiter und bestellen Sie einen Abzug auf Metall (das ist überhaupt kein Papier – Ihr Bild wird tatsächlich auf ein dünnes Metallblech gedruckt, und das Ergebnis entspricht dem Unterschied zwischen Röhrenfernsehen und HDTV). Das ist etwas teurer, aber trotzdem recht beliebt, und mit dem richtigen Bild ... oh Mann. Wenn Sie Ihre Drucke verkaufen wollen, benötigen Sie ein Papier in Archivqualität, das edel aussieht und sich edel anfühlt. Sehen Sie sich dazu das Legacy Platine von Epson an. Das ist das einzig Wahre. Für Canon-Drucker gibt es das Red Rivers Palo Duro SoftGloss Rag. Ein Hauch von Glanz, aber weniger als bei seidenmattem Papier. Auch hier gilt: Wenn Sie Ihre Drucke verkaufen wollen, ist dieses Papier in Galeriequalität eine gute Wahl.

Stimmen Sie Monitor und Drucker aufeinander ab

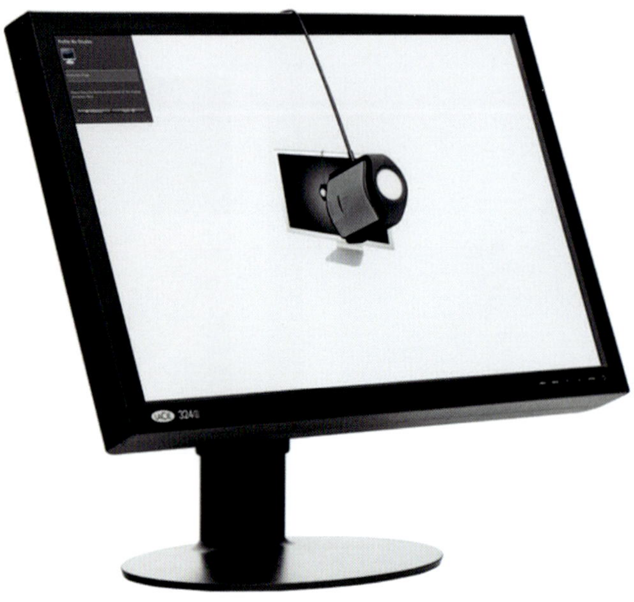

Oft werden Sie hören, dass Ihr Monitor kalibriert sein muss, damit Ihr Ausdruck farblich der Bildschirmdarstellung entspricht. Das stimmt teilweise – wenn Sie einen Windows-PC-Monitor nutzen. Es gibt viele hundert verschiedene PC-Monitore von vielen Dutzend verschiedenen Herstellern, und wenn Sie sich einmal in einem Elektronik-Discounter ansehen würden, wie unterschiedlich ein und dasselbe Bild auf all den verschiedenen Monitoren aussieht, würden Sie sofort verstehen, warum Sie diese Monitore kalibrieren müssen (es ist Ihre einzige Hoffnung, die Farbe im Ausdruck mit der Farbe auf dem Bildschirm abzugleichen). Glücklicherweise ist Monitorkalibrierung sehr einfach geworden. Zuerst müssen Sie ein Kalibriergerät kaufen. Profis verwenden gerne das i1Display Pro von X-Rite (siehe oben) oder den SpyderX von Datacolor. Diese legen Sie einfach auf Ihren Monitor, starten die zugehörige Software, und sie erledigt den Rest für Sie. Das Ergebnis ist ein benutzerdefiniertes Monitorprofil für Ihre Marke und Ihr Modell. Und wenn Sie einen Mac verwenden? Nun, wenn mir eine Freundin sagen würde, dass sie einen Mac (einen iMac, ein MacBook, irgendetwas mit einem Apple-Monitor dran) hat, würde ich ihr nicht unbedingt empfehlen, ein Kalibriergerät zu kaufen. Viele Fotografen mit Mac-Rechnern haben mir erzählt, dass sie (a) seit Monaten nicht kalibriert haben, (b) seit Jahren nicht kalibriert haben oder (c) mit der Kalibrierung ganz aufgehört haben, weil die Monitordarstellung (hinsichtlich der Farbe, nicht der Helligkeit), auch ohne Kalibrierung dem Ausdruck so ähnlich ist, dass sie einfach nicht mehr daran herumpfuschen. Tatsächlich sind die Apple-Bildschirme unglaublich farbtreu. Ich will damit nicht sagen, dass Sie auf die Kalibrierung verzichten sollen, wenn Sie einen Apple-Monitor haben, sondern nur, dass viele Leute es so handhaben und der Ansicht sind, dass ihre Monitorfarben bis auf 3 oder 4% exakt passen. Wenn Sie drucksüchtig sind (und das geht schnell), streben Sie vielleicht (auch als Mac-User) eher einen Toleranzbereich von 1% oder 2% an. In diesem Fall sollten Sie ein Kalibriergerät kaufen, aber dann sollten Sie sich auch damit abfinden, dass Sie ein Nerd sind (nur ein Scherz ;-).

Laden Sie ein Farbprofil für Ihr Papier herunter

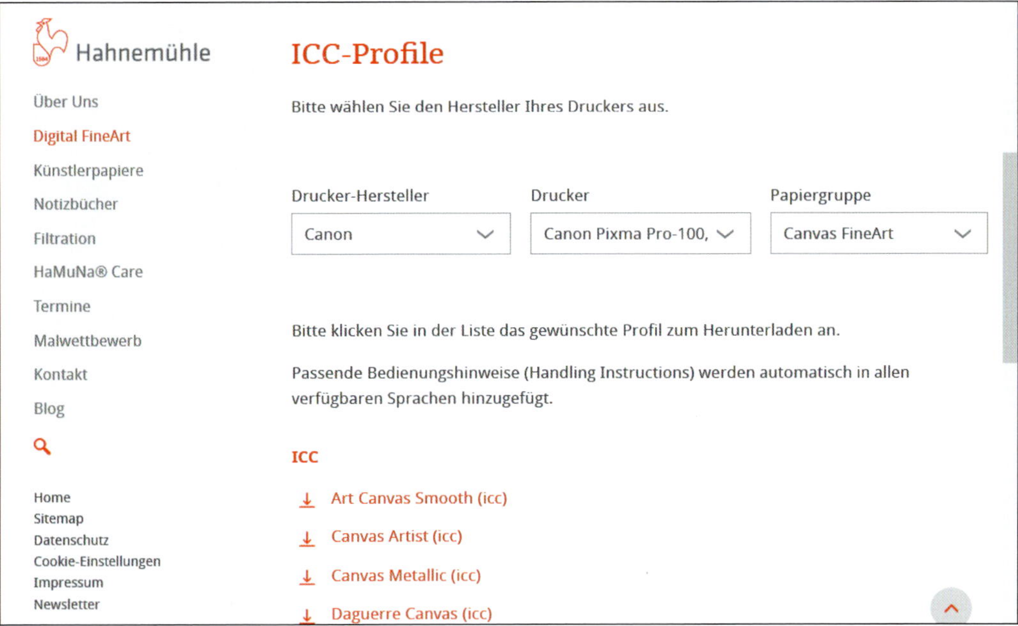

Okay, das Folgende ist sehr wichtig, damit Ihre Ausdrucke mit der Bildschirmdarstellung übereinstimmen. Sie benötigen ein ICC-Druckprofil, das Lightroom (oder Photoshop, falls Sie aus irgendeinem Grund von dort aus drucken) nicht nur mitteilt, mit welchem Drucker Sie drucken, sondern auch auf welchem Papiertyp. Diese Profile sind für optimale Ergebnisse unverzichtbar, und das Beste daran ist, dass sie meistens kostenlos sind! Und woher Sie diese magischen ICC-Farbdruckerprofile bekommen? Sie laden sie beim Papierhersteller oder dem Online-Shop herunter, wo Sie auch das Druckpapier gekauft haben. Wenn Sie zum Beispiel auf Epson-Papier drucken, laden Sie die kostenlosen Druckprofile von der Epson-Website herunter. Wenn Sie Hahnemühle-Papier verwenden, laden Sie die kostenlosen Profile von der Hahnemühle-Website herunter. Sobald Sie das Profil für das gewünschte Papier heruntergeladen haben, doppelklicken Sie einfach darauf. Es wird für Sie installiert und steht Ihnen nun im Druckauftrag-Bedienfeld von Lightroom Classic (im Modul **Drucken**) zur Verfügung. Wählen Sie es dann einfach im **Profil**-Menü aus.

Tipp für zuverlässigere Farbwiedergabe

Ihr Drucker verfügt über ein Farbmanagementsystem, und Lightroom ebenfalls. Der gleichzeitige Einsatz zweier Farbmanagementsysteme ist ein absolutes Patentrezept für schlechte Farben. Beim Druck aus Lightroom sollten Sie deshalb auf jeden Fall das Farbmanagementsystem des Druckers ausschalten (Sie finden es im Einstellungendialog Ihres Druckers) und stattdessen das Farbmanagementsystem von Lightroom verwenden (mit anderen Worten: Lassen Sie Lightroom die richtigen Farben bestimmen).

Schärfen Sie Ihre Bilder für den Druck

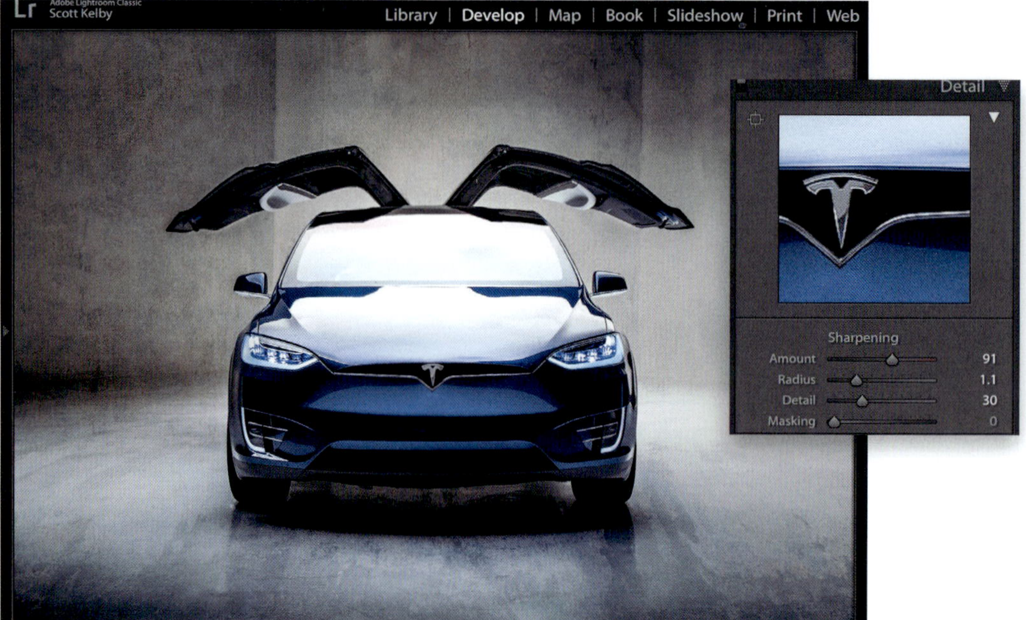

Die Überschrift sollte eigentlich »Überschärfen Sie Ihre Bilder für den Druck« heißen. Das trifft es ziemlich gut. Während des Druckvorgangs geht die gestochene Schärfe, die Sie auf dem Monitor sehen, ein wenig verloren (das Papier ist saugfähig, deshalb verläuft die Druckertinte ein wenig, und es kommt zu einem sogenannten »Punktzuwachs«). Um diesem unvermeidlichen Schärfeverlust entgegenzuwirken, überschärfen wir unsere Bilder absichtlich. So geht es: Im **Entwickeln**-Modul von Lightroom Classic stellen Sie zunächst über das **Details**-Bedienfeld sicher, dass das Bild auf dem Monitor insgesamt scharf wirkt. Ziehen Sie dann den **Betrag**-Regler langsam nach rechts, um die Schärfe zu erhöhen. Hören Sie auf zu ziehen, sobald Sie finden: »Igitt, das ist zu scharf«. Verringern Sie den Betrag nicht wieder, sondern hören Sie einfach auf zu ziehen. Bevor Sie nun unten im Druckjob-Bedienfeld des **Drucken**-Moduls auf die Schaltfläche **Drucken** klicken, aktivieren Sie das Kontrollfeld **Ausdruck schärfen**. Direkt darunter wählen Sie im Menü **Medientyp** den Papiertyp aus, den Sie bedrucken möchten. Und schließlich wählen Sie im Menü neben **Ausdruck schärfen** meistens **Hoch**, weil – sagen Sie es mit mir ... – wir für den Druck überschärfen sollten. Wenn Ihnen der anschließende Probedruck nun zu scharf erscheint, verringern Sie die Option für **Ausdruck schärfen** auf **Standard** und prüfen, wie das nun im Druck herauskommt. Noch eine Sache: Sie können die Druckauftragsschärfung auch verwenden, wenn Sie die Datei als JPEG speichern und an ein Fotolabor schicken!

Leinwanddrucke in Auftrag geben

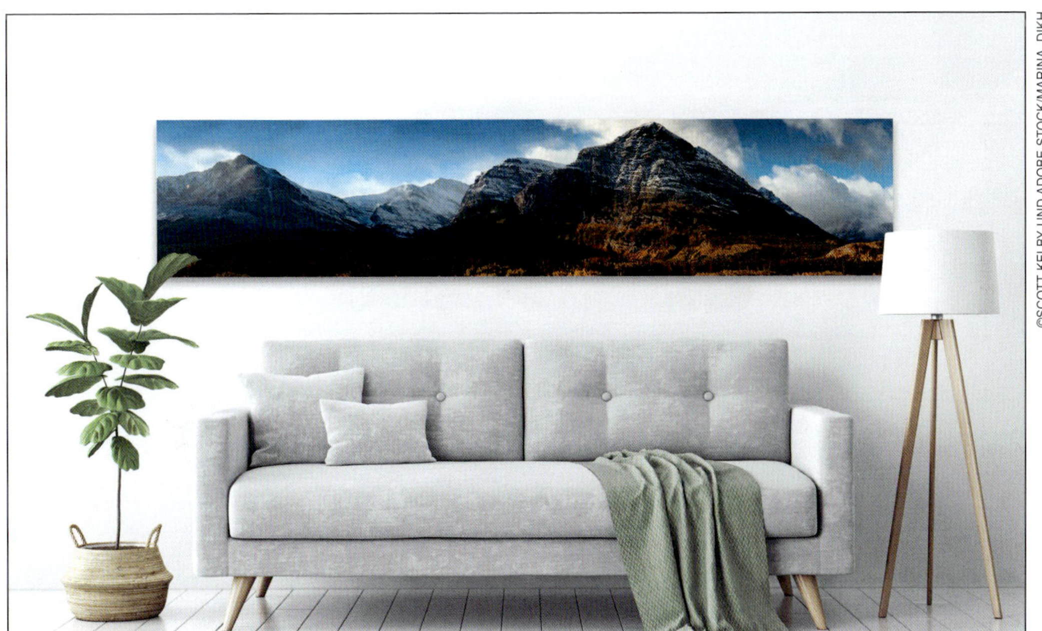

Ich verrate Ihnen nun ein großes, seit Jahren gehütetes Fotografengeheimnis. Es wirkt Wunder, wenn eines Ihrer Bilder nicht so scharf ist, wie Sie es gerne hätten, und Sie wissen, dass es auf einem großen Format einfach nicht gut aussehen würde. Das Geheimnis ist: Drucken Sie es auf Leinwand. Kein anderes Medium auf diesem Planeten verzeiht Fehler in vergleichbarem Maß, und wenn Ihr Bild nicht ganz knackscharf oder rauschfrei ist, geht nichts über den Druck auf einer strukturierten Leinwand. Diese kaschiert viele Fotosünden und lässt Sie wie ein Meisterfotograf dastehen. Okay, das ist nur die eine Hälfte des Geheimnisses. Die andere ist es, einen Leinwanddruck zu verschenken. Die Leute werden (im positiven Sinne) völlig durchdrehen, wenn Sie ihnen eines Ihrer Bilder auf Leinwand gedruckt überreichen. Apropos »Leinwanddruck« – ja, das Bild wird tatsächlich auf Leinwand gedruckt. Diese wird dann jedoch auf einen Holzrahmen aufgezogen, wobei die Bildränder um den Rahmen geschlagen werden. Alternativ können Sie die Leinwand deshalb auch mit einfarbigen weißen oder schwarzen Rändern bestellen, meist ohne Aufpreis. Vielleicht denken Sie jetzt, dass so ein Leinwanddruck richtig teuer sein muss, aber tatsächlich finden Sie bei vielen Online-Laboren wirklich günstige Angebote, bei Ihnen gibt es zum Beispiel meinxxl.de. Bei uns in den USA ist etwa CanvasDiscount ein typischer Anbieter. Dort habe ich mal ein 100×75-cm-Panorama für nur 30 US-$ drucken lassen (ohne Flachs), und der Versand dieses riesigen Drucks mitsamt Holzrahmen kostete nur 9,95 US-$. Einfach verrückt. Ich will nicht behaupten, dass es ein Geldwäsche-Ding sein muss wie in der Netflix-Serie Ozark, aber ... irgendwie ... nein, ich sage nichts dazu. Wie auch immer, Leinwand ist unglaublich gutmütig, was Bildmängel angeht, sie ist preiswert wie nur was, und die Beschenkten werden von dem Bild begeistert und ganz verrückt nach Ihnen sein – also alles perfekt. Wenn Sie Leinwanddrucke von höchster Qualität (für Kundenarbeiten) benötigen, dann empfehle ich WhiteWall.com. Das ist zwar teurer, aber die Leinwanddrucke haben eine sehr gute Qualität.

Verzichten Sie auf randlosen Druck

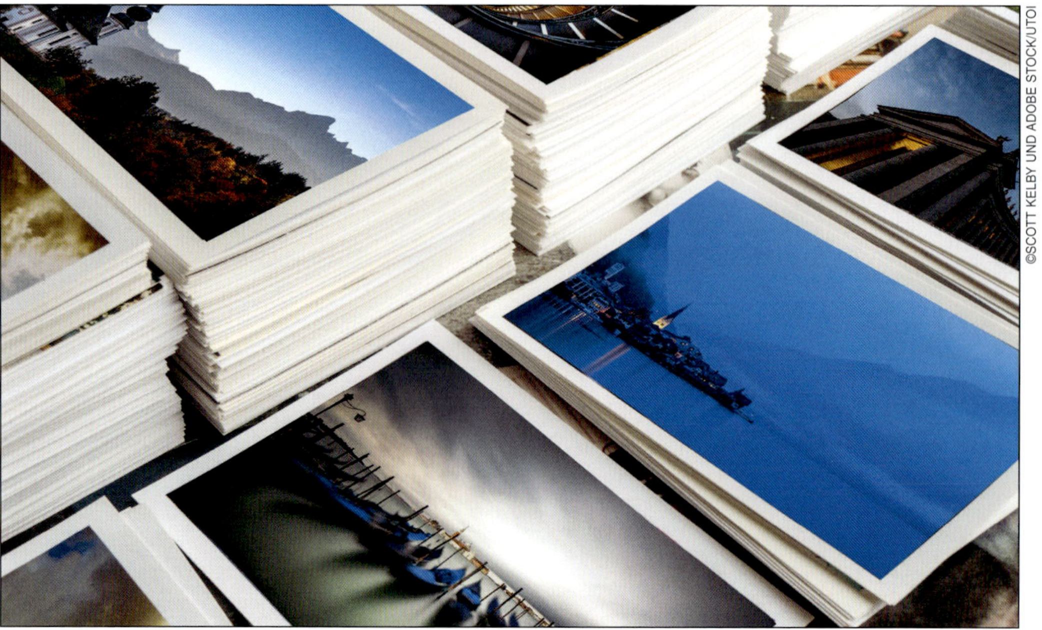

Wenn Sie im Drogeriemarkt Ihre Urlaubsbilder drucken lassen, werden die Abzüge grundsätzlich bis zu den Rändern bedruckt sein. Den meisten Verbrauchern gefällt das, aber ambitionierte Fotografen wissen, dass die Präsentation alles ist. Deshalb ist der Randlosdruck im Allgemeinen nicht unsere erste Wahl (es sei denn, wir geben eine Fotoleinwand in Auftrag). Vielmehr lassen wir für wirklich professionelle Drucke absichtlich einen weißen Rand um das Bild, wie oben gezeigt (je breiter der Rand, desto künstlerischer und edler wirkt der Druck), und überlassen den Randlosdruck den Drogeriemärkten.

Benutzerdefinierte Layouts in Lightroom

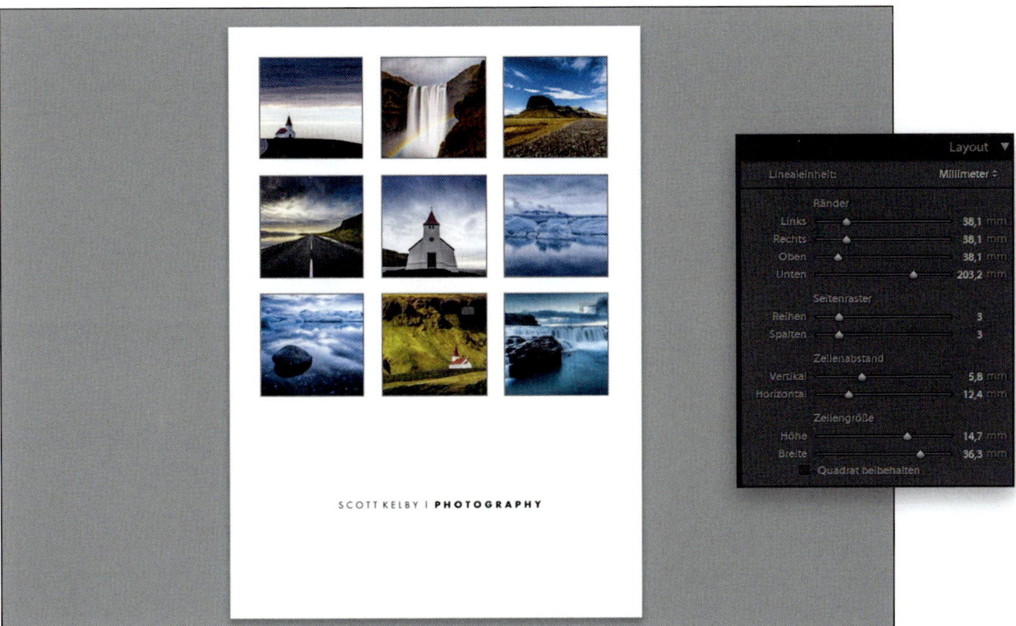

Zu den eindrucksvollsten Funktionen des **Drucken**-Moduls von Lightroom Classic gehören die vordefinierten Drucklayoutvorlagen. Vier davon sind ganz anständig (ich habe die **Fine-Art**-Vorlage für die Bilder auf Seite 219 verwendet). Die übrigen sind ... nun ja ... sagen wir mal, sie sind »nicht so toll«. Aber der eigentliche Spaß fängt an, wenn Sie Ihre eigenen benutzerdefinierten Layout-Vorlagen erstellen und speichern – für die oben gezeigte habe ich nur zwei Minuten gebraucht. Gehen Sie dazu in das **Layout**-Bedienfeld des **Drucken**-Moduls. Dort können Sie wählen, wie viele Bilder in Ihrem Layout enthalten sein sollen (in diesem Fall habe ich neun Fotos in drei Zeilen und drei Spalten definiert). Schön ist, dass Sie beim Ziehen der Regler immer gleich eine Ergebnisvorschau erhalten. Es ist also ganz einfach, ansprechende Layouts mit mehreren Fotos über diese Regler zu erstellen. Sie können bei Bedarf auch die **Erkennungstafel**-Funktion von Lightroom nutzen, um Text hinzuzufügen (wie auf der Abbildung oben). Es macht richtig süchtig (aber im absolut positiven Sinne), eigene Vorlagen zu erstellen und Mehrfoto-Layouts zu gestalten.

Wollen Sie noch mehr lernen?

Jeden Mittwoch moderiere ich einen wöchentlichen Live-Video-Podcast namens *The Grid* (mit dem Fotografen Erik Kuna), im Grunde genommen eine Talkshow für Fotografen. Wir haben dort immer tolle Gäste (die bekanntesten Namen der Fotobranche), und Sie werden eine Menge lernen (und, ja, in einigen Folgen geht es auch um den Fotodruck). Wir streamen die Livesendung auf meiner Facebook-Seite unter *facebook.com/skelby*, aber Sie finden sie auch bei YouTube, Twitter oder Apple iTunes. Wir verschenken coole Dinge, nehmen live Fragen und Kommentare unserer Zuschauer entgegen (das Publikum ist wirklich international) und haben eine Menge Spaß. Ich hoffe, Sie schauen mal herein.

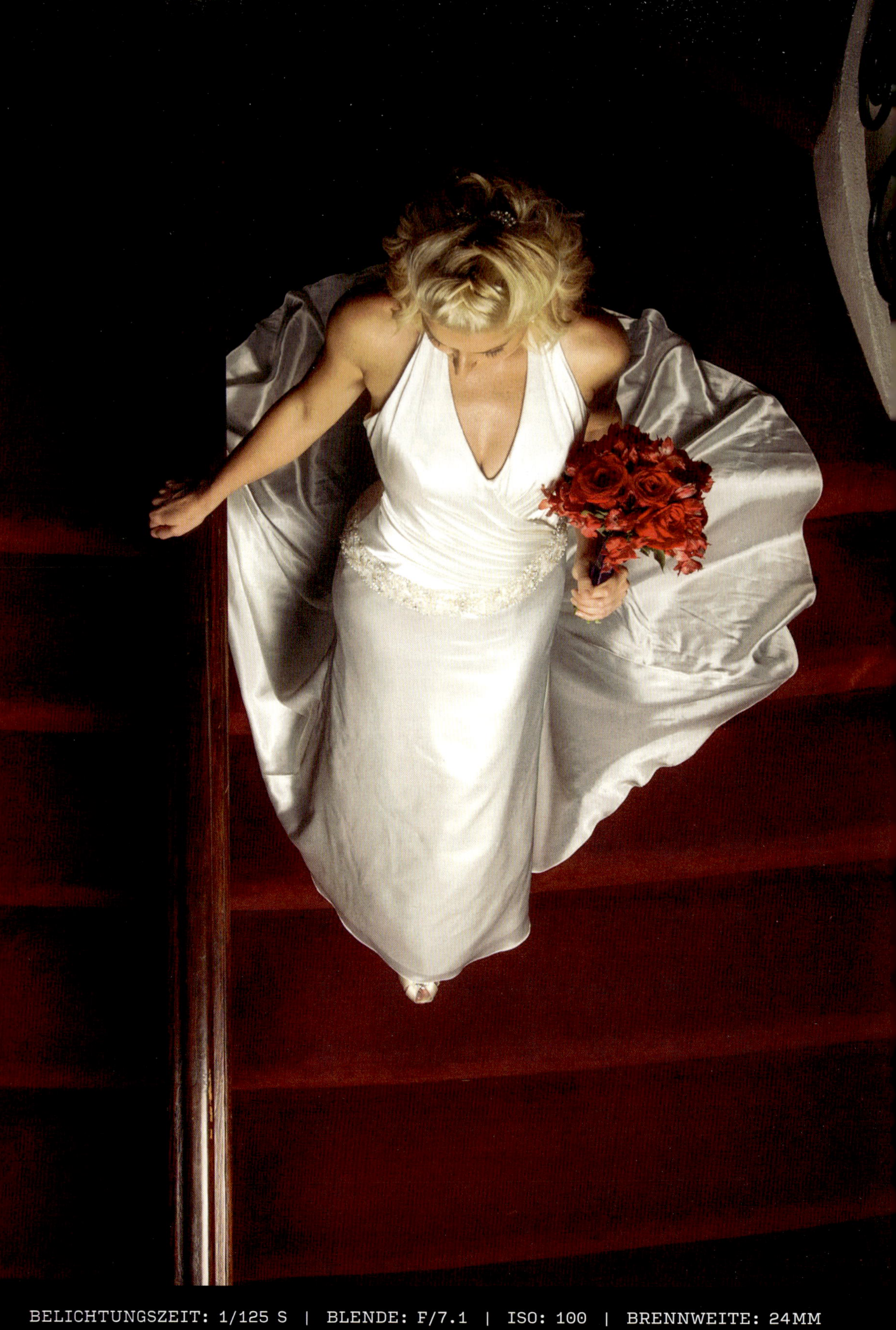

BELICHTUNGSZEIT: 1/125 S | BLENDE: F/7.1 | ISO: 100 | BRENNWEITE: 24MM

Kapitel 12

Praxisrezepte für das ultimative Foto

Sie haben es gleich geschafft

Meinen Glückwunsch: Wenn Sie bis hierhin vorgedrungen sind, haben Sie nicht nur das letzte Kapitel des Buches erreicht, sondern auch 11 Kapiteleinleitungen ertragen. Und Sie sind immer noch da, hier an meiner Seite. Zu Beginn hatte ich Sie fairerweise gewarnt, dass diese Einleitungen ... nun ja, nicht direkt davon handeln, was im Kapitel steht, aber Sie haben durchgehalten. Finde ich super. Am stolzesten bin ich allerdings darauf, dass ich Sie nicht enttäuscht habe. Ich habe meinen Teil der Abmachung eingehalten, indem ich Ihnen erzählt habe, was mir so gerade durch den Kopf schoss, und Sie haben Ihren Teil eingehalten, indem Sie alles gelesen haben (obwohl ich mehrmals versucht habe, Sie abzuwimmeln). Deshalb möchte ich unsere verbleibende Zeit hier nutzen, um über Sie zu sprechen, und mit »Sie« meine ich natürlich mich. Ich meine, ich könnte den Rest dieser Seite damit vergeuden, Ihnen von den Fotorezepten zu erzählen, die in diesem Kapitel folgen werden, aber das ist eher was Visuelles. Na ja, was Visuelles mit einem Haufen von Wörtern, um das Visuelle zu beschreiben, und ich habe mich ehrlich gesagt mehrmals gefragt, ob sich dieser Text hier überhaupt lohnt. Vielleicht hätte ich einfach die Bilder einfügen, sozusagen für sich alleine sprechen und Sie die Einstellungen, die Beleuchtung und den ganzen Rest selbst herausfinden lassen. Aber dann hätte ich dieses Kapitel nicht »Fotorezepte« nennen können, sondern einfach nur »Fotos«. Übrigens habe ich dieses Ding mit den Fotorezepten gleich in mehreren Büchern durchgezogen, und manche Leser meinten, dass sie es drollig fanden, darin die Begriffe »Rezepte« und »Zutaten« zu finden und wie man tolle Fotos »zubereitet«. Ich fühlte mich schlecht, als ich ihnen die Wahrheit sagen musste: Das Wort »recipe« (das hier ist ja eine Übersetzung aus dem US-Amerikanischen, wie Ihnen spätestens jetzt aufgefallen sein wird) ist eigentlich ein Akronym, und zwar steht es für »Reflective Exposure Compensation Imaging Parallax Editing Server«. Ach, verdammt, nicht einmal das kriege ich mit einem ernsten Gesicht hin. Hören Sie, ich werde keine Gelegenheit mehr bekommen, Ihnen zu danken, dass Sie sich die Zeit genommen haben, diese Intros und das Buch zu lesen, also Spaß beiseite, ich hoffe, es hilft Ihnen, Ihre besten Fotos bisher überhaupt zu machen. Ich wünsche Ihnen großartige Erfolge auf Ihrer fotografischen Reise, und ich werde Sie von der Seitenlinie aus anfeuern. Und das ist jetzt endlich mal tatsächlich die Wahrheit.

Das Rezept für diesen Bildtyp

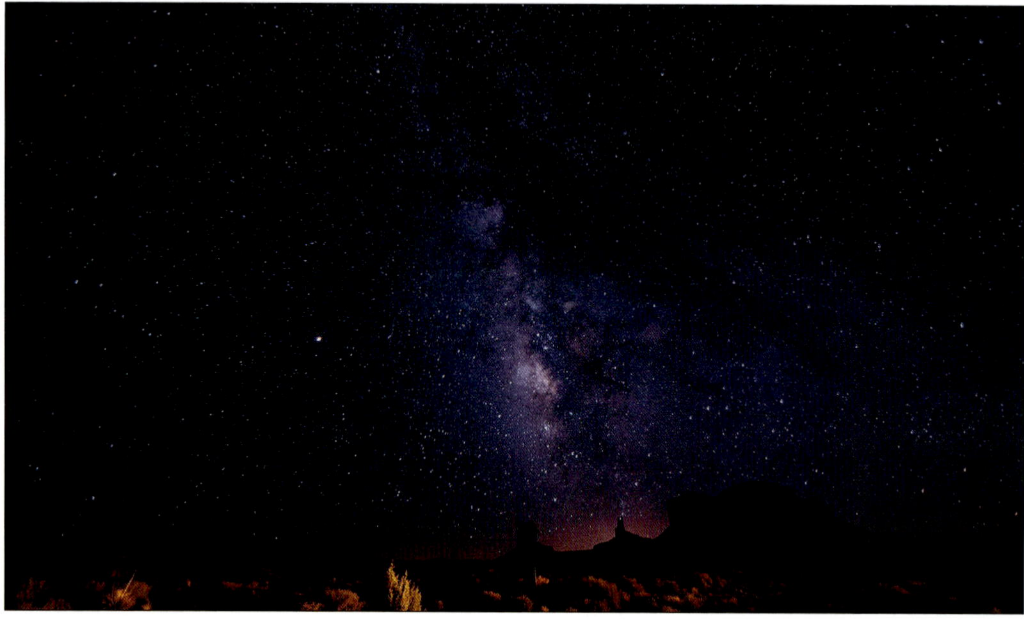

Merkmale: Eine Aufnahme der Milchstraße mit Vordergrunddetails, in diesem Fall im Monument Valley in Utah.

(1) Damit dies funktioniert, darf es keinerlei Lichtverschmutzung geben – Sie brauchen einen mondlosen, wolkenlosen, klaren Nachthimmel, der viele Stunden von jeglichen Stadtlichtern entfernt ist. Außerdem benötigen Sie ein Stativ, und ich würde ein Weitwinkel- oder Ultraweitwinkelobjektiv empfehlen (bei der obigen Aufnahme war es ein 14-mm-Ultraweitwinkelobjektiv). Je lichtstärker das Objektiv, desto besser, denn diese Sterne sind nicht annähernd so hell, wie sie scheinen (sie sind ja auch sehr weit entfernt).

(2) Das folgende Rezept funktioniert für Milchstraßen-Aufnahmen wirklich gut: Fotografieren Sie im manuellen Modus mit der niedrigsten Blendenzahl Ihres Objektivs (hier f/2.8). Stellen Sie die Verschlusszeit auf 15 Sekunden ein – Sie könnten eventuell bis zu 30 Sekunden wählen. Bei einer zu langen Belichtungszeit erhalten Sie jedoch wegen der Erdrotation unscharfe Sterne (15–20 Sekunden sollten ausreichen). Stattdessen müssen wir für hellere Sterne den ISO-Wert richtig hochschrauben (ich war bei dieser Aufnahme bei 3200). Aber keine Sorge, bei Milchstraßenfotos wie diesem geht das schon, weil das Rauschen nicht wie sonst wahrnehmbar sein wird. Ein so hoher ISO-Wert in Verbindung mit dem Stativ widerspricht allem, was ich bisher in diesem Buch empfohlen habe – dies ist der einzige Fall, in dem wir diese Regel brechen.

(3) Verwenden Sie die PhotoPills-App (siehe Seite 59) – aus ihr erfahren Sie exakt, wo am Himmel die Milchstraße sichtbar sein wird. So können Sie leichter die richtige Position für Ihre Kamera finden. Stellen Sie die Fokussierung am Objektiv auf unendlich (siehe Seite 32). Wenn die Kamera über eine Fokuspeaking-Funktion verfügt, schalten Sie diese ein und stellen Sie mithilfe der Live-Ansicht auf der Kamerarückseite die Sterne mit dem Fokusring am Objektiv scharf. Um den Vordergrund selektiv aufzuhellen, malen Sie mit einer kleinen LED-Taschenlampe Licht in die Szene – bewegen Sie den Lichtkegel einfach einige Sekunden lang schnell über dem Vordergrund hin und her (Sie müssen ein wenig herumprobieren, bis Sie herausfinden, wie lange genau, aber Sie werden den Dreh schnell heraushaben).

Das Rezept für diesen Bildtyp

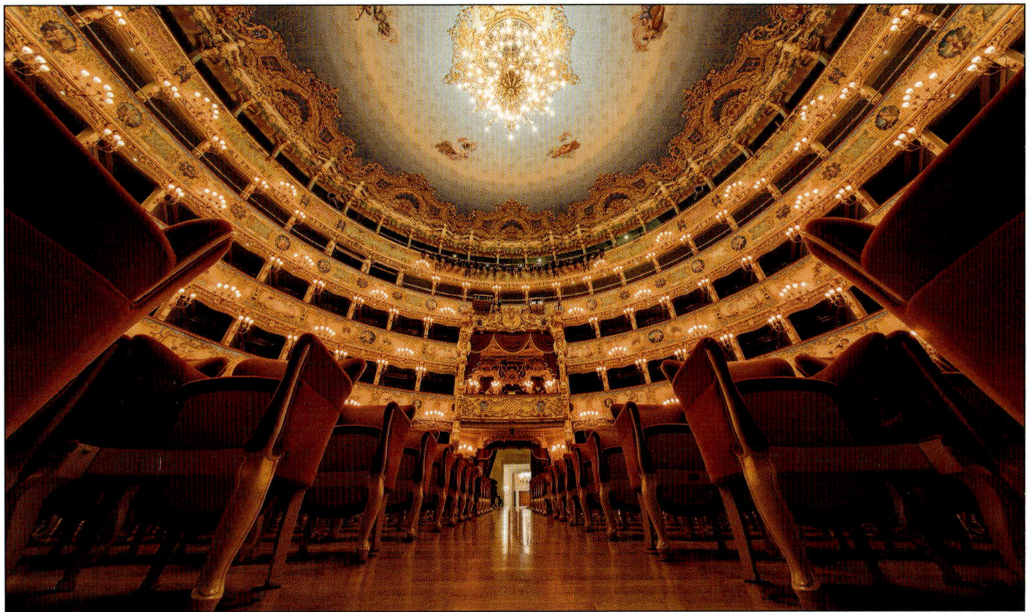

Merkmale: Eine Innenaufnahme im monumentalen Stil, mit Blick vom Boden bis zur Decke, ohne Touristen.

(1) Es gibt zwei wichtige Voraussetzungen für ein solches Foto: Verwenden Sie ein Ultraweitwinkelobjektiv, etwa 14 mm oder 16 mm auf einer Vollformatkamera oder 10 mm oder 12 mm auf einer Kamera mit Crop-Sensor. Den monumentalen Look erhält das Bild durch das Ultraweitwinkelobjektiv. Es schiebt die Szene weiter nach hinten und lässt sie größer erscheinen als in Wirklichkeit. Das Ultraweitwinkelobjektiv ermöglicht Ihnen auch, den ganzen Raum vom Boden bis zur Decke in einem einzigen Bild zu zeigen.

(2) Die zweite Zutat zu diesem monumentalen Look ist ein sehr tiefer Kamerawinkel. In diesem Fall fotografiere ich aus einer richtigen niedrigen Perspektive: nur wenige Zentimeter über dem Boden. Kamera und Kugelkopf sitzen auf einem Platypod (siehe Seite 79). Dadurch hebe ich nicht nur den Vordergrund hervor (sehr wichtig bei einem solchen Foto), sondern erreiche auch, dass der Boden stärker spiegelt. Noch wichtiger ist vielleicht, dass das Licht heller wirkt, als es tatächlich ist – ohne stark erhöhten ISO-Wert hätte ich keine scharf Aufnahme aus der Hand erzielen können.

(3) Das Bild zeigt das wunderschöne Opernhaus Teatro la Fenice in Venedig in Italien. Ich befinde mich in der Mitte des Gangs, und weil ich aus so niedriger Perspektive fotografiere, bleiben die ganzen Touristen einer Reisegruppe auf den Sitzen im linken Bereich unsichtbar (nur wenn man genau hinschaut, sieht man einen im Gang, links, ein paar Reihen weiter hinten).

(4) Für helle Details ohne Überstrahlungen habe ich eine Belichtungsreihe fotografiert (also insgesamt drei Aufnahmen; siehe Seite 175) und in Lightroom zu einem einzigen Bild kombiniert. Dieses Bild wurde im Blendenvorwahlmodus bei f/11 und ISO 100 aufgenommen.

Das Rezept für diesen Bildtyp

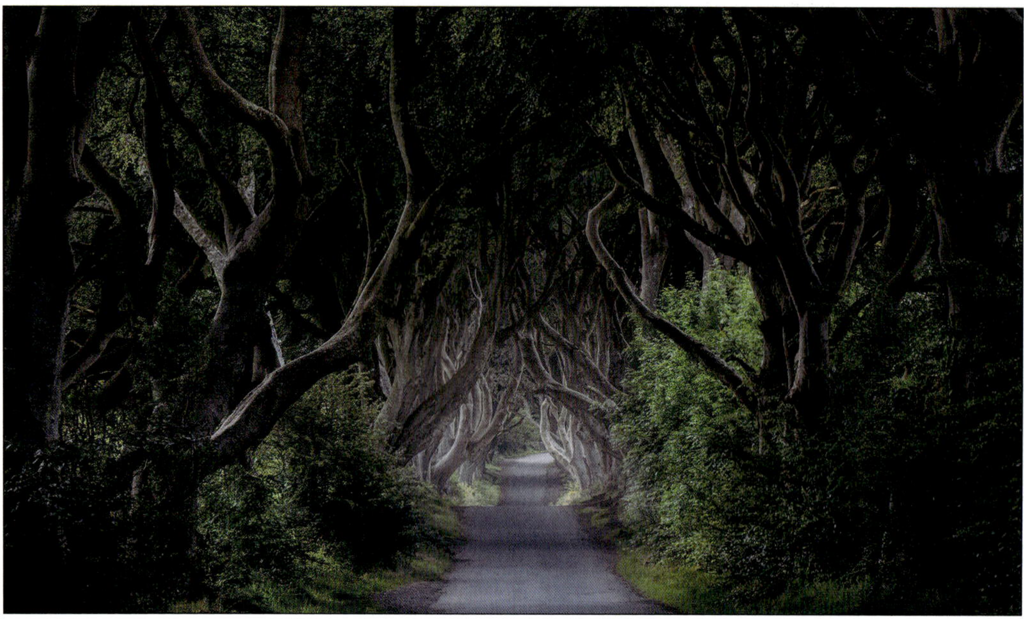

Merkmale: Eine weiche, neblige Landschaft, viel Tiefe und Dimension. Das Bild zeigt die berühmten Dark Hedges, etwa 50 Minuten von Belfast, Nordirland.

(1) Für ein Foto mit diesem wundervollen atmosphärischen Dunst und Nebel müssen Sie morgens als Erster dort sein, bevor der Nebel verschwindet. Ein bisschen Glück gehört auch dazu, denn es ist nicht immer neblig, selbst wenn Sie vor der Morgendämmerung aufgestanden sind und sich und Ihre Kamera in Stellung gebracht haben.

(2) Als ich on Location eintraf, ging ich von einer Weitwinkelaufnahme aus und begann deshalb mit einem 16–35-mm-Objektiv bei 16 mm. Aber die Aufnahmen wirkten einfach nicht richtig (sie ähnelten nicht im Geringsten den Fotos, die ich mir vorab angesehen hatte und die mich dazu gebracht hatten, so früh aufzustehen und hinauszufahren). Ich hörte auf zu fotografieren und zückte das Smartphone, um mir einige Bilder von den Dark Hedges anzusehen (danke, Google!) und herauszufinden, was ich falsch gemacht hatte. Ich erkannte das Problem sofort. Mein Ultraweitwinkelobjektiv erfasste zu viel von der Umgebung der Baumreihe. Ich brauchte die Kompressionswirkung eines Teleobjektivs. Also nahm ich das 70–200-mm-Objektiv und zoomte ein wenig ein. So konnte ich die erhoffte Wirkung erzielen. Beim oben gezeigten Bild habe ich auf 135 mm herangezoomt.

(3) Von der Komposition her haben Sie bereits eine eingebaute Führungslinie, da der Blick automatisch dem Weg zwischen den Bäumen folgt. Die Komposition war also einfach – ich stellte das Stativ mit der Kamera einfach direkt in die Wegmitte, fokussierte auf einen Punkt auf 1/3 der Strecke ins Bild hinein, und für eine möglichst große Schärfentiefe verwendete ich den Blendenvorwahlmodus mit f/11. Den ISO-Wert stellte ich auf 100 ein (für eine möglichst rauscharme Aufnahme), die Verschlusszeit betrug 1/50 Sekunde. Im **Entwickeln**-Modul von Lightroom dunkelte ich dann die Bildecken mit der Funktion **Vignettierung nach Freistellung** im **Effekte**-Bedienfeld ab und zog den **Betrag**-Regler nach links.

Das Rezept für diesen Bildtyp

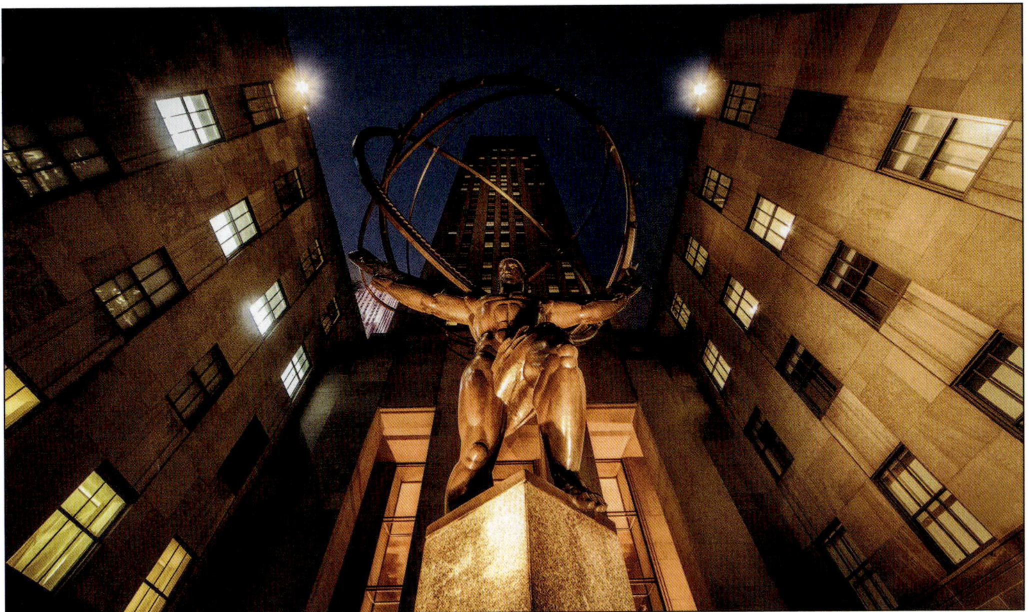

Merkmale: Eine nächtliche Stadtaufnahme. Obwohl die Sonne längst untergegangen ist, ist der Himmel noch blau. Das Bild zeigt die berühmte Atlas-Statue im Rockefeller Center in New York City.

(1) Da Sie nachts fotografieren, brauchen Sie wegen der verlängerten Belichtungszeit normalerweise ein Stativ. Ich nutzte ein Stativ, bis der Wachmann vor Ort mir das untersagte. (Das ist heutzutage immer so, wenn Sie ein Stativ nehmen wollen. Wenn sich irgendwo in der Nähe ein Security-Mitarbeiter befindet, werden Sie eine kleine Unterredung mit ihm haben.) Ich konnte ein paar Aufnahmen mit dem Stativ machen, aber da ich weit draußen auf der Straße stand, wirkte die Komposition nicht besonders dynamisch. Für diese Aufnahme im monumentalen Stil musste ich aus der Hand fotografieren und demnach einen astronomisch hohen ISO-Wert einstellen.

(2) Die monumentale Wirkung dieses Fotos beruht auf derselben Technik wie beim Bild vom Opernhaus in Venedig (siehe Seite 229): Ich fotografierte von unten mit einem Ultraweitwinkelobjektiv. Glücklicherweise ist die Statue ziemlich hoch, sodass ich im Stehen arbeiten konnte, aber ich musste die ISO-Empfindlichkeit auf 12.800 hochdrehen (an meiner Canon 5D Mark IV), was ich wegen des Bildrauschens nur selten tue. Aber selbst bei diesem hohen ISO-Wert (und einer Blendenzahl von f/5.6) konnte ich die Verschlusszeit nur auf 1/50 Sekunde drücken, sodass ich während der Aufnahme wirklich stillhalten musste. Ich verzichtete auf eine Rauschunterdrückung. Wenn Sie eine korrekte Belichtung erzielen und die Aufnahme nicht nachträglich aufhellen müssen, sind oft ISO-Werte möglich, von denen Sie normalerweise nicht einmal träumen würde. Denken Sie einfach daran: Wenn Sie die Aufnahme sehr großformatig drucken, werden Sie eine Menge Rauschen sehen. Wenn Sie sie in einer kleineren Größe drucken (wie hier) oder auf Instagram teilen, hingegen nicht.

(3) Der Himmel ist blau, weil ich zur Blauen Stunde fotografiert habe (siehe Seite 47), also in dem kurzen 15-Minuten-Zeitfenster, in dem der Abendhimmel von Blau in Schwarz übergeht.

Das Rezept für diesen Bildtyp

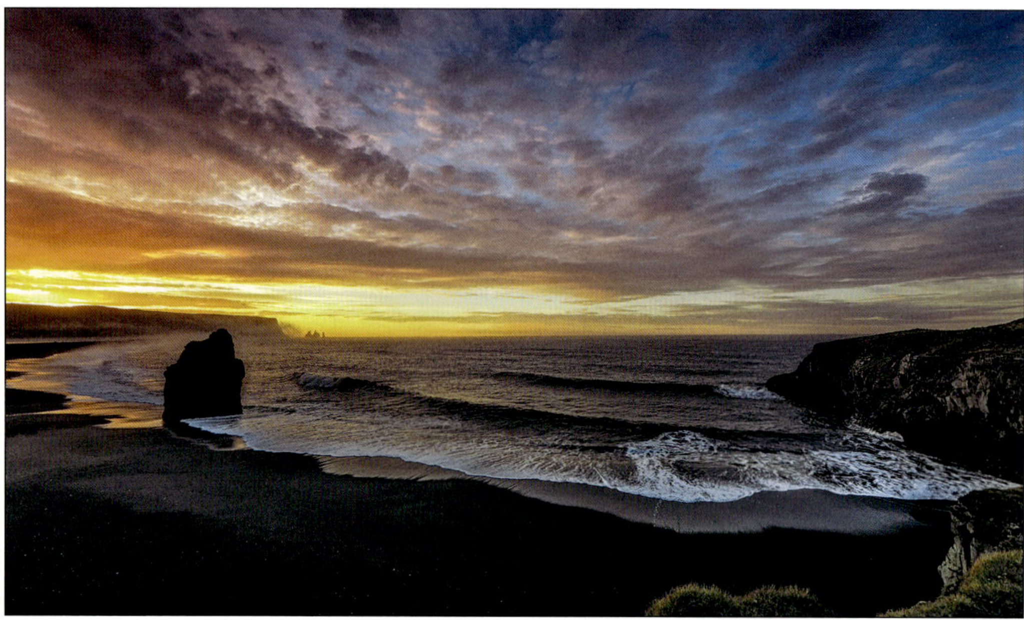

Merkmale: Eine weitläufige Landschaft mit farbenfrohem Himmel und einer Tiefenstaffelung, die in das Bild führt. Das Foto entstand an einem Aussichtspunkt (Touristengebiet, keine Wanderstrecke nötig) am schwarzen Sandstrand von Reynisfjara bei der Stadt Vik auf Island.

(1) Sie haben gelernt, dass großartige Landschaftsaufnahmen großartiges Licht erfordern und dass dieses zu zwei Tageszeiten auftritt. Dies ist eine davon: Das Bild entstand kurz vor Sonnenaufgang. Für ein solches Foto müssen Sie zeitig aufstehen und sich etwa 30 Minuten vor Sonnenaufgang für die Aufnahme bereit machen.

(2) Sie fotografieren bei schlechten Lichtverhältnissen um die Morgendämmerung herum, daher brauchen Sie ein Stativ. Ich habe mit einem 14-mm-Ultraweitwinkelobjektiv im Blendenvorwahlmodus bei f/11, ISO 100 fotografiert, die Kamera hat für mich eine Verschlusszeit von 1/30 Sekunde gewählt. Ich fokussierte auf einen Punkt auf 1/3 der Strecke ins Bild hinein, also etwa bis zum wasserumspülten Fels auf der linken Seite. Bei der Komposition habe ich darauf geachtet, auf der rechten Bildseite ein wenig Gras als Vordergrundobjekt einzubeziehen, um den Blick ins Bild zu lenken. Ich hätte gerne etwas mehr davon gehabt.

(3) Glück ist hier die Hauptsache. Wir hatten einfach Glück, dass uns Mutter Natur an dem Morgen, an dem wir in Vik waren und früh aufstanden, einen unglaublichen, wolkenverhangenen Himmel schenkte, der in allen Farben des Sonnenaufgangs leuchtete. Ohne diesen Wolkenhimmel hätte es dieses Foto nicht bis ins Buch geschafft. Sie können alles richtig machen – früh aufstehen, das richtige Objektiv dabeihaben, auch an den Fernauslöser gedacht haben und lange vor der Morgendämmerung vor Ort eintreffen und aufbauen – aber wenn dann keine solchen Wolken auftauchen, sieht alles langweilig aus. So wichtig sind die Wolken für das Gelingen einer Landschaftsaufnahme, und leider haben wir gerade darauf den geringsten Einfluss. Deshalb steigen die Erfolgschancen, wenn man einige Zeit am gleichen Ort fotografieren kann: An einem dieser Tage könnte man dann mit einem fantastsichen Himmel beschenkt werden.

Das Rezept für diesen Bildtyp

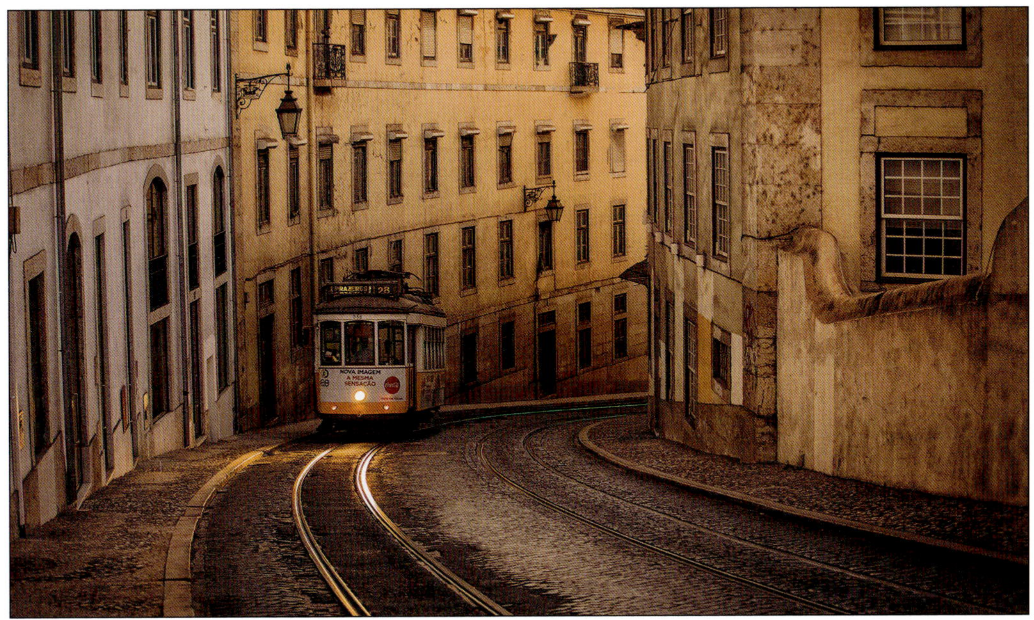

Merkmale: Ein zeitloser Blick auf eine touristenfreie Straße, weiche, gleichmäßige Beleuchtung und minimale Ablenkungen. Diese Bild entstand in Portugal, genauer gesagt in der Calçada de São Francisco 6 in Lissabon (danke, Google Maps).

(1) Das Bild wirkt zeitlos, weil es absolut nichts enthält, was auf eine bestimmte Dekade hinweisen würde. Es hätte genauso gut vor 50 oder 60 Jahren fotografiert worden sein können (das runde rote Coca-Cola-Logo auf der Vorderseite des Waggons habe ich gelassen, weil es dieses seit prähistorischen Zeiten gibt und sich seitdem nicht verändert hat). Um die zeitlose Anmutung zu unterstützen, habe ich zwei Dinge in Photoshop erledigt – eine Kleinigkeit und etwas Größeres: Die Kleinigkeit war, dass ich einige Graffiti an den Wänden entfernte, die die Zeitlosigkeit des Bildes irgendwie ruinierten. Das Wichtigste war aber, dass ich alle Oberleitungen wegretuschiert habe. Zum Aufnahmezeitpunkt waren sie mir nicht mal aufgefallen, aber als ich das Bild am Rechner öffnete, wirkte es, als trüge es den Titel »Oberleitungen«. Also entfernte ich sie mit dem Kopierstempel und dem Reparaturpinsel.

(2) Für dieses schöne, weiche Licht müssen Sie vor Ort eintreffen und sich bereit machen, bevor die Straßenbahnen morgens ihren Betrieb aufnehmen. Dreißig Minuten später ist das Licht grell, Touristen laufen ins Bild und moderne Autos stauen sich hinter den Waggons. All das ruiniert den zeitlosen Look. Früh am Morgen hingegen gibt es keine Touristen und nur wenige Autos.

(3) Die Aufnahme entstand aus der Hand im Blendenvorwahlmodus. Das Licht war zu dieser morgendlichen Stunde sehr schwach, also fotografierte ich bei f/2.8, um so viel Licht wie möglich einzufangen. Aber selbst dann musste ich auf ISO 800 gehen, um eine Verschlussgeschwindigkeit von 1/25 Sekunden zu erzielen. Das ist länger, als mir normalerweise für eine Aufnahme ohne Stativ lieb ist, aber ich lehnte mich an eine Wand, um mich und die Kamera zu stabilisieren. Das Bild entstand mit einem 70–200-mm-Objektiv bei 70 mm. Beachten Sie bei der Bildkomposition auch die Drittelregel (siehe Seite 46).

Das Rezept für diesen Bildtyp

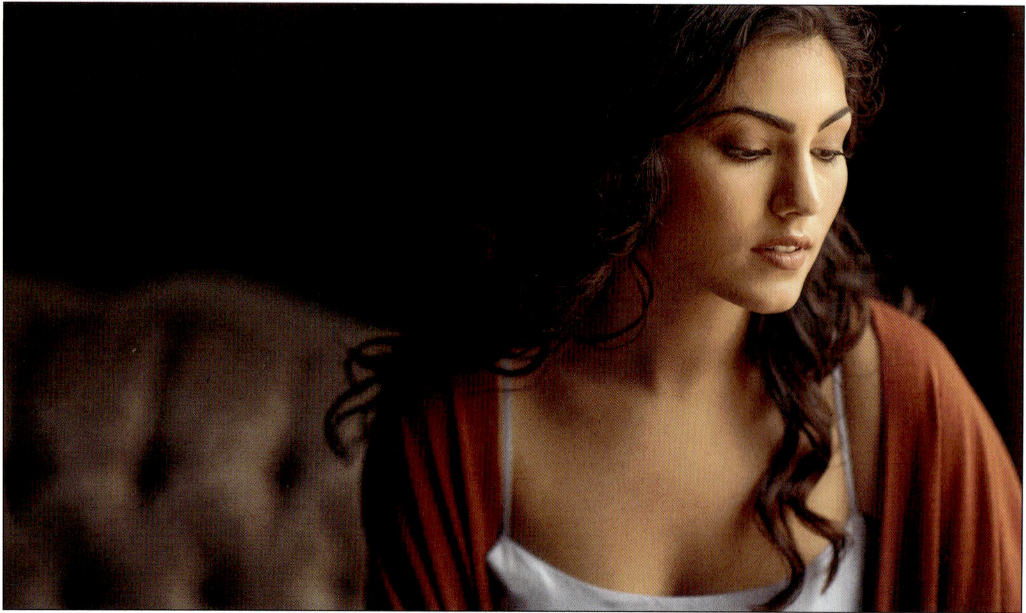

Merkmale: Ein Porträt mit weichem, schönem, gerichtetem, natürlichem Licht.

(1) Bei dieser Fensterlichtaufnahme sind Model und Fotograf parallel zum Fenster positioniert. So fallen schöne Schatten auf das Gesicht des Models. Ich habe sie ihren Kopf ein wenig zum Fenster drehen lassen, um zu vermeiden, dass eine Gesichtshälfte beleuchtet ist und die andere komplett im Schatten liegt. Wenn das Model den Kopf zum Fenster dreht, fällt etwas Fensterlicht auf die Gesichtsseite, die der Kamera zugewandt ist. In dieser speziellen Aufnahme blickt unser Model nach unten, aber Sie können es auch bitten, den Kopf in dieser Position zu halten und dennoch wieder in die Kamera zu blicken.

(2) In diesem Fall war es draußen nicht nur bewölkt, sondern es regnete auch noch, sodass das Fensterlicht bereits sehr weich war. Das ist nicht die Regel, und deshalb bitte ich mein Model normalerweise, gute zwei Meter vom Fenster entfernt und (manchmal auch noch etwas neben dem hinteren Fensterrand) Platz zu nehmen. Dann wirkt das Licht nicht so hart. In diesem Fall war das Licht jedoch wegen der Wolkendecke und des Regens so schwach, dass sie ziemlich nahe ans Fenster rücken musste (es waren nur rund 60 cm). So hatte ich genug Licht, um aus der Hand fotografieren zu können.

(3) Für einen besonders weichen, unscharfen Hintergrund fotografiere ich mit einem 85-mm-f/1.8-Objektiv. Ich arbeitete im Blendenvorwahlmodus bei f/1.8, ISO 100 und ohne Stativ, und meine Kamera wählte eine Verschlusszeit von 1/160 Sekunden (mehr als genug Zeit für eine raspelscharfe Aufnahme ohne Stativ). Ich komponierte zuerst das Bild, setzte dann den Fokuspunkt direkt auf das der Kamera nächstgelegene Auge des Models und drückte den Auslöser.

(4) Für ein vorteilhaftes Ergebnis fotografierte ich die »kurze Seite« (Schattenseite) des Gesichts.

Das Rezept für diesen Bildtyp

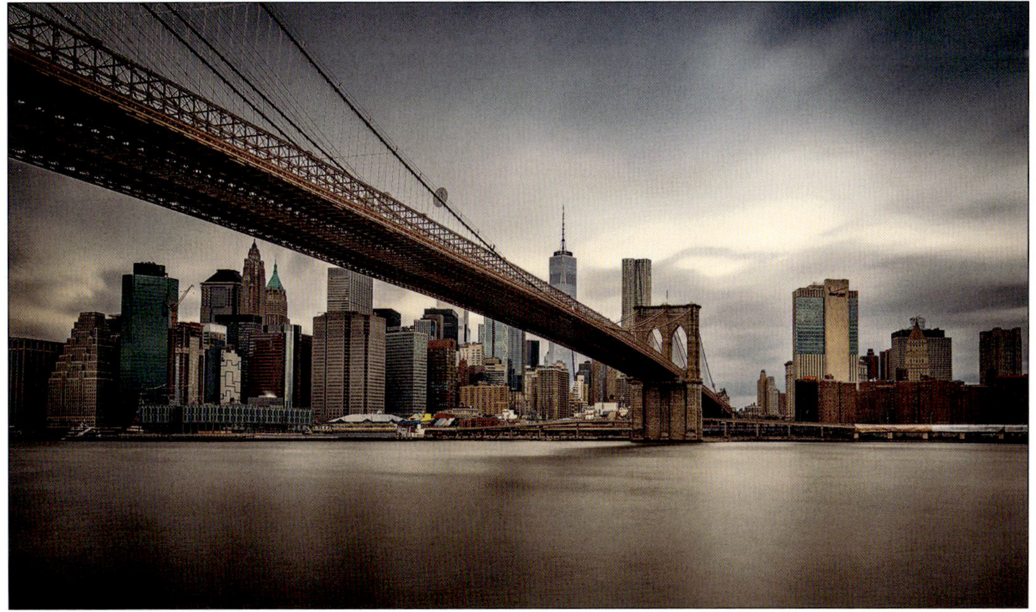

Merkmale: Eine Stadtsilhouette am Fluss, weiches, seidenglattes Wasser und eine braune Bildtonung.

(1) Weiches, gleichmäßiges Licht für diesen Bildtyp erhalten Sie an bewölkten Tagen. Mein Foto entstand im Empire Fulton Ferry Park, Water Street, Brooklyn.

(2) Das zentrale Element dieser Aufnahme ist das weiche, seidige Wasser, das durch eine lange Belichtungszeit entsteht (siehe Seite 58). Damit Sie lang genug belichten können, um das unruhige Wasser seidig abzubilden, benötigen Sie einen ND-Filter. Meiner hatte in diesem Fall 10 Belichtungsstufen – damit ist eine wirklich lange Belichtung möglich. An einem hellen, sonnigen Tag braucht man vielleicht mehr als 10 Stufen, eventuell muss man für eine ausreichend lange Belichtung zwei Filter aufeinanderschrauben (etwa einen 10-Stufen- und darauf noch einen 3-Stufen-ND-Filter). Da es aber ziemlich bedeckt war, reichten mir 10 Belichtungsstufen.

(3) Ich habe im Blendenvorwahlmodus bei f/11 und 100 ISO fotografiert. Mit dem 10-Stufen-ND-Filter blieb der Verschluss 59 Sekunden lang offen – mehr als genug, um dieses seidenglatte Wasser zu erzielen. Für eine so lange Belichtung braucht man natürlich auf jeden Fall ein Stativ.

(4) Die bräunliche Tonung habe ich dem Bild nicht in Photoshop oder Lightroom hinzugefügt. Sie stammt von dem von mir verwendeten ND-Filter. Er ist vom deutschen Hersteller B+W und verleiht allem, was Sie damit fotografieren, eine bräunliche Tonung.

Wenn Ihnen diese Tonung gefällt, ist das großartig. Wenn nicht, können Sie sie durch eine Schwarzweißkonvertierung Ihrer Bilder loswerden, oder Sie können in Photoshop oder Lightroom eine Farbkorrektur vornehmen.

Das Rezept für diesen Bildtyp

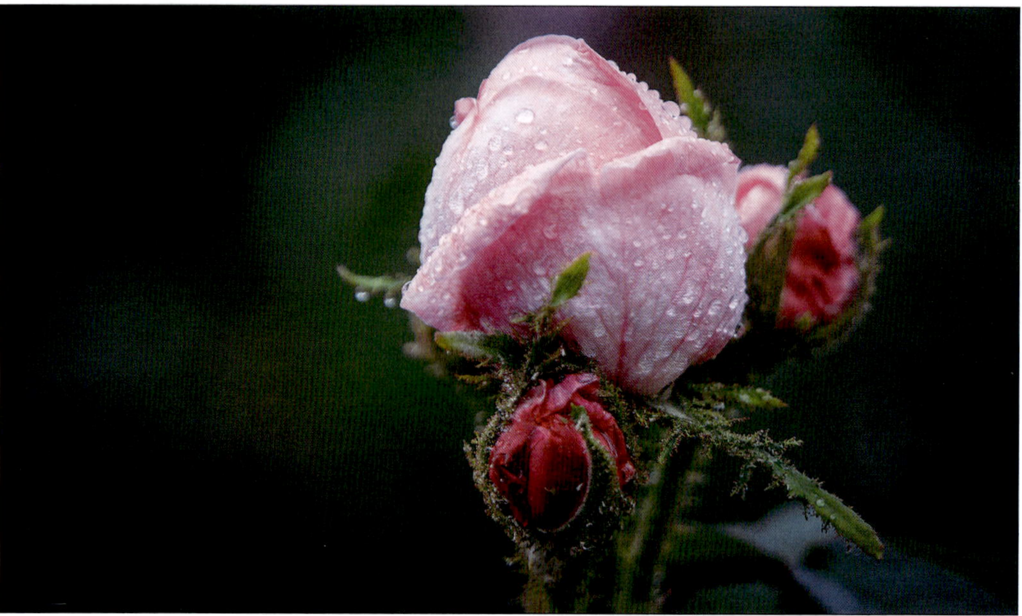

Merkmale: Eine einzelne Blüte auf weichem, verschwommenem Hintergrund in schönem Licht mit Wassertröpfchen. Aufnahmeort: Rosengarten der Fürstin Gracia Patricia, Stadtbezirk Fontvieille von Monaco.

(1) Die Grundlage ist eine Aufnahme mit einem Objektiv, mit dem Sie schön nah an die Blume heranzoomen können, wodurch der Hintergrund unscharf wird. Auf diese Weise sorgen Sie für die wichtige Trennung des Motivs vom Hintergrund. Dieses Foto ist in einem Garten voller Blumen entstanden, und wenn Sie im Hintergrund eine Menge weiterer Rosen sehen, entsteht daraus einfach ein unübersichtliches Durcheinander. Deshalb ist diese Trennung so wichtig. Ich habe ein 28–300-mm-f/3.5–6.3-Objektiv von Tamron verwendet und auf 236 mm herangezoomt.

(2) Ich habe ohne Stativ im Blendenvorwahlmodus bei f/6.3 fotografiert (das war die größte Blendenöffnung, die ich an meinem Objektiv bei 236 mm Zoomstufe wählen konnte). Wie habe ich also diesen weichen, unscharfen Hintergrund erzielt? Die Lösung ist (wie bereits auf Seite 174 erwähnt), dass ein näheres Heranzoomen einen größeren Einfluss auf die Hintergrundunschärfe hat als die Blendeneinstellung. Den ISO-Wert habe ich auf 400 gesetzt (höher als nötig), die Belichtungszeit auf 1/500stel Sekunde. (Klar? Ich hätte mit dem ISO-Wert wahrscheinlich auf 100 runtergehen können, und die Belichtungszeit wäre immer noch kurz genug gewesen, um aus der Hand zu fotografieren – ISO 200 Maximum.)

(3) Neben den Objektiv- und Kameraeinstellungen brauchen Sie eigentlich sogar noch drei weitere Zutaten für solche Bilder: Eine davon ist der Blickwinkel. Ich gehe tief runter und fotografiere auf Höhe der Blume, nicht auf sie herab (siehe Seite 168). Zweitens ist das Licht weich, ansprechend und gleichmäßig, obwohl ich mitten am Tag fotografierte. Wie kommt das? Das ist die dritte Sache. An diesem Tag regnete es und zwischen den Regenschauern wagten wir uns jeweils kurz aus unserem Überhang, unter dem wir Schutz gesucht hatten, und begannen rasch mit dem Fotografieren, bis der nächste Regenguss kam. Ich bekam Regentropfen auf der Blume und schönes, weiches, gestreutes Licht, in dem ich fotografieren konnte, bis es wieder anfing zu regnen. Man könnte also sagen, dass die dritte Zutat einfach Glück war.

Das Rezept für diesen Bildtyp

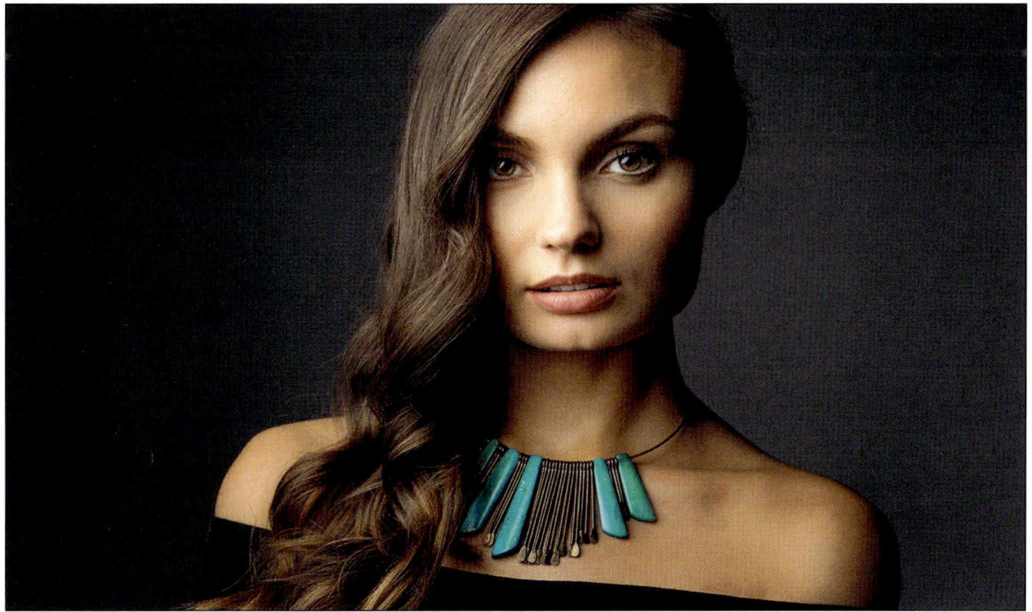

Merkmale: Eine geblitzte Innenaufnahme mit starken Schatten vor einem neutralgrauen Hintergrund.

(1) Es handelt sich um eine einfache Aufnahme mit Blitz (dieser ist für weiches, vorteilhaftes Licht mit einer Softbox versehen), der links vom Model, etwa 30 cm über ihrem Kopf positioniert und zu ihr hinuntergeneigt ist. Die Position des Blitzes erkennen Sie in den Augen des Models.

(2) Ich positioniere das Licht im Allgemeinen in einem Winkel von 45° zum Motiv, aber in diesem Fall, mit den starken Schatten auf der vom Licht abgewandten Seite ihres Gesichts, sind es eher 50° oder 55° (also weiter seitlich als normal).

(3) Ich habe einen nahtlosen Hintergrund aus einer hellgrauen Papierrolle verwendet. Mit dieser Technik kann man den Hintergrund auf einfache Weise in Photoshop nachträglich entweder mit einer Textur versehen oder diese entfernen bzw. das Model in einen anderen Hintergrund montieren (wenn Sie eine Person mit allen Haaren in Photoshop freistellen möchten, geht das vor grauem Hintergrund am einfachsten).

(4) Das Bild wurde mit einem 70–200-mm-f/2.8-Objektiv bei 125 mm im manuellen Modus fotografiert (wenn Sie blitzen, müssen Sie die Verschlusszeit manuell einstellen können, statt diese Aufgabe wie im Blendenvorwahlmodus der Kamera zu überlassen). Deshalb habe ich für die Verschlusszeit meine Standardeinstellung von 1/125 Sekunde für Blitzfotos gewählt. Ich habe mit f/8 und ISO 100 fotografiert. Warum f/8? Irgendwann habe ich wahrscheinlich versehentlich das Wahlrad von meinen üblichen f/5.6 verstellt. Kommt vor.

Das Rezept für diesen Bildtyp

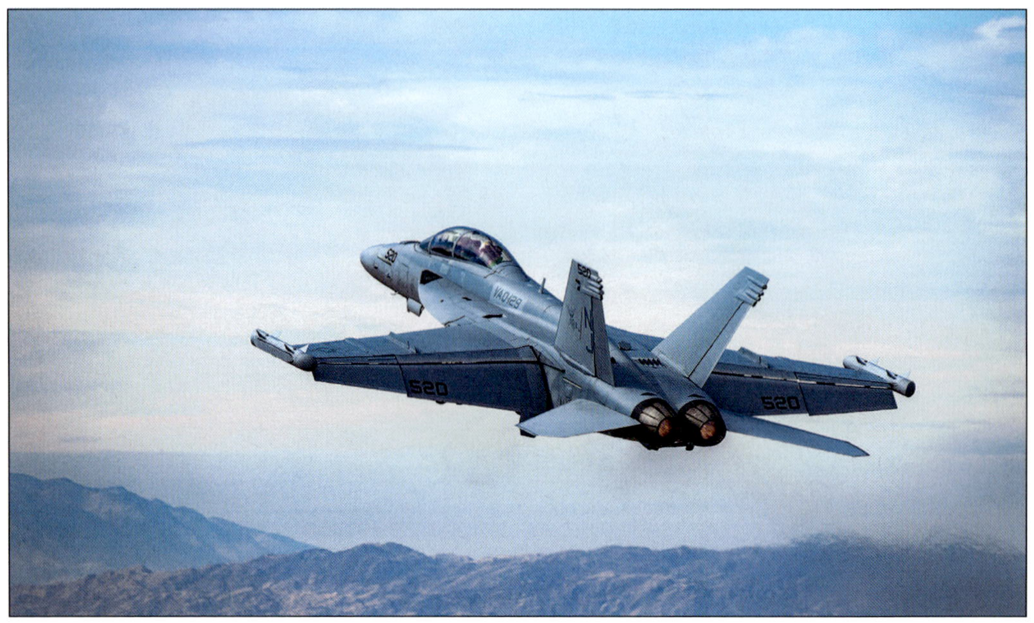

Merkmale: Fotografie eines Kampfjets im Steigflug, meist bei einer Flugschau aufgenommen.

(1) Wenn Sie kein Flugzeug mit Propellerantrieb, sondern einen Jet fotografieren, können Sie es sich ziemlich einfach machen, denn Sie müssen nur die Bewegung des Jets einfrieren und jedes kleine Detail aufnehmen. Wir fotografieren also im Blendenvorwahlmodus mit kleiner Blendenzahl (etwa f/4), und an einem sonnigen Tag unterschreiten wir damit die maximal zulässige Belichtungszeit von 1/1000 Sekunde bei weitem. Tatsächlich werden wir wahrscheinlich 1/4000 Sekunde bekommen, was großartig ist!

(2) Damit Sie bei der Bildbearbeitung nicht zu viel wegschneiden müssen, sollten Sie am besten ein Teleobjektiv mit etwa 100–400 mm Brennweite verwenden (genau mit so einem Objektiv habe ich dieses Bild bei 400 mm aufgenommen). 300-mm-Objektive sind in der Flugzeugfotografie sehr beliebt, und Sie brauchen kein schweres f/2.8-Objektiv – ein 300-mm-f/4-Objektiv reicht. Das ist viel billiger, kleiner und leichter. Sie können mit f/4 fotografieren, wenn Sie an einem bewölkten Tag die kurze Verschlusszeit benötigen, oder Sie können sogar auf f/5.6 oder f/8 gehen, solange die Verschlusszeit nicht unter 1/1000 Sekunde fällt. Außerdem fotografieren Sie in diesem Szenario die ganze Zeit aus der Hand, brauchen also kein Stativ. Wenn Ihr Objektiv über eine eingebaute Bildstabilisierung verfügt, schalten Sie diese aus. (Sie ist für Aufnahmen bei schlechten Lichtverhältnissen gedacht. Die IS- oder VR-Funktion hält oft nicht mit den schnellen Schwenks mit, die erforderlich werden, wenn die Jets an Ihnen vorbeirasen, und Sie werden viele unscharfe Aufnahmen bekommen, die ansonsten scharf gewesen wären!)

(3) Da es sich um Objekte in sehr schneller Bewegung handelt, sollten Sie den kontinuierlichen Autofokus (AF-C oder AI Servo) zuschalten (je nachdem, wie er bei Ihrer Kamera heißt), um die Flugbahn des Jets zu verfolgen. Sie sollten auch im Serienaufnahme-Modus fotografieren, also zahlreiche Aufnahmen machen, während Sie mit dem Jet mitziehen, und nach dem Passieren des Flugzeugs etwa eine Sekunde lang weiterfotografieren.

Das Rezept für diesen Bildtyp

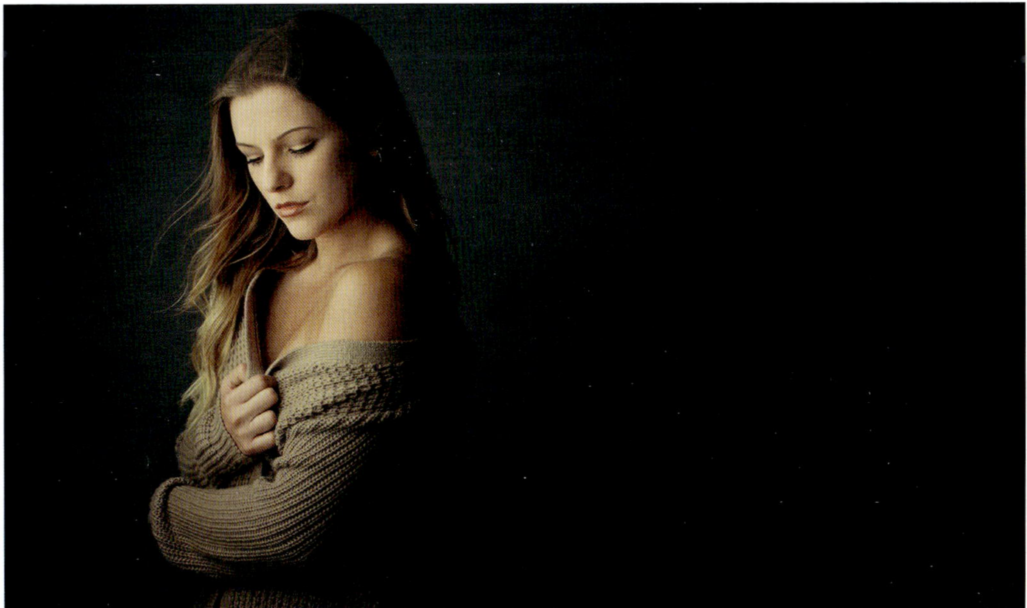

Merkmale: Sehr weiches Licht auf einem strukturierten Hintergrund. Die wichtigste Zutat ist das weiche und sanfte Licht.

(1) Für diese Aufnahme verwenden Sie nur ein einziges Licht. Dieses ist so positioniert, dass es so weich wie möglich wirkt. Dazu benötigen wir natürlich eine Softbox. Je größer die Softbox, desto weicher das Licht, nehmen Sie also die größte, die Sie haben. (Sie können riesige Softboxen für Ihren Blitz bekommen, kein Problem. Sie können auch einen großen 7-Zoll-Parabolschirm einsetzen – sehen Sie sich die Durchlichtmodelle von FJ Westcott an. Sie sind überraschend preiswert für einen so großen Diffusor.)

(2) Es gibt verschiedene Techniken, um dieses superweiche Licht zu erzielen: Einerseits können Sie das Licht so nahe wie möglich an das Motiv heranbringen, ohne dass es tatsächlich auf dem Foto sichtbar wird. Hier ist die Vorderseite der Softbox tatsächlich nur wenige Zentimeter vom linken Bildrand entfernt – gerade so, dass es nicht mehr im Bildausschnitt zu sehen ist. Wenn Sie mit dem Licht so nahe herangehen, wird es natürlich sehr hell. Es kann also sein, dass Sie die Blitzleistung etwas verringern müssen.

(3) Die zweite Technik nennt man »Feathering« , das heißt, dass das Licht nicht voll auf das Motiv fällt, da das Licht in der Mitte härter wirkt als an den Rändern. Stattdessen richten Sie das Licht parallel zu Ihrem Motiv aus (anders als üblich nicht in einem Winkel von 45°). Sobald sich das Licht direkt neben dem Motiv befindet, schieben Sie es nach vorne in Richtung Ihrer Kamera, sodass nur der hintere Rand der Softbox das Model tatsächlich beleuchtet – dort gibt die Softbox das vorteilhafteste Licht ab. Um den Hintergrund interessanter zu gestalten, ergänze ich in Photoshop den nahtlosen grauen Papierhintergrund um eine Textur. Ja, ich habe davon ein Video für Sie gemacht (Sie finden es auf der auf Seite 3 erwähnten Begleitwebseite zum Buch).

(4) Beachten Sie schließlich die Komposition. Auf der rechten Seite sehen Sie viel negativen Raum, der Ihren Blick auf das Model lenkt und eine interessante, dynamische Komposition ergibt.

Das Rezept für diesen Bildtyp

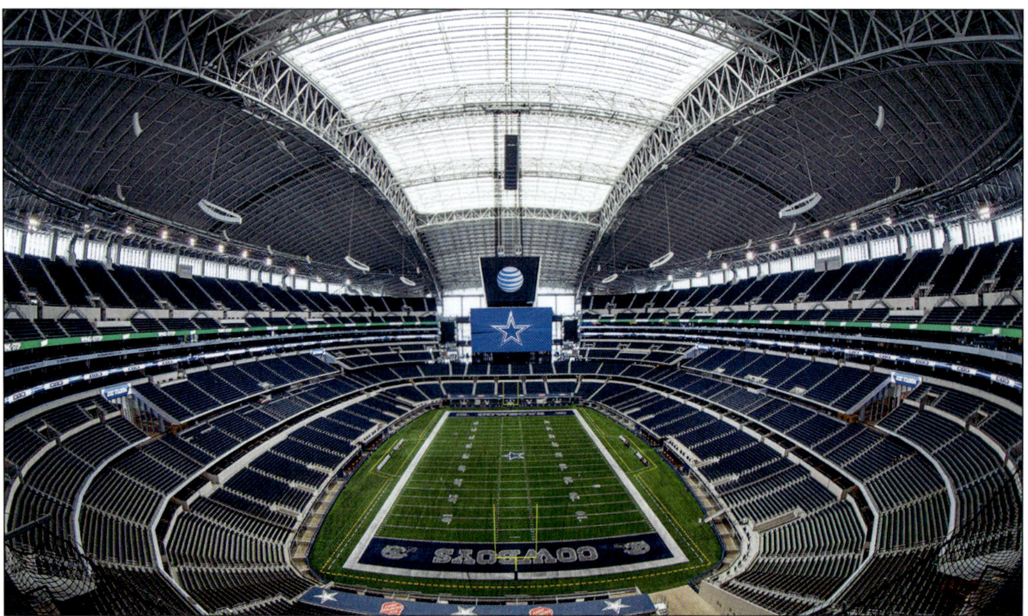

Merkmale: Einzelfoto einer Sportarena, das auch ohne Panoramatechnik so ziemlich alles zeigt. Es handelt sich um das AT&T-Stadion in Arlington, Texas, die Heimat des American-Football-Teams Dallas Cowboys.

(1) Das Stadion ist gewölbt und in der Mitte offen, sodass Tageslicht auf das Spielfeld fällt. Da sich die Öffnung natürlich in der Kuppel über dem Spielfeld befindet, ist es dort am hellsten. Auf den Tribünen, von denen aus ich fotografiere, oder bei den Sitzen rund um das Spielfeld ist es nicht annähernd so hell. Deshalb verwende ich ein Stativ.

(2) Seinen speziellen Look verdankt dieses Foto einem 8–15-mm-Fischaugenobjektiv bei 14 mm Brennweite. Dieses Objektiv ist sehr praktisch wenn Sie – wie hier – eine Szene komplett in einem einzigen Bild unterbringen möchten. Es eignet sich hervorragend für Aufnahmen von Sportstätten, Kathedralen, Palästen und modernen Gebäudeinnenräumen. Ein Fisheye-Objektiv verleiht durch seine spezielle Bauweise jedem Bild eine ganz besondere Optik. Selbst bei 15 mm bildet es die Szene weitwinkliger ab als ein 14-mm-Ultraweitwinkelobjektiv, das zudem nicht die charakteristische, runde Bildwirkung eines Fisheye-Objektivs liefert. Um die durch das Objektiv verursachte Verzerrung (Abrundung) zu begrenzen, können Sie geradeaus fotografieren, indem Sie das Objektiv frontal auf die Szene vor Ihnen richten. Möchten Sie die Rundung im Gegenteil übertreiben, neigen Sie die Kamera beim Blick durch den Sucher nach oben oder unten. Alles wird auf spannende Weise verzerrt. Es gibt hier kein »richtig« oder »falsch« – allein Ihre kreative Entscheidung zählt.

(3) Dieses Bild habe ich (aus Versehen, möchte ich hinzufügen) mit f/7.1, ISO 800 und 1/100 Sekunde aufgenommen. Welche Einstellungen wären optimal gewesen? Im Idealfall hätte ich f/11 und ISO 100 gewählt und die Verschlusszeit von der Kamera bestimmen lassen. Warum habe ich diese Einstellungen also nicht verwendet? Ich hatte aus der Hand fotografiert, und als ich die Kamera aufs Stativ montierte, vergaß ich, die Einstellungen noch einmal zu überprüfen. Ich hatte Glück, und die Aufnahme ist in Ordnung, aber mit den richtigen Einstellungen wäre sie noch schärfer und rauschärmer geworden.

Das Rezept für diesen Bildtyp

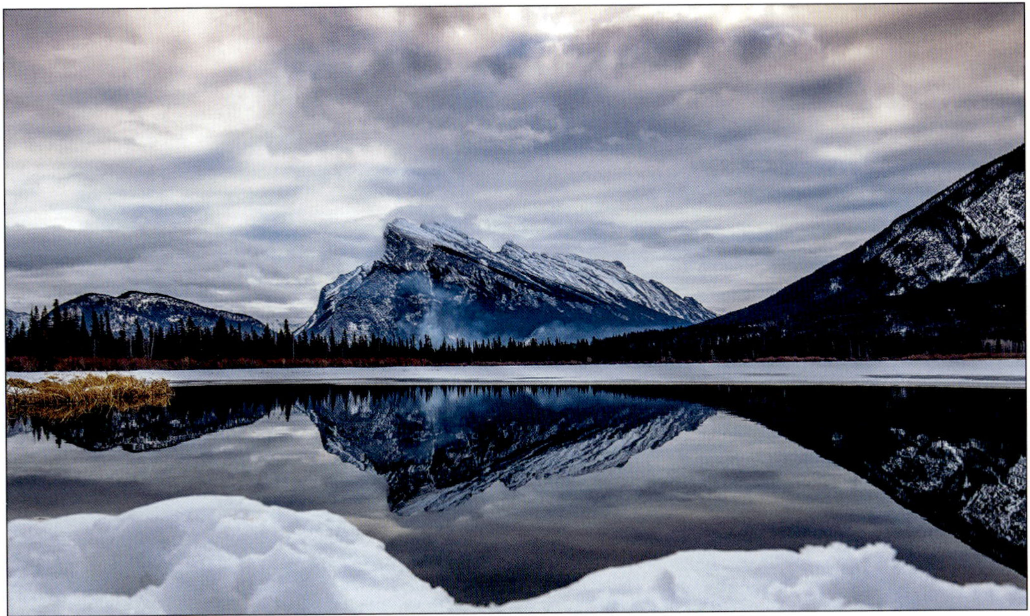

Merkmale: Eine weitläufige Landschaft mit einer spiegelartigen Reflexion.

(1) Für gutes Licht müssen Sie früh aufstehen. Dieses Bild entstand kurz nach Sonnenaufgang. Schon etwa 10 bis 15 Minuten nach Sonnenaufgang steht die Sonne meist so hoch am Himmel, dass das Licht richtig hell und furchtbar hart wird. Aber dies war ein sehr bedeckter, wolkenreicher Tag und wir konnten deshalb etwas länger fotografieren.

(2) Für eine spiegelartige Reflexion muss man in der Regel um die Dämmerung herum aufstehen und fotografieren. Etwa eine Stunde später ist die Chance schon vertan – der Wind nimmt zu, das Wasser wird unruhig, und das Spiegelbild ist verschwunden. Wir waren früh genug dort, es war noch kein Wind aufgekommen, und ich erhielt eine perfekte, spiegelglatte Reflexion.

(3) Der kleine Teich in der Szene sieht wie ein großer See aus, weil meine Kamera auf einem Platypod dicht über dem Boden steht. Die Sonne war zu diesem Zeitpunkt bereits aufgegangen, und deshalb hätte das Licht gereicht, um einfach aus der Hand zu fotografieren. Das Platypod nahm ich nur wegen des niedrigen Kamerawinkels, der die Szene größer und weitläufiger erscheinen lässt und den wichtigen Vordergrund mit dem Schnee direkt davor betont. Der Schnee verhilft der Aufnahme zu einer besseren Tiefenstaffelung (siehe Seite 45).

(4) Da Sie mit dem Stativ (oder, in meinem Fall, mit dem Platypod) fotografieren, können Sie mit der niedrigsten nativen ISO-Einstellung Ihrer Kamera fotografieren (bei meiner Kamera ist dies ISO 100). Auch die übrigen Einstellungen sind lehrbuchmäßig: Es handelt sich um eine Landschaftsaufnahme, also f/11, aufgenommen im Blendenvorwahlmodus, und meine Kamera hat die Verschlusszeit für mich auf 1/200 Sekunde eingestellt. Bei dieser Belichtungszeit hätte ich problemlos aus der Hand fotografieren können, aber wie ich schon sagte, ging es mir bei dem Platypod eher um den niedrigen Aufnahmewinkel als um die ruhige Kamera.

Das Rezept für diesen Bildtyp

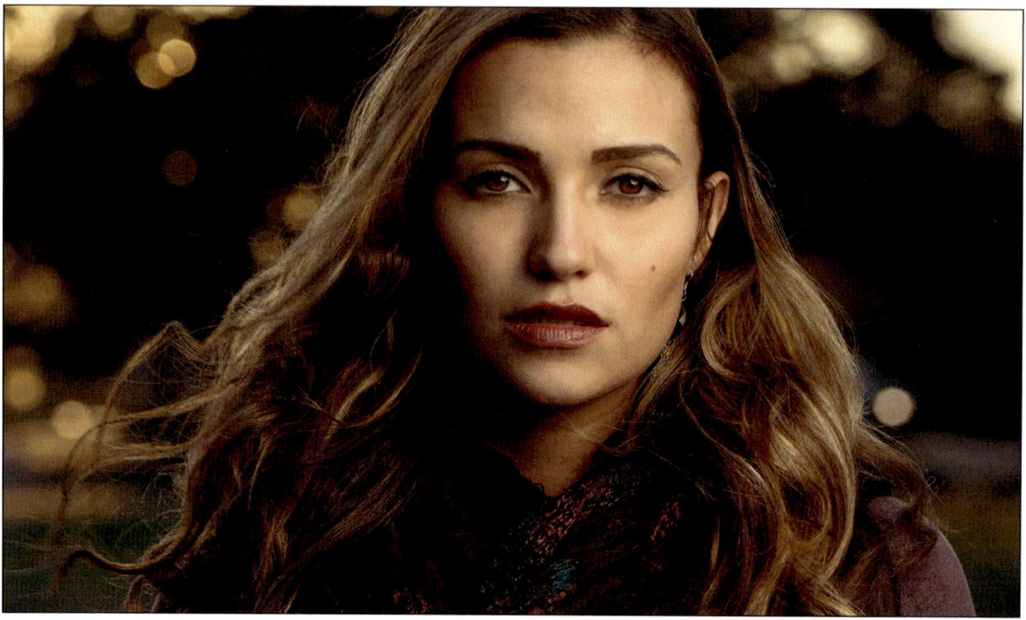

Merkmale: Ein im Freien mit Blitz aufgenommenes Umgebungsporträt.

(1) Für diesen Look fotografieren Sie spät am Tag, etwa eine Stunde bis 30 Minuten vor Sonnenuntergang. Sie verwenden nur einen Blitz, die zweite Lichtquelle ist die Sonne. Wenn sich Ihr Model mit dem Rücken zur Sonne stellt, wie oben gezeigt, werden die Haare von hinten beleuchtet, wodurch sie stärker vom Hintergrund isoliert werden, und das Licht wirkt einfach interessanter.

(2) Damit das weiße Blitzlicht zum Licht der tiefstehenden Sonne passt, müssen Sie mindestens ein kleines Stück Filterfolie vor den Blitz setzen (schönes, warmes, gelbes Licht auf den Haaren und weißes Licht auf dem Gesicht wirkt nicht gut; siehe Seite 121). Möglicherweise müssen Sie sogar eine weitere Folie hinzufügen, damit das Blitzlicht warm genug für den Rest der Szene wirkt. Wenn das Blitzlicht irgendwann wieder weiß wirkt, ist es an der Zeit, noch eine Folie hinzuzufügen.

(3) Setzen Sie eine Softbox ein, um weiches, vorteilhaftes Licht zu erhalten. In diesem Fall verwende ich eine Rapid Box 26" Oktabox von Westcott, die ich ans Ende einer Impact-QuickStik-Teleskopstange (etwa 30 Euro) montiert habe. Man braucht schon einen Freund oder Assistenten, um die Stange mit dem Blitz und der darauf montierten Softbox zu halten, aber zum Glück ist sie nicht besonders schwer. Positionieren Sie die Softbox in einem 45-Grad-Winkel zu Ihrem Model, etwa 30 cm über seinem Kopf, und neigen Sie sie leicht nach unten.

(4) Sie sollten im manuellen Modus fotografieren und den ISO-Wert auf 100 einstellen, die Belichtungszeit auf 1/125 Sekunde und die Blende auf f/5.6. Für den Blitz wählen Sie ebenfalls den manuellen Modus (nicht TTL), verringern die Blitzleistung auf 1/4 und machen eine Probeaufnahme. Ist der Blitz zu hell, verringern Sie einfach seine Leistung, bis er natürlich aussieht. Fotografieren Sie mit einem Porträtobjektiv (mein Bild habe ich mit einem 70–200-mm-Objektiv aufgenommen) und zoomen Sie ein, um den Hintergrund unscharf zu machen (ich habe hier auf 140 mm eingezoomt).

Das Rezept für diesen Bildtyp

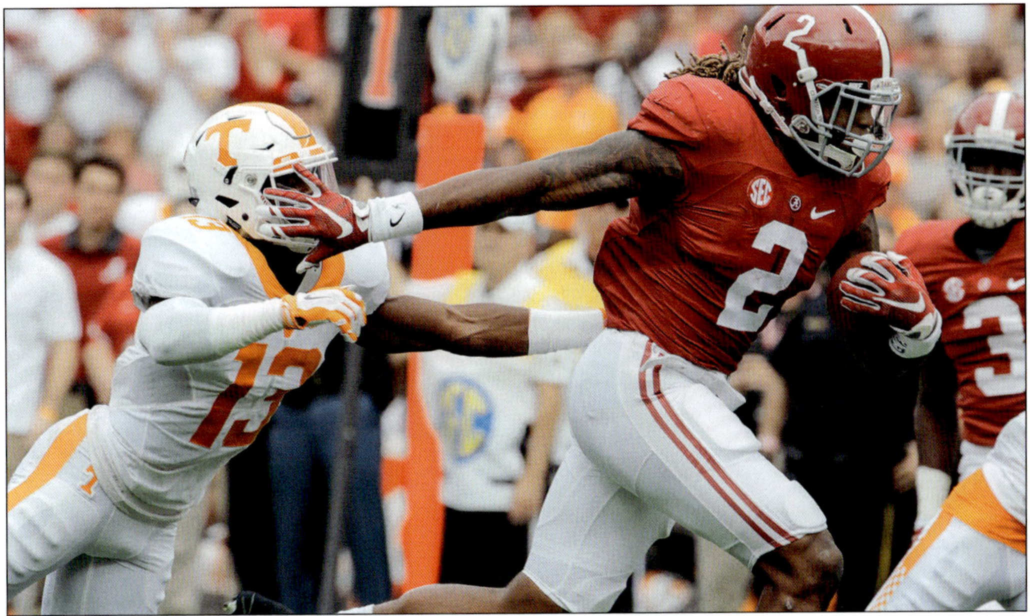

Merkmale: Action-Sportfoto mit eingefrorener Bewegung und dem Athleten im Fokus sowie weichem und unscharfem Hintergrund.

(1) Für eine solche Nahaufnahme benötigen Sie ein sehr starkes Teleobjektiv – idealerweise ein 400-mm-f/2.8-Objektiv oder ein 300-mm-Objektiv mit einem 1,4-fach-Telekonverter, um noch näher heranzukommen. (Wenn Ihnen das verdammt teuer erscheint, lesen Sie nochmals im Sport-Kapitel nach.)

(2) Für den unscharfen Hintergrund (den Sie für die Trennung des Spielers vom Hintergrund brauchen), müssen Sie mit der für Ihr Objektiv größtmöglichen Blendenöffnung fotografieren (d. h. mit der niedrigsten Blendenzahl, die Ihr Objektiv einzustellen erlaubt. Im Idealfall ist dies f/2.8, aber wenn Ihr Objektiv das nicht schafft, dann f/4. Wenn Ihr Objektiv nur bis f/5.6 reicht, bekommen Sie den hier gezeigten unscharfen Hintergrund und die Trennung nicht. Deshalb sind lichtstarke Objektive – mit denen man bei f/2.8 oder f/4 fotografieren kann – ideal für die Sportfotografie). Während des Spiels fotografiere ich im Blendenvorwahlmodus und verändere die Blende kein einziges Mal. Ich bleibe immer bei f/2.8, und die Kamera wählt die passende Verschlusszeit aus.

(3) Um schnelle Bewegungen beim Sport einzufrieren, darf die Belichtungszeit maximal 1/1000 Sekunde betragen. Bei einem Spiel bei Tageslicht (so wie hier) können Sie problemlos mit f/2.8 fotografieren (Sie bekommen selbst dann noch wahrscheinlich eher Belichtungszeiten von 1/4000 Sekunde oder kürzer). Wenn jedoch später am Tag ein Teil des Spielfelds im Schatten liegt, müssen Sie möglicherweise den ISO-Wert hochsetzen, um die Belichtungszeit wieder auf 1/1000 Sekunde zu verkürzen. Probieren Sie auch die ISO-Automatik aus (siehe Seite 156).

(4) Um nicht immer wieder den Fokus zu verlieren, wenn Sie einen Sportler in Bewegung fotografieren, schalten Sie die Kamera schließlich in den AI-Servo-Modus (Canon) oder den kontinuierlichen Autofokusmodus (AF-C, Nikon und Sony). Auf diese Weise erfasst die Kamera den Sportler und behält dessen Scharfstellung auf seinem Weg durchs Bild bei.

Das Rezept für diesen Bildtyp

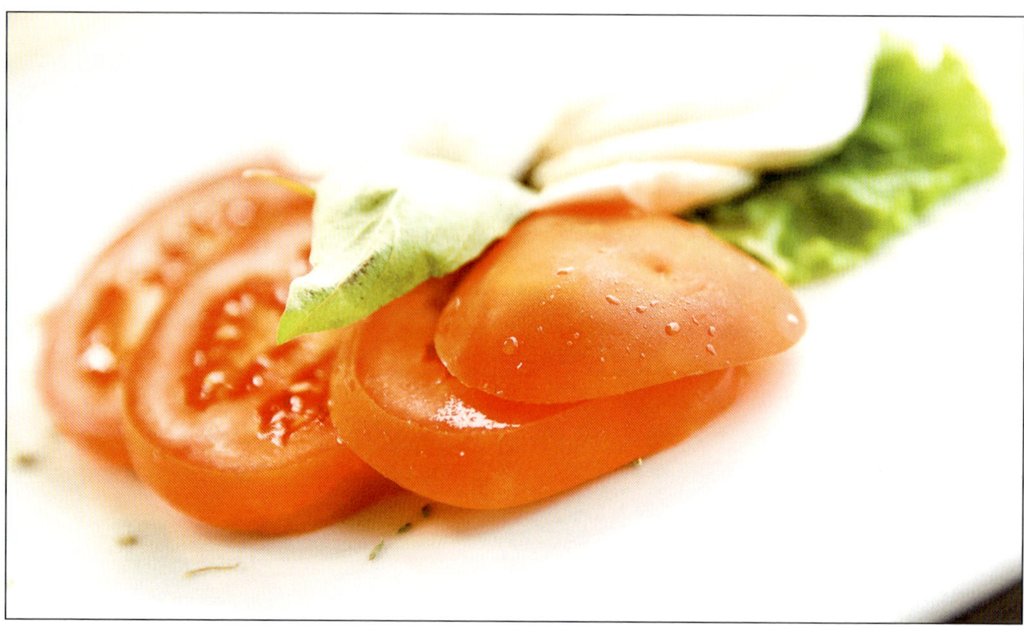

Merkmale: Ein detailreiches Food-Foto mit engem Zuschnitt und geringer Schärfentiefe.

(1) Den ersten Schritt zu einer solchen Aufnahme machen Sie schon, bevor Sie am Tisch Platz nehmen. Bitten Sie um einen Platz entweder im Freien (wenn möglich) oder in der Nähe eines Fensters. Denn für Fotos von Speisen brauchen Sie vor allem Licht. Lebensmittel sehen in schönem, natürlichem Licht wunderbar aus. Es ist also schon die halbe Miete, in Fensternähe oder draußen Platz zu nehmen. Damit die Teller richtig weiß aussehen (und nicht bläulich), sollten Sie den Weißabgleich Ihrer Kamera auf **Bewölkt** oder **Schatten** einstellen (probieren Sie beides aus und entscheiden Sie, was besser aussieht).

(2) Die andere Zutat zu großartigen Food-Fotos besteht darin, richtig nahe an das Gericht heranzuzoomen. Mit einem 18–200-mm-Objektiv zoomen Sie zum Beispiel bis auf 200 mm heran. Versuchen Sie nicht, den ganzen Teller zu zeigen, sondern nur einen Teil davon. Dazu müssen Sie sich wahrscheinlich kurz hinter Ihren Stuhl stellen und aus einem etwas tieferen Blickwinkel fotografieren (auf keinen Fall sollten Sie sich gerade hinstellen und von oben auf das Essen hinabfotografieren – bücken Sie sich vielmehr, um einen flacheren Aufnahmewinkel zu erzielen).

(3) Für den weichen, unscharfen Hintergrund wählen Sie den Blendenvorwahlmodus und die niedrigsten Blendenzahl, die Ihr Objektiv ermöglicht (in diesem Fall war es nur f/5.6, aber ich zoomte so nahe heran, dass der Hintergrund trotzdem unscharf wirkte). Mit f/4 oder f/2.8 wäre eine noch geringere Schärfentiefe möglich gewesen.

(4) Um solche Lebensmittelfotos dynamischer zu gestalten, kippe ich die Kamera meist nach rechts oder links (wie hier zu sehen).

Das Rezept für diesen Bildtyp

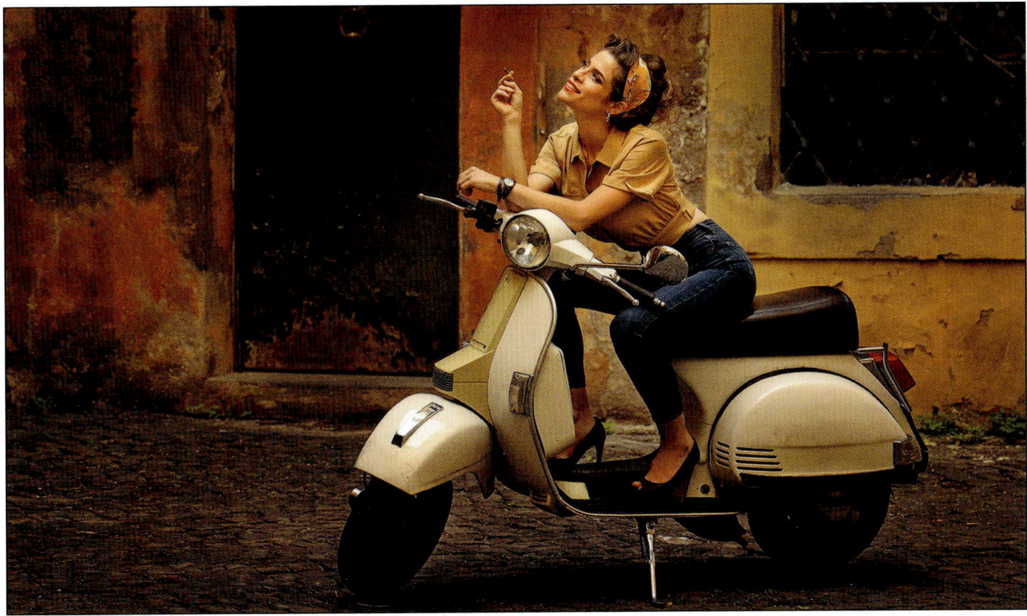

Merkmale: Eine Reiseaufnahme vor Ort mit viel Licht, tollen Farben und zeitlosem Stil.

(1) Ich bin in Rom nicht einfach in diese Szene hineingestolpert, in der eine Frau, im Stil der 40er-Jahre gekleidet und eine Zigarette rauchend, auf einem klassischen alten Vespa-Roller sitzt, ohne Touristen weit und breit, dafür aber mit großartigem Licht. Vielmehr erforderte diese Aufnahme im Vorfeld einiges an Planung, aber nachdem diese abgeschlossen war, dauerte das Shooting selbst nur wenige Minuten.

(2) Für ein solches Foto sollten Sie ein einheimisches Model engagieren. Wir fanden unseres auf Facebook (siehe Seite 72), erzählten ihr von meiner Vision für das Foto (den Look der 40er Jahre), und sie bot von sich aus an, die Garderobe selbst zu besorgen – großartig. Dann googelten wir nach einer alten Vespa und fanden einen Verleih mit Online-Buchungsmöglichkeit in Rom (ich glaube, sie verlangten 60 Dollar pro Tag). Wenn Ihr Modell eintrifft und Sie die Farben ihres Outfits sehen, können Sie entweder nach einer Location mit Kontrastfarben zu ihrem Outfit oder ähnlichen Komplementärfarben suchen. In unserem Fall fanden wir in der Nähe eine Gasse mit Komplementärfarben – reines Glück –, weit weg von allen Touristen und, was noch wichtiger ist, nicht im direkten Sonnenlicht – obwohl wir für alle Fälle einen Diffusor der Stärke 1 dabei hatten. Ich würde Ihnen ebenfalls empfehlen, einen mitzunehmen.

(3) Ich habe im Blendenvorwahlmodus bei f/4 fotografiert, sodass der Hintergrund vielleicht etwas unscharf ist. Aber ich wollte ein Objektiv verwenden, das einen Großteil des Hintergrunds einfängt, also habe ich bei 105 mm und ISO 200 fotografiert, sodass die Kamera eine Belichtungszeit von 1/100 Sekunde vorgab. Das ist etwas länger, als mir beim Fotografieren aus der Hand lieb ist. Deshalb war ich besonders darauf bedacht, die Kamera ruhig zu halten. Ich ließ das Model in dieser Aufnahme nach oben schauen, um etwas mehr Licht auf das Gesicht zu bekommen. Manchmal muss man die Aufnahme komplett durchplanen, aber anschließend geht das Shooting ziemlich schnell.

Index

C

D

E

F

R

S

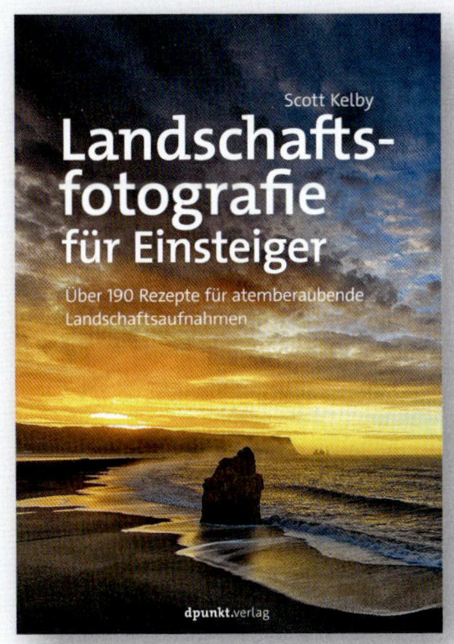

Scott Kelby

Landschaftsfotografie für Einsteiger

Über 190 Rezepte für atemberaubende Landschaftsaufnahmen

2019
236 Seiten, Broschur
€ 22,90 (D)

ISBN:
Print 978-3-86490-692-3
PDF 978-3-96088-812-3
ePub 978-3-96088-813-0
mobi 978-3-96088-814-7

Was hält Sie davon ab, großartige Landschaftsfotos zu machen? Ungefähr 190 Tipps und Kniffe, die Sie (zumindest größtenteils) noch nicht kennen und die Ihnen Scott Kelby in diesem Buch allesamt verrät. Und mit denen Sie dann wirklich packende Landschaftsfotos machen – von gefrorenen Buchten im Rosa der Morgendämmerung über seidig fließende Bäche und Wasserfälle bis zu turmhohen Bergen unter dahinjagenden Wolken. Und zwar spannend komponiert, richtig fokussiert und genau belichtet, auch unter schwierigen Bedingungen.

Dieses Buch ist ein bisschen so, als ginge Scott Kelby mit Ihnen auf Fotoexkursion. Hier finden Sie keine Theorie, sondern immer genau den passenden Tipp für Ihr Problem. Eine Seite, ein Thema, eine Lösung. Kompakt und praxisnah zeigt Kelby Ihnen die benötigte Hardware (Stativ, Filter, Fernauslöser und noch viel mehr), verrät Ihnen die Geheimnisse guter Komposition, wie Sie Sternenhimmel, Panoramen und HDR fotografieren und wie Sie Ihre Bilder dann in Lightroom und Photoshop bearbeiten und veredeln.